大夏教育文存

赵廷为卷

主　　编　杜成宪
本卷主编　汪海清
　　　　　龚文浩

华东师范大学出版社

《大夏教育文存》编委会、顾问名单

编委会

顾问　孙培青　陈桂生

主任　袁振国

委员　叶　澜　钟启泉　陈玉琨　丁　钢
　　　任友群　汪海萍　范国睿　阎光才

赵廷为(1900—2001)

华东师大档案馆留存的赵廷为相片

前言

一

1951年10月华东师范大学建校时,也成立了教育系,这是华东师范大学教育学科之源。当时教育系的教师来自大夏大学、复旦大学、圣约翰大学、光华大学、沪江大学等高校教育系科,汇聚了一批享誉全国的著名学者,堪为当时中国教育理论界代表。如:国民政府在20世纪40年代曾实施部聘教授制度,先后评聘两批,各二三十人,集中了当时中国学术界各个学科的顶尖学者。两批部聘教授里均只有一位教育学教授,分别是孟宪承、常道直,后来都在华东师范大学教育系任教,孟宪承还为华东师范大学建校校长;抗日战争期间,国民政府出于"抗战建国"、保证中学师资培养的考虑,建立了六所师范学院,其中五所附设于大学,一所独立设置,独立设置的即为建于湖南蓝田的国立师范学院,院长为廖世承,后来成为华东师范大学副校长、上海师范学院(后为上海师范大学)院长;中国第一代社会学家、奠定中国社会事业研究的基础的言心哲,曾为复旦大学社会学系系主任,后转入华东师范大学教育系从事翻译工作;华东师范大学成立后教育系第一任系主任曹孚,后为支持中央政府成立中央教育科学研究所和人民教育出版社奉调入京;主持撰写新中国第一本《教育学》、后出任华东师范大学校长的刘佛年……就是他们,共同奠定了中国现、当代教育理论发展的基础,也奠定了华东师范大学教育学科60多年的发展基础。

然而,由于历史的原因,这批著名学者当年藉以成名并影响中国现、当代教育学科发展的代表性成果大多未能流传于世,他们中的很多人及其著作甚至湮没不闻,以至今天的人们对中国教育学科的由来与发展中的诸多重要环节所知不详,尤其是对华东师范大学教育学科对于中国现、当代教育理论和实践发展的重要性知之甚少,而这些成果中的相当部分实际上又可以看成是教育理论和实践中国化探索的代表作。因此,重新研究、整理、出版这些学术成果,对于华东师范大学教育学科的学术传承、对于中国的教育学术传承,都具有十分重要的意义。

二

华东师范大学建校之初,在教育系教师名册上的教授共有27位,包括教育学和心理学两个学科。当时身任复旦大学副教务长的曹孚被任命为教育系主任,但由于工作原因晚一年到职,实际上教育系就有教授28位。除个人信息未详的二位外,建系教授简况见下表。

出生年代	姓名(生卒年)	建校时年岁	学历、学位
1890—1899	赵迺传(1890—1958)	61	大学肄业
	廖世承(1892—1970)	59	博士
	张耀翔(1893—1964)	58	硕士
	高君珊(1893—1964)	58	硕士
	欧元怀(1893—1978)	58	硕士
	孟宪承(1894—1967)	57	硕士
	谢循初(1895—1984)	56	学士
	黄觉民(1897—1956)	54	硕士
	萧孝嵘(1897—1963)	54	博士
	黄敬思(1897—1982)	54	博士
	常道直(1897—1992)	54	硕士
	沈百英(1897—1992)	54	五年制中师
	言心哲(1898—1984)	53	硕士
	陈科美(1898—1998)	53	硕士
	方同源(1899—1999)	52	博士
1900—1909	赵廷为(1900—2001)	51	大学预科
	左任侠(1901—1997)	50	博士
	谭书麟(1903—?)	48	博士
	萧承慎(1905—1970)	46	硕士
	胡寄南(1905—1989)	46	博士
	赵祥麟(1906—2001)	45	硕士
	沈灌群(1908—1989)	43	硕士
	朱有瓛(1909—1994)	42	学士
1910—1919	曹孚(1911—1968)	40	博士
	刘佛年(1914—2001)	37	学士
	张文郁(1915—1990)	36	学士

(本表参考了陈桂生《华东师范大学初期教育学习纪事(1951—1965)》一文)

可见华东师范大学教育系初建、教育学科初创时的教授们,出生于19世纪90年代的15人,20世纪00年代的8人,10年代的3人;60岁以上1人,50—59岁16人,40—49岁7人,40岁以下2人,平均年龄50.73岁,应属春秋旺盛之年。他们绝大部分都有留学国外的经历,有不少美国哥伦比亚大学学生。其中博士8人,硕士11人,学士4人,大学肄业1人,高中2人。他们大体上属于两代学者,即出生在19世纪90年代、成名于20世纪二三十年代的一代(五六十岁),出生在20世纪、于二三十年代完成学业的一代(三四十岁)。对于前一代学者而言,他们大多早已享有声誉且尚未老去;对于后一代学者而言,他们也已崭露头角且年富力强。相比较而言,前一代学者的力量又更为强大。任何一个高等院校教育系,如能拥有这样一支学术队伍都会令人感到自豪!

二

令后人感到敬佩的还在于这些前辈教授们所取得的业绩。试举其代表论之,以观全豹。

1923年,将及而立之年的孟宪承撰文与人讨论教育哲学的取向与方法问题,提出:教育哲学研究是拿现成的哲学体系加于教育,而将教育的事实纳入哲学范畴?还是依据哲学的观点去分析教育过程,批评现实教育进而指出其应有价值?他认为后者才是可取的。理由是:教育哲学是一种应用哲学,应用对象是教育;教育哲学研究导源于实际教育需要,是对现实教育的反思与批评,而其结论也需要经过社会生活的检验。这样就倡导了以实际教育问题为出发点的教育哲学,为中国的教育理念和教育理论的转型,即从以学科为出发点转向以问题为出发点,转向更为关注社会、关注生活、关注儿童,从哲学层面作出了说明。之后,不刻意追求体系化知识,而以问题研究为主、从儿童发展出发思考教育问题成为一时潮流。1933年,孟宪承出版《教育概论》,就破除了从解释教育和教育概念出发的教育学理论体系,而代之以从"儿童的发展"和"社会的适应"为起点的教育学叙述体系。在中国,以儿童发展为教育学理论的起点,其首倡者很可能就是孟宪承。1934年,教育部颁布《师范学校课程标准》,其中的《教育概论》纲目与孟宪承著《教育概论》目录几乎相同。而孟著自1933年出版至1946年的13年里共印行50版,是民国时期发行量最大的教育学教科书之一。可以看出孟宪承教育学思想对中国教育理论转型、教育学学科建设、课程建设、专业人才培养和理论研究的深刻影响。

1921年，创始于美国、流行于欧美国家的一种新教学组织形式和方法道尔顿制传入中国，因其注重个别需要、自主学习、调和教学矛盾、协调个体与群体等特点，而受到中国教育理论界和中小学界的欢迎，一时间，诸多中小学校纷纷试行道尔顿制，声势浩大。东南大学附中的道尔顿制实验是其中的典范。当时主持东南大学附中实验的正是廖世承。东南大学附中的道尔顿制实验与众不同之处就在于严格按照教育科学实验研究方法与程序要求进行，从实验的提出、实验的设计、实验的实施、实验结果分析各个环节都做得十分规范，保证了实验的信度和效度，在当时独树一帜。尤其是实验设计者是将实验设计为一个与传统的班级授课制进行比较的对比实验，以期验证两种教学组织形式的长短优劣。在实验基础上，廖世承撰写了《东大附中道尔顿制实验报告》，报告依据实验年级各科实验统计数据、实验班与比较班及学生、教师的问卷调查结果，分析了实施道尔顿制的优点与缺点，得出了十分明确的结论：道尔顿制的特色"在自由与合作"，但在中国的现实条件下很难实行；"班级教学虽然有缺点，但也有它的特色"。廖世承和东南大学附中的实验及报告，不仅澄清了人们对道尔顿制传统教学制度的认识，还倡导了以科学研究解决教育问题的风气，树立了科学运用教育研究方法的楷模，尤其是帮助人们正确认识了如何对待和学习国外先进教育经验，深刻影响了中国教育的发展。此外，廖世承参与创办南京高师心理实验室首开心理测验，所著《教育心理学》和《中学教育》，在中国都具有开创性。

1952年曹孚离开复旦大学到任华东师范大学教育系主任，是教育系第一任系主任。1951年，在其博士学位论文基础上撰成的《杜威批判引论》出版。书中，曹孚将杜威教育思想归纳为"生长论"、"进步论"、"无定论"、"智慧论"、"知识论"和"经验论"，逐一进行分析批判。这一分析框架并非人云亦云之说，而是显示出他对杜威教育思想的深刻理解和独到把握，超越了众多杜威教育思想研究者。他当时就指出杜威教育思想的主要缺陷，即片面强调活动中心与学生中心，忽视系统知识的传授和教师的主导作用。对杜威教育思想有深入研究的孟宪承曾称道："曹孚是真正懂得杜威的!"后来，刘佛年在为《曹孚教育论稿》一书所做的序中也评价说："这是我国学者对杜威思想的第一次最系统、最详尽的批判。"曹孚长于理论，每每有独到之论。50年代的中国教育理论和实践界，先是亦步亦趋地照搬苏联教育学，又对包括教育学在内的社会学科大加挞伐，少有人真正思考教育学的中国化和构建中国的教育学问题。曹孚在其一系列论文中提出了自己的主张。他认为，教育学的学科基础包括哲学、国家的教育方针政策、教育工作经验、中国教育遗产和心理学五方面;针对当时否定教育继承性的观点,他提出继承性适用于教育,因为教育既是上层建筑,也是永恒范畴;对教育历史人物评价问题,他批评以唯物主义或唯心主义为标准,从哲学、政治立场出发的评价原则,主张将哲学思想、政治立场和教育主张区别而论,主要依据教育思想来评价教育人物;他认为,即使是资产阶级教育思想也不是一无是处,不能"一棍子打死",也有可以吸取和改造的。在当时环境下,曹孚之言可谓震聋发聩。

1979年,刘佛年主编的《教育学》(讨论稿)由人民教育出版社正式出版。这是"新时期"全国正式出版的第一本教育学教材。之前,从1962年至1964年曾四度内部印刷使用,四度修改。"文革"中还被作为"大毒草"受到严厉批判。1961年初,刘佛年正式接受中宣部编写文科教材教育学的任务。当年即撰写出讲授提纲,翌年完成讨论稿。虽然这本教育学教材在结构上留下明显的凯洛夫《教育学》痕迹,但也处处体现出作者对建设中国教育学的思考。教材编写体现了对六方面关系的思考和兼顾,即政策与理论、共同规律与特殊规律、阶级观点与历史观点、历史与理论、正面论述与批判、共性与特性。事实上这也可以作为教育研究的一般方法论原则。在教材编写之初,第二部分原拟按德育、智育、体育分章,但牵涉到与学校教学工作的关系,出现重复。经斟酌,决定按学校工作逻辑列章,即分为教学、思想教育、生产劳动、体育卫生等章,由此形成了从探索教育的一般规律到研究学校具体工作的理论逻辑,不失为独特的理论建构。1979年教材出版至1981年的两年间,印数近50万册,就在教材使用势头正好之时,是编者主动商请出版社停止继续印行。但这本教育学教材的历史地位却并未因其辍印而受到影响,因为它起到了重建"新时期"中国的教育学理论和教材体系的启蒙教材作用。

不只是以上几位,华东师范大学教育系的创系教授在各自所从事的研究领域都有开风气之先的贡献。如,常道直对比较教育学科的探索与开拓,萧承慎对教学法和教师历史及理论的独到研究,赵廷为、沈百英对小学各科教学法的深入探讨,沈灌群对中国教育史叙述体系的重新建构,赵祥麟对当代西方教育思想的开创性研究,等等,对各自所在的学科都产生了重要影响而被载入学科发展的史册。还有像欧元怀,苦心经营大夏大学二十多年,造就出一所颇有社会影响的著名私立高等学府,为后来华东师范大学办学创造了重要的空间条件。所有前辈学者们的学术与事业,都值得我们铭记不忘。

四

基于以上认识,我们将此次编纂《大夏教育文存》视为一次重新整理和承继华东师范大学教育学科优良学术传统的重要契机。

我们的宗旨是:保存学粹,延续学脉,光大学术。即,将华东师范大学教育学科历史上最具有代表性的学术精华加以保存,使这些学术成果中所体现的学术传统得以延续,并为更多年轻一代的学生和学者能有机会观览、了解和研究前辈学者的学术、思想和人生,激发起继承和发扬传统的自豪感和使命感。希望通过我们的工作实现我们的宗旨。

就我们的愿望而言,我们很希望能够将华东师范大学教育学科一代代前辈学者的代表作逐步予以整理、刊布,然而工程浩大,可行的方案是分批进行。分批的原则是:依据前辈学者学术成果的代表性、当时代的影响和对后世影响的实际情况。据此,先确定了第一辑入选的11位学者,他们是:孟宪承、廖世承、刘佛年、曹孚、萧承慎、欧元怀、常道直、沈灌群、赵祥麟、赵廷为、沈百英。

《大夏教育文存》实际上是一部华东师范大学建校后曾经在教育学科任教过和任职过的著名学者的代表作选集。所选入的著作以能够代表作者的学术造诣、能够代表著作撰写和出版(发表)时代的学术水平、能够为当下的教育理论建设和教育实践发展提供借鉴为原则。也有一些作品,我们希望能为中国的教育学术事业的历程留下前进的脚步。

《大夏教育文存》入选者一人一卷。所收录的,可以是作者的一部书,也可以是若干部书合为一卷,特殊情况下也可以是代表性论文的选集,还包括由作者担任主编的著述,但必须是学术论著。一般不选译著。每一卷的选文,先由此卷整理者提出方案,再经与文存总主编共同研究商定选文篇目。

每一卷所选入著述,在不改变原著面貌前提下,按照现代出版要求进行整理。整理的内容包括:字词和标点符号的校订,讹误的订正,专用名称(人名、地名、专门术语等)的校订,所引用文献资料的核实及注明出处,等等。

每一卷由整理者撰写出编校前言,内容包括:作者生平、学术贡献、对所选代表作的说明、对所作整理的说明。每一卷后附录作者主要著作目录。

五

编纂《大夏教育文存》的设想是由时任华东师范大学教育科学学院院长的范国睿教授提出的。他认为,作为中国教育学科的一家代表性学府,理应将自己的历史和传统整理清楚,告诉后来者,并使之世世代代传递下去。实现这一愿望的重要载体就是我们的前辈们的代表性著述,我们有责任将前辈的著述整理和保护下来。他报请华东师范大学校长办公会议批准,将此项目立项为"华东师范大学优势学科建设项目",获得资助。还商得华东师范大学出版社支持和资助,立项为出版社重点出版项目。可以说,范国睿教授是《大夏教育文存》的催生人。

承蒙范国睿教授和时任教育科学学院党委书记汪海萍教授的信任,将《大夏教育文存》(第一辑)的编纂交由本人来承担,能与中国现、当代教育史上的这些响亮名字相伴随,自是莫大荣耀之事。要感谢这份信任!

为使整理工作能够顺利进行,我们恳请孙培青、陈桂生两位先生能够担任文存的顾问,得到他们的支持。两位先生与入选文存的多位前辈学者曾是师生,对他们的为人、为学、为师多有了解,确实给了我们很多十分有价值的指点,如第一辑入选名单的确定就是得到了他们的首肯。对两位先生我们要表示诚挚的感谢!

文存选编的团队是由教育学系的部分教师和博士、硕士生所组成。各卷选编、整理工作的承担者分别是:孟宪承卷,屈博;廖世承卷,张晓阳;刘佛年卷,孙丽丽;曹孚卷,穆树航;萧承慎卷,王耀祖;欧元怀卷,蒋纯焦、常国玲;常道直卷,杨米恩;沈灌群卷,宋爽、刘秀春;赵祥麟卷,李娟;赵廷为卷,王伦信、汪海清、龚文浩;沈百英卷,郭红。感谢他们在选编和整理工作中所付出的辛劳和努力!研究生董洪担任项目秘书工作数年,一应大小事务都安排得井然有序,十分感谢!

尤其是要感谢入选文存的前辈学者的家属们!当我们需要了解前辈们的生平经历和事业成就,希望往访家属后人,我们从未受到推阻,得到的往往是意料之外的热心帮助。家属们不仅热情接待我们的访谈,还提供珍贵的手稿、书籍、照片,对我们完成整理工作至关重要。谢谢各位令人尊敬的家属!

感谢华东师范大学出版社对文存出版的大力支持!也感谢资深责任编辑金勇老师的耐心而富有智慧的工作,保证了文存的质量。

感谢所有为我们的工作提供过帮助的人们!

杜成宪

2017 年初夏

编校前言

赵廷为(1900—2001),字轶尘,浙江嘉善人,以教书和编书为毕生职业,以小学教育与教学法为研究视域,为我国教学法研究的开拓,为华东师大教育学科的奠基,做出了值得记忆的贡献。

一

1900年6月18日,浙江嘉善的一户普通赵姓农家里,降生了一个男婴,起名"廷为",或许是希冀其将来有所作为。赵廷为祖上是盐商,祖父是私塾教师,父母是忠厚淳朴的农民,家中还有兄长赵廷炳和姐姐赵轶男。这样文化氛围浓郁、温馨和睦的家庭,深深陶冶了赵廷为的性格。他少时在家乡嘉善一带求学,后以优异成绩考入北大预科,但出于经济原因,听从父亲建议,转入免费的北京高等师范学校英语系预科。虽然英语基础薄弱,但凭着坚持不懈地读英文报纸和勤加练笔,他的英语成绩在学期末即有很大提高,令最初批评他的老师都刮目相看。而在修习英文的过程中,赵廷为开始认识到英语并不适合自己,一是"英文只宜当作一种研究科学的工具",不能单单据此对社会做出贡献,二是北高师没有学习英文的适宜环境,讲话的能力不能得到提升。此时恰逢杜威来华讲演,赵廷为深受影响,遂改学教育——一种他认为"适应的科学"。此两次选择,不仅减轻了家庭负担,使得其兄长能顺利出国留学,亦为其后来译介、传播国外的教育教学理论扫除了语言上的障碍,赢得了立足教育学界的资本。

1924年从北京师范大学教育研究科毕业后,赵廷为多在中小学、大学任教,也曾先后两次短暂担任商务印书馆的编辑,主编《教育杂志》《四角号码新词典》及国语教科书等。时局动荡,个人绝难安定,赵廷为慨叹"世上无如吃饭难",一生辗转浙江春晖中学、温州第十中学、杭州师范学校、国立安徽大学、国立中央大学、大夏大学等多个工作单位,直至1951年华东师范大学成立,任教育系教授,才得以稳定。① 在商务印书馆编写教科书的经历,使得他对教材教法的研究

---

① 赵廷为前半生的工作波折颇多,且一直在与疾病抗争。读者如欲更深入了解有关赵廷为的生平,可参阅孙荣的《中国现代小学教育的探索者——赵廷为》,华东师范大学2009年硕士学位论文;以及华东师范大学老教授协会组编的《师魂:华东师范大学老一辈名师》,华东师范大学出版社2011年版;瞿葆奎、郑金洲主编的"二十世纪中国教育名著丛编"之《教材及教学法通论》,福建教育出版社2007年版,其中刘家访教授撰写的《特约编辑前言》亦可参考。

逐步深入,而到大中小学任教,又为他赢得了组织实施教学实验的机会。人生的经历之于个人人生塑造,在此足可窥见一斑。

赵廷为可称为我国小学教育的探索者、教学法研究的开拓者,与同时期的俞子夷、吴研因、沈百英等人,共同促进了教学论教材及研究的创立与本土化。其著作以译介国外教育学、心理学及编写师范学校教科书为主,如《道尔顿制教育》《新课程标准与新教学法》《教育心理学》《新式测验编造法》《教育概论》《小学教材及教学法》《教材及教学法》《小学低年级算术教学法》等;论文散见于《教育杂志》《平民教育》《东方杂志》《中华教育界》等各大教育类刊物。① 从写作时间上看,多集中于三四十年代,建国后鲜有发声。在错乱颠倒的年代,无言少语,未尝不是对教育理想及做人底线的一种坚守。2001 年 12 月 15 日,赵廷为走完了饱经沧桑的一生,享年 102 岁。

二

思想源于生活。赵廷为在北高师求学的迷惘之际,正值杜威来华讲学,当时盛行的实用主义哲学和行为主义心理学对他的教育观点造成了深刻的影响。然而赵廷为深知不能简单地照搬国外的理论,必须保持自己的本土意识,从而创造适合中国本土的教育学与教育。多年的实践经验和思考的积累让赵廷为不仅长于教学法的研究,对训育以及教师素养和教师专业发展方面也有深入的思考和独特的见解,并甚为关注教育学科的独立性问题。

赵廷为曾于 1932 年在《东方杂志》上两次撰文集中探讨我国学校的训育问题,后又于 1937 年发表《关于训育的基本原理》,其对如何对待学生的过失行为以及训育实施方法的探讨,至今仍有借鉴意义。除了对学生的操守养成极为关注,赵廷为对教师的专业成长也很重视。他在《教育概论》中说:"一个小学教师,为欲求对于自己教学问题的解决和教学方法的改进,必须怀着继续生长的理想,时刻寻找进修的机会。"纵观其著作,论述教师基本素养和专业发展途径的视角也十分精当,其一生的教学生涯更是对其理论的注脚。

赵廷为认为教学是教师刺激和指导儿童学习的一种活动,学生行为方法的改变才是教学的核心,评价学习是否发生要看儿童已有行为是否发生改变。由此可见,赵廷为非常看重儿童在教学中所处的地位和所呈现的状态。对于课程,赵廷为认为其应分为教材和活动两部分,教材本身并不是学习的目的,而是

---

① 详情参见文后所附的《赵廷为主要论著目录》。

帮助儿童进行活动所必需的工具,是帮助活动进行所需要的行为方法。在教学上,他主张学科和活动两种方式的内容和形式互补,既注重学科的系统理论知识学习,又关注到活动课程综合性的应用知识。另外,赵廷为还强调了儿童、课程、教育目标和教育环境之间的关系。他认为对儿童的研究是教学法实施的前提,只有对儿童有深刻的认识才能确定适当的教学目标,然后根据所定的教学目标选择教材,并提供适当的教育环境。如此,教学方法才能经济有效。

专注,才能更好地升华。赵廷为的教育思想与实践虽然集中于小学教育和教学法,但他对教师与学生的关注、对教育的情结与信仰、对教育学科的探索与追求,无愧于他所处的时代,值得教育学人缅怀。

三

本卷所选《小学教材及教学法》原由商务印书馆出版于1935年,全两册。上册通论(后于1948年由商务印书馆以《小学教材及教学法通论》之名单行出版),下册分述各科教材及教学法和复式之教学。① 之所以选此书做赵廷为的代表作,一因它恰好契合了赵廷为的两大研究领域——小学教育与教学法;二因它成书于民国教材及教学论研究的旺盛时期②,从中可以窥见当时学人的研究生态;再者也因它是赵廷为学术生涯的扛鼎之作,起着承上启下的纽带之力③。通读全书,我们觉察不到任何高深的理论,只会感觉到一位教育学人在耳提面命,丝丝入扣,层层递进,每一个需留心的细节,每一处当警惕的关口,都有触及,恰似为新入职教师量身打造的实用教学指南。

第一编"通论"是普通教学法研究,从教材与教学的意义、小学教材与教科书的组织使用入手,着重提出教学方法所应依据的七大原则,练习的、知识和思想的、欣赏的、发表的、自学辅导的、适应个性的等一般教学法,概述了教学的准备、教员的态度与技能等问题。第二编"各科教材及教学法"分述学科教学法,详解了卫生、体育、音乐、国语、社会、自然、常识、算术、劳作、美术十科教学所涉及的教学法问题,视野宏大,分析入微。第三编对当时的研究热点"复式之教

---

① 1948年出版的《教材及教学法》(全四册)亦是在此书的基础上重编而成(其第一册又即1944年出版的《教材及教学法通论》)。
② 参见焦炜、徐继存的《百年教学论教材发展的回顾与思考》,载于《课程·教材·教法》,2012年第10期。
③ 在本书之前,赵廷为已有《小学教学法通论》《新课程标准与新教学法》等多部著作出版,至写作本书,可谓已臻成熟。然不选择1948年重编的《教材及教学法》,主要考虑的是不与福建教育出版社出版的《教材及教学法通论》重复,且原初形态的文稿扣以"小学"之名,更专精、更有针对性。

学"做了介绍并提出了自己的见解。正如赵廷为在"编辑大意"中所提到的：本书对于理论和实际两方面，兼顾并重。所以一方面本书文字浅显，通俗易懂，含有丰富的教学实例；另一方面本书的通论与各科教学也极力互通，读者认真品读下来，相信不会产生"理论上无人不承认，实践中无人不违反"式的悖离之憾，而真真切切地体悟到"我这样教，学生就会学"。这些"作者的企图"能否不打折扣地呈现，很大程度上就有赖读者的品味、评定了。

本书对国语和算术两科讨论甚详，这也是赵廷为在教学法方面的一大亮点，显见他在国语和算术两科所花心血之多与所得成就之高。在谈到语文的分科教学法时，赵廷为提出了教材选择的四大原则：(1)想象性和现实性的教材要调和平均；(2)要具有艺术的兴味；(3)要切合儿童的生活；(4)要用标准语写成。而在教材的排列方面，既要按照文字的深浅循序渐进，以适合儿童的发展特点，又要注意与儿童的活动密切关联。这些论断至今仍然受用，"兴味"一词更值得今日教育者耐心玩味。

国语科教学，分读书(阅读)、说话、作文、写字四块论述，大致与今日所培养的听、说、读、写四种语文能力相当。在阅读教学方面，赵廷为认为现实性的阅读材料可以增长儿童的知识，训练儿童的理解能力。在朗读方面，赵廷为强调朗读在儿童小学低年级很重要，但是后期教师的教学重点应转移到默读上来。同时，赵廷为还提出在小学阶段，教师要重视说话教学，使儿童获得正确的思考能力。在作文方面，应以实用文的写作作为小学作文教学的核心，作文的批改要以促进儿童的自我评价为目的。在生字教学方面，赵廷为认为生字教学应与阅读相结合，单独教生字会使生字脱离原有的语言环境，学生难以把握生字的意义；识字的多寡影响着学生的读书能力，所以应鼓励儿童多读适合其程度的有趣味的书籍，采用从阅读过程当中练习识字的方法。

算术科教学从教材的选择和组织，到怎样提示各种算术的知识、怎样指导式题的练习、怎样指导应用题的练习，再到珠算、成绩考查、算术教具等，无不精细。而之所以如此详述，诚如其言："一因实验研究结果较属可靠，二因多数小学教师感觉困难。"由此我们不难窥见，赵廷为治学的严谨以及编写教材时内心对受众的那一份炽热的虔诚与顾念。赵廷为对算术科的研究也一直未中断，1951年商务印书馆出版的《小学低年级算术教学法》一书，是他对算术科教学研究的集成。

教育的起信力量在于，教师的价值引导与学生的自主建构，一往一复间，春风化雨，化于心成。赵廷为倡言，在遇到生字时，教师应鼓励学生学会使用字典,教会学生自己掌握识字的基本方法;在阅读中练习识字,这样儿童可以从阅读过程中发现生字,联系上下文理解生字的意义,并在日常谈话和作文中加以应用。各种细节的设计,无不体现出赵廷为对教育理论和教学问题的精准把握,而这些"意见"时至今日,仍然被"建议""倡导""强调"着。

四

在编校过程中,编者尽可能少地以己意度作者意而增删添改、旁加注解,此处也无意过多论说本书,以免给读者留下先入之见,干扰思考的自由。读者细品此书,或许就能感受到作者对国语、算术诸科的洞见之深,亦会有慨80年前教学中的那些老大难"问题"依旧还是"问题"。朱子有道:"读书别无法,只管看,便是法",读者不妨"且去看"。

"人生到处知何似?应似飞鸿踏雪泥。泥上偶然留指爪,鸿飞那复计东西。"相对于人世,学术史上的"过客"或许更有此憾。编者校完全篇,在此还想道一点感想,即由于个人学术的成就、所处岗位的光晕、主旋律与低音的知名度等因素影响,有的人跻身于时代潮流,论著颇丰,政绩卓越,闻达至今;有的人却一辈子也就教教书、写写书、编编书,寡晓于世。在本辑中,对于绝大多数读者而言,赵廷为恐怕属于后者。那些被莫名的有选择性地忽略或视为无关紧要的"指爪",就此蜷缩于图书馆库藏柜中的某一角落,鲜有人问津,甚或散佚无存,好似当年的"历史"压根从未发生。然而我们发掘审视下来,庶几不得不承认:各有各的风景,各有各的光亮。其实,昙花一现,也曾惊艳,过眼云烟,亦可绵延。在尚未湮灭之前,将箱底的库存抖一抖灰尘,重新展览示人,将现时历史中或缺的"历史"重新书写为历史,想必也是编校这套"文存"的念想之一。

限于编者学识的鄙陋,虽时时以"大夏教育文存"编校方案为圭臬,但在编校、注解以及论著目录整理过程中,未能一一核实原始文献,或有缺漏、讹误,敬请读者批评指止。

编校者

乙未夏初于丽娃河畔

目录

小学教材及教学法 …………………………………… 1

赵廷为主要论著目录 …………………………………… 355

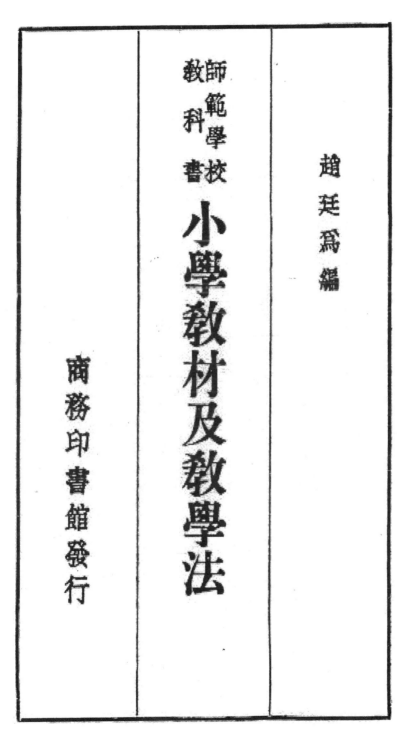

赵廷为编《小学教材及教学法》，商务印书馆1935年版的扉页

```
中華民國二十四年九月初版
                          (30745-3B)
師範學校 小學教材及教學法二冊
教科書
第二冊定價大洋壹元陸角
外埠酌加運費匯費

**********  版
* 有 所 權 *  翻
* 究 必 印 *  印
**********

編纂者    趙廷爲
發行人    王雲五    上海河南路
印刷所    商務印書館  上海河南路
發行所    商務印書館  上海及各埠
```

《小学教材及教学法》1935 年初版版权页

```
師範學校
教科書      趙廷爲編
小學教材及教學法  第一冊
商務印書館發行
```

《小学教材及教学法》1935 年初版封面

赵廷为先生部分著作1

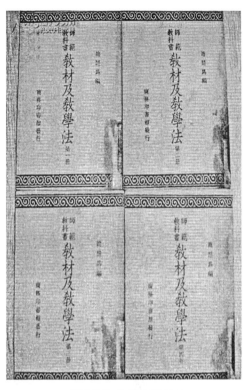

赵廷为先生部分著作2

赵廷为先生部分著作3

赵廷为先生部分著作4

赵廷为先生部分著作 5

赵廷为先生部分著作 6

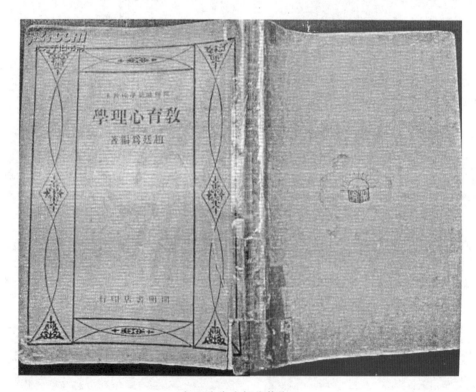
赵廷为先生部分著作 7

编辑大意

本书系遵照教育部颁布的《师范学校课程标准》而编辑的。依该标准的规定,《小学教材及教学法》一学程,分四学期教学,每学期均每周三小时。因此,本书分为三编,第一编供第二学年上下两学期之用,第二、三编供第三学年上下两学期之用。本书中各章的排列,虽依着一个系统,却不一定要依着次序去教学。

本书对于理论和实际两方面兼顾并重。书中已举出不少的教学实例,以使教学具体化;但因教学的工作系一种专业(Profession),而非行业(trade),所以作者尤致力于用极浅显的文字,表达最基本的教学原理。作者又想把"通论"和"各科研究"相联络,俾读者在研究各科教材及教学法时,把"通论"部分随时温习。作者会企图避免一切含混的语句,俾使读者读了之后,能了解作者所欲表达的真正的意思。《小学教材及教学法》一学程,与《教育心理》《教育测验与统计》等学程,最容易材料重复。作者竭力避免材料的重复,以图教学的经济。这些是作者的企图,至于最后的结果和最初的企图是否相符,那就要请读者评定了。

有一点作者要特别声明:本书所述的原则和教法等,虽尽量地根据学习心理的发现和实验的结果,但仍可说是些较可信的经验和意见罢了。因实验的研究在我国尚不能算是十分的发达,所以有许多教学的问题,我们尚未能下最终的结论。然我们不能等到实验研究有了结论后,再编这类的教本;所以在未有实验研究的结果可把各项教学问题作最终的解决之前,我们不论编辑教本或实地施教,都只得根据经验和意见了。本书所述,过了若干年后,或者全被推翻,也是说不定的。不仅本书如此,其他关于教材和教学法的书籍,岂独不然?大概说来,关于"各科研究"部分,现在我们所已得到的知识,更属幼稚——还有不少的问题等待着实验的研究来加以解决呢!教本书时,教者必须要使学生采取一种存疑的态度才好。

用本书为教本时,教者须选定若干参考书,供学生比较研究之用。关于同一问题,各著作者的解决方法往往不同;若在正当的教师指导之下,这不见得会紊乱学生的脑筋,反而足以引起学生强烈的思考。但所指定的参考书,千万不宜过多。本书中虽载列若干参考书,但仅系提议的性质;这是要靠教师自己选定的。

关于如何教学本书的问题,这要靠教者自己去决定了。每一教者,皆当利用自己之所长,而避免自己之所短;故作者不欲规定详细的教学顺序。但是下列几个建议,或可供教者参考。

(一)关于原理部分,应多采用自学辅导的方法,本书第二编会介绍一种《莫利逊的教学计划》,似宜在可能范围内试用。

(二)关于技术部分,须常带学生去参观或实习。

(三)各科教材的搜集,应成为学生分组合作的研究活动。

(四)学校内至少要备一套小学教科书和教授书,供学生研究之用。

(五)因为口才的训练异常重要,故教师应常令学生作关于某一问题的研究报告(注重短时间的报告)。

(六)凡可辩论的问题,应令学生分正反两组辩论。

本书对于国语、算术二科,讨论较详。国语科包含四种作业,实等于包含四种学科,范围既较广大,自应讨论得详细一点。至于算术科呢,一因实验研究结果较属可靠,二因多数小学教师感觉困难,所以作者也加以较详地讲述。作者又编有一本《算学小学教学之研究》(亦为商务印书馆出版的师范教本),与本书中所述,互相补充,而极少重复,似宜作为读者参考之用。凡教者所最感兴味的科目,似也不妨分配以更多的教学时间。有些人也许主张各学科教学时间要平均分配;但作者认为,有的时候,采用本书第六章中所述的举隅法去教学,似乎也很适宜。

赵廷为

民国二十四年三月三十日于南京中央大学教育学院

目　次

第一编　通　论

第一章　绪论 ─────────────── 3
一、教材的意义　3
教材与行为——种族的经验——教材的解释

二、学习的意义和原则　4
学习的意义——学习的原则

三、教学和教学方法的意义　5
教学的意义——教学的重要——什么是教学法

四、教育目标、教材、教法、儿童、环境等之相互关系　5
各因素的相互关系——教育目标——儿童——环境

总论　8
参考资料　9
问题和设计　9
参考书籍　10

第二章　小学教材与教科书 ─────────────── 11
一、小学教材的范围和来源　11
小学教材的范围——小学教材的来源

二、小学教材的组织原则和方法　12
帕克的两个原则——大单元的教材组织——心理组织与论理组织——学科的界限——活动和教材的关系

三、小学教材选择、分量支配及排列之一般原则　14
教材选择的标准——教师对于教材选择的责任——教材分量的支配——教材排列的原则

四、教科书的选择和使用　17
教科书在教育上的地位——教科书的选择——教科书的使用

总论 18
　　参考资料 19
　　问题和设计 20
　　参考书籍 20

第三章　教学方法所应根据的重要原则（上） —— 21
　　一、自动原则 21
　　　　自动原则的要义——背反自动原则的例子——自动原则的系论
　　二、类化原则和准备原则 24
　　　　类化原则的含义——类化基础的重要
　　三、注意引起和兴味原则 26
　　　　注意和兴味的关系——兴味的误解——兴味学说的真义——利用兴味时应注意之点
　　四、设计原则 28
　　问题和设计 29

第四章　教学方法所应根据的重要原则（下） —— 30
　　五、同时的学习的原则 30
　　　　同时的学习的意义——同时的学习的种类——同时学习和新教学法
　　六、熟练的公式 31
　　七、个性适应原则 32
　　　　团体教学和个别适应——个性适应问题的各方面
　　总论 34
　　参考资料 35
　　问题和设计 35
　　总温习 35

第五章　练习的教学法 —— 38
　　一、怎样使儿童明了练习的价值和方法 38
　　　　引起动机——明了的意象——示范的方法——错误的矫正
　　二、怎样使儿童继续作注意的练习 40

要使所练习者机械化——注意的练习的必要和方法

三、练习的原则　　　　　　　　　　　　　　　　45

四、练习的工具和巧术　　　　　　　　　　　　　45
　　练习测验——统计图表——限定练习的时间——变化练习的方法——卡片练习——游戏及比赛

问题研究　　　　　　　　　　　　　　　　　　48

参考书籍　　　　　　　　　　　　　　　　　　49

第六章　知识和思想的教学法 ———————— 50

一、讲述法　　　　　　　　　　　　　　　　　　50
　　讲述法的用处——讲述的技术

二、直观教学法　　　　　　　　　　　　　　　　51
　　直观教学的优点——直观教学的技术——直观教学法的限制

三、赫尔巴特的五段教学法　　　　　　　　　　　52
　　赫尔巴特的五阶段——赫尔巴特教学法的批评

四、举隅法　　　　　　　　　　　　　　　　　　54
　　何谓举隅法——优点及应用的技术

五、问题的教学法　　　　　　　　　　　　　　　55
　　完全的思想过程——教师应有的技术和态度

六、问题的教学法的优点　　　　　　　　　　　　57
　　了解——记忆——应用——我国现时需要的一种教育——一个结论

参考资料　　　　　　　　　　　　　　　　　　60

问题和设计　　　　　　　　　　　　　　　　　61

参考书籍　　　　　　　　　　　　　　　　　　62

第七章　欣赏的教学法和发表的教学法 ———————— 63

一、欣赏的教学法　　　　　　　　　　　　　　　63
　　欣赏教学的现状——附学习——一个经验——准备——强烈的情感反应——此后活动的指引——几个教学的要点

二、发表的教学法　　　　　　　　　　　　　　　67
　　发表的种类——发表在教学上的功用——发表教学的原则

总论　　68
　　问题研究　　69
　　参考书籍　　69
　　总温习　　70

第八章　自学辅导的方法 — 72

一、什么是自学辅导　　72
对于自学的态度——自学辅导的计划——自学辅导的问题

二、怎样指定作业　　73
指定作业的意义——几个注意之点

三、怎样辅导自学　　74
何谓自学——教师的辅导责任——自学方法的训练

　　总论　　76
　　问题和设计　　77
　　参考书籍　　77

第九章　适应个性的方法 — 78

一、巴达维亚制　　78
巴达维亚制的由来——变相的巴达维亚制——弗农山的试验

二、能力分组　　78
底特律的试验——洛杉矶的试验——分组的标准

三、弹性升级制　　79
弹性升级制的意义——反对弹性升级制的理由

四、不同的作业指定　　80

五、道尔顿制　　80
彻底的个别教学——道尔顿制的实际——道尔顿制的原则

六、文纳特卡制　　83
文纳特卡制概况——文纳特卡制和道尔顿制的比较

　　总论　　85
　　参考资料　　86
　　问题和设计　　87

参考书籍　　　　　　　　　　　　　　　　　　　87
总温习　　　　　　　　　　　　　　　　　　　　87

第十章　教学的准备（上）　　　　　　　　　　　　　89
一、开学前的准备　　　　　　　　　　　　　　　89
教室环境的布置——光线、空气和温度——教室里的桌椅——黑板和布告板——教室里的装饰——标语——教室里的设备——存放物品之处——作业的中心——课程和用书

二、开学的第一天　　　　　　　　　　　　　　　93
开学第一天的重要——容貌和服装——到校的时间——开学时的仪式——认识儿童——座位的指定——第一天的上课——休息的时间——学级会——教室的常规

问题和设计　　　　　　　　　　　　　　　　　　95
参考书籍　　　　　　　　　　　　　　　　　　　96

第十一章　教学的准备（下）　　　　　　　　　　　　97
一、教案的种类　　　　　　　　　　　　　　　　97
二、编制教案时应注意之点　　　　　　　　　　101
目的的订立——教材的选择和组织——旧有的知识——参考书和教具等——教学的方法

三、教案有什么功用　　　　　　　　　　　　　103
反对编制教案的理由——编制教案的必要

四、教案编制的最新趋势　　　　　　　　　　　104
非正式的富于弹性的教案——由正式到非正式的教案编制

总论　　　　　　　　　　　　　　　　　　　　　105
参考资料　　　　　　　　　　　　　　　　　　　105
问题和设计　　　　　　　　　　　　　　　　　　107
参考书籍　　　　　　　　　　　　　　　　　　　107

第十二章　教员之态度和教学技能　　　　　　　　　108
怎样才是优良的小学教员——教员所需的优良的态度和理想——教员的教学

　　　　技能——天才与训练

　　总论　　　　　　　　　　　　　　　　　　　111
　　问题和设计　　　　　　　　　　　　　　　　111
　　参考书籍　　　　　　　　　　　　　　　　　111
　　总温习　　　　　　　　　　　　　　　　　　111

第二编　各科教材及教学法

第一章　卫生科的教学目标和教材 —————— 115
　　　　卫生科的教学目标——卫生科教材的范围

　　参考资料　　　　　　　　　　　　　　　　　122
　　问题和设计　　　　　　　　　　　　　　　　122

第二章　小学卫生教学的原则 —————————— 124
　　　　卫生教学与文字记诵——卫生教学的重要原则

　　参考资料　　　　　　　　　　　　　　　　　129
　　问题和设计　　　　　　　　　　　　　　　　129

第三章　几个重要的卫生教学问题 ———————— 131
　　　　什么是卫生教学的过程——教学实例——初步的卫生教学——卫生教科书的选择——卫生成绩的考查——卫生设备和教具

　　总论　　　　　　　　　　　　　　　　　　　137
　　问题和设计　　　　　　　　　　　　　　　　138
　　参考书籍　　　　　　　　　　　　　　　　　138

第四章　小学体育科的教学目标和教材 —————— 139
　　　　健康教育和体育——体育作业要项——游戏的教材——舞蹈的教材——运动的教材——体操的教材——体育教材的组织和排列

　　问题和设计　　　　　　　　　　　　　　　　145

第五章　小学体育科的教学问题 —————————— 146

体育教学的要则——体育教学的过程——一个教学的实例——初步的体育教学法——体育所需的时间——体育对于性别差异的适应——小学儿童的姿势训练——体育成绩的考查——体育设备和教具

    总论   152

    参考资料   153

    问题和设计   153

    参考书籍   153

第六章　音乐科教材及教学法 —————————— 154

音乐科的价值——音乐科的教学目标——音乐科的作业和教材的范围——音乐教材的选择和组织——音乐教科书的选择——音乐教学的原则和过程——音乐成绩的考查

    总论   160

    问题和设计   160

    参考书籍   161

    总温习   161

第七章　国语科的教学目标和教材 —————————— 164

课程标准中所规定的教学目标——国语教材的范围——国语教材的选择和组织——几个关于国语教材的问题

    总论   172

    参考资料   173

    问题和设计   174

    参考书籍   174

第八章　读书的教学（上） —————————— 175

读书的重要——读书教学的目标——默读和朗读的比较——两类不同的读书活动——迅速的读书能力的养成——读书与思考的关系——读书能力薄弱的原因——识字数量的增进

    总论   183

参考资料	185
问题和设计	185
参考书籍	185

第九章　读书的教学(下) —— 186

实例和过程——几个教学原则——怎样指导朗读——复述和背诵——默读练习方法——初步的读书教学法——成绩考查法

总论	193
参考资料	193
问题和设计	194
参考书籍	195

第十章　说话的教学 —— 196

说话与作文的比较——说话教学的目标——说话的作业——说话教学的要则——日常会话的教学——故事讲述的教学——简短的报告及说明——演说的教学——说话教学成绩的考查

总论	204
参考资料	205
问题和设计	205
参考书籍	206

第十一章　作文的教学 —— 207

作文教学的目标——作文的作业类别——作文教学的要则——初步的作文教学——作文教学的过程或步骤——作文成绩的考查

总论	212
参考资料	213
问题和设计	213
参考书籍	214

第十二章　写字的教学 ————————————— 215
写字作业的重要性——写字教学的目标——写字教学的材料和用具——写字教学的方法和过程——初步的写字教学——写字教学的原则——写字成绩的考查

　　总论　　　　　　　　　　　　　　　222
　　问题和设计　　　　　　　　　　　　223
　　参考书籍　　　　　　　　　　　　　223
　　总温习　　　　　　　　　　　　　　223

第十三章　社会科的教学目标和教材 ————————— 226
社会科的教学目标——社会科教材的范围——学科并合的问题　系统知识的归纳　年代和空间观念的发展——社会科教材的选择和组织——社会科的详细教学目标分类——怎样研究社会科的教材

　　总论　　　　　　　　　　　　　　　234
　　参考资料　　　　　　　　　　　　　235
　　问题和设计　　　　　　　　　　　　236
　　参考书籍　　　　　　　　　　　　　236

第十四章　社会科的教学法 ————————————— 237
　　一、历史的教学　　　　　　　　　237
　　　　历史的功用——用传记法来研究历史——莫利逊的单元教学法——重要事实的记忆

　　二、地理的教学　　　　　　　　　239
　　　　地理与人生——新旧地理教学的比较——地理科中的练习——旅行的方法——地理教学的过程

　　三、公民及时事的教学　　　　　　242
　　　　公民的教学——时事教学法

　　总论　　　　　　　　　　　　　　　243
　　参考资料　　　　　　　　　　　　　244
　　问题和设计　　　　　　　　　　　　245
　　参考书籍　　　　　　　　　　　　　245

第十五章　自然和常识的教学的研究 —— 246

一、自然科的教材和教学法　246
自然科的教学目标——自然科教材的范围——自然科教材的选择和组织——自然科的教学法

二、常识科的教学　252
常识教学的要则——初步的常识教学——常识科的教具——常识成绩的考查

总论　256

参考资料　256

问题和设计　257

参考书籍　257

总温习　257

第十六章　算术科的教学目标及教材 —— 259

一、算术教学的目标　259

二、教材的选择　260
无价值的教材的裁汰——重要教材的加入——几个决定教材去留的标准

三、教材的组织和范围　262
旧时的组织——新式组织的特点——各学年作业要项

总论　267

参考资料　268

问题和设计　268

参考书籍　268

第十七章　算术科的教学法（上） —— 269

一、怎样提示各种算术的知识　269
算术科所包含的知识——一般教学的缺陷——几个教学实例——几个原则

参考资料　275

问题和设计　276

第十八章　算术科的教学法（中） —— 277

二、怎样指导式题的练习　277

反复和应用——三种不同性质的练习——几个原则——练习的方式

  参考资料 282
  问题和设计 283

第十九章 算术科的教学法（下）——285
  三、怎样指导应用题的练习 285
    应用题与式题的异点——良好应用题的标准——论理的分析——论理分析的价值——论理分析的限制

  总论 289
  参考资料 290
  问题和设计 292

第二十章 几个重要的算术教学问题——293
  初步的教学法——珠算的教学——算术教科书的选择——算术成绩的考查——算术教具的研究

  总论 297
  问题和设计 297
  参考书籍 298
  总温习 298

第二十一章 劳作科的教材及教学法——300
  劳作科在课程中的地位——劳作科的教学目标——劳作科教材的范围——劳作教材的选择和组织的原则——劳作教学过程——劳作教学的要则——初步的劳作教学——劳作成绩的考查——劳作科的教具和设备

  总论 309
  问题和设计 310
  参考书籍 310

第二十二章 美术教材及教学法——311
  美术科的价值——美术教学的目标——美术教材的范围——美术教材选择和组织的原则——美术教学的要则——美术教学的过程和实例——美术成绩的考查——美术科的教具

总论	317
问题和设计	318
参考书藉	318
总温习	318

第三编　复式之教学

第一章　复式教学的问题（上） —— 321

一、复式教学的意义和种类　　321
　　复式教学的意义——复式教学与单式教学的比较——研究复式教学的技术的必要——复式教学的种类

二、复式教学设备与座位的排列　　324
　　复式教学的设备——复式学级座位的排列

问题和设计　　325

第二章　复式教学的问题（下） —— 326

三、复式教学自动作业的实施　　326
　　不良的自动作业举例——良好的自动作业——选择自动作业的标准

四、复式教科的配合　　328
　　教科配合的方式——教科配合的原则——适应特殊情形的必要

五、复式教学日课表之配置　　329
　　日课表配置的困难——几个重要的原则——复式日课表举例

总论　　334
问题和设计　　334
参考书籍　　334
总温习　　334

附录一　小学公民训练标准 —— 336

附录二　本科参考用书 —— 351

赵廷为主要论著目录 —— 355

第一编

通 论

第一章 绪 论

一、教材的意义

教材与行为 小学里所教的国语、算术、社会、自然、劳作等教材,到底具有什么价值?为什么小学必须要规定这些教材叫儿童学习?儿童学习了这些教材究竟得到什么益处?简单的回答是:这些教材若真正为儿童所习得,就能够把儿童的行为改善。

初看起来,教材与行为似乎不见得有如此密切的关系。但是稍加思索,读者也不难明了这回答的真确。学过了卫生教材,儿童就会不吃水果摊前摆着的切开的西瓜;学过了国语教材,儿童就会养成每日阅读书报的习惯;学过了社会教材,儿童就会发生民族主义的思想;学过了美术、音乐等教材,儿童就会每日从事正当的消遣。[1] 果真如此,学过了教材以后的儿童的行为不是大为改善了吗?

种族的经验 若再追溯教材的起源,则教材和行为的关系,益见明了。一切的教材,都是种族的经验。何谓种族的经验?这就是人类的祖先在生活经验之中发现出来的、满足实际需要的方法:人类的祖先感觉到一种需要,或想要适应一种生活的动境,因此寻求最适宜的方法来满足他们的需要,来适应他们的生活动境。无意地或有意地,他们发现了一种方法,确能把他们所要解决的问题加以解决。有了这种新的发现,他们自然心里很得意。他们已经由经验中获得了一种有价值的思想、情感或动作。自然,他们如遇到同样或相似的生活动境,就继续用这有价值的思想、情感或动作去应付。这是他们最宝贵的经验。他们不但常常用这有价值的思想、情感或动作来应付其生活的环境,并且要把这宝贵的经验传递于后人,使后人对于环境的适应也能够改善。

一切教材的发生都是如此的。天文学的发展,是要满足农业、航海的需要;几何学的发展,是要满足土地测量的需要;算术的发展,是要满足商务经营的需要。其他例子不胜枚举。总之,教材的价值乃在能够满足人类的需要,或改善人们对于生活环境的适应。

教材的解释 由以上的讨论,我们可得到一个对于教材的较切当的解释。

---

[1] 现今小学儿童学习了教材,往往不能改善行为,这是假学习,而非真正的学习。

凡课程内的教材都可视为人类所已发现的最有价值的行为方法。不论是一项知识、习惯或理想，若为儿童所真正习知，当能影响其对于环境的适应。倘若不然，这种教材或是已经陈旧而不宜列入课程之中，或是尚未真正为儿童所学习。

二、学习的意义和原则

学习的意义 教材既然是些有价值的行为方法，那么，"学习教材"自然只是获得有价值的行为方法的一种过程。易言之，所谓学习乃是指行为的改变而言。

直到此时，我们虽已屡用"行为"一词，却尚未将这一个名词下一个解说；但是现在我们必得要加以简单的讲述。凡人们对于生活动境所起的反应都可称为行为。我们看见朋友走来（动境），就向他鞠躬（反应）；这是一种行为。我们看报，看到日本侵略中国的策略（动境），就想起日本帝国主义必须打倒，而抱定宗旨不去买日货（反应）；这也是一种行为。这类的例子，真是不胜枚举。

照此看来，行为和反应不妨当作同义的名词。教材是行为的方法，有时人可称为反应的方法；学习是改变行为，有时又可称为改变个人对于动境所起的反应。儿童学习了某种反应方法之后遇到了某种生活动境，自然会起某种反应，而无法加以阻抑。在某种生活动境和某种反应之间，儿童已造成了一种强固的结合，就是所谓感应结。① 故换一种说法来讲，学习乃是改变感应结的过程；而儿童所学习到的乃是一种对于动境的反应（反应方法、行为或行为方法）。②

学习的原则 感应结怎么会造成？儿童怎么会学习一种新的对于动境的反应？我们当然用不着把学习的定律在这里作详细的讨论；却是有一个重要的学习原则，我们必须要加以指出。儿童学习一种对于动境的反应乃是继续反应的结果。要儿童获得一种反应，须先使儿童练习这反应。感应结愈经练习则愈强固。所谓自动原则（Principle of Self-activity）③，所谓由做事而学习（Learn to do by doing）④，都是指这个意思。不论学习礼貌、写字、唱歌、艺术、游泳或历史、地理等学科，这原则都能普遍地应用。任何教师，都应牢记这个原则，因为

---

① 感应结即联结，由美国心理学家桑代克提出。他认为联结有两类：一类是先天的联结，即本能；另一类是习得的联结，即习惯。——编校者
② 反应、反应方法、行为、行为方法等名词，在根本意义上，无多殊异，故常替代应用。
③ "自动"相当于心理学上的"自动化加工"，即对刺激物的信息无需注意或只需很少注意的加工。见朱智贤主编的《心理大词典》，北京师范大学出版社1989年。——编校者
④ 即"从做中学"，由美国哲学家、教育家杜威提出。——编校者

这可以说是最根本的学习原则。

三、教学和教学方法的意义

教学的意义 什么是教学？最简单的回答是：教学为一种刺激和指导儿童的学习的活动。儿童的学习，我们已指出，完全是儿童自己对于动境继续反应的结果；所以学习完全是儿童自己的事情，教师的教学不能够用来代替儿童的学习。在教学上，教师的任务仅在于刺激和指导；至于儿童是否学习，完全要看他们作怎样的反应。

教学的重要 没有教师的刺激和指导，儿童也能够学习。儿童在生活中刻刻受到环境的刺激而发为种种的反应，又因反应的结果，学习各种的事物；因此，有许多教育者主张，儿童的学习应是十分自由的，不要教师去干涉。儿童生来就有许多自然的动作倾向；让这些倾向充分地表现，据说就可以使儿童受到很好的教学。这种主张显然是完全错误的。儿童的自然动作倾向，固应常常在教学时利用，但完全让儿童照行动做事，结果就要引起时间的耗费，就要发生不正当的学习。况且有许多正当的学习，儿童不能够从这种自然动作中获得。要他们学习这些正当的事物，一定要教师去刺激，去指导。所以教师的刺激和指导，无论如何，是不可缺少的。

什么是教学法 要对儿童的学习作适宜的刺激和指导，那么，教师一定要研究教学的方法。什么是方法？方法是一种确定的、有组织的、有目的的做事的手续。这种做事的手续和盲目的杂乱无章的动作完全相对立。方法有好坏的分别，做事没有方法固然得不到结果；但如果所用的方法不很适宜，则所得的结果也一定不能够满足我们的希望。

至于教学方法的定义，可述之如次：教学方法是一种确定的有组织的手续，用来刺激并指导儿童的学习，以实现所希望的教育目标。

四、教育目标、教材、教法、儿童、环境等之相互关系

各因素的相互关系 在这绪论里，我们不仅要说明教材和教学方法的意义，还得要把教师在实际教学时所必须要考虑的各种因素，述说一下：

当教师实施教学的时候，他所选择的教材和所用的教学方法固为决定其教学效率的重要因素；但是还有教学目标、儿童、环境等因素也是异常的重要。这几种因素具有相互的密切的关系。大概说来，教师每次的教学，其第一步手续，

乃是研究所教的儿童的智力、旧有经验和兴味等。第二步,教师要根据所教的儿童的能力、兴味和需要,而订立适宜的教学目标。第三步,他再根据所已订立的教学目标选择教材,但仍必须要把儿童的能力、兴味和需要来供参考。第四步的工作,乃在设置适当的环境的刺激,以引起儿童对于教学的适宜的反应。第五步,他要采用经济有效的教学方法指导儿童的反应,俾获得所希望的学习结果。最后,他要考查儿童的学习结果,以与所已订立的教学目标相比较,看结果与希望是否相符。教材和教学方法这两种因素在本章中已有所述,此后还须详加讨论;如今我们再把教育目标、儿童和环境这三个因素略加叙说。

教育目标 离开了教育目标,我们根本谈不到所用的教学方法的好坏,根本谈不到所选择的教材是否合宜。因为这是选择教材的最重要的根据,和评判教学方法的好坏的最重要的标准。教师对于儿童活动如何指导,和对于学习环境如何布置,也莫不受到教育目标的决定。作者认为,现在小学教学上的通病,就是教师对于所欲实现的教育目标缺乏正确明白的认识。他们只晓得讲解教科书,或命令儿童去做各种练习;却不知道儿童从教科书的学习中,或从练习的工作中究竟应该获得何种行为方法,俾更能够适应生活的需要。用航海来比方,他们只晓得驶船,而不晓得这只船应该驶向哪处去,因此驶来驶去,总是不能够到岸。所以关于教育目标的问题是值得加以详细地讨论的。

教育目标,有小学教育总目标、学科目标、单元目标、功课目标等等不同的种类。小学教育总目标在教育部最近颁布的小学《课程标准》中,有如下的规定:

> 小学根据三民主义,遵照中华民国教育宗旨及其实施方针,发展儿童的身心,培养国民道德基础及生活所必需的基本知识和技能,以养成知礼知义爱国爱群的国民。兹分析如下:
> (1)培养儿童健康的体格。
> (2)陶冶儿童良好的品性。
> (3)发展儿童审美的兴趣。
> (4)增进儿童生活的技能。
> (5)训练儿童劳动的习惯。
> (6)启发儿童科学的思想。
> (7)培养儿童互助团结的精神。
> (8)养成儿童爱国爱群的观念。

小学各科的教学都是想要实现小学教育总目标的;所以每一学科的目标,指示每一学科对于实现小学教育总目标的特殊的贡献。小学各科的学科目标等到讨论到各科教材和教学法的时候,本书将分别地加以讲述。

单元目标是指若干时间内所教的教材的单位功课;目标是指本课所教的事物。例如在第十一章的教案实例中,单元目标是使儿童获得计算分数所需的知识和技能,而功课目标是使儿童了解化繁分数为最简分数的法则。小学教学总目标、单元目标和功课目标是有密切的关系的,其关系可用下式来表示:

功课目标→单元目标→学科目标→小学教育总目标。

上式表示若干功课的教学,引导到单元目标的实现;若干单元的教学,引导到学科目标的实现;若干学科的教学,引导到小学教育总目标的实现。教师在教学时,应该要明了这种渐进的关系。

至于教师日常的教学,往往集中注意于功课目标和单元目标。这些是教师直接寻求的学习结果,这些直接寻求的学习结果就是前面所说的行为方法的获得。要儿童获得的行为方法,为便利起见,可分为下列各类:

(一)**习惯和技能** 这些都是对于一定的刺激所作的异常迅速而机械的一定的反应。习惯较属简单,如默读时的认字和眼的移动,朗读时的发音,算术四则的基本九九等等,皆属之。技能可说是由数种特殊习惯互相调和适应而成。驾驶汽车、打字等动作,都是技能;小学校里教学的读书写字等科,因其所包括的技能较多,平常称为技能的科目。

(二)**知识** 知识包括各种事实、概念、原则、法则、公式等,着重在意义的了解和实际的应用。

(三)**欣赏和理想** 这些学习的结果,具有两种主要的特征:①浓厚的情感色彩;②价值的承受。各种态度、兴味、嗜好、情操、偏见、信仰皆属于此类。本书将采用欣赏一词为总称。

每一类的学习结果,皆有其最适宜的教学方法。教师在每次教学时,必须要先订立所欲实现的教育目标(或所欲寻求的学习结果),然后看所欲实现的教育目标的性质属于何类,再选择相宜的教学方法。所用的教学方法与所欲实现的教育目标一定要互相适合;关于寻求每类教育目标(或学习结果)的最适宜的教育方法,将在第五、六、七等章中加以叙述。

儿童 儿童这个因素在教学过程中的地位,至少可以说是与教育目标一样地重要。如果教育目标代表教学过程的终点,那么,儿童的自然的兴味和现时的经验与能力,可以说是代表教学过程的起始点。不论在订立教育目标时,或在选择教材时,教师对于这起始点必须要加以考虑。教育目标不宜定得太高,而须有实现的可能。要第一年级的儿童了解四种政权的意义,显然是一个不能实现的教育目标,因为这与儿童现时的经验、能力和兴趣相差太远了。在以前的时候,教师只知道教的是教材,而不知道教的是儿童。教学过程中的重心现已由教材转变到儿童了,但所谓重心的转变,只是指出注意儿童的经验和能力的必要,却并不忽视有价值的教材的学习。再在指导儿童学习时,教师又须明了儿童学习所遵循的法则。故儿童这个因素与教育目标、教材、教法等因素,莫不有密切的关系。关于儿童的本性和学习法则,读者应从《教育心理》一学程中详加研究,供作实际教学的基础。《教育测验及统计》一学程,将供给读者关于测验技术的知识,以帮助读者去发现所教儿童的能力、兴趣和经验背景;所以也值得加以细心地探讨。为避免各学程材料的重复计,作者在此处暂不加以讲述。

环境 假若教师已根据所订立的教育目标和儿童的能力、兴味和需要,来选定了适宜的教材,以供儿童学习之用;那么,他的其次的工作,便是设置适宜的教育环境,以激起儿童的适宜的反应了。教师选定了教材之后,不是就强迫儿童去记忆并背诵的。我们在前面已指出,儿童的学习乃是继续反应的结果,故教师必须设法使儿童对于所选定的教材作强烈适宜的反应。但是教师不能够直接控制儿童的反应,而只能先控制了环境中的刺激,然后间接地对于儿童的反应加以控制,故适宜的教育环境的设置,乃是异常地重要的。现代教育对于教室的布置和设备、教具等非常重视,就为了这个缘故。关于这环境设置的问题,我们在第十章中还须加以讨论,所以不再多说了。

总论

教材的价值乃在其具有改善儿童的行为的可能性。就起源言,一切的教材都是人类的经验——都是人类所已发现的最有价值的行为方法。

所谓学习,乃是指行为的改变而言。凡人们对于生活动境所起的反应,都称行为;故学习又可说是改变动境和反应的结合(或感应结)的过程。

儿童所学习到的,乃是一种反应;儿童学习一种对于动境的反应,乃是继续的反应的结果。学习是儿童自己的事情;教师的教学不能够用来代替儿童的学习,却能使儿童的学习更加经济而有效。故教学乃为一种刺激和指导儿童的学习的活动。

至于教学的方法,乃是用来刺激并指导儿童的学习以实现所希望的教学目标的一种确定的有组织的手续。

教学目标、儿童、环境、教材和教学方法等乃是教师在教学时必须要考虑的数种因素。这数种因素具有相互的密切关系。

教育目标为选择教材和评判教法的优劣的最重要的标准;故本章讨论得比较地详细。本章所讨论到的目标,有小学教育总目标、学科目标、单元目标、功课目标等类。我们已指出,若干功课的教学应引导到单元目标的实现;若干单元的教学应引导到学科目标的实现;若干学科的教学应引导到小学教育总目标的实现。

功课目标和单元目标乃是教师直接寻求的学习结果。这些学习结果可分为三类:(一)习惯和技能;(二)知识;(三)理想和欣赏。本章对于这三类学习结果会加以简要的说明,并指出所用的教学方法须与所寻求的学习结果互相调适。

本章又指出,教学过程中的重心现已由教材转变到儿童;又指出教师只能先控制了环境中的刺激,然后间接地对于儿童的反应加以控制。换言之,本章已指出,儿童的研究和教育环境的设置,乃是异常地重要的。

参考资料

环境的意义　密勒(Miller)[1]曾讲述环境的意义,非常明白,兹介绍于下:

"一般人说到环境,往往是指外缘(Surrounding)而言。狗和其主人,论其外缘,也许是相同的;可是其所处的环境,却大有分别。……桌上的报纸,壁上的书画,架上的书籍,以至于时钟的鸣声,并不入于狗的环境;因为这些事物在狗看来,只是些物质的影像而已,可是对于主人,这些事物却有很大的意义,足以唤起其反应,并影响其行为。我们在教育上所谓环境,是指凡能唤起人的反应或影响其动作的一切事物而言。自此种观点上言之,环境一词,不仅包括物质的势力,并且兼指心理的、社会的、道德的、美感的及宗教的种种事物"。(见 I. E. Miller, Education for the needs of Life, NY: Macmillan, 1917, pp. 10 – 11.)[2]

问题和设计

(一) 试解释下列各名词:(1)教材;(2)学习;(3)教学;(4)教学方法;(5)动境;

---

[1] 密勒(Miller)即 Irving Elgar Miller,生于 1869 年,美国教育学者。——编校者
[2] 该书全名为:Education for the Needs of Life: A Text book in the Principles of Education for Use in Elementary Classes in Normal Schools and Colleges and in Institutes and Reading Circles. 所引文字原文为:In the popular sense of the word, the environment of anything is that which surrounds it. For our purposes this conception is inadequate. The surroundings of the (转下页)

(6)反应;(7)感应结;(8)习惯;(9)技能;(10)欣赏。

（二）试述教育目标与教学法的关系。

（三）试述教育目标与教材的关系。

（四）试述教育目标与儿童的关系。

（五）试就任何小学教科书中,任选十篇课文,而研究教学每一课文时所欲寻求的学习结果属于何类。

（六）试述真正的学习(actual learning)与假学习(false learning)的异点。

参考书籍

① 罗廷光编:《普遍教学法》,商务印书馆1930年版,第1—8课。

② 克伯屈著,孟宪承、俞庆棠合译:《教育方法原论》,商务印书馆1930年版,第2—4章。

（接上页）dog and his master may be identical but their environments radically different. This may be true even of children of the same family. The newspaper, the paintings on the wall, the books on the shelves, the striking of the clock do not enter into the environment of the dog in the same sense as they do into that of his master. To the dog they are limited largely to the physical; to the man they are things that have a large meaning and significance. It is this larger meaning and significance — largely non-existent for the dog — to which the man responds, or which influences his conduct. When we use the term "environment" in education we mean everything to which human beings respond or which is capable of influencing them. From this point of view the environment includes not only physical things and material forces but also things mental, moral, social, esthetic, and religious. ——编校者

第二章　小学教材与教科书

一、小学教材的范围和来源

小学教材的范围　我们已在前章中指出,一切的教材都是人类在生活奋斗之中所已发现的有价值的行为方法。但人类已有悠久的历史,其所积聚的经验至为繁多。在这全部教材中究竟哪一部分应该在小学中教学?小学教材的范围应该怎样?

要回答这问题,我们须先考问:什么是小学的特殊功能?勃立格斯(Briggs)[①]曾说过:"依现今的教育组织,小学的最高目的乃在:(一)不问儿童的性别、社会地位或将来所操的职业为何,而供给每一儿童以共同必需的训练;(二)靠着这种共同的训练,把将来的公民统一于一个民治国家的下面。"勃氏的话虽针对美国情形而言,却指出一个普遍原则,在我国似乎也可以适用。

根据这勃氏的话,我们可以说,凡是每一儿童共同需要的知识、习惯、理想和欣赏,和凡是带有统一作用的教材,都是属于小学教材的范围。举例来说,阅读、写作和计算的能力是为每一儿童所共同需要的;还有党义、历史等教材,是含有统一全国国民的思想和信仰的重要作用的;所以这些教材在小学课程中必须要占着重要的地位。

这乃是一个根本的原则。如果小学教师在特殊情形之下必须要自己选择教材时,那么,为避免轶出范围计,这个原则似可供作一种指导。但教育部颁布的小学《课程标准》已规定卫生、体育、国语、社会、自然、劳作、美术、音乐等为小学教学的科目,并对每一科目定出各学年作业要项,把小学教材的范围加以大体的规定。这乃是应该为一般小学教师注意的选材的范围。

小学教材的来源　有不少的人把教科书看作小学教材的唯一的来源,这可说是一个莫大的谬误。新式的托儿所或幼稚园,虽不一定采用教科书,但是

---

① 见 Briggs, The Junior High School, Boston: Houghton Mifflin, 1920, pp. 20-21. (Briggs 即 Thomas. H. Briggs,生于1877年,美国教育学教授,曾任教于哥伦比亚大学师范学院。所引文字的原文为:"In such an organization of education as exists, or as will exist, in the United States, the most important purposes of the elementary school are conceived to be: first, to furnish the common training necessary for all children 'regardless of sex, social status, or future vocation'; and, second, by means of this common training to integrate the future citizens of our democracy."——编校者)

我们仍常讲到托儿所或幼稚园的教材。未入学校的儿童虽未读书,却早已学会了国语、简单的计数和自然社会的常识;难道这些都不能算是教材?人类的经验固然有一部分是记载在教科书或一般读物中,但是在人们的社会环境中,也充满着种种的教材。对于年龄幼小的儿童,这社会的环境乃是教材的主要来源——这个来源实在比教科书还要重要数倍。现今小学课程中,以抽象符号的记诵占其大部分,皆由于过重教科书所致;今后应改变重心,常常引导儿童从自己所处的社会环境中直接寻找教材,而把教科书的阅读视作此种直接的经验的一种补充。

二、小学教材的组织原则和方法

帕克的两个原则　关于小学教材的组织,帕克(Parker,1880—1924)[①]曾提出两个最重要的教材组织原则如下:

(1) 把审慎选出的大问题作详尽的研究,不要像百科全书似地讨论许许多多的题目,却都讲得很肤浅。

(2) 把一学科加以心理的组织,以使儿童有效率地学习,不要仅仅采学科的论理的组织。

大单元的教材组织　如今让我把这两个原则申说一下:先说第一原则。这不仅是教材组织的重要原则,而且是评判教科书优劣的标准。旧式的教科书,都是像百科全书似地,涉及许许多多的题目,却又不能一一讲得明白清楚。而且,这许多的题目都各自独立,不相连属,既乏兴味,又极难于记忆。新式一点的教科书就不相同了。同是讲地理,新式的教科书不去列举河名、山名,而加以极简短的叙述;却把有兴味的大题目,如物产、首都等,作精详的研究,所谓大单元的组织,即指此类的教材组织而言。大单元的教材组织,总比百科全书式的教材组织更便于教学之用。

心理组织与论理[②]组织　再说教材的第二原则。这第二原则与第一原则显然是有密切的关系的。百科全书式的教材组织,乃是保存学科论理系统的结果。要保存学科的系统,要把一学科内应有的项目全数教给儿童,于是编辑者不得不把一学科内的教材提取精华,缩成为几册薄薄的教科书,以使教科书分

[①] Parker, General Methods of Teaching in Elementary Chools, Boston: Ginn and company, 1919, p. 115.(帕克,Samuel Chester Parker,曾任芝加哥大学教育学院院长。——编校者)

[②] 论理即逻辑。——编校者

量和教学的时间相配合。所涉及的项目既如此繁多,而教科书的册页又很单薄;因此教科书的内容便像百科全书一般了。但若编辑者采心理的教材组织,以适合儿童的需要,则大单元的研究自是当然的结果。

要证明心理组织的优点,最好用历史来做例子。旧式的历史教科书是用年代的排列的,这是一种论理的教材组织。但是小学低年级的儿童还没有时间的观念,要他们研究古代社会的情形,一定不能够了解。照最新的教法,教师须先使儿童研究本地社会的情形。使城市儿童研究乡村的情形,使乡村儿童研究城市状况,这乃是第二步的教学。这种的教学,就要采用沙箱、故事、图书、旅行等方法,以使儿童得到真实的观念。然后,教师可引入初民生活的故事,用渐进的方法使儿童得到年代的观念并更进而研究历史的事实。要合于下章所叙述的类化原则,教材一定要采用这种心理的组织才行。

学科的界限　心理组织的根本的定义是使教材适合于儿童的需要、能力和兴味,而不受学科的拘束。所以采用心理组织的结果,一定要把学科的界限完全打破,或把学科的范围扩大。儿童的生活经验是整个的,不是分成若干学科的。他们只喜欢做事情,而对于不合儿童生活的学科知识完全没有兴味可言。其对于学科知识的兴味乃是后天获得的,而且发现很迟;因此对于小学儿童的教学,最好不要分出学科的界限。现在最普通的办法是把数种学科合并为一种学科;例如把历史、地理合并为社会,把动物、植物合并为自然等即是。学科的范围既然扩大,儿童要研究实际的问题,自然更加便利。所以这种办法使教材接近儿童的生活,因此较适合儿童的需要和兴味。可是这种办法仍是不彻底的。最彻底的办法是把学科的界限完全打破,而采用活动的课程(activity program)①。活动课程在美国小学低年级及幼稚园中试行者极众。活动课程的要点,是把儿童的有目的的活动作为课程组织的中心。儿童一心一意要进行各种有兴味的活动,但教师则随机引入适宜的学科教材,以使得他们进行各种活动更加顺利。儿童要顺利地进行各种的活动,才去研究教材。学科里的教材,本身并不是目的,不过是帮助儿童进行活动所必须的工具。换句话说,儿童所以要学习教材,完全是为着寻求适宜的行为方法,以使所进行的活动得到很好的结果。

---

① 活动的课程(activity program)即活动课程,是以儿童从事某种活动的动机为中心组织的课程。又称经验课程,或儿童中心课程。(见张焕庭主编:《教育辞典》,江苏教育出版社,1989年5月第1版,第635页。)——编校者

活动和教材的关系 这种以活动为中心的课程组织显然有不少的优点。其最大的优点，在作者看来，就是上段最末一句中所含蓄的意思。学科教材既成为儿童进行活动时所需的行为方法，所以如此学来的教材自然能制驭儿童此后的生活。他的个人行为已经有所改变。此后，他遇到相同或相类似的动境，自然会去用如此学来的教材知识，来帮助他进行各种活动。换言之，在此种活动课程之下，儿童最能够得到真正的学习。

可是有几点总得要注意。第一，彻底的活动课程很不容易试行。即在美国，除了著名的实验小学之外，普通的小学试行的也不很多。第二，彻底的活动课程在幼稚园及小学低年级中固然极合应用，但教师仍须渐渐地引导到学科的研究。到了中年级及高年级，学科便有逐渐分化的必要。第三，所谓活动并不仅指身体的动作，而在智慧和情感的方面也有种种的活动，如研究、读书等等。

然彻底的活动课程固尚未易实行，却是无论学科的组织是否保存，教师定须引入各种活动使教材和生活相连络。总之，课程中不仅包含教材，而且包含各种活动——这乃是一种普遍的趋势。依最新的定义，课程代表儿童在学校内所从事的经验及其排列的一般次序。教材只是儿童的生活经验（或活动）中所需的工具。教学教材的最好的方法，是使儿童从生活经验的关系上去学习教材。

三、小学教材选择、分量支配及排列之一般原则

教材选择的标准 教材的选择与教材组织的方法，具有密切的关系。如果我们采用论理的组织方法，那么，我们选择教材的唯一原则就是要看某项教材在学科系统中的地位怎样。凡是阐明学科系统所必须的教材，都是应该在小学中教学的；至于其本身的价值若何，尽可不问。但是我们已指出，心理组织是一种较适宜的教材组织；根据心理组织去选择教材，我们将采用何种的标准呢？如今我们要加以简单地讨论。

（一）我们所选择的教材，须适合于所已订立的教育目标。假定我们采用较不彻底的心理组织，仍旧保存学科的界限，而仅作大单元的教学，则我们的教材研究工作第一步是根据学科的目标而选择若干适宜的单元，第二步是根据每一单元的特殊目标而选择适宜的教材项目。举例来说，根据社会科的教学目标，我们可选定"孙中山先生的革命""领事裁判权的收回""我国的物产"等单元。再例如"孙中山先生的革命"这一个单元，又可规定目标如下：(1)使儿童欣赏孙中山先生伟大的革命精神；(2)使儿童了解孙中山先生革命的意义和必要；

(3)使儿童记忆孙中山先生若干重要革命的事迹。若根据这些目标选材,则凡与这些目标无关的教材均应在汰除之列。

（二）我们所选择的教材须有最高的实用价值。关于这个标准,有两点必须要加以说明:第一,凡不能适合现时实际的需要而毫无功用可言的教材,都是不应在小学中教学的。有不少的教材在从前固然为适应生活最善良的行为方法,却是因为文明的进步和环境的变易,早已不适于用。这类的教材就不宜在课程中占一位置。教材的价值是随时代而变迁的。没有实用价值的教材,我们应随时地加以裁汰。第二,具有实用价值的教材,正如恒河沙数,不知凡几。因为学校里教学的时间有限,所以我们又须把教材的价值加以比较。只有价值最大的教材方适应在学校中教学。

当我们比较教材的价值时,我们应再根据下列的标准:

（1）凡在生活中应用次数较多而较常见者则其价值当较大。

（2）凡在紧要关头时所需用者则其价值当较大（防空知识所以重要就因其能适合这个标准）。

（3）凡社会所认为适当而优良者则其价值当较大。

（4）凡有永久性者,其价值较仅有暂时性者为大。

（5）凡学习起来比较困难而不易由生活中无意地习知者,其课程价值当较大。

（三）我们所选的教材须合于所教儿童的能力、需要和兴味。有些教材虽有很大的实用价值,却对于所教的某特殊年龄或程度的儿童,并没有学习的兴味,因此也不宜加入于课程之中。换言之,我们所选的教材不仅本身具有极大的实用价值,而且其价值必须要能为儿童所感觉。

（四）我们所选择的教材须合于本地社会的特殊需要。如果本地社会是一个乡村的社会,那么,所选择的教材须合于乡村社会的特殊需要。如果本地社会是一个大都市的社会,那么,所选择的教材须合于大都市社会的特殊需要。如果蚕桑为本地社会的主要工业,那么,关于蚕桑的教材应该要在课程中占一重要的地位。如果瓷器为本地社会的主要工业,那么,关于瓷器的教材自应特别加以注意。

教师对于教材选择的责任　　或许有人说,选择教材是教育专家的工作,至于教师只须依照课程标准和教科书的内容去教学,毋庸另外选材。这句话是似是而非的。课程标准仅指示全国儿童共同需要的最低限度的教材,但各学校仍得根据地方需要和儿童个性而加以补充和适应。况课程标准仅指出一个教材大纲,至于详细的说明、例证、题目等概从缺略;且对于各项目的教材的分量的支配,也多未明白的规定;可见有许多地方已留出伸缩的余地,让教师自己去选材了。教育部审定的教科书固然都照课程标准去编辑,但编辑者观点未能尽同,而内容也颇多差异。更进言之,编辑者在编辑教科书时,也只能顾及全国共同的需要,而未能顾及各地方特殊的情形。任何小学教师,要找求一本切合特殊需要的教科书是很困难的。他一定要常从各种小学教科书及补充读物中选择适宜的教材,以适应本地社会及儿童的特殊的需要。但在选择教材时,上面所列举的几个标准似可供作一种指导。

教材分量的支配 假定我们已把每一学科中的各单元和各教材项目详加选定,如今我们要更进一步考问,各单元中的教材分量应该怎样地支配?大概说来,教材分量的支配受到下列各因素的决定。第一,各单元中的教材分量的多寡视各单元的"比较价值"若何而定。易言之,凡价值较大的单元,其教材分量应该要支配得多一些。第二,各单元中教材分量的支配须足以实现各单元的目标。例如"孙中山先生的革命"这一个单元,我们要儿童学习的教材的分量,只要足以使儿童欣赏孙中山先生的革命精神,足以使儿童了解孙中山先生的革命的意义,足以使儿童明了数种孙中山先生革命的重要事迹;过此限度,我们就不应加以苛求。倘然在支配教材分量时,我们能顾及这单元目标的因素,那么,教材分量的支配是否适宜,全视单元目标定得是否适宜为转移。第三,教材分量的支配要看儿童学习的时间的多寡而定。教师应把儿童学习的时间预算一下,并对各种科目分配一下。每一科目每次所指定的教材分量须使儿童在所分配到的时间内能够从容不迫地习毕。第四,教材分量的支配须顾及儿童个别的差异。对于能力不同的儿童,教师应该支配不同的教材分量。

教材排列的原则 还有一个教材排列的问题,我们也得加以讨论。一个人所共知的教材排列原则是由简单到复杂,由容易到困难,或由具体到抽象。对于具有连续性的学科,这个原则似最重要。例如算术、国语等科教材的排列,是必须要顾及这个根本的原则的。其次的教材排列原则,便是根据儿童的有目的的活动。假若教材的排列与儿童活动上的需要相适合,则儿童学习时当更有兴味。第三个教材排列原则,乃是根据时令,例如在夏天研究霍乱和疟疾,在春天研究牛痘等即是。还有一个原则,是根据学科的系统。这原则对于小学教材的排列并不十分重要,但若其他情形相同,那么,这原则也值得加以顾及。在每学期开始时,教师应把教材排列的问题周密地计划一下,但仍须随时伸缩变动,以适合儿童的刻刻变化的兴趣和需要。

四、教科书的选择和使用

教科书在教育上的地位 因为教科书与教材具有极密切的关系,故在讨论过了教材问题之后,我们也得把教科书的选择和使用加以考量。现今有不少的所谓新教育者,痛诋书本教育,但是教科书在教育上的地位,仍是异常巩固。这是因为教科书有若干重要的功用,较属显明者为:

(一)教科书是统一全国教材或推行课程标准的利器;(二)对于能力薄弱或工作过忙的教师,教科书供给现成的教材,而确有极大的帮助。

据作者的观察,教学方法无论如何革新,教科书在教育上所占的重要的地位恐将永久不会动摇。真正的教科书的问题不是一个用不用的问题,而是一个如何选择和使用的问题。

教科书的选择 教科书选择的标准是随着学科的性质而异的。所以本书对于教科书选择的问题将留待讨论到每一科目的教材和教学法时再分别地加以讲述,如今只提出几个要点来说说。

当我们选择教科书时。我们首先要考问:这部教科书对于教材的选择、组织、分量支配和排列是否适当?本章中所讲述各点,固可在评判教科书时应用,但对于这问题的解答,却不十分简单。因为教育者对于每一教育问题的意见,往往彼此不符,所以相同的教科书,在不同的教育者的眼中,价值常不相同。举例来说,一部充满着鸟言兽语的国语教科书,有些人认为并无缺点,却又有些人认为"大谬不然"。社会教科书中的选材,有些人认为太偏于党义,但另有人说:"党义教材分量未免过少"。意见的不一致乃是一件无可避免的事实。在尚未订定客观的选择标准之前,教师不妨根据自己的教育观点,来把已经审定的教科书,选择自己认为较好者加以应用。至于在课程标准中的规定,以及较属可信的教学原则,如本书中所述者,也应供作选择教科书时的重要参考。

若论到教科书的形式及其文字,那么,各教育者的意见就比较地能够一致。例如文字流利、叙述正确、用字适合程度、插图美观、字体大小适宜、装订牢固、标题醒目、纸张无反光等标准,没有人会持异议的。在这几个选择标准中,文字流利、叙述正确和用字适合程度这三个标准,作者认为较属重要。"以讹传讹"的教科书显然是应在禁止出版之列的。如果用字艰深,文字不浅显,以致儿童不能了解教科书中的语句,这也是著作者的过失。教科书的著作者,在实际上就是一个教师。良好教科书的特征在许多方面是与良好教师的特征相同的。因为一个讲述不清楚而人家听了不懂的教师,我们都承认是不良的教师;所以一部叙述欠明了、用字太生涩而不能为儿童所了解的教科书,也不合我们的选择的标准。

教科书的使用 如今更进一步讨论教科书的使用。教科书之所以受人们的痛诋,乃完全是由于教师使用错误的缘故。一般的教师都是完全依赖教科书的,因此把教科书知识的传授当作教师教学的唯一的工作。我们已在前面指出,教科书不是小学教材的唯一的来源,而教师应常使儿童从其所处的社会的环境中直接寻找所需的教材。所以教科书在性质上只是像一种指南或说明书而已。比方来说,如果我们要游西湖,我们最好购一本《西湖指南》供作游览时的指导。当我们研究社会、自然等教材时,我们也应该如此。我们的研究的对象,乃是我们所处的社会的环境;但教科书可供作研究时的指导,正如同《西湖指南》可供作游览西湖时的指导一样。倘然教师和儿童采取了这一种态度,那么,教科书的功用就十分地巨大了。

然现今一般教师误用教科书的根本原因,乃在能力不够。因为教师能力不够,所以才有依赖教科书的不幸现象发生。可见得提高教师程度乃是改进小学教学效率的根本要图。假若我们希望一个能力不够的教师把教科书做正当的使用,那就完全是奢望了。

总论

小学校的最高目的乃在:(一)不问儿童的性别、社会地位或将来所操的职业为何,而供给每一儿童以共同必需的训练;(二)靠着这种共同的训练,把将来的公民统一于一个国家的下面。根据这最高的目的,凡是每一儿童共同需要的知识、习惯、理想和欣赏,以及凡是带有统一作用的教材,都是属于小学教材的范围。

教科书不应被视为小学教材的唯一的来源;因为儿童所处的社会的环境,才是小学教材的主要的来源。教师应常常引导儿童从自己所处的环境中直接寻找教材,而把教科书的阅读视作此种直接经验的一种补充。

教材组织的主要原则有二:(一)大单元的教材组织总比百科全书式的教材组织更便于教学之用;(二)心理组织总比论理组织好。心理组织的根本的意义是使教材适合于儿童的需要、能力和兴味,而不受学科的拘束。

最彻底的心理组织,是把学科的界限完全打破,而采用活动的课程。活动课程的要点,是把儿童的有目的的活动作为课程组织的中心。活动的课程显然是有不少的优点,却很不容易试行。然无论学科的组织是否保存,教师定须引入各种活动,使教材和生活相关联。

我们所选择的教材，须适合所订立的教育目标，又须有最高的实用价值。比较教材价值的标准为：（一）凡在生活中应用次数较多而较常见者，则其价值当较大；（二）凡在紧要关头时所需用者，则其价值当较大；（三）凡社会所认为适当而优良者，则其价值当较大；（四）凡有永久性者，其价值当较仅有暂时性者为大。除此之外，我们所选择的教材，又须合于所教儿童的能力、兴味和需要，及本地社会的特殊需要。

各单元中教材分量的支配，第一要根据各单元的比较的价值；第二要能实现各单元的目标；第三要看儿童自学时间的多寡；第四是要顾及儿童个别的差异。至于教材排列的原则是：（一）由简单到复杂；（二）由具体到抽象；（三）要根据儿童有目的的活动；（四）要根据时令季节。

教科书的功用在：（一）统一全国教材；（二）供给较繁忙的教师以现成的教材。但如何加以选择和使用乃是一个重要的问题。关于教科书的选择随科目性质而异，故本章仅略述要点，而留待第二编分科地讨论。至于如何使用这一层，作者仅指出一个根本原则——教科书在性质上只是像一种指南或说明书而已。

参考资料

大单元的概念——马克马利（Mcmurry）①在其所著《设计教学法》一书中论大单元的概念，有下面一段话：（见 Mcmurry, Teaching by Project, NY: Macmillan, 1920, pp. 44-45.）

"大单元的概念，在课程上应用时，就假定每一主要的学科，如历史、自然、文学、

---

① 马克马利（Mcmurry）即 Charles. A. Mcmurry(1857—1929)，著有 Teaching by Project: A basis for purposeful study 等，曾任范德堡大学的初等教育学教授，致力于在美国传播赫尔巴特的教育思想。Teaching by Project 的中译本有杨廉译的《设计教学法》，商务印书馆 1923 年 12 月初版，1930 年 4 月，1931 年 7 月，1934 年 1 月皆再版过。下文所引文字的原文为：The big-unit conception applied to the curriculum assumes that each main study such as history, science, literature, or geography is built up out of these large wholes or units of knowledge rather than out of individual facts. The separate facts are too small and fragmentary to serve as units of construction in knowledge building. Facts indeed we must have, and in spelling, primary reading writing, arithmetic, that is, in what are known as formal studies, the mastery of individual facts counts for much. But we have been totally misled in supposing that the separate fact counts for much in history, science, literature, geography, or in any rich content subject. The enlargement and enrichment of our recent course of study compels us to abandon this itemized, bookkeeping style of knowledge and to focus our attention upon big projects as thought-centers around which the numerous facts are organized. The big-unit conception of knowledge assumes that each study is framed up out of large timbers or structural units. Knowledge is like a big plantation which is made up of large fields, but not of individual acre lots, or like our Federal Government which is combined out of large political units called states and not out of an endless multitude of small townships. ——编校者

地理等，都是由大的知识单元组织成功的，不是由个别的事实组织成功的。分立的事实太嫌微小，太嫌琐碎，不宜用为知识建筑的单元。固然，我们不能没有事实的知识，而在拼字、诵读、书写、算术等所谓形式的科目中，个别的事实的知识确是非常的重要；但在历史、地理、自然、文学等内容的科目中，如果我们也重视分立的事实，那就陷于莫大的谬误。近来课程日趋充实丰富，使得我们不得不舍弃这种列举式的像账簿似的知识组织，而集中于大的设计；至于无数分立的事实，即可聚集起来，把大设计当作知识的组织的中心这大单元的知识概念，假定每一学科是由大的材料或有结构的单元组织成功的。知识譬如大种植，由大的田亩组成，不是由小的方地组成的；又譬如美国联邦政府由各大政治单位——省——组成的，不是由无数小市镇组成的。"

问题和设计

（一）拿一部小学里用的教科书来研究，其对于教材的选择和组织是否合于本章所述的原则。

（二）试解释下列各名词：(1)心理组织；(2)论理组织；(3)比较价值；(4)活动课程；(5)课程；(6)直接经验；(7)间接经验。

（三）试根据本章所述的原则，发表对于读经问题的意见。

（四）试述参考书的价值及其选择的标准。

参考书籍

① 波德著，孟宪承译：《现代教育学说》，商务印书馆1930年版，第三章。

② 杜威著，郑宗海译：《儿童与教材》，中华书局1922年版。

③ 杜威著，邹恩润译：《民本主义与教育》，商务印书馆1928年版，第十四章。

第三章 教学方法所应根据的重要原则(上)

在本章及下章中,我们要讨论几个教学方法所应根据的重要原则。因为教学的方法完全是以儿童学习的方法为根据,所以这几个原则都是从教育心理学上引出来的。我们要讨论的原则是:

(1) 自动原则。

(2) 类化原则和准备原则。

(3) 注意引起和兴味原则。

(4) 设计原则。

(5) 同时的学习的原则。

(6) 熟练的公式。

(7) 个性适应原则。

一、自动原则

第一个重要原则是自动原则。这在第一章里早已讲过,因为这是最根本的教学原则,所以不厌重复,再在这里详加申说。

自动原则的要义 自动原则的要义,我们在第一章里已经指出,就是一切的学习都是儿童对于动境继续反应的结果。其最普通的说法,就是儿童由做事而学习。这原则在教学方法上的应用,即谓教师只可帮助、鼓励或指导儿童做事,却不可替儿童做事。以前对于教学方法的研究往往着重于教师的活动——仅仅去注意怎样提示教材,或怎样讲解;现在我们才知道学习并不是一件被动吸收的事情,而渐渐的注意到儿童自己的活动。这乃是现代自动原则对于教学方法所发生的影响。

关于自动原则,读者特别要注意,所谓自动,不是仅仅指身体的动作而言,凡儿童的心理的反应,如思想、感情等,也莫不可称为自动。读者也许常听到"教学做合一"的论调。"教学做合一"固然是和自动原则互相发明,确有理论的根据;但如读者误解了"做"字的意义,便要引起极大的谬误。如果所谓"做",仅仅指身体的动作,而所谓"教学做合一",仅仅指直接经验的学习;则许多宝贵的种族经验便不能够传递于后人,而现代的文化不久即将衰退了。人所以异于禽兽,不仅在能从自己的经验中学习种种的事物,而且在能得到他人(古人或今人)的经验的益处。要是一切的学习都要靠直接经验去获得,不思利用人类学习的特长,自要引起学习的不经济了。伯顿(Burton)有一段话讲得很精彩,他说:

> 人家常常说,我们只能由经验中得到学习。'经验是最良的教师',确是一句老生常谈的俗语……然而,一般的人士忽略了一种重要的活动,即内部的或心理的活动。因此其对于这俗语的解说常常陷于谬误。我们的学习不仅靠着直接的经验,或自己去做事情。直接的经验往往不是最良的教师,而是拙笨而耗费时间的教师。固然有许多事情,我们用属于直接经验这一类的活动去学习,但我们又能从他人的经验中得到学习。若我们把他人所直接经验到的事件,间接地去经验(vicariously experiencing),不知道要省掉多少的麻烦,免除多少的错误。用阅读、观察、表现、反省等方法,我们能得到各种的观念、了解和态度;而即如技能的获得,也可因此节省不少的时间和努力。阅读、表现、观察、思考等反应,实在也都是有教育性的活动,而属于另一类的经验。①

背反自动原则的例子 "自动教学"四字早已成为教师的口头禅,却是背反自动原则的实例仍属不胜枚举。最普通的背反自动原则的例子,前面已经暗为指示,就是替儿童做事。例如教师见儿童不会做手工,就替他去做手工;见儿童不会画图,就替他去画图。这种错误一半是由于教师缺乏忍耐心,因为他见

---

① Burton: Nature and Direction of Learning, p. 76. (伯顿 Burton,即 William·H·Burton,曾任辛辛那提大学和芝加哥大学教育学教授。原书名应为 *The Nature and Direction of Learning*,NY: D. Appleton and Co, 1929, pp. 76 - 77. 引文在原书的第 76—77 页。英文原文为:It is often said that we can learn only by experience. An old proverb has it that "experience is the best teacher." The foregoing discussion of learning as activity would seem to bear this out. However, the average citizen overlooks an important phase of activity, namely, inner or mental activity. Hence his limited common-sense interpretation of the proverb is wrong. We do not learn only by *direct* experience, by doing the thing ourselves. Direct experience is not always the best teacher; it is often a poor and wasteful teacher. We do unquestionably learn an immense amount through activity of the *direct* experiencing type, but we can learn also through the experience of others. We can save ourselves long laborious processes of discovery, we can avoid errors and delays through *vicariously* experiencing the *direct* experience of others. We can appropriate ideas, understandings, attitudes, can even cut down materially the time and labor necessary to acquire a motor skill by observing others, by reading, by dramatizing, by pondering and reflecting upon the experiences of others. The responses of reading, dramatizing, perceiving, thinking are truly activities of an educative type and are forms of experiencing. ——编校者)

儿童不会做事，心里觉得十分难过；还有一半是由于教师太注重具体的结果，因为他要快些做完事情，却不问儿童是否得到学习。第二种背反自动原则的例子，是教师太性急，而不给儿童以思想的机会。教师的目的在把功课快快教完，而儿童思索一个答案，或解决一个问题一定要费时间，所以教师不愿给儿童这种机会。这种错误，也和第一种错误一样，根本是由于教师缺乏忍耐心和过重具体结果的缘故。把功课教得太快或太慢，也是背反自动原则的。因为这样一来，一定有一部分愚笨或聪明的儿童不能够对于功课起反应。所以这是背反自动原则的第三种实例。还有一种最普通的背反自动原则的例子，就是只让聪明的儿童参加活动，而不给愚笨儿童发表意见的机会。在参观教室教学时，我们最容易发现这种错误。然而这也是由于教师缺乏忍耐心和过重具体结果的缘故。因为若让愚笨儿童发表意见，则错误常常要发生，校正起来，便费时间，而使得功课教慢了。

以上是较普通的实例。总之，自动原则虽然听见过的人不算稀少；却在事实上，一般的教学常常是背反这个原则的。我们不厌把自动原则反复申说，就因为这个缘故。

自动原则的系论①　还有两个教学方法所应根据的重要原则，和自动原则有极密切的关系，所以我们称之为自动原则的系论（corollary）。这两个系论就是：(1) 直接教学的原则；(2) 尝试错误的原则。

(1) 先说直接教学原则。自动原则指出儿童的学习完全是由于自己的反应。在第一章中，我们说明儿童所学习到的，只是一种反应，现在所谓直接教学原则，其意思就是，要儿童练习什么反应，就直接叫他练习什么反应。所以自动原则和直接教学原则，在根本意义上，并无很大的殊异。直接教学简直可以说是自动原则的一种变化。这也是由做事而学习的意思。

直接教学，大家知道是外国语教学上一个重要的原则。依据这原则，要儿童学习说话，就直接教他练习说话；要儿童学习看书，就直接教他练习看书；要儿童学习写作，就直接教他练习写作。若是我们不采用直接教学，而间接教他文法的构造，则不但不经济，而且有妨碍于纯粹的学习。有许多中国学生学了多年的英语而仍不能说纯粹的英语，考其所以然的原故，完全是受了文法知识的妨碍。若有英人或美人向中国学生说英语，中国学生常常先在心里想一想文法的构造，然后再说话。语言的应对一定要迅速流利，这种先在心里想一想文

---

① 系论即推论，必然的结果。——编校者

法构造的习惯,在社会交际时极有妨碍,所以一定要加以破除。凡是将来要破除的习惯,我们总不宜使儿童养成;因为破除一种习惯正像养成习惯一样的困难,若使儿童养成了将来要破除的习惯,教学就不经济了。心理学家盖茨(Gates)说:"学习一项事物,可以有几种不同的方法。最好的方法是完全依照将来要用到的形式去学习。"①完全依照将来中文要用到的形式去学习,便是直接教学的根本要义。

这原则不仅在外国语上应用,即在任何科目的学习上,也莫不适用。举例来说,要儿童学习乘法九九,就直接叫儿童练习乘法九九,不必间接地叫儿童先把乘法表背熟。无论学习什么事物,教师须开始就使儿童直接练习将来要用到的反应(把其他条件撇开不说)。

(2) 尝试错误原则。我们因受篇幅的限制,只可加以极简单的叙述。一般的教师常缺乏忍耐心,而对于儿童的错误十分地厌视。因此,他们常提示最完善的形式令儿童去模仿;有时儿童怕犯错误而不敢发一言半语,因以失却自动的机会。这都是由于不明尝试错误原则的缘故。在学习时错误是难免的,而尝试是必需的。巨大的错误固然亟需矫正,较小的错误和缺点,儿童由经验的结果,自然会得逐渐的汰除。与其不做事,还不如做事而犯错误。人能够吃一次亏,学一次乖,所以犯了错误是一件极平常的事情,教师可以不必大惊小怪。

二、类化原则(apperception)和准备原则(preparation)

类化原则的含义 类化原则有三种含义。第一,不论教师说一句话或写一个字,儿童都用其心里所联想到的旧经验来解释其意义。同是一句话或一个字,各人因联想到的旧经验不同,其所发生的意义也很不一致,即使对于同一的人,因所唤起的旧经验随时而异,也会在不同的时间内起种种不同的反应。例如教师在黑板上写"孙中山先生"五字,有几个儿童立刻联想到创造民国的伟人,有几个儿童只知道这是指挂在党国旗中间的画像,还有几个儿童也许连这一点观念也没有。又例如我们听了"民生"二字,有时想到总理的民生主义,有时联想到自己的饭碗问题和生活困苦的情形,有时也许想到民生餐室去吃午饭了。

---

① 盖茨(Gates)即 Arthur Irving Gates(1890—1972),美国著名的教育心理学家,曾任美国哥伦比亚大学师范学院教育学教授。引文见 Gates:Psychology for students of education, NY:Macmillan, 1923。——编校者

第二，要使儿童对于教材起适宜的反应，教师须先引导儿童的思路，使之回忆适当的旧经验来解释新的教材。我们做几何学的问题，有时因思路错误没有方法去解决；但后来我们改变了思路，用另外一种定理去证明，便觉得很容易了。由此可见引导思路的重要。在这一种含义上，类化原则有时可称为准备原则。所谓引导儿童的思路，使之回忆适当的旧经验来解释新的教材，其意思就是说，教师在教学之前，应先设法使儿童旧有的经验，凡与所教的教材有关者，准备起来，俾与新的教材相融化。

使儿童准备，或引导儿童的思路，可以有种种的方法，最普通者为：(1)把从前学过的有关系的事件提出来略说一遍；(2)叙述现在学习的题目或问题。赫尔巴特(Herbart，1776—1841)的五段教学法，其第一阶段的用意，就在这个地方。但最有效果的方法莫如先引起儿童适宜的心向，或克伯屈(Kilpatrick，1871—1965)所谓"心向者一个目的(mind set to an end)"的一种态度[1]。要是儿童一心一意去学习一项事物，或对于所学习的事物有一种强烈的欲望，则他的心向能使所有的旧经验，凡与所学习的有关者，全都准备；而同时使所有无关系的旧经验不准备。例如小孩正在一心一意造洋娃娃的房子的时候，无论有天大的事，他也不加以注意，因为在此时他的一切思想或反应莫不和"造洋娃娃的房子"的事情有关。所以引起适宜的心向是引导儿童思路的最良的方法。

第三，如果儿童没有适当的旧经验来解释新的教材——易言之，如果儿童缺乏类化的基础——教师须先供给所需的实在经验，然后再教新的教材。凡是新的学习须建筑在儿童旧经验的上面。若教师在教学之前，把儿童的旧有知识预先研究，则他一定会发现有许多极平常的事物不能为儿童所了解。在1880年时，霍尔[2](Hall，1844—1924)氏研究波士顿(Boston)城初入小学的儿童，发现有百分之十九不懂什么是鸡，有百分之七十七不懂什么是乌鸦，有百分之七十八不懂什么是露水。依类化原则，若是教师发现有这种情形，他就应先供给儿童以各种实在的经验，然后再进行教材的教学。

类化基础的重要 一般教学的实际，因为过重抽象符号的记忆，往往违反类化的原则。帕克指出有许多小学儿童口唱一二三，不过当作没意义的歌谣，

---

[1] 见《教育方法原论》。(克伯屈著，孟宪承、俞庆棠译：《教育方法原论》，商务印书馆1930年版，第11页。原文为："对于目的之心向(mind set to an end)"。——编校者)
[2] 霍尔，即斯坦利·霍尔(Granville Stanley Hall，1844—1924)，美国心理学家、教育家，美国第一位心理学哲学博士，美国心理学会的创立者，发展心理学的创始人，也是冯特的学生。——编校者

却是从来没有数东西的实在经验。我们常听见小学生口头喊着半生不熟的新名词，他们哪里会懂得真正的意义？近来一般学校里所实施的党义教学，大部分是从表面上做工夫。其违背类化原则之处，更属屡见不鲜。倘若类化基础不良，儿童将来所受的教育就要蒙其影响。

新式小学为什么要常用沙盘、图画、实物来帮助教学？为什么要具备各种供给具体知识的读物？为什么要常带儿童去参观，去旅行？为什么幼稚园和小学低年级都注重供备实在的经验？简单的回答是：这些方法的目的都是要筑成良好的类化的基础。到了较高的年级，许多教学上的困难都是由于类化基础不良而发生的，所以筑成良好的类化基础，是幼稚园和小学校的重要责任。

三、注意引起和兴味原则

自动原则指出儿童的学习是由于自己反应的结果。儿童对于一事件所起的反应，依类化原则和准备原则，乃受所唤起的心向和旧经验的决定；故要使儿童起适当的反应，我们须利用儿童的心向和旧有的经验。但反应一经激起之后，我们又须维持儿童的注意，而使儿童继续地反应，以期获得学习的结果。现在我们就要讨论维持注意的问题。

注意和兴味的关系 注意约分为自发的注意（pontaneous attention）和强制的注意（forced attention）两种。自发的注意是根据于儿童自然动作倾向，或后天获得的兴味，例如注意新奇的事物等是。用强制的注意时，则儿童对于所注意的事物以为无足轻重，而另有其他的目的，例如为考试而温课等是。自发的注意和兴味，实在是指同一的事物，因为凡是我们所感到兴味的事情，必能引起我们的自发的注意。简而言之，在我们实现一个目的或实行一种活动时，注意即指理智的活动，而兴味乃对一种欲望或喜悦的感情状态而言。兴味的定义可述之如次：对于某种活动觉得很有价值，而值得努力去从事——这一种感情便是兴味。

至于强制的注意，其发生在未有兴味之前。例如儿童对于功课还没有感到兴味之时，因为怕考试不及格之故，就已把功课加以强制的注意。有时，儿童能够由强制的注意，发现学习功课的价值。换言之，有时他对于本来没有兴味的功课，由强制的注意而渐渐地发生兴味。所以强制的注意并非是绝对不可利用的。不过我们要知道，利用自发的注意总比利用强制的注意好。利用强制的注意，只可当作一种无可奈何的办法。且利用了强制的注意之后，我们必须引导儿童发生功课的兴味。若其对于功课的兴味仍不能发生，则此种强制的注意，对于儿童的生长有极不良的影响。因为不但强制的注意不能长久维持，且以儿童学习功课并未感到一种真切的价值，这种注意一定是很分散；而分散的注意也许就渐渐养成为一种习惯，使儿童此后对于任何事情，不肯十分地用心了。

总起来说，教师一定要引起儿童的兴味和注意。最好，教师要引起儿童的自发的注意；遇不得已时，教师也可利用儿童的强制的注意，但利用了强制的注意之后，教师仍须引导儿童发生功课的兴味。若是没有了兴味，儿童的注意一定散漫，且不易维持；而因其对于所学习的事物不能起强烈和继续的反应，所以儿童的学习也难获得良好的结果。如今让我再把兴味问题加以较详的说明。

兴味的误解 教育儿童一定要有兴味，差不多是谁都知道的了。可是误解兴味的人，却极众多。最普通的见解，以为要使儿童有兴味，一定要愉悦儿童，诱诱儿童，凡可以使儿童对于事物感有兴味者，无不可为。依这种见解所得的教学结果，完全是放纵儿童，养成种种不良的习惯。

近来有许多人感于儿童无纪律，缺乏勤劳、忍耐、努力等习惯，因此反对兴味的教学方法，甚至谓兴味的教学方法完全是美国的舶来品，不合于我国的国情。我国的教育应该注重纪律、勤劳、忍耐、努力等习惯，自无疑义；但美国杜威、克伯屈等氏所提倡的兴味学说，和上述的见解大不相同，实在并无不合我国国情之处，似不必以其为舶来的学说而加以一笔抹煞。

兴味学说的真义 兴味学说的真正的意义，从心理学上讲来，就是前面所说的心向或心向着一个目的的一种态度。在这种意义之下，兴味和勤劳、忍耐、努力等习惯，并不是互相对立的。儿童既"心向着一个目的"，则他必殚精竭虑，克服种种的困难，以实现其所向的目的。换言之，他一定要十分努力，才可以把他所感到兴味的活动，继续进行，以致于完成。在实际上，兴味愈浓厚，则儿童更肯努力。克伯屈说得好：

"兴味和努力皆为应付困难之健全活动中所同具。自对于目的之情绪的热忱言之，谓之兴味。自困难当前，自我之坚忍前进言之，谓之努力。兴味和努力，为同一进行的活动(on-going activity)之二面。"[①]

利用兴味时应注意之点 兴味学说的意义既明，如今为简略起见，让我把根据兴味原则实施教学时所应注意之点，择要条举如下：

---

① 见《教育方法原论》。（原文并无此句，乃是概括文意而来，见《教育方法原论》第十章第30页。按：本书页码是按章划分，并非是连续页码排列。——编校者）

（1）功课不要太容易，也不要太困难。儿童所最感兴味者，莫如"努力而成功"。要是儿童觉得功课太容易，用不着努力，则兴味就要消失；但如果功课太难，儿童常常遇到失败，则其学习的勇气也要受到挫折，而因以减少兴味。成功足以增加兴味，失败足以减少兴味——这不过是效果律的一种应用，其理至为明显。因此之故，教师对于教材的选择，一定要顾及儿童的程度如何。过难或过易的教材，绝难引起儿童的兴味。教师所供备的活动，须激起儿童最高的努力，却不可超过儿童能力范围以外。

（2）教师要利用适宜的自然冲动。根据兴味原则来实施教学，当然教师要常利用儿童的自然冲动，但所利用的自然冲动，一定要很适宜，不但要能引起大多数儿童的兴味，而且要没有流弊。例如利用竞争的冲动，固然常使学习经济；却是极易发生自私自利和儿童相互间的恶感，而因此流弊很大。所以利用竞争常不及利用合作之有利而无弊。对于此等地方，教师总得要加以注意。

（3）教师要常引进新的兴味。儿童愈生长，则不但其兴味的时间（interest span）愈长，而且其兴味的范围（interest range）也愈加推广。推广儿童的兴味一事，教师应该常常加以注意。推广儿童的兴味的最良方法，就是使儿童由直接的兴味（direct interest）发生间接的兴味（indirect interest）。例如儿童正在造洋娃娃的房子，其对于造洋娃娃的房子的兴味，乃是直接的兴味。但在造洋娃娃的房子时，儿童也许感觉到计算和写读的需要，而教师即可随机引导，使之对于计算和写读发生间接的兴味。到后来，这间接的兴味，也许一变而为直接的兴味，更由此发生其他间接的兴味。经这样的过程，儿童的心智才得有迅速的发展。

四、设计原则

对于"设计"这一个名词，各教育家所下的解释各有不同。依克伯屈这一派的解释，设计简直可视为是一个教学的原则。这个原则的意思是什么？在作者看来，设计原则所包括的意义甚广，可说是把自动原则、准备原则和兴味原则，统统包括在内。如今让我做简单的叙述。

第一，设计原则的意义是：不论做何种活动，一定要由儿童自己订立志愿（pupil purposing），由儿童自己去计划（pupil planning），由儿童自己去实行（pupil executing），又由儿童自己去评判（pupil judging）①。教师不过是一个指

---

① 见《教育方法原论》。

导者,完全立于幕后。所以就这点而言,设计原则与自动原则完全相一致。

第二,依克伯屈的解释,设计是指有目的的活动而言。当儿童从事有目的的活动时,儿童的心向着一个目的。这又适合前面所述的心向原则或准备原则。

第三,因为儿童一心一意来从事某种的活动,其兴味自然很浓厚。波德(Bode)曾指出,若照克伯屈的解释,设计只是旧时的兴味说换上一个新的名称而已。[①]

然而从另一观点来说,设计是一种课程组织的方式,如今通称为活动课程;(作者在第二章中已略加讲述)在作者看来,把设计看作一种课程组织的方式,较之把设计看作一个教学的原则,更加适切。

问题和设计

（一）参观一个小学教师的教学,看他是否背反本章所述的原则,并指出应行改进的地方。

（二）试述下列各名词的意义;(1)自动;(2)准备;(3)类化;(4)兴味;(5)设计。

（三）试述兴味与儿童自然倾向的关系。

[①] 波德(Boyd Henry Bode,1873—1953),原译作波特,美国著名的教育哲学家。1873年生于美国伊利诺伊州,1897年毕业于密歇根大学,1900年获得康奈尔大学哲学博士学位,任威斯康星大学哲学副教授;1909—1921年,任伊利诺伊大学哲学教授;1921年后任俄亥俄大学教育学教授。此句观点出自波特著,孟宪承译《现代教育学说》第91页。——编校者

第四章 教学方法所应根据的重要原则(下)

五、同时的学习的原则(Principl of simultaneous learnings)

同时的学习的意义 我们要讨论的第五原则是同时的学习的原则。这原则,克伯屈氏提倡最力,但现在著名教育家,如桑代克①、盖茨、柏格来②、伯顿等氏,莫不承认其重要,所以我们也得要加以简单地叙述。

所谓同时的学习,就是说,儿童在同一时间内所学习的事物不止一项。例如教"甲午战役"时,在一般教师看来,以为要儿童学习的事物只有"甲午战役"的史实而已。因此,教师也仅仅希望儿童学会"甲午战役"的史实,却不再注意到其他的事项。但在事实上,儿童所同时学习到的事物,除了"甲午战役"的史实之外,还有种种的态度和习惯,例如对于历史功课的态度、对于教师的态度、不注意的习惯懒惰等等。这种种态度和习惯的学习,常常是不能避免的,因此教师也应该加以注意。简单说来,同时学习的原则的要义,就是教师不应仅注意于所要教的事物,而应注意到儿童学习活动的全部。

同时的学习的种类 克伯屈把儿童同时学习到的事物分为三类。第一类叫做主学习(primary learnings),即指直接寻求的教学结果而言。上面所述的甲午战役的史实,就是主学习的一种。主学习或为一项技能,或为一项知识,或为一种欣赏,视教师的目的和功课的性质而定。

第二类叫做副学习(associate learnings)便是指和所研究的功课有关系的思想和观念。例如教甲午战役时,较聪明的儿童也许联想到"九一八"的事变。这种联想到的思想和观念在本身固有很大的价值,却轶出所研究的功课的范围以外了。所以教师不便即刻把这些联想到的事项加以讲解。可是下次的功课或一二星期后的教学,便可利用这种联想。有些教师,听见儿童提出不属本课范围的联想到的问题,常常就加以叱责。这是很不对的。因为儿童联想到不属本课范围的问题正是儿童心理生长的表征。由此可见,儿童的兴味已逐渐地推广。教师正可趁此机会,利用这些新的兴味,以准备此后的教学。教师对于这

---

① 桑代克(Edward Lee Thorndike,1874—1949),美国心理学家,动物心理学的开创者,心理学联结主义的建立者和教育心理学体系的创始人。——编校者
② 柏格来,现译为巴格莱(William Chandler Bagley,1874—1946),美国教育家、编辑,要素主义教育哲学的代表人物。——编校者

种联想,应该去鼓励,不应该去压抑。

第三类叫做附学习(concomitant learnings)。这类最属重要。儿童在上课时所养成的重要理想和态度,如清洁、正确,以及对功课、教师或同学所抱的态度皆属之。所谓道德教育或品性训练,大部分是偶然教学(incidental teaching)的结果;所以教师对于附学习,也要负很大的责任。

同时学习和新教学法　现时各种新教学法,如设计教学法、道尔顿制、①社会化的教学法等,其特殊的优点,在作者观之,即在注重同时的学习。附学习和副学习,实在和主学习一样的重要。不过,附学习和副学习,不能够用功课的指定,又极难于测验;因此注重呆板的形式和考试方法的学校,就趋向于过重特殊技能和知识的获得,而把附学习和副学习完全忽视。这种普遍的趋向亟待矫正,所以同时学习的原则,教师必须特别要遵守。

六、熟练的公式(mastery formula)

熟练公式是莫利逊(Morrison)②氏所提出的教学手续。莫利逊是一个中等教育专家,但他的熟练原则,在小学校里,也未尝不可以应用。所谓熟练,是指完全学习的意思。儿童或是已经学习,或是还没有学习。学习了以后,儿童对于动境的适应,就应该完全和前不同。真正学习的结果,一定能永久保持,并在日常生活中时时应用。照莫氏的主张,若是儿童仅学习了一半,或快要学习纯熟,却尚未达到完全纯熟的一点,则教师的任务尚未完了,仍须继续地教学。简单地说,所谓熟练,就是要把教学的目标彻底地实现——就是要使得所寻求的教学结果,不论是一种习惯、技能、知识、态度或欣赏,都为儿童所完全获得,以制驭其对于生活的适应。熟练着重真正的学习,和我们在第一章里所申说的学习概念完全一致。熟练又是一种彻底的原则,和普通以 60 分为及格的不彻底的教学,完全相对待。③

---

① 道尔顿制是 19 世纪末、20 世纪初一种典型的自学辅导式的教学组织形式,又称道尔顿实验室计划。由美国教育家帕克赫斯特所创。——编校者
② 莫利逊(Henry Clinton Morrison,1871—1945),美国教育家,是进步主义教育学者,以倡设"莫利逊单元计划"(Morrison unit plan)来取代中等学校作业而著名。他主张一切学习都要达到真正的理解,纯熟精炼为止。他反对以 60 分为及格标准,认为学习只有"已学习"和"未学习"之分,而不宜有程度好坏之别。为增进学习达到熟练效果,他倡导"熟练公式"(mastery formula),并提出"莫利逊单元教学法"(Morrison's Cycle Plan of Teaching)。——编校者
③ 对待意为对立和对抗。见《汉语大词典》,汉语大辞典出版社 1988 年 3 月第一版,第 2 卷第 1299 页。——编校者

莫利逊的熟练公式就是"预测验→教学→测验结果→适应教学手续→再教学→再测验→到真正学习的一点为止（Pre-test teach, test the result, adapt, procedure teach and tet again to the point of actual larning）"这公式的意思是什么？这就是在教学之前，教师应先决定，什么是直接寻求的教学结果。其次，他应预先测验儿童旧有的经验，以使新的学习建筑在儿童旧经验的上面。这就是运用前面讲过的类化原则。等到教学过了之后，他又须测验结果；要是结果不完善，他更须改变教学的手续，来适应儿童特殊的困难，一直到完全的真正学习为止。

莫利逊的宏著，用到许多艰深的名词，其意义至为深奥，在这本浅近的教科书中，我已经力避应用。他的主张，固然对于教学法的革新，发生很大的影响，却在学理上也颇有研讨的余地。我们毋庸把他的熟练公式加以批评；但这公式指出几个要点，似应为一般教师所共注意。

（一）教师在教学之前，须定出所希望的教学结果。

（二）教师要把所希望的教学结果彻底实现。无论如何，教师应该提高儿童熟练的程度而免掉半学习（half learning）的普遍情形。

（三）教师要常采用诊断的方法。像医生一样，教师须先把儿童的困难加以诊断，然后根据诊断的结果施以适宜的补救的教学。诊断和补救的教学，往往是个别的，这就引入个性适应的问题了。让我们接下去讨论个性适应的原则。

七、个性适应原则

团体教学和个别适应 我们最后要讨论的一个教学原则，是个性适应的原则。在从前的时候，教学完全是以个别儿童为单位的。像我国科举时代的私塾制度，在一个私塾里面，只有一个塾师，学生之中却是年龄有大有小，程度有高有低，甚至所用的书籍也是不尽相同。塾师既不能把全塾学生当作一个单位，因此他就不得不对于学生施以个别的教学。无论上课或背书，塾师都叫学生走到他书桌旁边，而加以个别的处理——至于其他的学生都各自读书，熟视有若无睹。不仅在我国如是，早时欧洲各国的教育也是采用这种个别教学的方法的。据说在 1843 年时，法国采用个别教学方法的小学，尚有 5 844 所之多。在个别教学的方法之下，教师既以个别儿童为单位，则个性适应的问题，尚不觉得怎样的严重。

到了近代，教育要普及于全民，为了时间的经济起见，就不得不改用团体教学的方法。团体的教学,把一个教室里的全体儿童,当作一个单位看待,因此其对于个性的适应比较的困难,而个性适应的问题遂成为十分严重的了。在任何年级内,单就能力一端而言,一定有几个儿童比较聪明,而其学习的速率也较为迅速;又一定有几个儿童比较愚笨,而其学习的速率也较为缓慢。严格说来,没有两个儿童的学习速率是完全相同的。儿童个性的差异既如此的巨大,但一般教师所采用的方针,仍不外乎以下的三种:(1)教学以全班的平均程度为标准;(2)教学时只顾到聪明的儿童;(3)教学时只顾到愚笨的儿童。可是这三种教学方针,都是不公平的,而且不合于机会均等的原则。若教学以全班平均程度为标准,试问一班之中,究竟有没有平均程度的儿童?平均程度的儿童,完全是一种幻想上的儿童,在实际上,一班之中,并没有这种儿童的存在。因此,用这种方法来适应全班的儿童,结果就变成不能适应任何儿童的能力。若教学只顾到愚笨的儿童,试问聪明的儿童无事可做,岂不就因此养成不注意和懒惰等不良的习惯?若教学只顾到聪明的儿童,则坐视愚笨儿童因考试不及格而留级或辍学,也未免过于残酷。所以这些教学方针,都不是妥善的方法。

个性适应的原则,是要教师把个别的儿童作为教学的对象。这在团体教学的制度之下固然异常的困难,却在道理上必须如此。因为教师所教学的,是这个和那个的儿童,决不是一种抽象的所谓班级的集体。

个性适应问题的各方面 以上仅就儿童的聪明和愚笨而言。但个性适应的问题,还有许多方面,兹就其与教学方法关系最密切者,略述如下:

(1) 普通智力的差异 以上所讲的,大部分是属于这一类的个性差异。照最近测验的研究,凡学习某科的能力强者,则其学习他科的能力亦强。因此教育者假定有一种所谓普通的智力。一个人的普通智力,是无法可使之改变的。凡普通智力高者,永久是高的;凡普通智力低者,永久是低的。普通智力低者决难和普通智力高者做同样的工作;所以教学方法和教材一定要分别适合各儿童的普通智力。

(2) 经验的差异 各儿童因所处的环境和所受的教育完全不同,所以其所得的旧经验也大相歧异。如果我们根据类化原则而实施教学,则我们对于儿童经验的差异,不可不加以注意。莫利逊氏的熟练公式,最注意于此种差异的适应。在实际上,儿童学科程度的差异,虽一部分由于普通智力的差异,但大半是由于旧经验不同的缘故。

(3) 品性气质的差异 儿童品性气质上的差异,教师也要加以注意,因为有许多教学上的困难是由于不明了儿童的品性气质而起的。

(4) 特殊能力的差异 儿童常有特殊的数学天才、音乐天才、图书天才等等;教师应使之尽量地发展。反之,有些儿童也常有特别的缺陷。对于儿童的特别的缺陷,教师也应加以特别地处理。桑代克曾把人的智力分为抽象的智力(abstract intelligence)、具体的智力(concrete intelligence)或社会的智力(social intelligence)三类。有些人长于抽象的智力,宜于研究哲学、数学等科;有些人长于具体的智力,宜于研习工程等实际的学问;有些人长于社会的智力,宜于研习政治、社会等科。这种分类当然不十分严密;但教师总应发现儿童的特长而使之充分地发展。

其他如年龄的差异、性别的差异等,教师也值得加以注意。关于个性差异的原因、分配,及其他的事实,固然极关重要,但本书限于篇幅,留待教育心理学去讨论吧。在第十六章里,我们还须把适应个性的各种方法,详加申论。

总论

在以上两章中,我们叙述教学方法所应根据的重要原则。我们曾证明下列的各点:

(1) 儿童的学习完全是由于自己反应的结果。

(2) 要儿童学习什么反应,就使儿童练习什么反应。

(3) 与其儿童不做事,不如使之做事而犯错误。

(4) 一切的学习都以儿童的旧经验为基础;所以在教学之前,教师须先引导儿童的思路,使之唤起有关系的旧经验来解释新的教材。

(5) 设计原则,可说是把自动原则、类化原则、准备原则和兴味原则全部包含在内。

(6) 多用自发的兴味,而少用强迫的兴味。

(7) 兴味愈浓厚,则儿童更肯努力。

(8) 教师所供备的活动,须激起儿童最高的努力,却不可超过儿童能力范围以外。

(9) 教师要利用儿童的最适宜的自然冲动。

(10) 教师要使儿童由直接的兴味发生间接的兴味。

(11) 儿童在同一时间内所学习的事物不止一项;教师在教学时,除注意主学习之外,尚须注意副学习和附学习。

(12) 莫利逊的熟练公式着重两点:①彻底实现教学目标;②采用诊断的方法。

(13) 教师要把个别的儿童作为教学的对象。

参考资料

  造成感应结的要件——第一要件是练习。感应结愈使用则愈强固,愈不用则愈减弱。这就是桑代克(Thorndike)的练习律。第二要件是准备。某一感应结准备着动作的时候,动作则满足,不动作则烦恼;某一感应结不准备着动作的时候,若强使之动作,便要发生烦恼。这就是桑代克的准备律。第三要件是满足。凡一可加以改变的感应结,其强弱视练习时满足或烦恼而定。易言之,对于某动境所起的反应,倘是结果满足的,那感应结便愈强固;倘是结果烦恼的,那感应结便愈减弱了。这就是桑代克的效果率(Law of effect)。

  练习律、准备律和效果律,就是极著名的三个学习律。现在有许多教育心理学家,对于这桑氏所提出的学习律颇多攻击;但这三个学习律,在教学法上曾发生很大的影响。读者若把这三个学习律与本章及前章所述的教学原则相比较,可使观念格外明了。

问题和设计

  (一) 参观一个小学教师的教学,并列举其可能的主学习、副学习和附学习。

  (二) 批评以 60 分为及格的考试制度。

  (三) 试研究个别差异的原因及其分配的情形。

  (四) 试解释下列各名词:(1)同时的学习;(2)熟练;(3)具体的智力;(4)抽象的智力;(5)社会的智力;(6)半学习。

总温习

  一、是非法

(1) 学习是改变个人的行为。

(2) 考试时能够正确地回答,即足以证明儿童的学习。

(3) 凡刺激人发生动作的,都叫做反应。

(4) 学习的心理的过程,就是造成一种感应结。

(5) 儿童所学习到的,是一种反应。

(6) 没有了教师的教学,儿童就不能够学习。

(7) 教学的目的,是要得到真正的学习。

(8) 教学方法的好坏,要看它能不能实现教学的目的而定的。

(9) 若干功课的教学,应引导到功课目标的实现;若干单元的教学,应引导到单元目标的实现；若干学科的教学,应引导到学科目标的实现。

（10）习惯是刺激和反应间的一种机械的结合。

（11）技能是由数种特殊的习惯互相调和适应而成的。

（12）教师在教学之前,应先决定所寻求的学习结果,然后选择最适宜的教学方法,以使所用的方法和所寻求的学习结果相适合。

（13）教材是人类的祖先从生活中发现出来的有价值的行为方法。

（14）教材是随时代而变迁的。

（15）凡是有价值的教材,都可以拿来教学。

（16）教师只须依照教育部颁布的课程标准去教学,不必另外选择教材。

（17）凡是教育部审定的教科书,都是完全适合教师的要求的。

（18）教科书要内容充实,定须包括极多的题目,而对于每一题目作简要的讨论。

（19）各学科的论理系统,一定要保存。

（20）要适合类化的原则,教材的组织必须要有论理的系统。

（21）儿童对于学科的知识,老早就有兴味的。

（22）彻底的活动课程,是把学科的界限打破的。

（23）照现今小学教育的趋势,学科的划分,愈加严密起来了。

（24）活动课程,是完全注重身体的动作。

（25）教学教材的最好的方法,是使儿童从生活经验的关系上学习教材。

（26）课程不仅包括教材,并且包括各种活动。

（27）教师只须明晓其所教的科目的教材和教学的方法。

（28）教师的任务是使教材适合于儿童的能力和兴味。

（29）新式的学校常常利用校外的教育环境。

（30）教师应常常替儿童做事。

（31）一切的学习都应该要靠自己的直接的经验去获得。

（32）上课时应使聪明儿童多发表意见。

（33）最好的教学法是使儿童完全依照将来要用到的形式去学习。

（34）教师不要给儿童尝试做事,因为尝试必多错误。

（35）引起适宜的心向,是引导儿童的思路的最良方法。

（36）凡是新的学习,都应该建筑在儿童的旧经验的上面。

（37）现今一般学生,往往知道几个符号,却不明了其所代表的意义。

（38）新式的小学及幼稚园都注重供备实在的经验。

（39）用强制的注意比用自发的注意好。

（40）兴味的教学法,不合我国的国情。

(41) 兴味和努力,完全是对立的名词。

(42) 凡是功课愈容易,则兴味愈浓厚。

(43) 所谓同时的学习,就是说,儿童在同一时间内所学习的事物不止一项。

(44) 设计教学法,在一时间内,只使儿童学习一项特殊的知识。

(45) 品性的训练,应注重间接的教学。

(46) 采用熟练公式时,我们须常施行诊断和补救的教学。

(47) 熟练是指完全学习的意思。

二、填充法

(1) 教学是_____和_____儿童学习的一种过程。

(2) 教学方法是一种_____的手续,用来_____并_____儿童的学习以实现所希望的目的。

(3) 我国小学教育的总目标,是 1._____ 2._____ 3._____ 4._____ 5._____ 6._____ 7._____ 8._____。

(4) 要儿童获得的行为方法,可分为三类:1._____ 2._____ 3._____。

(5) 教材的最新的解释就是_____。

(6) 各项教材的发生,都是由于_____。

(7) 凡能唤起人的反应或影响其动作的一切事物,都组成一个人的_____。

(8) 凡是将来要破除的习惯,_____使儿童养成。

(9) 每句文字或言语,我们都用联想到的_____来解释其意义。

(10) 对于某种活动觉得很有价值而值得努力去从事,这一种感情就叫做_____。

(11) 推广兴味的方法,是使儿童由_____兴味发生_____兴味。

(12) 提倡同时学习的原则最力的教育家,是_____。

(13) 同时学习的原则的要义,就是教师不应仅注意于所要教的事物,而应注意到儿童学习活动的_____。

(14) 提倡熟练公式的教育家,是_____。

(15) 平均程度的儿童,在一班之中是_____。

(16) 教师应把_____作为教学的对象。

第五章　练习的教学法

在第一章中,我们曾把教师在教学时所直接寻求的学习结果,分为三大类:(1)习惯和技能。(2)知识。(3)欣赏。每类学习结果,莫不有其最适宜的教学方法。从本章起,我们就要把这些方法加以详细地讲述。

要是你①所寻求的学习结果是一种习惯或技能(例如写字、画图、加法之类),那么,你就必须采用练习的教学法。练习的教学法,在技术方面可分为两部分:(1)使儿童明了为什么练习和如何练习;(2)使儿童继续做注意的练习。如今让我们分别加以研究。

一、怎样使儿童明了练习的价值和方法

引起动机　在实施练习的教学法时,你的第一步手续是要使儿童明了练习的价值和必要。这就是引起儿童练习的动机。最好的引起动机的方法是供备实际的动境,使儿童需用一种技能或习惯。例如你叫儿童在其自己的簿子上书写姓名,他就感觉到练习写自己的姓名的必要了。这一步的手续,比较是简单的。往往你在几分钟内就可以把儿童的动机引起了。还有许多引起动机的方法,留待讲练习的巧术②时再为指出。

明了的意象　动机引起了以后,你的第二步手续是使儿童明了如何练习——换言之,使儿童对于所练习的事物,得到非常明了的意象(image)。许多练习教学法上的错误,是由于儿童缺乏明了的意象之故。据说有一个小学儿童不会写一个字,因此来问教师。那时教师正在指导其他的儿童,就对他说道:"你尽管去练习,等一会儿,我来教你。"这位教师简直不明了意象的重要,简直不想到,错误的练习到了后来就要妨碍正确的练习。使儿童在开始练习时不要犯错误,乃是练习方法上最重要的原则。所以教师的最重要的技术,是使儿童得到极明了的意象,以指导其练习而防免各种错误。因为这种技术非常重要,让我们加以较详的讨论。

使儿童得到明了的意象,最普通的方法如下:第一,教师给儿童看一种样本,

---

① 从本章起,因注重实际应用,故用你我称呼,采谈话体裁。
② 巧术,即技术、技巧、艺术意。——编校者

例如叫儿童临字帖。第二,教师自己做一种榜样给儿童看,例如教师自己唱一首歌,或在黑板上画一张图,或读一篇英文。第三,教师告诉儿童怎样做法,例如说明游戏的方法。总起来说,教师或是利用儿童的视觉,或是利用儿童的听觉。儿童由视觉所得的意象叫做视觉的意象(viyual image),其由听觉所得的意象叫做听觉的意象(auditory image)。但最近试验的研究,证明在练习的方法上,还有一种连动的意象(motor image)比视觉意象和听觉意象还要重要数倍。例如矫正发音的错误,从前仅令儿童听教师发音,而得到听觉的意象;现在我们知道,儿童必须矫正唇舌等发音部位而得到连动的意象。这种连动意象的重要,是你在练习时所必须注意的一点。还有一层,你也得要注意。有些技能的练习,你可以利用两种以上适宜的意象,这不但使练习更能正确,且足以使练习适应儿童个别的差异。①

示范的方法　有些练习的事物,要儿童得到明了的意象是很容易的,只须费数分钟的时间,你就可使儿童知道怎样去练习。但对于复杂的技能,如打字、写字、画图、奏风琴、注音符号发音等,你要使儿童明了所练习的动作为何,就必须采用比较繁复的示范的方法。为具体起见,让我先举一个实例如下。②

一个教水彩画的实例(画一朵花)

　　示范——(稍作温习)教师挂上一张标准色的图。叫儿童回答标准色的名称。取出一朵花来,叫儿童回答"哪一种色彩是图上所无的?"哪一种色彩是两种标准色的混合,因此叫做混色。儿童下混色的定义说,"这是两种标准色的混合",教师给儿童以深色和浅色的样子,叫他们放在图上相当的地位,名之为黄橙色,黄青色,蓝青色等等。

　　于是叫儿童拣出花上的色彩。有人以为这里面有红色;但与图对照后,知道这是错了。大家一致决定,这是黄橙两色的混合,但教师劝告他们多做试验,再下正确的断语。

　　教师问:如需用两种色彩时,先着上何种色彩?(先着浅色)

　　于是教师把一朵花放在全班看得见的地方;并且自己去画一张图,画时又把色彩,用笔等,详加说明。有时他还叫儿童回答问题。

　　模仿——每一儿童开始画图。四个榜样放在大家看得清楚的地方。

---

① 教育心理学上常说,有些人长于听觉的意象……有些人长于视觉的意象,这里听说"适应个别的差异"即系指此而言。但据最新研究,此种差异是无关重要的。
② 见 Burton, Supervision and the Improvement of Teaching, NY: Appleton, 1922, pp. 76—77,这原是一个教案。

批评——教师在教室内巡视指导。常常发问以使儿童注意错误；有时作直接的批评。有时，他把一张好的作品挂起来，令大家观看。若几个儿童犯了相同的错误，教师就提出来加以共同地讨论。

从这实例里面，我们可以看出，示范的方法一共包含三个阶段。当然，这三个阶段是不能严密划分的；但为便利起见，我们也不妨加以划分。在运用示范的方法时，第一，你要决定什么是最良的方法。有几种技能，都有最良的方法。最明显的例子就是打字。在最初练习打字时，你就须采用最良的方法；否则错误的动作到后来就不容易免除。但有数种的技能，可以有数种可能的方法，你不必拘泥于一种，因为你所认为最适宜的方法未必合于有些儿童的能力和个性。第二，你要注意在示范时，固然必须要用言语的指导去补充，但是言语的指导不宜过多。教注音符号发音时，教师讲述发音的部位，最容易犯言语指导过多的毛病。言语指导过多，便减少了实际练习的时间；所以你一定要小心提防。第三，你要预先知道，所练习的技能中，有何困难之点，必须特别提出先加注意。例如在上面的实例中，色彩的混合比较困难，所以教师应先使儿童明了。其他应行注意之点，你可以自己去思想。

错误的矫正 经过示范之后，儿童已明了练习的方法；于是你的第三步手续，就是使儿童尝试练习，并注意矫正其错误。在上面的实例中，模仿和批评这两个阶段，就是以矫正错误为目的。一种技能，经过示范之后，好像很容易实行；但实行起来，就要常常犯错误。所以你必须先使儿童尝试练习，使得错误的动作，从早加以矫正。在此时，你不仅要指出其错误之所在，还要告诉儿童以矫正的方法。儿童平常仅注意于客观的结果，而不注意到自己的动作；你也应随时加以约略的讲述，以使之注意。你在矫正儿童的错误时，特别要设法使儿童自己来批评（self-criticism），使他自己发现错误而加以矫正。

二、怎样使儿童继续做注意的练习

要使所练习者机械化 假定儿童已发生练习的动机，对于所练习的事物，也已得到明了的意象（听觉、视觉和连动的意象），并且经一次尝试的练习而把错误矫正；那么，你接下去就应使儿童做继续的注意的练习。这第四步手续，可以说是练习的教学法的紧要关键，因为前三步手续只可说是练习前的准备；到了这第四步，我们才讨论到练习方法的本身的问题。关于这第四步手续，你特别要注意这一点:儿童必须继续练习,达到完全机械化的一点而止。所谓完全机械化,就是说,所练习的事物成为极自然的反应,此后毋庸思索,即能够实行。最明显的例子,就是善于打字的人,一面打字,而一面仍能讲话。儿童在学校里学习的算术、写字等技能,都必须要成为像这样的机械的反应,才可以使之在生活上做正确迅速的应用。

注意的练习的必要和方法 在练习时,儿童的注意一定要集中。其原因有二:第一,注意若不集中,则儿童的动作便渐渐的不受意象的指导,而在正确的动作尚未达到机械化的一点以前,就要犯起错误来了。最明显的例子,就是儿童写字,在起初的时候,尚能注意笔顺,到后来注意分散,就对于笔顺常常要犯错误。第二,注意的练习比不注意的练习一定要进步得快。儿童学习游戏的技能,如拍皮球、踢毽子等,常比学习算术或写字容易,就因为儿童对于游戏感到兴味而更肯注意的缘故。可是要使儿童继续做注意的练习,在事实上非常困难,所以让我把你所应留意之点,条举于下,而详加说明:

(1) 正确为主迅速次之 许多学校里学习的技能,一定要使儿童运用迅速,例如写字、算术。但在儿童得到迅速的能力以前,你须先使儿童练习正确。练习正确的重要,想来你早就明白了;但你应不仅在练习前注意,而且要自始至终加以注意。桑代克在《算术心理》一书中,指出儿童算术不正确的种种实例和其缺点后,有下面一段的话,你值得加以反省:①

> 要是儿童仅晓得乘法表的前半,而自己知道后半尚未纯熟,这是不很要紧的。但如果他对于乘法表的全部都一知半解,那就不行了。算术上所需的一切基本技能,也莫不然。每种感应结,等到开始造成之后,立刻就要加以正确的练习;缓慢倒是不很要紧的。经正当的练习之后,迅速的能力自然会增加。

(2) 要维持儿童的兴味 无论所引起的练习动机如何地强烈,但是反复的练习总嫌太单调,而儿童的兴味总不易继续地维持。这维持兴味的问题,在练习

---

① Thorndike, The Psychology of Arithmetic, NY: Macmillan, 1922, p.106(所引文字原文为:It is much better for a children to know half of the multiplication tables, and to know that he does not know the rest, than to half-know them all; and this holds good of all the elementary bonds required for computation. Any bond should be made to work perfectly, though slowly, very soon after its for mation is begun. Speed can easily be added by proper proctice. ——编校者)

的教学法上,非常重要,所以我们在下面要特别提出加以讨论;如今且缓说明。

(3) 避免无谓的手续 练习的次数一定要多,因此你在练习时,须求时间的经济;但欲求时间的经济,你又一定要使儿童避免一切无谓的手续。旧式的算术练习方法,一定要儿童抄题目,写出答案,因此费了许多无谓的手续。这些手续,不但侵夺练习的时间,而且足以分散儿童的注意。

照新式的方法,我们或用卡片练习,或仅令儿童在空白处填上数目,不知道要节省多少的手续。

(4) 要供备具体的生活境遇 凡属抽象的练习,须使儿童有机会在具体的境遇中应用。例如练习乘法后,须使儿童解决乘法的应用题。但所供备的具体的境遇,须合于实际生活的情形。算术教科书上的问题,如"有三个瓶,一个盛三斤,一个盛七斤,一个盛十斤;现在有十斤酒,怎样倒来倒去,才使平分为两个五斤"之类,因为不合实际生活的情形,所以算不得是好的问题。要是你常常供备具体的生活境遇,则儿童对于练习格外增加兴味。

(5) 教师要有精神 要儿童做注意的练习,你自己先要精神饱满。要是你坐在椅上,懒洋洋地叫儿童练习,则儿童的注意力一定要分散。

(6) 要作个别的练习 因为儿童个别的需要不同,所以团体的练习往往是不经济的。固然有的时候你必须用团体的练习,但你总得要对于个别的需要加以注意。试看下面的教学实例。——教师怎样在这实例中顾及个别的需要。①

---

① Freeland, The Improvement of Teaching, NY: Macmillan, 1924, pp. 202—203. [George. E. Freeland,曾任华盛顿大学教育学副教授,引文原文为:First ten minutes' drill upon special elements in which the class has been found weak. The drill for to-day will be upon reading problems: a problem will be selected, each child will read, and when he is ready to suggest a method for solution he will raise his hand.

Following this, the six problems assigned for the day's lesson will be worked on the board. Those who had trouble with the problems will put them on the board. Those who had no trouble will be assigned other work. This extra work will consist of three rather difficult problems. (Not given on account of limited space.)

At this time, those at the board will be supervised. In each case the teacher leads the child to surmount his difficulties.

The next step in the recitation is the answering of questions. Any child may ask questions relative to how the assigned problems are solved. Other children will be called upon to answer his questions.

The assignment for the next day consists of six more problems. The final step is to inspect the work done by the children who had no trouble with the six assigned problems. These now show their work for inspection. The others begin work upon the six problems assigned for the next day. ——编校者]

最初的十分钟,教师把全班困难之点加以练习。本课是要练习算术应用题。先选出一个问题令儿童默读。如果某儿童懂得解决的方法,就叫他举手。

然后指定六个问题,叫对于这些问题有困难的儿童到黑板上去做练习;但是已经懂这六个问题的儿童,指定做别的工作。(叫他们算三个很困难的问题)。

此时教师仅仅去指导在黑板上练习的儿童。他帮助每一儿童解决困难之点。

更次,他叫每一儿童把不明了的地方发问;而令其他的儿童去回答。

指定另外六个问题,叫他们预备明天的功课。最后,他考查做三个困难问题的儿童。此时,其余的儿童都开始预备明天的功课。

(7) 把练习的时间做正当的分配　练习往往是单调的,如果练习的时间过长,则儿童的兴味就要渐渐的消失,而其注意力也要渐渐的分散。所以练习的时间一定要短。据柯蒂斯(Courtis)①的发现,算术的练习,每天十分钟已足以发展迅速和正确的习惯;弗里门(Freeman)断定,每日自十分钟至十五分钟的写字练习;是最适宜的时间分配。关于这一层,有一部分是要看儿童的年龄而定的。年龄较大者,其练习的时间,不妨比较年龄幼小者稍为长些。

至于两次练习相隔的期间,我们最好采山笛福特(Sandiford)的原则。他说:②

练习时间的分配,应使新造成的感应结,在尚未大为减弱之前,重新加以练习。要是背一个表或一首诗,最好在起初练习的时候,常常去练习,然后逐渐把二次练习相隔的时间延长。

(8) 要采用全部练习法　背一首诗或一篇文章,我们究竟用全部练习法

---

① 柯蒂斯(S. A. Courtis),美国教育测量专家。——编校者
② Sandiford, Educational Psychology, London: Longmans, Gree and Co, 1929, p. 224. [Peter Sandiford,加拿大多伦多大学教育心理学教授,所引文字原文为:In conclusion, we might say that the practice periods should be so arranged that the newly formed bonds are exercised again before they have time to fade materially. If tables (or a poem or history) are being learned, the best thing to do is to exercise the bonds very frequently at the beginning of the practices and then gradually to extend the periods between them. ——编校者]

（whole method）好呢？还是用部分练习法（Part method）好？普通的方法常把一首诗或一篇文章分做几部分，而加以部分的练习。初看起来，用部分的练习似乎兴味更好，因为一部分纯熟了以后，儿童心理定很得意。可是许多心理实验的结果都证明全部练习法比部分练习法效率更大。关于全部练习法的优点，帕克用图来说明，异常明白，所以我引在下面：①

用全部练习法和部分练习法造成的结合，可以用下图来表示：

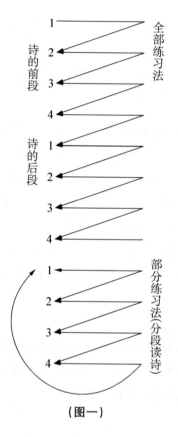

（图一）

用全部练习法时，每行的末字和下行的第一字相结合，如图上箭号所指示。用部分练习法时，箭号指出，第四行的末字和第一行的第一字相结合。每行末字和下行第一字是应该结合的；至第四行的末字和第一行第一字的结合是用不着的。造成一种用不着的结合所费的时间，完全归于耗

---

① Parker, Methods of teaching in high schools, Boston: Ginn and Company, pp. 157—158. 在实际教学时，应以全部练习法为主，而对于困难的部分，仍宜特别地加以注意，或提出做部分的练习。

费;而且后来妨碍第四行末字和第五行第一字的结合的造成。

三、练习的原则

由以上的叙述,我们可以引出几个练习的原则如下:

(1) 要有练习的动机。

(2) 开始练习时要有明确的意象。

(3) 要防免错误。

(4) 练习时要注意。

(5) 正确为主,迅速次之。

(6) 要避免一切无谓的手续。

(7) 要供备具体的生活境遇。

(8) 练习时间要短而次数要多。

(9) 要采用全部练习法。

(10) 要用种种方法维持兴味。

但是要使练习合于第十原则,最为困难。在一般教师的眼中,练习和兴味好像是对立的名词。练习似乎一定是机械的、枯燥的、单调的,而是没有兴味的。这在实际上倒也未必尽然。可是我们必须用种种的工具和巧术,去维持儿童的兴味。

四、练习的工具和巧术

练习测验 练习教学法上最重要的工具,是练习测验。最有名的练习测验是柯蒂斯的《标准算学练习测验》(Courtis, Standard Arithmetic Practice Test)。"这种测验共有四十八张硬片子。每张片子,是为一次的功课。第十三、三十、三十一及四十四四张片子,为测验用。第四十五、四十六、四十七及四十八四张片子,为学习用。其余每片只含有一种算学例子。功课进行,自易全难。每进一课,就加一种算学上的困难。若是一个学生熟习四十课时,他就熟悉加减乘除所有的困难了。练习时,每一学生须有一组练习测验。"①

---

① 采自杜佐周《麦柯教育测量法精义》,民智书局。(即杜佐周《麦柯尔教育测量法撮要》,民智书局1930年版。——编校者)

这种练习测验，据麦柯尔（McCall）①说，具有四种功用。第一，有了这种练习测验，教师才能够使教学方法个别化。若用柯蒂斯的《标准算学练习测验》第十三张片子去测验儿童，就可以发现每一儿童应该从哪地方开始练习。这样一来，算术的练习自然会适合儿童的能力。且这种练习测验，又可使儿童完全依照其自己的速率和所用方法去练习。第二，这种练习测验，因为能使儿童知道目前和将来的目标，并测量自己的进步及去目标的远近，所以又能增进儿童的兴味，而鼓励其学习的勇气。第三，练习测验可使学生有充分的练习。若用练习测验，个个学生可以同时练习；至于教学的效率，也可以增加到四十倍。第四，练习测验可以帮助诊断。因为用练习测验来诊断儿童的困难，非常便利。②

统计图表 练习教学法上第二种重要的工具是统计图表。这种工具显然是和练习测验有关系的。统计图表是要比较测验的结果。这不但可使各个人互相比较，且可使一个团体和其他团体比较，或使个人现在的能力和一星期前或一个月前的能力相比较。使个人把现在的能力和一星期前或一个月前的能力比较，是鼓励学习的最良的方法。因为儿童知道了自己的进步（即自己的成功）对于练习就会产生兴味。桑代克说得好："学生喜欢学习，喜欢有所成就，喜欢得到纯熟。成功是有兴味的。"③

这种指示儿童进步的图表，可有种种的形式；这要看所练习的事物，教师的选择和儿童的成熟如何而定。但柏尔谋（Palmer）氏定出四条原则如下：④

（1）对于每一学生要确立所冀求的学习结果。

（2）指示开始练习时所得的分数，以便练习后加以比较。

（3）指示进步的分数，以便看出进步的情形。

---

① 麦柯尔（W·A·McCall），美国实验教育学派的代表人物之一，时任哥伦比亚大学师范学院教授，师从教育测量鼻祖桑代克，在教育统计、教育测验及教育实验方法等方面研究精深。——编校者

② 参看杜佐周《麦柯尔教育测量法撮要》或 McCall, How to measure in education. pp. 114—118（疑误，应为 How to experiment in education, NY: Macmillan, pp114—118. ——编校者）

③ Thorndike, The Psychology of Arithetic, NY: Mamillan, 1922. p. 226.（所引文字原文为：Pupils like to learn, to achieve, to gain mastery. Success is interesting. ——编校者）

④ Palmer, Progressive Practices in directing learning, NY: Macmillan, 1929, pp. 275—277.（Anthony Ray Palmer, 匹茨堡大学教授。所引文字原文为：

　　a. A definite learning product for each pupil set up to be reached through activity.

　　b. An initial score established from which further progress can be measured.

　　c. An extent-of-progress score established to indicate how far the pupil has progressed toward the learning product.

　　d. A graphical form easily understood. ——编校者）

(4) 图表的形式要便于了解。

兹举两个统计图表的例子于下,以供采择。但读者要明了图表的形式很多,不限于所举的两种形式。

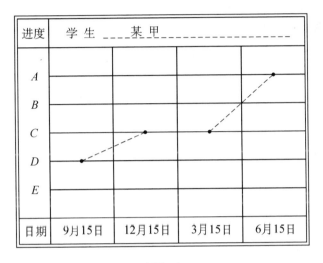

(图二)

(图二) A、B、C、D、E 代表所用作文量表中的五个单位,A 是最高的单位。这进度表指出,9 月 15 日的作文,评列在 D;12 月 15 日的作文评列在 C,已经有所进步。但 3 月 15 日的作文仍评列在 C,毫无进步。6 月 15 日的作文,评列在 A,进步异常迅速。(见 Wohlfarth, Self-help methods of teaching English, NY: World book company, 1926.)

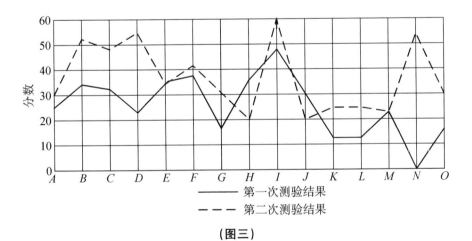

(图三)

(图三)测验里有十五个问题,这表里用 A、B、C、D、E、F、G、H、I、J、K、L、M、N、O 等字母去代表。隔四星期后,同一的测验,再施行一次。实线表示第一次的结果;虚线表示第二次的结果(James·H·Smith, Individual Variations in Arithmetic, in The Elemetary School Journal, Vol. 17, No. 3, 1916.)。

限定练习的时间 除了上述两种主要的工具以外,我们还可利用各种的巧术。第一种巧术,是限定练习的时间。时间限定了以后,儿童便觉得好像在一种压迫之下,不得不努力练习。教师可令儿童在三分钟内做完练习;或令儿童做好练习后记明所费的时间共有多少。

变化练习的方法 第二种巧术是变化练习的方法。用同一的方法练习过久,儿童便要厌倦。所以你可以用几种不同的方法去练习,以引起兴味。例如练习算术,你可以分为几分钟心算,几分钟笔算,几分种黑板练习。

卡片练习 卡片练习也是一种常用的巧术。例如教读法时,你可以先把课文里的生字写在卡片上。然后你拿出卡片对儿童说,谁识得这卡片上的字,谁把卡片拿去。拿去卡片最多的儿童,就得到胜利。卡片练习的方法很多,而且要常变化;这不过是随便举一个例子而已。有些教育家不很赞成用卡片的练习,但若运用得法,似乎也有很大的价值。

游戏及比赛 利用游戏及比赛来增加练习的兴味,也是一种很好的巧术。例如你上算术课时,可选定两个成绩较优的儿童为团长,叫他们自选团员,成为两团。把两团儿童的姓名依次写在黑板上。你对儿童说明做对一题有多少分数。然后出一个题目,叫大家在座位内计算。儿童计算完毕,就来交卷。你把这些卷子依儿童所属的团体,归类分开,并照黑板上的姓名排列先后。于是你把每人应得的分数写在其姓名旁边;再把两团的分数总和起来,加以比较,总分数较多的一团,得到胜利。利用游戏及比赛的方法很多,这也不过是一个例子而已。

练习方法上有价值的巧术,不可胜数。我们在这里只可略标数例,未能一一缕述。你在实施练习的教学法时,应该常常应用各种的巧术。有时,你也可自己创造巧术,来增进练习的效率。

问题研究

(一)把小学里教的科目,特别注重练习的放在前面,不注重练习的放在后面,依次序而加以排列。试问哪几种科目,大部分要用练习?

(二)适用练习的教学法的功课试列一详表。

(三)哪一类的教本,应使之成为完全机械化?你用什么标准去决定?

(四)试准备一个练习教学法的教案;有什么工具或巧术你可以利用?

(五)实习示范的教学。(任选一种适宜的技能)

(六)除了本章所举的两种进度表以外,试再拟几种可用的进度表。(须参考统

计的书籍;作者编的《教育测验及统计》,由开明书店出版,也可供参考之用)

参考书籍

① 罗廷光编:《普通教学法》,商务印书馆1930年版,第38、88页。

② 俞子夷译:《普通教学法》,商务印书馆1924年版,第五章。

③ 谢恩皋编:《小学普通教学法》,中华书局1930年版,第53、57页。

④ 杜佐周编译:《麦柯尔测量法撮要》,民智书局1927年版。

第六章 知识和思想的教学法

如果你要使儿童了解、记忆并能应用一个概念、事实或原则,你应该用什么教学的方法? 可用的教学方法很多,本章仅就下列数种加以说明:

(1) 讲述法(telling-method)。
(2) 直观教学法(objt lesson)。
(3) 赫尔巴特的五段教学法(Herbart's five steps)。
(4) 举隅法(typ study methods)。
(5) 问题的教学法(problem method)。

一、讲述法

讲述法的用处　教师在讲台上讲演,儿童在座位内静听——这一种教学,可算是最普通的了。这一种教学,有一最大的缺点,就是儿童往往不假思索,立刻承受教师所供给的知识。因此,有许多教育者,认此为一种注入式的教学法,不宜在小学中采用。但在实际上讲演固不宜多用,却也有很大的用处。在下列的情形之下,你必须要用讲演:

(1) 在开始研究之前,先说一番话来引起动机。
(2) 研究完毕时,归纳所得的结果。
(3) 回答儿童的疑问。
(4) 引入补充教科书的材料。
(5) 把图画、图表、标本等,加以说明。
(6) 用简短的谈话,引起兴味。
(7) 不能用启发式的教学法时,用讲演来使儿童获得知识。[①]
(8) 教材不十分重要,而为时间经济计,避用启发式的教学法时,用讲演来使儿童获得知识。
(9) 教材极有兴味且易了解,不必多费时间,以启发儿童的思想,则用讲

[①] 赫尔巴特的五段教学法和问题的教学法等,都可称为启发式的教学法,可参看:Douglass, Modern Methods in High School Teaching, Boston:Houghton Mifflin Company, 1926, PP. 3 - 4 (Harl Roy Douglass, 1892 - 1972,曾任俄勒冈大学和明尼苏达大学教育学教授,中学教育专家。——编校者)

演法。

讲述的技术 你在讲演时应该注意的是什么？第一，你要根据类化原则，唤起有关系的旧经验，并使大家有相同的心理背景，不致发生误解。第二，你要常常把所讲的事物和儿童的旧经验关联起来。第三，使讲话不要太快，也不要太慢。第四，若你的讲演占据较长的时间，则你须把所讲的话分成几个段落，并顺在每一段落完毕时，略作停顿，以便儿童思索。第五，你要常用比喻、故事、例证等。第六，讲演完毕时，你要总结大意，以便儿童记忆。第七，讲演时间不要过长。

要是你在一节功课内完全用讲演法，结果你一定失败。但在应用他种教学法时，你参用讲演，告诉儿童以必要的知识，却有极大的效果。

二、直观教学法

直观教学的优点 语言和文字固为传授知识的重要媒介，但用语言文字来教学知识，结果，儿童往往只晓得几个符号，却不明其所代表的意义。自裴斯泰洛齐（Pestalozzi）[①]以来，教学法上起一种重要的革新，就是以直观教学代替符号教学。所谓直观教学，就是要使儿童从感官知觉获得各种事物的概念。教学时利用实物、标本、模型、图画、地图、电影、参观、旅行等，都可说是直观教学法的应用。因为视觉的应用较多，有许多人误解直观教学法的意义，以为仅以肉眼的观察为限。实则有许多的概念，须经听、味、尝、触等感官的接触，才可为儿童所完全了解。例如仅仅去观察苹果，儿童仍得不着完全的苹果概念；他一定还要去尝去摸，才能够真正地了解苹果。总之，凡以真实经验（real experience）代替符号的教学方法，都可称为直观教学。在社会自然等科，直观教学法应用很广；而在幼稚园及小学低年级，这更是一种不可不用的教学方法。

直观教学的技术 在采用直观教学时，第一你要事先准备材料，并加以精密的计划；第二要统御全班儿童，使之观察所要使观察的事物。若无精密的计划和统御儿童的能力，直观教学往往要引起时间的耗费。最明显的例子就是参观。许多师范学生在参观学校时，往往不仅缺乏组织，而且好像走马看灯，不知所观察者果为何物。小学儿童的参观若不事先准备，自然流弊更多。大凡所观察者愈有兴味，犯这种毛病的，愈加容易。例如电影原是一种直观教学的极好

[①] 裴斯泰洛齐（Johan Heinrich Pestalozzi，1746－1827），18—19世纪瑞士著名教育家和教育改革家。——编校者

工具,可是电影兴味愈好,则儿童的注意每每由所欲观察的事物移向到其他无关的事物,而因此引起时间的不经济了。在实施直观教学时,对于此等处你总得要加以注意。

直观教学法的限制 还有一点,你也是要加以注意的,直观教学法固可使儿童的概念愈加真实明了,却不能完全代替讲演法和教科书的研究。用直观教学法时,儿童是由自己的经验得到知识;但人有时还须从他人的经验中得到教益。要从他人的经验中得到教益,我们就不能不靠听讲演和读书了。假定一个人完全不从言语文字中获得知识,而一切的学习都是由于直接观感的结果,试想像这一个人将变成怎样的呢?

总之,直观教学法并非是一种获得知识的便利的方法。用讲演法或教科书来使儿童获得知识,不知道要便利多少倍。有的时候,用直观教学,简直是件不可能的事。桑代克说得好:[1]

教 $\frac{1}{5}, \frac{1}{4}, \frac{1}{3}, \frac{1}{7}, \frac{2}{3}, \frac{2}{4}, \frac{2}{5}$ 的意义时,若不用实在的事物加以区分,以使儿童观察,固然极其乖谬;但在教 0.6542 的意义时,若是你也把实在的事物区分为一万个相等的部分,然后再把 6542 个部分合并起来,像这一种手续,不是更其乖谬吗?

又,用直观教学法时,你仍须参用讲演法去讲述。例如提出一种标本时,你一定要加以详细的说明。弗里门(Freeman)[2]说:"直观教学,不仅在于提示实物,而着重为供给说明,以使儿童从实物上看出教师所见到的东西。"像讲演法一样,应用直观教学的最好的方法,是和其他的教学法(如赫尔巴特的五段教学法、问题的教学法、设计的教学法等)相并合。

三、赫尔巴特的五段教学法[3]

赫尔巴特的五阶段 在第十一章中,我们所举的教案实例,就是应用赫氏

---

[1] 见 Thorndike, Education: a first book, NY: Macmillan, 1923, P. 177.
[2] 生平未详。——编校者
[3] 赫尔巴特的五段教学法,有时称为归纳的教学法。赫氏教学法中的第五段,若加以较详的分析,便成为演绎的教学法,其过程和问题的教学法相类似。但解决问题时,归纳和演绎是同时并用的,所以我们避免用归纳教学法和演绎的教学法等名称。参看 parker, Methods of teaching in high school, p. 229 或 Burton, Nature and direction of learning, p. 206.

的教学法的一例。兹把五阶段的应用，说明如下：

(1) 准备(preparation)　在准备一阶段内，你要引起儿童的学习动机，并温习有关系的旧知识。(你看，在前举的教案实例中，教师怎样地准备？)

(2) 提示(presentation)　在提示一阶段内，你要提出多种明了的例子，叫儿童去观察或体验。(你看，在前举的教案实例中，教师怎样地提示？你再想，这一阶段和直观教学法有没有关系？)

(3) 比较(comparison)　在这比较的阶段内，你要使儿童把提出的实例，自动的加以分析和比较。(你看，在前举的教案实例中，比较的方法是怎样的？)

(4) 总括(generalization)　这就是帮助儿童求出一个原则。(这乃是比较的结果。在前举的教案实例中，比较和总括是并合在一起的。)

(5) 应用(application)　你要供给问题或习题，令儿童应用刚才求出的原则。(在前举的教案实例中，对此阶段并未详说。)

帕克认为在这五个阶段中，最重要者有三个要点：

① **明了的例子**　教师须提出明了，且足以代表其余的特殊事实的不同的实例，以使儿童得到真实的经验。

② **审慎的考察**　教师须提出问题，使儿童审慎考察所举的实例，以便了解原则。

③ **变化的应用**　设许多由易到难，由简单到复杂的习题，而使儿童把所获得的原则作种种不同的应用。①

赫尔巴特教学法的批评　在形式的教学上，这种教学法仍占很大的势力。其最大的原因，就是因为便于教案的编制。对于新进的教师，这种教学法也有很大的帮助。但自问题的教学法和设计的教学法等盛行以来，赫尔巴特的五阶段，已迭受教育者的攻击。试问这五个阶段到底有什么缺点？在我看来，这种教学法的最大缺点，就是未能顾及个别儿童的适应。照一般的应用，教师用同一的方法，说明同一的原则，决难使心理背景和智愚未必尽同的儿童，都起相同的反应。其第二缺点，就是着重于教师的活动，而未能十分顾及儿童的活动。②赫氏的五段教学法，只顾及怎样说明，才使儿童明了却未遑研究儿童的心理反应如何。这种缺点和第一缺点是显然有密切的关系的。正因为赫氏只顾及教

---

① 见 Parker, Types of elementary teaching and learning, Boston: Ginn and company, 1923, p. 156.

② 你只须看，教师和儿童讲话，到底哪一方面多。

师的活动,所以他的教学法就忽略了个别适应的问题了。至于其他的缺点,乃是由于教师应用错误的缘故,并非是赫氏的教学法的本身的缺陷。所谓应用错误,最普通的有以下的几种:(1)赫氏的五段教学法本是用来说明一个原则的;教师竟把他当作万灵膏一般,应用到习惯、技能或欣赏的教学了。这种应用显然是十分的谬误。(2)赫氏的五段教学法,是不宜在小学低年级应用的。一般教师对于年龄尚幼的儿童,也来应用赫氏的五段教学法,当然不能得到很好的教学效率。(3)赫氏五段教学法只可以用来说明较难了解的原则。一般教师误用五阶段来说明浅显的原则,自然会引起时间的耗费了。

如果在儿童需了解一个较重要、较复杂的原则或法则时,你觉得不宜用简单的讲演,而宜使儿童自力启发,以使之彻底明了;则赫氏的五段教学法对于你确是很有帮助。在实施设计的教学法或问题的教学法时,有时你所教的儿童,因为不明了一个原则或法则,致阻碍活动的进行或问题的解决;则你也可参用赫氏的五段教学法而加以明晰的指导。但是在应用时,你必须遵守帕克氏指出的三个要点,不要拘泥于五段的形式。

四、举隅法

何谓举隅法 从同类的事物中,举一事物为例,而加以详尽的研究——这种教学法叫做举隅法,在地理自然等科中,采用举隅法非常适宜。著作者编辑教本时,也有采用举隅法的。兹举一例以明之。例如教地理,要使儿童明了铁路的概念,你可选一铁路(例如沪杭铁路)为例,把火车、轨道、车站、开驶种种方面加以详细的讨论。你可用图画、地图及种种的巧术,使儿童彻底明了其真相。你又可带领儿童去参观。此后你讲到其他铁路时,即可收"举一反三"的效果。

优点及应用的技术 举隅法确是一个很好的教学概念的方法。第一,这种教学法,是非常的具体。第二,儿童可以得到很深刻的印象。不过,在教学时,你必须供备许多补充的材料。你所举的例,又须足以为其他事例的代表,否则教学的结果便毫无价值可言。这种教学法,除了内容丰富的科目(或问题)之外,往往是不能用的。

举隅法,在实际上不能算是一种特别的教育方法;这不过是赫氏五段教学法的一种变化。在赫氏五段教学法中,提示一阶段,有时可用许多的例子,但有时也不妨用一个例子,来代表其余一切的事例。若仅用一个代表的例子而加以详尽的说明,那么,赫氏的五段教学法便成为举隅法了。举隅法,正和直观教法一样,其目的乃在使儿童得到真实、具体、明晰、活跃的概念。

五、问题的教学法

如今我们要讨论一种最重要的教学知识的方法,这就是问题的教学法。在比较新式一点的小学里,问题的教学法,已变成为一种主要的教学方法了。教算术时,你可刺激儿童去研究,(1) 什么是最良的储蓄的方法?(2) 怎样造一所房屋是最经济?(3) 有了一笔款项时,怎样去消费要算是最好?教地理时,你可刺激儿童去研究:(1) 为什么南京是最适宜的国都?(2) 为什么水路运输比陆路运输便宜?无论教什么科目,你都可设许多有兴味的实际问题,叫儿童去思考,去解决。现在我们要问:

(1) 在解决问题时,完全的思想过程是怎样?

(2) 在实施问题的教学法时,你应该具备何种的技术?

完全的思想过程　关于完全的思想过程,杜威曾加以分析,大致如下:

(1) 疑难的感觉　我们平常吃饭穿衣,从不稍加思索。等到新奇的境遇发生,要我们决定一种应付的方法,却没有现成的习惯动作可用的时候,我们才不能不用思想。思想的发生乃由于疑难的感觉。医生遇到新的病人,才去想诊断病状;法官遇到新的诉讼,才去想判决的方法;妇人听到自己小孩的不断的哭声,才去考问其所以哭的原因。

(2) 确定疑难的所在　感觉了疑难之后,思想的第二过程,就是把疑难的境遇加以分析,以确定其疑难之所在。例如妇人听了自己小孩的不断的哭声,就去研究儿童的动作,而详察其所以哭的原因。

(3) 提出假设　疑难的所在既然加以确定,于是各种可能的解决方法或是假设,立即在脑海中兴起。所提出的假设愈多,则此疑难的问题,其解决的可能性也愈大。大凡人对于类似的境遇曾有过几次的经验,或大凡人具有优异的天赋的能力,则其所提出来的假设愈加众多,并且愈加适切。例如妇人研究了小孩的动作之后,便假定其所以哭的原因,或由于寒冷,或由于生病。

(4) 推演和决择　思想的第四过程是把所提出的解决方法,择其较适切者而加以推演及试验。例如妇人心里想,如果小孩觉得寒冷,覆了被总可使小孩不哭了。于是也把被覆上去,试验他的哭是否停止。

(5) 证实　假设是否可靠,一定要加以证实。例如小孩的哭,如果因此停止;则妇人便可确信其所以哭的原因是由于寒冷。否则她就要疑心,小孩是否有病了;他就要把别种假设加以试验了。

不论我们解决日常生活上的问题,或是科学家发现新的真理;其思想的完全过程大概都是如此。不过,有的时候,我们的思想是非正式的,不完全的:因此有几个过程也许是省去了的。即在完全的思想内,这几个过程,在时间上也往往是不易划分的,因为前一过程未完,后一过程常常就已开始了。

教师应有的技术和态度 由以上完全思想的分析,我们可以寻出几个你在教学时所应注意的要点:

(1) 使所要解决的问题成为实在的问题 有许多教师以为要采用问题的教学法是很容易的;只须把教科书里的题目列成问题的形式就可以了。但你如果明白了思想所以发生的原由,就立刻会知道这种见解的谬误。大凡儿童在动作上发生了一种困难,他们才感觉到一个实在的问题。你的任务并不在提出问题,而在造作生活动境,使之发生疑难的感觉。如果习惯的动作已足以应付生活,而并无困难当其前,谁也不会去思想,谁也不会寻求问题来解决。大部分的问题只是从儿童的活动或设计中发生出来的。所以问题的教学法和设计教学法关系异常密切,往往不可加以划分。

有的时候,教师提出问题,而为全班儿童所接受;有的时候,某儿童提出问题,而全班加以赞同,但主要之点是,在实施问题的教学法时儿童一定要感觉到疑难,而认之为有解决的价值和必要。

(2) 使所要解决的问题明白确定 儿童感觉了一个实在的问题之后,你的第二步手续就是帮助儿童把这问题分析。在这问题当中,有几个元素是已知的;有几个元素是未知的。你要使儿童在解决问题时,把什么是已知的元素和什么是未知的元素,刻刻记住。

(3) 刺激儿童提出解决的方法 所要解决的问题,有时是简单的,有时是复杂的。如果问题简单,儿童常常立刻就可寻出解决的方法。但如问题复杂,你就必须刺激儿童提出几种可能的解决方法,以资比较。所提出的解决方法愈多,则其解决的可能性也愈大,这层我们已经说过。提出解决方法的能力,因为大半视儿童的天赋而定,但你也可养成一种正当的学级精神,使各儿童尽其所能,以贡献意见于团体,黑司门[①]说:

若全班儿童有了解决某问题的强烈的意志,这一学级中,就会培养一

[①] 生平未详。疑为后文的"墨司门"。——编校者

种精神,以鼓励儿童提议各种解决的方法。同时,教师应使儿童发展一种提议的欲望,和一种对于所发的提议负责的情感。这样一来,无关重要的提议,就少有人提出了。若儿童发了一个好的提议,他就感到满足;这种满足的情感是极有价值的,因为这是根据于'喜受人的赞美'的自然动作倾向的。并且这又使得问题的解决更加容易了。如果这种提议受到诚意的欢迎,则儿童所感到的满足更加强烈。凡此种种都是使儿童喜欢发有价值的提议的方法。

(4) 刺激儿童去试验并批评可能的解决方法 所提出的解决方法,有的是对的,有的是错误的。错误的解决方法必须加以淘汰;所剩下的比较适切的解决方法也必须加以估评和试验。此时你须使儿童养成一种"虚怀若谷"的态度,不要固执成见。如果儿童已证明某种假设不适用,他就须试验其他的假设。有的时候,两种不同的假设,若加以并合应用,即可解决所要解决的问题。这一种批评的和"虚怀若谷"的态度,对于儿童将来的立身处世很有关系,所以你总得要注意使儿童养成。

(5) 防免头绪紊乱和问题以外的讨论 所要解决的问题,一定要合于儿童的经验和成熟的程度,千万不要过于困难;否则儿童便要头绪紊乱,结果归于失败了。如果问题的选择尚算适宜,你也须帮助儿童,以防免头绪紊乱和问题以外的讨论,因为儿童思想的能力到底是非常薄弱的。在儿童头绪紊乱时,你可令儿童重述所要解决的问题要解决时应行注意之要点。有的时候,你可令儿童停止进行,先把研究过的事情作一总结,以便看出尚须进行研究者为何。有的时候,你可在一班中指定一人,把每步研究的结果,简略地记在黑板上。总之,要防免头绪紊乱和问题以外的讨论,在未开始解决问题以前,你须与儿童拟定一个解决这问题的计划,等到开始解决问题之后,又须时时和这计划对照,以看出进行的迟速并决定其次的手续。

六、问题的教学法的优点

各种教学知识的方法,前面都已简单地说过了。巴格莱曾说:

> 要使学生获得许多意义、事实和原则……决非是一件容易的工作。仅仅使学生了解教师所要教的事物已经是够困难了;但是优良的教学,尚不

仅是使学生了解而已。较大的问题……是要使知识变成为动的——换言之,使学生对于所学到的事物,不仅能够了解,而且要在遇到解决生活上的问题时,能把所需的知识回忆起来,而加以应用。

从这段话里面我们可以看出,教学知识的目的,第一是要使儿童了解,第二是要使儿童记忆,第三是要使儿童应用。如今我要证明,问题的教学法,最适合于这三个目的,而因此是一种最适宜的教学知识的方法。

了解 论到了解一层,问题的教学法较其他方法为优自不待言。在实施问题的教学法时,教师仍可用讲解或实物观察等方法,使儿童了解所要教的事物的意义。况且,问题的教学法注重知识的应用,而知识愈经应用,则愈加明了。所以"了解"一层,可毋庸申说;现在让我们考问,问题的教学法是否合于记忆的目的?

记忆 记忆的教学和练习的教学法,颇相类似。我们在前章中所列举的练习的原则,稍加变化后,即可应用到记忆上面。关于记忆的方法,留待教育心理学去讨论,现在毋庸赘述。不过,要证明问题的教学法是否合于记忆的目的,我要指出几个重要的条件于下:

(1) 琐碎的事实不容易记忆;有组织的事实就容易记忆。在实施问题的教学法时,各种有关系的事实,都以问题为组织的中心,因此就便于记忆。

(2) 凡一件事实,若和一种真实的动境相结合,则到了将来在生活上需用时更容易回忆。一般学校,常使儿童强记事实。在强记事实时,所记忆的事实,和需用所记忆的事实的生活动境,完全拆分。结果呢,将来儿童遇到需用所记忆的事实的生活动境时,他仍不能把所需的事实回忆起来而加以应用。换言之,他所学到的事实知识,完全是静的,不是动的;他的脑袋里虽装满了不少的事实的记忆,却是他的脑袋,正像知识的储藏所一样,把许多有用的知识,堆积在里面,而不会加以使用。如果我们要使儿童所记忆的事实都是动的事实,都能够在相当的时候加以回忆和应用;那么,我们一定要使儿童所记忆的事实,常常和真实的生活动境相结合。换句话说,所记忆的事实,一定要和所解决的问题或所应付的境遇,互相结合,才可使儿童将来把所记忆的事实,回忆起来而在生活上应用。这样看来,问题的教学法最能适合于这个记忆的条件了。

(3) 一件事实,若在不同的动境中,做多次的应用,则回忆起来更加容易。用问题的教学法时,儿童把学过的知识,常常用来解决数种不同的问题,所以学过的知识,更容易回忆。

应用 以上各点，证明问题的教学法非常适合记忆的目的。现在我们要更进一步证明，儿童由问题解决中所获得的知识是否在生活上更能应用。

第一，在采用问题的教学法时，儿童不仅学习知识，而且学习知识的应用。他根据自己的旧经验，拟出各种可能的假设，而加以批评及试验，以解决其所要解决的问题；在教师指导之下，他不仅学习新的知识，并且学习怎样把学过的知识，用来解决新的问题。普通学校中所用的教学法，仅注意知识的获得，却不顾及怎样把知识应用；而问题的教学法对此二者皆能兼顾并重：这是问题的教学法的最大优点。

第二，如果儿童常常去解决问题，他就常常去应用知识。根据"学习由于动作"(learn to do by doing)的原则，儿童既然常常去应用知识，自然会发展一种应用知识的能力(learn to apply knowledge by applying knowledge)，应用知识的能力固然有一部分是由于天赋，但经过常常的练习，儿童对于这种能力，自然也能有所增进。

总之，在实施问题的教学法时，儿童学习知识的应用，而同时发展应用知识的能力；所以最能适合教学知识的第三目的——即应用的目的。

我国现时需要的一种教育 我们已证明，问题的教学法是一种最适宜的教学知识的方法。更进一步，我们要指出我国教育上的一种需要。现在我国已进入一个革新的时期，凡旧日的习惯都已不足以适应新时代的生活，而有加以改革的必要。文明推进的速率，是非常的迅速。因此，现代的儿童需要一种适应新的境遇的能力，方可避免"将来流为时代落伍者"的危险。要使儿童获得这一种能力，我们就应使儿童在学校中练习问题的解决——就应使儿童在学校中练习应用旧的知识，来解决新的问题或应付新的境遇。再从我国各项事业及学术上观察，我国件件事比不上外国，一定要迎头追赶，才可有和欧美各国并驾齐驱的一日，但所谓迎头追赶，一定要我国有天才的人们自己去创造，自己去发明。创造发明固然一定要有相当的天才。但大半要靠学校的教育和环境的奖励。就智慧言，我国人未必不及外国人，为什么我国少发明创造呢？缺乏环境的奖励固是一个主要的原因，但现今偏重记忆和奴从的教育，绝难产生有创造性的天才。要使教育能产生有创造性的天才，教学知识的重心，就应由记忆移到思想。换句话说，儿童应在学校中常常练习应用已获得的知识，去应付新的境遇，而因以发现新的知识。

一个结论 无论就教学知识的目的言，或是就我国现时的需要而言，问题的教学法应是一种主要的教学知识的方法。可是你不要误会，以为其他的教学方法,如讲演法、直观教学法、赫氏五段教学法、举隅法等,就没有丝毫价值了。实则不然。要是你教学一项简单的知识,用讲演比较用任何方法还要便利;要是你要使儿童明白事物的真相,你就须用直观的教学;要是你对儿童解说一个概念或原则,赫氏的五段教学可给你不少的帮助。问题的教学法,在实施时,常可参用讲演、直观教学和五阶段的说明;至于举隅法只是一种巧术,选择问题时,也应该采用举隅的方法,以使儿童解决了一个问题后,对于其他类此的问题,也容易加以解决。

参考资料

设计的教学法　在第三章中,我们曾说过,设计这个名称,各家的解释不同;但是依克伯屈的说法,尽不妨视为一个教育原则。作者又指出,把设计当作一种课程组织的方法,似更适切。然在我国小学中,设计普遍被视为一种教学的方法,而所谓设计教学过程,已为小学教师所共知晓。所以,我们在这里也得把设计教学法,加以叙说。

设计的意义,与问题的意义极相似,因此有些人混称为问题设计的教学法(Problem-p oject Method)。然在二者之间,却有重要的区别。有些问题是纯然理智的,例如儿童出于理智上的好奇心,发生"为什么南京最适宜于建都?"的疑问;又有些问题是实际的,例如儿童表演一出剧本,以娱乐观众。如果儿童所要解决的问题,是一个实际的问题,引导到客观的具体的结果,那就变成为设计了。照这样说,设计只是问题中的一类别,在实行一个设计时,儿童往往要解决不少的问题,但因为设计着重在"做",所以其教学过程,略有不同,兹述之如下:

一、决定目的——教师须先设施生活动境,使儿童发生从事某种设计的目的。

二、计划——指导儿童计划如何去实行。

三、实行——让儿童实行,而予以所需的指导。

四、评判——实行过了设计之后,师生共同评判,共同整理结果。

在实施设计教学法时,儿童的目的乃在做事,而不在学习。故知识的获得,乃是一种副产物。然教师则应随时引进教材,使儿童学习。儿童由此获得知识,是十分切实的。

社会化教学法——还有一种社会化教学法,也得简单地介绍一下:

社会化教学法所注重者,不在一种特殊的方式,而在一种根本的精神,就是:利用团体生活,使儿童学习共同需要的教材。教室的生活,原是一种团体的生活;可是一般的教师,不会把这种的团体生活好好地利用,以致儿童各自读书,毫不合作,岂不可惜！现在社会化的教学法，就是去救治这种通病，要使儿童觉得学习是全班共同的事业。在以前的时候，儿童仅仅是对于教师负责的，自采用了社会化的教学法以后，儿童的责任观念，就大大地改变。他们不但要对于教师负责，还要对于团体负责了。这一种团体的感情（We-feeling）在社会化的教学法上，要算是最重要的了。如果没有这种团体感情，如果儿童不去尽行其一分子的责任，如果儿童不把团体的成功当作自己的成功，团体的失败当作自己的失败，则社会化教学法徒具形式，有百弊而无一利。

至于社会化的教学法的方式，可分为两种：一种是由儿童做主席的，一种是由教师做主席的。若由儿童做主席，则教师可坐在儿童的座位内，随时鼓励较迟钝的儿童参加活动。由教师做主席时，社会化的教学法和普通教学法，在形式上并无若何殊异，不过具备上述的精神而已。

有的时候，儿童可模仿成人的社会生活，组织一种委员会、俱乐部、法庭、戏剧团、或市党部。罗笛欧（Ruediger）①说："如果所模仿的组织，包含所研究的题目，或至少为所研究的题目的一部分，则这种团体工作很有价值。但若这种关系并不存在，例如在研究读法时模仿市党部的组织，则此种方式就很可怀疑了。"

我觉得这种社会化教学法的方式，若遵守罗氏所指出的原则，很可在小学中应用。

问题和设计

（1）把小学的科目，着重思想和知识的，放在前面；不着重知识和思想的，放在后面；依次序加以排列。

（2）试述解决问题时，应有哪几种态度，并指示养成这些态度的方法。

（3）试举一个问题解决的实例，并分析其步骤。

（4）试研究科学家发明时所用的科学方法是否和杜威分析的完全思想过程相拍合。（举例说明）

（5）思想和记忆，是否为对待的名词，详述其关系。

（6）现今我国教育有没有妨碍思想发展之处，试举例详述之。

（7）试拟一改适我国教学的计划——着重在培养创造发明的人才。

（8）择一适用赫尔巴特教学法的题目，编一教案，而加以实习。

---

① 罗笛欧（Williamcarl Ruediger，1874—1947），曾任美国乔治华盛顿大学教育学教授。详见 http://encyclopedia.gwu.edu/index.php? title=Ruediger._william_carl——编校者

参考书籍

① 罗廷光编:《普通教学法》,商务印书馆1930年版,第88—96页。

② 谢恩皋编:《小学普通教学法》,中华书局1930年版,第57—66页。

③ 克伯屈著,孟宪承、俞庆棠译:《教育方法原论》,商务印书馆1930年版,第十四及十五章。

第七章　欣赏的教学法和发表的教学法

一、欣赏的教学法

欣赏教学的现状　如今我们要讨论一种最重要的教学方法，即欣赏的教学法。关于知识或技能的教学，近来已大有进步；可是欣赏、态度、理想等的教学，迄今尚极幼稚。这一半是由于情感的心理学尚未十分的发达；随便翻开一部心理学的著作来看，你就可发现情感的讨论总不及思想或记忆的讨论那样的充分。还有一半是由于欣赏教学本身的困难。一个概念的学习，或一种技能的获得，都可以规定在一天、一周或一月内学毕的；可是欣赏的学习就不能够这样的规定。因为欣赏的教学非常幼稚；所以一般教师往往偏重知识或技能的教学，而忽视情感的教学结果。更有甚者，情感的教学结果是不容易测验的，知识或技能，要加以正确的测验，是比较容易的。一般教师就重视可加以测验的知识或技能，而把不易测验的情感的教学结果，完全加以轻忽；这自是一种必然的趋势。到了最近，思想较新的教育家才大声疾呼，唤起教师对于情感结果的注意。

附学习　固然，欣赏、态度、理想等也可加以直接的教学，但我们大部分的情感的反应，是逐渐的养成的。每次的上课，每次的学习经验，对于儿童的理想、态度、兴味等，都发生若干的影响。在学习算术、历史或地理时，儿童同时获得勤学、节俭、正确、忍耐等重要的理想（或获得懒惰、敷衍、不诚实、依赖等态度）。其对于文学、音乐、艺术等科目的兴味，其对于教师或学校所抱的态度，也刻刻受到改变。我们在第五章里讲同时学习的原则时，已指出教师有注意副学习和附学习的必要。理想、态度、欣赏、兴味等，大部分是附学习的结果。其他，如有价值的儿童文学、美化的环境、贤师良友的接触和常听的音乐等，都是培养儿童态度和欣赏的重要的因子。

一个经验　要是你把欣赏当作直接的教学目的，你将采用何种的技术？这种技术，虽极困难，却从表面上看，倒是非常的简单。在讨论之前，让我先举一个实在的经验，来供研究。

在杜威初来中国的那一年，我正在北京高师英语部一年级做学生。那时，我已经有相当的英文读书能力。我每天读的是英文小说，每小时可读十页左右;英文文法早已明了,论到了解和迅速的能力都大致还算不错。可是我厌弃英文,不愿把英文当作专门的研究。因为一来呢,我觉得英文只宜当作一种研究科学的工具,整天去读文学小说,实在没有多大意味,实在不能使我将来在社会上作何种的贡献。二来呢,我觉得北京高师不是一个学习英文的适宜的环境;如果讲话的能力不能有所进步,我将来就不能被人重视。在那时候,我时时刻刻想要改习一种适宜的科学。当然,我早已想到,在我们的学校内,改习教育是比较的便利。可是,我还没有上过教育学的功课,对于教育的学问完全没有门径。恰巧,杜威到中国来讲演,由胡适翻译。胡适的名字,我也已听到过了;他的流利的白话文,我也已拜诵过了。因此我到了讲演的那一天,同一位同学姓鲁的,老早就赶去,坐在第一列的坐位内。我的目的是要认一认这两个名人;同时要听一听这位美国人的特别见解到底是怎样!胡先生的翻译真是不错!我对于杜威的讲演也能直接听懂十分之四五(因有许多教育名词,故较难懂)。杜威对旧教育予以批评,有许多话我觉得很切当。我曾受了十多年的旧教育,我的体格和知识均未得尽量地发育。我听时就回想到从前受教育的经过。我想像自己是一个教师,教一个像我幼时一样的儿童;我应该怎样去改变教学的方法。我对于杜威的讲演,实在听明白的,不及四分之一。后来我完全在座位内思想,有时偶然去听他一二句比较着重的话。到了第二天,我就等待着去看报上登出的杜威讲稿。我立刻到琉璃厂买了一本杜威著的《民本主义与教育》。① 自此以后,我每日去读教育的书籍,从无一日间断,甚至把正课也稍加忽略了。②

像这一类强烈的情感的经验,大概任何人都在一生之中遇到过几次。如今让我分析情感的教学,到底应该注意些什么?

准备 如果你要直接教学欣赏,你的第一步手续是使儿童准备——是要使儿童起适宜的心向。要是儿童的心向不适宜,你就无法引起所希望的情感的反应。但有了适宜的心向,要使儿童欣赏,就比较容易了。心向的引起,固然在任何种教学上都很重要;而在欣赏的教学上,尤属必需。因为心向和欣赏都是

---

① 参见王承绪译:《民主主义与教育》,人民教育出版社1991年版。——编校者
② 这不是一个直接教学欣赏的例子,乃是一个欣赏学习的例子。由这个例子,我们不仅发现欣赏的要件,且可以看出欣赏的学习,不在于教师所用教学的方法,而在于学生怎样的感觉。在任何学习动境之下,教师都有机会去发展学生各种的欣赏——美的、智的或社会的欣赏。

情感的反应。

从前我听杜威的讲演时,我的心向是何等的强烈!我在那时正想改习教育,极要明白教育事业的重要,和研究教育的门径。杜威的讲演题目,刚刚适合于我的需要。两位名人的声誉,又足以激起我的好奇。所以我老早就赶到讲演的地点;可见得我有一种十分强烈的听讲的欲望。而杜威的讲演,又能唤起我从前求学的经验,使我所有已造成的感应结,都准备着动作。有了这一种心理的准备,所以我在听讲时能够起一种强烈的情感反应。在直接教学欣赏时,你的第一步手续,也是要使儿童有像这一种的心理的准备。

强烈的情感反应 至于你的第二步手续是要使儿童发生强烈的情感反应。自然你要利用儿童的本能和兴味。但重要之点乃是使儿童直接参加情感的经验。童子军的训练是一种最好的情感的训练,因为童子军直接参加社会的服务,直接参加合作的生活。学校中举行国语周(像外国的 good-English week)、礼貌周、公德周等,也是训练情感的善良的方法,因为这些方法都供给儿童以直接参加活动的机会。可是有的时候,儿童要直接参加经验,是一件不可能的事。例如读一篇《鲁滨逊漂流记》①时,儿童不能直接去经验一种荒岛的生活。然而他们虽不能直接参加这种经验,却也未尝不可在想像上参加鲁滨逊的种种活动。他们可以想像自己是鲁滨逊本人或鲁滨逊的同伴,身受种种孤寂生活的痛苦。这一种想像的参加,我们在一生之中不知道经验过多少次。记得我幼时读《三国演义》时仿佛自己就是赵子龙,仿佛自己拿了一枝枪在长坂坡救出阿斗;仿佛自己听到刘备"一身都是胆"的奖语。到了欣赏的极点时,我们常想像自己就是小说或传记中的英雄,和他共尝安乐甘苦。有时我们想像自己就是小说的作者,仿佛自己写了一种极得意的描述。有时,我们看了一张美的图画,好像我们自己是图画中的人物。在我听杜威的讲演的时候,我想像自己是一个有新思想的教师,想像我自己和杜威在革新教育的共同目的上努力。总之,要有强烈的情感反应,我们须直接参加强烈的情感经验,或在想像上去参加这种经验。在直接教学欣赏时,你的第二步手续——最困难的手续——即在引起儿童做这一种直接的或想像上的情感的参加(direct or im gi ative emotional participation)。

---

① 《鲁滨逊漂流记》,英文原名:Robinson Crusoe,作者为丹尼尔·笛福。首次出版于1719年,最早的中译本为1905年商务印书馆版《鲁滨逊漂流记》(林纾、曾宗巩译),这本小说被认为是第一本用英文以日记形式写的小说,享有英国第一部现实主义长篇小说的头衔。——编校者

此后活动的指引 你的教学的第三步,是指引儿童做更进一步的活动,以使这种情感充分地表现,并得到更多的满足。你可指引儿童去读书,去创作,去组织俱乐部。可是这一步手续,不一定是必需的;你要自然而然地加以指引,却不可带一点强制。

我听了杜威的讲演后,就开始计划此后的活动。我定这种计划,完全是由于情感强烈所致。同样,若是儿童的情感反应,是非常强烈,他们自然会表示一种更进一步活动的欲望,而你就可随机加以指引了。

几个教学的要点 上述欣赏教学的手续,好像非常简单,却在实施时至为不易。欣赏教学的技术,没有一种公式或法则可资遵循。上述的手续,仅指出欣赏教学的几个要件而已。此外,还有几个要点,你也应该知道,兹列举如下:

(1) 不要教儿童去欣赏你自己不能欣赏的事物 你自己能欣赏文学、音乐或艺术,才可以教儿童去欣赏文学、音乐或艺术。要是你自己不能欣赏,你就不配去教欣赏。情感反应的引起,常是模仿教师的结果。在教学欣赏时,你的强烈的情感,一定要自然地流露,却不可带一点虚伪或矫作。你的享乐、态度和兴味,自然会反映到全班的儿童。

(2) 知识是欣赏的基础 要是你完全不懂一首诗的意义,你对于这首诗就不能够欣赏。知识是欣赏的基础,所以在教学欣赏时,你一定要供给儿童以必需的知识。

(3) 要避免过多的分析 知识固是欣赏的基础,但欣赏毕竟是一种情感的反应。要是你把一首诗或一张画加以过多的理智的分析,情感的元素就要减少,而欣赏的原来目的也就归于消失了。例如读诗时研究文法的结构,游山玩水时研究自然的现象,都足以破坏欣赏的目的。

(4) 欣赏的材料要适合儿童的年龄和发育程度 欣赏的发展是很缓慢的;故欣赏材料的程度不可骤然提高,却也不可过低。有许多人反对儿童文学,就是由于不明这个要点的缘故。就本身的价值言,有许多儿童文学固多缺点,但对于未成熟的儿童,却很适合其欣赏的程度。

(5) 欣赏要由儿童自己去选择 欣赏是儿童直接经验的结果。让儿童自己去发现"真""美""善"。例如教诗歌时,让儿童自己去选择最美的一段来记忆。

(6) 要明了个别的差异 各人的嗜好不同,所以同是教一首诗,各人所得的欣赏也大相殊异。所以在教学欣赏时,你不能希望大家得到相同的结果。

(7) 技术的学习是手段而非目的 要创造一种艺术的作品,一定要有相当的技术。但创造艺术的作品,和欣赏艺术的作品,完全是两件事。纵然儿童没有创造艺术作品的能力,他们仍能够欣赏艺术作品。如果儿童要发表一种美的观念,他们才需要技术的学习。技术的学习应该当作一种手段,不要当作目的。

(8) 技术的学习不要带一点强制 技术的学习固可增进儿童的欣赏,但这是手段而非目的:所以千万不要带一点强制。如果你强制儿童去学习技术,儿童便要发生不合宜的态度,妨碍正当的欣赏和兴味的发展了。

二、发表的教学法

我们要讨论的第三个重要教学问题,是怎样指导儿童的发表。还有一种发表的教学法,我们也得在此处提及。现代小学教育,把儿童思想和感情的发表,看得非常重要。所以我们对于发表的教学法,应加以详细地讲述。不过,这在各科教材和教学法中讨论,比较便利。因此,我们留待第二编去申说,如今仅指出几个要点。

发表的种类 最普通的发表方法,是用语言文字来传达思想或情感。谈话、说明、辩论、演说、写信、报告,均属于此类。演剧编剧也是一种用语言文字发表的方法。这一类的发表,在教育上当然要算是最重要的了。第二类发表的方法是用画图。格塞尔(Gesell)[①]说:"幼年儿童的图画,在本质上就是语言"。第三类发表方法是用工艺和制造。儿童常常制造事物,以发表其心中的观念。在沙箱里搭起桥梁、河道、房屋等等,也可说是属于这一类的发表。以上种种的发表方法,在小学里,常常可加以利用。

发表在教学上的功用 发表不仅是一种技能,而且是一种重要的学习的巧术。伯顿说:

> 学校一向不晓得发表是一种促进各种学习的巧术。教师只注意到发表的直接的目的,例如传达思想,供人娱乐等,却不想到其对于一般学习活动的间接影响的巨大。对于并无作文能力和欲望的学生,教师常常要他们发表文学的作品!若改变了教学的方法,使发表适合于学生的需要和能

---

① 格塞尔(Arnold Lucius Gesell,1880-1961),美国儿童心理学家,提出了"成熟理论",认为支配儿童心理发展的因素是成熟和学习,但成熟更重要。首创用电影机研究正常婴儿和儿童的身体与心理发育。1903年毕业于威斯康星大学,1906年获克拉克大学哲学博士学位,1915年获耶鲁大学医学博士学位。1911年他担任耶鲁大学教育学助理教授,并建立和管理耶鲁儿童发展临床医学中心至1948年退休,后来在格塞尔儿童发展研究所担任顾问直至逝世。——编校者

力,则技能、知识、思想等等有价值的学习,自然会得因发表而促进。这不仅是国语和作文教师的问题。在实施社会化的教学法时,则内容科目的学习也未尝不含有发表的活动。沙箱、工艺、制造、演戏等活动,都可在各科目内利用。实验或参观时所做的笔记,莫不一方面增加儿童发表的能力,而一方面又能促进自然或社会等科的学习。①

发表教学的原则　关于教学发表的详细的方法,留待第二编中讨论,如今让我举出几个较重要的原则于下:

(1) 题目要有兴味。

(2) 要充分供给有关的材料,以便组织和发表。

(3) 要有自然的发表动境(audience situation)。

(4) 要训练儿童组织材料。

(5) 要指示发表技术上的改良。

上列的原则,固然都是关于语言文字的发表,却稍事变化后,对于其他方面的发表,也可适用。

总论

总结三章大意　在上三章中我们把寻求每种学习结果所最适宜的教学方法,详加申论。如果所寻求的学习结果是一种机械的习惯或技能,练习是最适宜的教学方法。练习的教学法,第一,是要使儿童有练习的动机;第二,是要使儿童得到明确的意像;第三,是要使儿童作注意的练习。但是要使儿童做注意的练习,异常困难;因此,我们列举许多的原则和巧术。

如果所寻求的学习结果,是一种概念、事实或原则的了解;则可用的教学方法有:(1)讲演法;(2)直观教学法;(3)赫尔巴特的五段教学法;(4)举隅法;(5)问题的教学法。我们指出,问题的教学法是一种教学知识的最适宜的方法。用问题的教学法时,儿童不仅对于所要教的知识更能了解,而且更能回忆起来,备将来生活上应用。问题的教学法着重思想的训练,又最适合我国目前的需要——因为我国目前最需要的,是进步的青年和有发明创造能力的青年。而着重思想的教学法,对于这一类的青年的培植,似有更多的可能。

如果所寻求的教学结果是一种理想或欣赏,则教师须采用欣赏的教学法。欣赏

---

① 出处未详。——编校者

教学法分三个手续：(1)准备；(2)引起强烈的情感反应；(3)指引此后的活动。我们又举出八个要点，使教师注意遵守。欣赏的教学固极重要；却在技术上迄今尚很幼稚。但大部分的情感的反应，我们不是由于直接教学的结果，而是由于逐渐的发展。因此，教师对于环境的设施和第五章所讲的同时学习的原则，一定要特别加以注意。

还有一种发表教学法，我们也略加叙说，但到了讨论各科教材及教学法时再提出详讲。

各种教学结果的相互关系 一般，我们常把学校里教的科目分为技能的科目、内容的科目和欣赏的科目三种。这种划分，完全是为便利起见；实则任何科目，莫不具备知识、技能和欣赏的元素。更有进者，我们每日教的功课，也有时不能全然做这样的划分。在六十分钟的一节课内，我们常常起初着重概念的教学，而后来一变而为机械的练习或起初着重欣赏的教学，而后来一变而为机械的记忆。

严格说来，每种学习的经验，莫不兼备三种特殊的形式（不过程度多少有分别而已）：第一，此后遇到相似的动境，我们倾向于做同样的反应（习惯的反应）；第二，我们把这经验和其他经验结合，而因此了解一种新的意义（理智的反应）；第三，我们有一种满足、烦恼或其他的情感，和这经验里的动境及反应相结合（情感的反应）。所以在实际上，经验是整个的；当我们适应一种动境时，我们的整个的有机体（所有的动作、思想和情感），莫不发生作用。学习结果的分类，完全是为便利起见。因所着重的学习结果不同，我们才采用不同的教学方法。但读者须知道，这一种划分在实际上不能十分严密；而在教学时，教师对于儿童全部的反应都要加以注意。我们在第四章里所讲述的同时学习的原则，教师总应刻刻记住。

问题研究

（一）从小学党义、历史、读法等科中，各选五个题目，适宜于欣赏的教学。

（二）学校中举行清洁周、秩序周等，到底有什么教育的价值？这一类的训育周，在何种条件之下，才能够发生教育的价值？

（三）参观一个小学听教师教欣赏，并指出其应行改良之点。

（四）实习欣赏的教学。（选一适宜的题目）

（五）试拟一具体的品性教育计划。（用表列的形式）

参考书籍

① 罗廷光编：《普通教学法》，商务印书馆1930年版，第97、102页。

② 谢恩皋编：《小学普通教学法》，中华书局1930年版，第67、70页。

总温习

一、是非法

(1) 在实施练习的教学法时,教师须使儿童明了练习的价值和必要。

(2) 供备实际的动境,使儿童需用一种技能,是引起练习动机的最良的方法。

(3) 错误的练习,到后来就要妨碍正确的练习。

(4) 视觉的意像在练习上最属重要。

(5) 每种技能都只有一种最良的方法;在开始练习时,教师就须把最良的方法教给儿童。

(6) 示范时,教师可毋庸用言语去指导。

(7) 所练习的技能,如有特别困难之点,应先提出特别加以注意。

(8) 矫正错误时,教师只须指出错误之所在。

(9) 所练习的事物,须成为极自然的反应。

(10) 经过示范之后,儿童即须作迅速的练习。

(11) 练习是本来有兴味的;所以维持兴味也比较的容易。

(12) 新式的算术练习方法,一定要儿童写整齐的算式。

(13) 练习的时间一定要短。

(14) 用部分的练习法比用全部的练习法效果更大。

(15) 儿童如果知道了自己的进步,对于练习就会发生兴味。

(16) 练习的方法要多变化。

(17) 限定练习的时间,可以增加儿童练习的努力。

(18) 讲演法是一种注入式的教学法。

(19) 对于小学儿童,讲演时间不宜过长。

(20) 直观教学是一种以实在经验代替符号的教学法。

(21) 要是教师没有管理儿童的能力,直观教学容易引起时间的耗费。

(22) 直观教学可以完全代替教科书和讲演。

(23) 在应用赫尔巴特五段教学法时,儿童的活动较教师的活动为多。

(24) 有组织的事实比琐碎的事实容易记忆。

(25) 在学校内,所记忆的事物往往和需所记忆的事物的生活动境完全拆分。

(26) 凡一件事实,若在不同的动境内,做多次的应用,就容易回忆。

(27) 在采用问题的教学法时,儿童不仅学习知识,而且学习知识的应用。

(28) 所谓思想,就是应用旧有的知识,以应付新的境遇。

(29) 中国少创造发明是因为中国人比外国人愚笨。

(30) 有了问题的教学法,其他教学知识的方法,就完全没有用处。

(31) 欣赏的学习,像知识和技能的学习一样,也可以规定在若干时间内学毕。

(32) 欣赏也可加以十分正确的测验。

(33) 欣赏大部分是附学习的结果。

(34) 教师自己能欣赏,才能教儿童欣赏。

(35) 知识是欣赏的基础,所以教学诗歌时,教师须把诗歌中的文法、修辞等详加分析。

(36) 小学儿童就应使之研究最有价值的文学欣赏材料。

(37) 何者应加以欣赏,教师应告诉儿童。

(38) 技术的学习,不可带一点强制。

(39) 创造和欣赏是两件事。

(40) 在教学欣赏时,教师须使全体儿童得到相同的欣赏结果。

二、填充法

(1) 注意若不集中,儿童在练习时的动作,便渐渐的不受_____的指导,而因此发生_____来了。

(2) 儿童学习拍皮球比学习加法快,乃是因为_____的缘故。

(3) 在最初练习的时候,我们要_____练习;然后逐渐把两次练习相隔的时间_____。

(4) 练习测验有四种功用:(1)_____ (2)_____ (3)_____ (4)_____

(5) 帕克指出,赫尔巴特的五段教学法中,最重要者为:(1)_____ (2)_____ (3)_____。

(6) 赫尔巴特的教学法,用来_____,还算适宜。

(7) 采用举隅法时,所举的实例一定要_____。

(8) 杜威分析完全的思想过程,共有五个步骤:(1)_____ (2)_____ (3)_____ (4)_____ (5)_____。

(9) 教学知识的目的有三:(1)_____ (2)_____ (3)_____。

(10) 教学欣赏,可分三步手续:(1)_____ (2)_____ (3)_____。

(11) 发表教学法应遵守下列的原则:(1)_____ (2)_____ (3)_____ (4)_____ (5)_____。

第八章　自学辅导的方法

一、什么是自学辅导

对于自学的态度　对于儿童的自学(或自习)你应该怎样去指导？这是本章要讨论的问题。

从前教师对于儿童的自学，完全是不注意的。教师的任务，似乎仅在"出售"知识，至于儿童是否把知识"购进"，教师就可以不问。在时间表里，也并没有自学时间的规定；儿童的自学完全是在家里做的。较有良心的教师，虽偶然叫程度低劣的儿童在校内自学，而施以辅导；但是所谓辅导，无非是维持秩序，及强制学习而已。教师对于儿童自学所用的方法是否合宜，从不稍加以注意；有时教师因忍耐心的缺乏，给儿童以过多的帮助，甚至替儿童做事，完全不予以自力研究的机会。这种种态度都是不对的。现代自学辅导的方法，就是要把这种种态度矫正；不仅注意到儿童的自学，并且要教儿童以正当的学习方法，使儿童能够自力研究，渐渐地不必依赖教师的帮助。在自学辅导的方法之下，教师不仅好像是一个维持秩序的警察；而且是一个循循善诱的辅导者。这才是教师对于自学的正当的态度。

自学辅导的计划　自学辅导，可以在两种不同的计划之下实施。如果教师要把自学辅导方法加以彻底地采用，那么，全校的组织必须要加以根本的改变。一来呢，上课时间一定要延长，并在时间表内安排自学时间，以使儿童对于每种科目都在授课的教师的指导之下自学。二来呢，因为自学辅导能顾及个别的差异，而使儿童的能力皆得尽量的发展，弹性的升级制就成为一种必要。故这一种计划，比较复杂。在普通的学校内，往往不易实施。第二种计划，用不着彻底的改组，只须从平常授课的时间内分出一部分来作自学的辅导，所以便利得多。最普通的办法是采用分节制(the divided period plan)。所谓分节制，就是说，把每节的上课时间分为三部分：(1)温习；(2)指定作业；(3)自学。在六十分钟的一节内，我们可分为二十分钟温习，十五分钟指定新的作业，二十五分钟自学辅导。可是这种时间的分配不宜呆板固定，仅供作一种参考而已。如果上课时间较短(在四十分的一节内)，有技能的教师，也可采用此种自学辅导的方法。我觉得，分节制的计划，在普通的学校内都可加以试验。①

自学辅导的问题 我们研究自学辅导的方法,可分析为两个问题:(1)怎样指定作业,(2)怎样辅导。如今让我分别加以讨论。

二、怎样指定作业

指定作业的意义 什么是指定作业?在实际上,指定作业是一种"刺激的动境"(stimulus situation),用以引起儿童的反应。儿童反应的强弱,是以刺激的强弱为比例的。一般的教师,不明白这个道理,往往在将下课的时候,对儿童说:"你们从某页预备到某页"。这种指定作业的方法,其刺激的力量既嫌薄弱,而对于儿童的自学,又欠明白的指导。如今我们来研究,在指定作业时,教师应该注意些什么?

几个注意之点 如果你要指定作业,令儿童自学,你应该注意下列各点:

(1) 要使儿童对于所要做的事情为何,有一明了的观念　你不仅要指出教科书的页数,还要把所希望回答的问题,详细列出。如需补充材料时,你又应使儿童知道何处去参考。

(2) 要使儿童明了所指定的作业的价值　换句话说,你要使所指定的作业能引起儿童学习的动机。要做到这层,第一个方法是使所指定的作业和儿童以前的作业发生关系。做好了以前的作业,儿童自然而然不得不更进一步研究现在所指定的作业。第二个方法,是指出所指定的作业的用处,使儿童喜欢去做,或喜欢去了解。可是最重要之点,要使所指定的作业成为一种师生间的契约(contract)或用道尔顿制里的一个名词,成为一种工约(job)。在订立契约或工约时,儿童也应参加问题和材料的选择。这样一来所指定的作业,便是出于儿童自己的意思(child-purposing)而不仅仅为教师方面的目的(teacher-purposing)了。

(3) 要使儿童对于怎样去研究,得到一个明了的观念　关于材料如何组织,困难问题如何解决,参考书如何应用等,你在指定作业时均应明白指示。儿童愈幼,则此种指示愈不可缺少。但凡儿童自己所能做的事你不宜加以说明,而应让儿童自己去学习。对于儿童自学时间的经济,你也须加以注意。有些较不

---

① 据白洛奈尔(Brownell)的调查,美国自学辅导的计划,有十四种之多。分节制只是可用的方法之一,作者虽加以介绍,却并不希望小学教师都去盲目的采用。任何教师都可根据特殊的情形,自拟一种自学辅导的计划。实在说来,自学辅导仅代表一种新的态度或新的责任而已。其根本要义,就是教师须训练儿童自学的方法,使之渐渐地可以不必依赖教师的帮助。

重要的知识,为节省儿童时间计,你不妨在指定作业时明白告知,免得他们自己辛辛苦苦去发现。

(4) 要适应个别的差异 在同一年级内,儿童能力、需要和兴味上的差异,一定是很巨大。因此你必须变化所指定的作业的数量和性质,以使之适合三类儿童的能力。最低的指定(minimum assignment)只包含最低限度的教材,虽本级内最愚笨的儿童,也不觉其困难。普通的指定(verage ssignment)适合本级内最多数儿童的能力。最高的指定(maximum assignment)仅供本级里的最聪明的儿童作补充研究之用。

(5) 指定作业时,讲述时间不要太短 指定作业时,你必须有充分的时间去讲述。讲述指定作业时,所费时间的多寡,是要看所指定的作业的性质和儿童成熟的程度而定的。有的时候,五分钟已足够用;有的时候,你必须费六十分一节的时间,才可讲述完毕。指定作业,最好不仅用口述,而且要分发讲义。至少,你必须要把指定作业中的要点,写在黑板上,使儿童刻刻记住。

(6) 指定作业时,要预算儿童自学的时间 儿童自学的时间是很短的;而且他们要自学的功课,也不仅是一种,所以你在指定作业时,要先预算儿童自学的时间。指定作业不要过于艰难,须使儿童在相当限度的时间内完成。

以上六点比较重要,其他姑不具论。在实施道尔顿制时(见第九章)指定作业也占据极重要的地位。但其根本重要原则,也不外上列各点而已。

三、怎样辅导自学

何谓自学 我们既把指定作业解作用以引起儿童反应的"刺激的动境",那么,自学可以解作一种对于这刺激的动境的儿童反应。指定作业是教师的活动;现在自学是儿童的活动。自学的范围很广;不论儿童读书、练习、实验或分析,这种种活动都得称为自学。不过,照现时学校的情形,读书占儿童自学的大部分;所谓自学辅导,在实际上大部分只是辅导儿童的读书而已。关于读书的详细教学法,非在本章研究范围以内,如今姑不赘述。你要注意的就是,不论自学取何种的形式,若要有很高的效率,自学一定要用到思想。读书固是一种必要,却不能用来代替儿童的选择的思想(selective thinking)。

自学的活动愈有兴味愈好。如果自学可以得到具体的结果,则儿童的兴味愈加浓厚。例如作一篇登在校刊上的论文,解决几个实际的问题,准备一出戏剧去表演,都得称为自学,像读历史,记忆地名,练习算术一样。如果儿童仅把一篇选文或指定的作业,反复诵读,却并不得到什么新的见解,或并不应用到日常的生活,则这种活动实在还不配称为自学。固然大部分的自学就是读书,却是有的时候读书并非自学。

教师的辅导责任　在辅导儿童自学时,你到底负哪几种责任?简单的说,第一你要管理儿童,第二要测验儿童自学的结果,第三要鼓励儿童,第四要训练儿童自学的方法。以往的学校,对于儿童的自学,仅注意维持自学时的秩序和测验儿童自学的结果而已。管理和测验何尝不应加以注意,但以往的教师仅顾到这两点,每易引起不正当的师生关系,至于儿童不能获得辅导的利益,更不必论。教师是立于治者的地位,儿童是被治的阶级。这一种关系观念,倘然发生,便使师生难以合作。现代的自学辅导方法,特别着重鼓励和指导。你在实施自学辅导时,要引起儿童自学的欲望和意志,又要教儿童以自学的正当的方法。儿童的自学,并不以满足教师的要求和应付测验为目的,乃要得到学习本身的价值。你遇必要时,固仍须管理和测验,但你的主要任务,乃在给儿童鼓励,指导和所需的帮助。如是,你不仅立于治者的地位,而且是一个儿童的帮助者和合作的分子。只有在这一种师生关系之下,儿童才能够得到辅导的利益。

要引起儿童自学的欲望和意志,你单单像布道传教似地去劝告,完全是没有用的。这大半要看你的人格感化力的大小。要是你有很大的人格的感化力,你要鼓励儿童自学,引起其自学的欲望和意志,自然极容易了。但这层非在本章讨论范围以内,姑不赘述:如今我们要研究怎样训练儿童自学的方法。

自学方法的训练　儿童的自学,若采用了错误的方法,其结果便事倍而功半。且儿童自学的兴味,常因失败而归于消失。所以你对于儿童的自学方法,一定要特别加以训练。兹列举训练自学方法时所应注意之点如下:

(1) 指示自学的方法　关于自学的方法,在许多教育心理的专书中,都有详细的讲述,有不少关于自学的普通法则(rule),已经由实验证明为具有很大的价值。这些普通法则,你应使儿童知道,而且注意遵守。此处因限于篇幅,毋庸一一指出了。不过,你用不着把许多普通的自学法则,同时对儿童讲明。你只须在儿童自学时,每次提出二三个最适宜的普通法则,叫儿童实际地加以应用。目前不能应用的普通法则,你不必讲给儿童听,以免萦乱他们的脑筋。

普通的自学法则,在各科都可应用,但各科也有其特殊的自学法则,你也应使儿童知道。还有一层,自学的方法固有好坏的分别;但因儿童个性的不同,对于甲适宜的自学方法,对于乙未必也是适宜。你固然应注意养成儿童的正当自学习惯,却仍须让各儿童自由采用其最适宜的自学方法。对于这一点,你也总得要加以注意。

(2) 引导儿童去计划自学　在儿童开始自学之前,你要引导儿童预先计划一下。在计划时,儿童要考虑这种种的问题:①何处搜集知识?②哪几点特别要加以注意?③要怎样做笔记?此种计划的用处,在使儿童取一种自动的态度,不去被动地强记所读的书籍,而把所读的书籍中的要点,比较价值,并选出来供实现某种目的之用。把所读的书籍中的要点加以比较和选择,乃是一种极重要的自学能力,你须使儿童发展。不仅在计划时,你要引导儿童去注意,且在儿童进行自学时,你也要随时指示,因为普通的儿童都是缺乏这种能力的。

(3) 使自学的方法适合所学的材料　有些材料是要儿童练习的;有些材料是要儿童欣赏的;有些材料是要儿童思想的。儿童练习、欣赏或思想时所应注意的要点,我们在九、十、十一三章中,已有详细的说明,此处本毋庸赘论。但有几点应特别加以注意。①如果所学的材料是一种练习,则在辅导自学时,你应特别注意儿童的意像是否正确明了。②如果所学的材料是一种欣赏,则不仅儿童须有适宜的心向,而且所学的材料中困难之点,须先预加解释,免得到了自学时妨碍儿童的欣赏。欣赏的自学,必须事先加以详细的计划;在实际上,自学的时间内,最好叫儿童搜集材料或准备一种欣赏的背景,以备上课时的讨论,因为欣赏的自学,常不易得到很好的效果。③如果所学的材料需求问题的解决,则杜威的完全思想过程的分析,可使儿童在自学时应用。"疑难的感觉"和"确定疑难的所在"这两个过程,在指定作业时,已经完毕;但其余的过程,如"提出假设"、"推演和决择"、"证实"等,乃为自学时儿童自力研究的工作。这一类问题解决的自学材料,最适宜于儿童自力的研究,应占儿童自学的大部分。

(4) 要诊断儿童的困难而加以补救　在自学辅导时,你的责任乃在发现儿童特殊的困难而加以补救。你须明了儿童学习的心理;你须能发现儿童的学习过程而施以指导。最好你能够帮助儿童自己发现错误,而使儿童自己加以校正。

总论

在本章中,我们讨论,对于儿童的自学,教师应该怎样去辅导?我们指出,教师有一种训练儿童自学方法的责任,以使儿童能够自力研究,渐渐地不必依赖教师的帮助。自学辅导的计划很多,但不用彻底地改组,也可在普通的授课时间内实施。分节制的方法,似极便于实验。

自学辅导有两大问题:(1)怎样指定作业?(2)怎样辅导自学?指定作业乃是一

种"刺激的动境"用以引起儿童的反应;而自学只是反应这"刺激的动境"的儿童活动。所以指定作业非常重要,我们指出六个注意之点。辅导儿童自学时,教师负四种责任,而其最重要者,莫如训练儿童自学的方法。我们又指出训练自学方法时所应注意的各点。关于自学的普通法则,现代心理学上颇多有价值的研究。本章因篇幅关系,略去不讲,希望读者更进一步参考一般教育心理的专书。

问题和设计

（一）参考各种教育心理的专书,订立最重要的自学通则,以备你自己逐渐养成良善的自学习惯。

（二）你对于《小学教材及教学法》一科,应采用何种自学的方法,试列举要点,备全班讨论之用。

（三）试拟一"指定作业",到小学里去实习。

参考书籍

① 谢恩皋编:《小学普通教学法》,中华书局1930年版,第96—100页。
② 罗廷光编:《普通教学法》,商务印书馆1930年版,第151—152页。

第九章　适应个性的方法

本章要讨论的,是一个最重要的教学问题,就是怎样适应儿童的个性。普通的教室教学,不足以适应儿童的个性,已成为一件人所共知的事实,教育者因此提出各种不同的方法,想把适应儿童个性的问题加以解决。我们在本章里,先叙述各种不同的方法,然后再加以简单的估评。

一、巴达维亚制

巴达维亚制的由来　在 1898 年时,美国纽约州巴达维亚的教育局长开奈台(Ken-nedy)①氏因为该地儿童数多,教室数少,觉得由一个教师管教许多儿童,常不免顾此失彼;所以在每一教室内,添设一个教师,来施行个别的指导。实验的结果异常圆满,于是全城学校一律仿行,由此得到巴达维亚制(Batavi System)的名称。这可以说是一种很早的适应个性的方法。

变相的巴达维亚制　照巴达维亚制原来的形式,在每一教室内,共有两个教师,一个施行团体的教学,一个施行个别的指导。但我们试行巴达维亚制时,不一定要如此。我们只须每日定出一个个别教学的时间;所以虽仅设一个教师,我们也能应用这种的方法。

弗农山的试验　最近,纽约州弗农山(Mount Vernon)的学校,也把巴达维亚制加以试行。据该地教育局长霍尔姆斯(Holmes)的报告,在弗农山的小学校里,每班时间表上,都规定每日一小时的个别作业。在个别作业的时间内,教师对于儿童一一作个别的指导;但儿童各自做自己的作业。除此以外,每一小学,又特设一位或两位教师,不担任教课,而专从各班中选出最需要适应的儿童,而施以个别的教学。

据霍氏称,在实施个别教学时,教师须具备三种不可缺乏的精神:(1)乐观;(2)同情;(3)忍耐。又,个别的教学,也要有特殊的技能,像教课一样的困难。

二、能力分组

底特律的试验　能力分组(ability grouping)的方法,在较进步的学校内,

---

① 今译为肯尼迪,生平未详。——编校者

采用颇广。采用能力分组方法最著名的,是美国底特律(Detroit)的学校。在 1920 年 9 月,底特律的学校,用智力测验来测验小学一年级的新生,并根据测验的结果,分为 x、y、z 三组。凡一级中百分之六十普通能力的学生,都归入 y 组;百分之二十较优的儿童归入 x 组;还有百分之二十较劣的儿童归入 z 组。在较大的学校内,每组分成 x、y、z 三组;在较小的学校内,视儿童智力的情形,分为 x、y 两组或 y、z 两组。至于最小的学校,因为人数过少,只可每级设一班,而在一班内分为三组,以便上课时加以分别的适应。论到功课方面,y 组用普通的教材,x 组用更丰富的教材,但 z 组仅授以最低限度的知识。对于各组所用的教学方法,也不尽相同。这种适应个性方法,在底特律的学校内,继续应用,据说结果很好。

洛杉矶的试验 洛杉矶(Los Angeles)地方的小学,也是采用能力分组方法的。该地小学,把将近二万二千个儿童分成 x、y、z 三组。据实验的结果,z 组进步得非常迅速。在六星期之后,某级 z 组的儿童中,就有百分之四十九升入 x 组或 y 组。由此可见,儿童的不能进步,大半由于适应方法的不善。总之,能力分组的方法,在小学校里(尤其在较低的年级内),具有极大的价值。

分组的标准 在实行能力分组之前,教师当然要先晓得儿童的能力,并按其能力归入相当的各组。分组的最重要的根据,是用智力测验来测量儿童的智力。在低年级内,单根据智力测验来分组,似已够用;但年级较高,须用教育测验来补充智力测验所不及。若再根据教师的判断,则分组更能正确。但第一次的分组,即稍有不正确之处,也是不要紧的。最重要者,教师对于儿童能力上的变动,应随时加以注意。如果儿童的能力一有变动,教师便应把他们改拨到相当的组内学习。换言之,能力分组不是一件一劳永逸的事。因为儿童受到兴味、态度种种的影响,其能力常不免发生变动,所以某儿童应归入何组,也应随时变更,否则便失掉能力分组的用意。

三、弹性升级制[①]

弹性升级制的意义 儿童随时可以升级,不一定要习满一学期或一学年——这一种适应个性的方法,叫做弹性升级制(frequent promotions)。如果

---

① 弹性升级制是指按学生能力编班(组)和灵活地决定升留级的一种学级编制。19 世纪末 20 世纪初,西方现代教育派针对班级教学制难以适应学生个别差异而提出。主要有 4 种类型:(1)双轨制;(2)学科弹性升级制;(3)作业分组制;(4)活动分团制。——编校者

儿童有相当能力，无论何时，都可升入较高的年级；所以聪明的儿童能在较短的年限内，习毕小学六年的功课。自测验方法盛行后，较进步的学校，采用弹性升级制的，非常众多，而且结果良好，值得加以继续地试验。

反对弹性升级制的理由 有些人反对弹性升级制的适应方法。他们的理由是：(1)在十四岁以下的儿童，得不到中等教育的利益；(2)如果升级过快，儿童便离开其适宜的团体，而与年龄较大者同处一级，其结果一定不易当选为领袖，而因此失掉所需的社会的训练。可是这两个理由都没有充分的证据。照美国大学毕业生年龄的研究，凡著名的人物，其毕业时的年龄，大概较普通为早。由此可见，升级迅速对于较优儿童并无妨害。至于失掉所需的社会训练一层，纯然是一种推测，自然不足以凭信。

弹性升级制和能力分组，在目的上完全相同；因为这两种适应方法的目的，都是要把程度相同和进步速率相同的儿童合为一班。其不同之点，即在弹性升级制变化儿童升级的速率，而能力分组则不然。

四、不同的作业指定

我们在第八章中，讲自学辅导的方法时，已指出一种适应个别差异的指定作业的方法，就是把所指定的作业分为三类：(1)最低的指定；(2)普通的指定；(3)最高的指定。这三类指定的意义，我们已在第八章中明白解说，兹不赘论。自学辅导，虽以训练儿童自学方法为主要目的，却对于儿童个性的适应，原是十分注意；至三类不同的作业指定，对于儿童个别的差异，更加以充分的供备。且在施行这种适应方法时，能力的分组，并非一种必要。谁愿意做这三类作业指定中的哪一类，只须由各人自由选择好了。但儿童自然都想尽其所能，做更多的工作。所以这种方法，对于个别能力的差异，也能做极完满的适应。况且各儿童都自动搜集材料，到上课时尽量贡献意见，颇合于社会化的原则。

芝加哥大学附属中学(University of Chicago High School)和威斯康辛大学附属中学(Wiscosin High School)都曾采用过这方法而得到优良的成绩。现在这方法益见普遍，共认为这是一种最便应用的适应个性的方法。不仅在中学校内，即在高级小学内，这种方法也值得加以采用或实验。

五、道尔顿制

彻底的个别教学 上述数种适应个性的方法，都仍保存教室教学的制度，虽较便于施行,究嫌不很彻底。现在我要开始讲述两种彻底的个别教学的计划,一种叫做道尔顿制(Dalton plan),一种叫做文纳特卡制(Winnetka system)。① 道尔顿制和文纳特卡制,在方法上固多歧异,实则同出于一源。因为道尔顿制的创始者帕克赫斯特(Parkhurst)②女士和文纳特卡制的始创者华虚朋③氏都曾做过柏克(Frederick Burk)的助理——柏克乃是最先提倡个别教学的一人。④ 以下先讲道尔顿制。

道尔顿制的实际 道尔顿制是废除上课时刻表和课室,教授的每一学科先由师生共同计议,定出一种工约,叫做月约(a month's job)⑤,这月约里面包含一个月内的作业。一个月约,又划分为四个段落,每一段落,约合于一周的作业,因为有了这种划分,儿童更便预算时间。每一学科应有一研究室,或称实验室(laboratory)。凡与某科有关的参考书和设备,莫不集中于某科的研究室内。儿童想学习某科,就应到某科研究室里去自学,而由某科的教员给以所需的指导。儿童完全随自己的兴味去学习。他愿学习什么科目,就可到什么科目的研究室里去学习;完全听着他自己的选择。如果他对于某科的学习,兴味渐归消失,他也可自由离开某科的研究室,而无丝毫的限制。不过,学校里备着几种表格(graphs)以记载儿童的作业。最重要的表格为:(1)教师用的研究室表,用以记录儿童对于某科目的进步,由教师保管在研究室内;(2)学生契约表,由儿童保管,使之自己记载各科作业上的进步;(3)级或室表(from or house graph),用

---

① 文纳特卡制(Winnetka System)是由美国教育家华虚朋提出的一种教学制度。1919年起在伊利诺伊州文纳特卡镇公立学校进行实验。其课程被分为两部分:一部分为所有学生均需掌握的"共同的知识或技能"(包括读、写、算等)。通过个别教学,按学科进行,以学生自学为主,适当进行个别辅导;另一部分由文化的和创造性的经验组成,以小组为背景开展活动或施教,目的是发展儿童的社会意识。通过手工劳动、音乐、艺术、运动、集会以及商业、出版等活动随机进行,无一定程度,亦不考试。这种教学制度的主要特点是提倡教学个别化,学校社会化。1943年实验停止。——编校者
② 帕克赫斯特(Helen Huss Parkhurst, 1887-1973),美国女教育家,道尔顿制的创始者。1907年毕业于威斯康星州立师范学院。后到哥伦比亚大学学习体育。1911年拟定教育实验室计划,1920年2月在道尔顿中学实验,改为道尔顿制,20世纪20年代先后到英国、日本、中国等地演讲,宣传其教育主张,1942年退休。主要著作有《道尔顿制教育》(1922)、《教育工作的格律》(1935)、《探索儿童世界》(1951)等。——编校者
③ 华虚朋(Carleton Wolsey Washburne, 1889-1968),美国教育家,美国进步主义运动中文纳特卡制的主持人。1919—1943年在伊利诺伊州任督学时,开展教育实验,建立新的教学制度,被称为文纳特卡制。1961—1967年任密歇根大学教育学院教授。主要著作有《使学校适合儿童》等。——编校者
④ 柏克曾在 San Francisco State Normal School 试验个别教学。
⑤ 月约就是一种作业指定,我们在第八章中所讲的指定作业,大部分可在道尔顿制之下应用。

以记载全级或全室儿童所已完成的工约的数目。儿童完毕本月的月约后,即可更进一步学习下月的工约;所以升级是具有很大的弹性的。帕女士说:

> 一学年有九月或十月的工约,倘使学生因疾病或其他事故请假,而仅做毕八个工约,那么,到了次年他就可以从第九工约做起。反过来讲,聪明的儿童也可以在一学年内做十八个月的工作,做得慢的儿童,往往因道尔顿制而增加速度,但无论如何,他总照着禀赋的能力去工作。①

每天上午规定一个会议时间(conference time),在这会议时间内,每级儿童把一种科目加以讨论。星期一历史,星期二地理,星期三数学……各科轮流开会。个人或团体皆可在此时间内,把研究的结果,贡献到全班。教师也因此得一机会,考查儿童的工作,并适应其特殊的需要。

道尔顿制的原则 以上是道尔顿制在实施时的大概情形,至于详细的种种办法,此处不能详述。道尔顿制所注重的原则,据帕女士说,有三个:(1)自由;(2)团体生活的交互作用;(3)时间的预算。

自由是道尔顿制的第一原则。帕女士说:

> ……倘然儿童聚精会神于一种科目上面,我们就不应阻断他们的作业,而应让他自由继续下去。因为他在兴会淋漓之时,脑力既锐利,知觉又敏捷,对于科目上发生的困难,更易解决。今在道尔顿制之下,没有上课下课的铃声,到了一定的时间去拉开他的工作;儿童尽可自由学习,不必勉强去换一种新的学科,也不必勉强去听教师的讲授。否则学生的能力,定归虚耗。常常变换学科的办法,真不经济;正像冬天生火炉,无缘无故的定下时刻,某时要他生,某时要他灭,徒耗煤炭而已。若不让儿童按他自己的速度去收受知识,他决不能把每事学得透彻。②

所谓自由,总起来说,就是让儿童自由选择时间,让儿童按着自己的速度和自己所用的方法,去学习所指定的作业。这是道尔顿制的主要原则。

道尔顿制的第二原则,是团体生活的交互作用。其根本意义,就是要使一

---

① 曾作忠、赵廷为合译:《道尔顿制教育》,商务印书馆1924年版,第41页。
② 曾作忠、赵廷为合译:《道尔顿制教育》,商务印书馆1924年版,第18页。

学校内的各个年级,有互相交接的可能。按现时学校的情形,同一年级内的儿童固常自由接触,固常互相交换思想,但各级之间很少交接的机会。道尔顿制要使各个年级之间,也常发生交互作用。

道尔顿制的第三原则是时间的预算。在每月开始时,每一儿童都得到各科的月约。自得到月约后,他们就要负起一种学习的责任。他们每日有三小时的学习时间,一定要预先计划,务使在一个月的时间内完毕所指定的作业。他们对于擅长的科目,不妨分配以较少的时间;对于困难的科目,一定要分配以较多的时间。这种时间的预算,在道尔顿制的方法之下,是异常的重要。

道尔顿制在实施时固可视学校特殊的情形作种种不同的变化;但上述的三个原则,是一定要注意的。以上叙述道尔顿制,非常简略。读者要知道道尔顿制的详情,可参考中华书局和商务印书馆出版的各种关于道尔顿制的专书。

六、文纳特卡制

文纳特卡制概况 道尔顿制在我国总算试行过好几年了;但是知道文纳特卡制的,至今仍极稀少。最近文纳特卡制的创始者华虚朋氏来游我国,始渐引起我国人士对于文纳特卡制的注意。文纳特卡制是美国极有名的个别教学计划,其声誉实不在道尔顿制之下。

文纳特卡制把课程分为两部分。第一部分为关于每人所必需的知识和技能,完全采用个别的教学。关于这一部分,华虚朋氏曾说过下面一段话:

> 在个别作业的时间内,每一儿童做其自己的工约。比方说,如果你走进一个四年级的教室。你也许发现每一儿童都做一种不同的工作。一个儿童正习毕三年级的算术;一个儿童开始做混合乘法;一个儿童正在学习除法;还有一个儿童也许开始学习五年级的分数了。在一节的时间内,某儿童先做四年级的算术,但隔数分钟后,他就在同一教室内,学习五年级的读法了。

文纳特卡制是没有上课的。每一儿童准备一个作业单元,于是用答案纸去对照结果,如无错误,再做新的作业单元。每一作业单元,儿童少则三天,多则二周,即可完毕;若儿童做好数个作业单元,他自己可先去测验自己。如果他觉得已经纯熟,如果他自己的练习测验成绩得到满分;则他请教师去测验。如果结果得不到满分,他就须重新把错误的地方加以练习。

第二次测验的结果,如可证明他确已对于这数个作业单元练习纯熟,那么他就可更进一步研究其他的"目标"(goal)了。①

第二部分的课程,是关于团体的活动。儿童可从事历史事实的表现,委员会的参加,或进行其他社会性的活动。其目的乃在供给一种社会的元素,却仍使儿童特殊的性向和嗜好有充分的发展。

这两部分的课程是互相调剂的。第一部分的课程,完全是要适应个性;第二部分的课程,是要供给儿童以社会的训练。这种方法一面适应个别的差异,却一面仍思保存教室教学的特别的优点——团体生活的刺激。文纳特卡制把每日上午下午,都分出一半时间从事个别作业,一半时间从事团体活动。

要试行文纳特卡制我们应分三个步骤:(1)我们要订立明确的"目标";(2)我们须准备各种的诊断测验;(3)我们须准备可供儿童自己应用和自己校正的练习材料。华虚朋和其同事曾编成不少这类的材料,所以美国其他的学校,要加以试行,非常便利。但我国缺乏这种材料,试行比较困难,不过其方法上的要点,颇多可资参考之处。

文纳特卡制和道尔顿制的比较 文纳特卡制和道尔顿制都废除上课,都使儿童按照自己的能力去学习,都给儿童一种工约,叫他们去负责。这两种方法都使儿童的学习非常彻底,绝无半学习(half-learning)的情形。莫利逊的熟练公式,在这两种个别教学的方法上,似能作极便利的应用。这些是文纳特卡制和道尔顿制相同的特征,也可说是这两种个别教学方法的特殊的优点。可是文纳特卡制和道尔顿制颇多歧异之处。读者从上面的叙述中,虽可见其大概,但为明了起见,让我再把重要不同之点,条举说明如下:

第一,文纳特卡制下的儿童,完全是个别研究的;但在道尔顿制之下,儿童尚可得到其他儿童的合作。

第二,在文纳特卡制之下,儿童学习某科目的速度,并不受到他种科目的影响;但在道尔顿制之下,如果儿童对于某科目学习过缓,一定要先把某科目补上,才可进习其他进步迅速的科目(因为在实施道尔顿制时,教师一定要等到儿童把各科的月约全数习毕后,再让他们进习下月的月约;但文纳特卡制并不如此)。华氏述一个聪明儿童的作业情形如下:"他的读法作业升进一年又一个

---

① Twenty-fourth Yearbook of the National Society for the Study of Education, Part Ⅱ, p.180.

月;他的算术作业升进一年又六个月;他的语文作业升进两年又两个月"。①

第三,因为在文纳特卡制之下,儿童学习某科目的速度,并不受到他种科目的影响,所以各科目间的联络,是一件不可能的事。但道尔顿制在指定作业时,常顾及各科联络的问题。

第四,文纳特卡制把课程分为两部分,而道尔顿制并无这种划分。

第五,道尔顿制"不必废除本来的课程",且道尔顿制的创始者,似也不甚注意到课程的问题;但是文纳特卡制的创始者,对于最低限度知识和技能的研究,异常地重视。

总论

以上所叙述的适应个性的方法,可大致分为两大类:(1)彻底的个别教学;(2)保存团体教学的个性适应。保存团体教学的个性适应,又可分为四类:(1)对于较劣儿童作特殊的个别指导(巴达维亚制);(2)能力分组;(3)弹性升级制;(4)不同的作业指定。其他适应个性的方法尚有多种,但以上诸种,较为重要。

简略的批评 彻底的个别教学,大概最能惹人的注意;如今让我先略加以批评。上述两个个别教学的彻底计划,固有极大的声誉却是试行者究属不多;至其应否加以广大的推行,尚为一大疑问。我觉得一般的学校不宜盲目仿行,但负有实验之责的小学,也不妨加以有计划的实验。

文纳特卡制和道尔顿制,都不是完善无疵的教学计划。其对于个性的适应,虽较普通方法更加完密,却是严格讲来,仍不得谓为彻底。这两种计划都只适应进步速度(rate of progress)的差异而已;至于教材和教学方法,仍未能随儿童个性而施变化。且每种新创的计划或方法,总不免有顾此失彼之弊。文纳特卡制和道尔顿制,对于个性的适应,我们固不能不承认其有相当的贡献,然用最新的教育思想去批评,也颇多谬误。文纳特卡制把儿童的学习,分为两个不相连属的部分,这无异把儿童整个的生活裂为两片。且"目标"的部分,自成一个范围,和生活太少关联。这样的学习,恐怕不能够移转(transfer)于生活——换言之,恐怕不能够在生活上应用。至道尔顿制把原来的课程,分为若干工约,令儿童学习,也未顾及儿童生活的需要。儿童学习的兴味,恐不在课程的本身,而在迅速地升进。换句话说,儿童对于学习的兴味不是内在的(intrinsic)而是外铄的(extrinsic);而其对于课程的注意,完全是一种强迫的注意。

---

① Twenty-fourth Yearbook of the National Society for the Study of Education. p. 257.

还有一层,把任何性质的教材都分成工约,令儿童去自习,究竟不是一种妥当的办法。所用的教学手续,应随教材的性质而加以变化。有些教材,用工约的方法去教学固甚适宜;但有些社会科的教材,似应采用团体讨论的教学方法。其他如讲演、直观教学、问题研究、设计、自学辅导等方法,也莫不有其特殊的用处。教师应视教材的目的、学习的情形等等,而选择最适宜的方法去教学。个别教学制度下的工约,有一种使教学变成为机械化的危险。

教室教学,固多弊病;但团体生活的刺激,对于儿童的学习也大有裨助。所以我主张,教师应在可能范围以内在一般的教室教学情形之下,想法去适应个性。巴达维亚制差不多在任何学校内都可以试行。大规模的能力分组,固较难见诸实施,却是每一教师都应该把每班儿童的能力,大约的分组一下,以便教学时加以适应。升级自应富于弹性,但教师应记得,进步速度的适应,不是唯一的个性适应。教师应再从教学方法和课程方面,设法适应儿童的能力;因为我觉得过速的升进,究竟不是十分的妥善。至于不同的指定作业,乃是一种很好的课程上的适应,似乎也有很大的价值。

这几种适应个性的方法,似应加以并合地应用。此外,教师应注意对儿童困难的诊断。诊断和补救的教学,可以说是一个主要的适应方法。

参考资料

诊断和补救的教学 所谓诊断和补救的教学,乃是要用科学的方法,确知儿童学习上的困难的情状,然后针对着儿童的特殊的困难,设若干练习的材料,以施补救。诊断的方法,可分为下列三类:

(一)一般的诊断(General Diagnosis)——一般的诊断的目的,乃在发现儿童程度的一般情状,而因以发现哪几个儿童不合标准,必须要加以特殊的适应。在实施一般诊断时,最重要的工具,为各种调查的测验(Survey tests)。

(二)分析的诊断(Analytical Diagnosis)——分析的诊断的目的,是要发现儿童对于哪几种特殊的能力,感觉到困难。例如算术科中,包含着许多特殊的能力,如进十加法,有0的加法、退位的减法等,真是不胜枚举。教师可用一种诊断的测验(Diagnostic Teste),来明确地发现儿童最感困难之所在。

(三)心理的诊断(Psychological Diagnosis)——心理的诊断,是要确知儿童的困难的性质及其原因。兹以小学算术科的诊断为例。我们要实施心理的诊断,可采用下列两种主要的方法:(1)分析儿童的测验;(2)看着儿童演算,并令儿童把每步演算手续说出来。这第二种方法较为麻烦,但若我们不能用第一种方法去发现儿童的困难的原因,就必须要采用这第二种方法了。

实施诊断和补救的教学的步骤,第一是用一般的诊断,去发现哪几个儿童必须要加以特殊的适应;第二是用分析的诊断,去发现每一儿童困难的所在;第三是用心理的诊断,去发现儿童的困难的原因;第四是根据诊断的发现,设适宜的练习材料去补救。练习材料的编制,较属简单;例如儿童对于进十加法感到困难,教师就可设若干进十加法的题目,使儿童作特殊的练习。因为补救的方法,随诊断的结果而异,所以我们不能在此处详说。

问题和设计

（一）如果在一班中,有几个儿童喜欢算术,有几个儿童厌视算术,你将怎样去适应?

（二）为什么道尔顿制,不宜在低年级应用?

（三）试制一作业指定,以适应某级三类能力不同的儿童。

（四）能力分组时,除应用智力和学力测验外,何以尚须用教师的判断去决定?

（五）试比较下列各种教学法的利弊,并指出其特殊的用处或贡献：(1)讲演法;(2)直观教学法;(3)赫尔巴特的五段教学法;(4)问题的教学法;(5)社会化的教学法;(6)自学辅导;(7)设计的教学法;(8)道尔顿制。

参考书籍

① 舒新城编：《道尔顿制概观》,中华书局1923年版。

② 帕克赫斯特著,赵廷为、曾作忠译：《道尔顿制教育》,商务印书馆1924年版,第1—7章。

③ 杜威著,钱希乃、诸葛龙译：《道尔顿研究室制》,商务印书馆1923年版。

④ 罗廷光编：《普通教学法》,商务印书馆1930年版。

⑤ Thomas, principles and technique of teaching, Boston：Houghton Mifflin, 1927, Chap. 17.

⑥ The 24th Yearbook of National Society of Education, part Ⅱ.

⑦ Jones, Education and the Individual, century, 1926, chap. 11.

⑧ Thayer, The passing of the recitation, Boston：Heath, 1928, Chaps. 13 and 14.

总温习

一、是非法

(1) 自学辅导是要教儿童以正当的学习方法。

(2) 分节制是自学辅导的一种复杂的自学计划,在普通学校内不易施行。

(3) 指定作业是一种刺激的动境,用以引起儿童的反应。

(4) 指定作业,最好要成为师生间的一种契约。

(5) 指定作业,要分成最低的指定、普通的指定和最高的指定三种。

(6) 指定作业时,要有充分的时间去说明。

(7) 指定作业时,须预算儿童自学的时间,使能在规定时间内学毕。

(8) 自学就是读书。

(9) 儿童自学时,教师应每次提出两三个最适宜的普通自学法则,叫儿童作实际的应用。

(10) 教师要使儿童常把所读书籍中的要点,比较和选择,以适合某种的目的。

(11) 关于问题解决的自学材料,最适宜于儿童自力的研究。

(12) 实施巴达维亚制时,在一班内,必须设两个教师。

(13) 实行能力分组时,我们要用智力和学力测验,去发现儿童的能力,同时还要根据教师判断。

(14) 弹性升级制,是有流弊的,是不宜采用的。

(15) 道尔顿制的三大原则是:(1)自由;(2)团体生活的交互作用;(3)时间的预算。

(16) 道尔顿制把课程分为两部分:一部分是目标的学习,还有一部分是团体的活动。

(17) 道尔顿制应该普遍地推行。

(18) 诊断和补救的教学,是一种主要的适应个性的手段。

(19) 适应个性不仅要变化儿童进步的速率,更应变化课程的内容和教学的方法。

(20) 文纳特卡制的首创者,是柏克。

第十章　教学的准备（上）

一、开学前的准备

假定你是一个小学低年级的级任教员，你的学校在下星期即将开学了；你在这星期当中，应该做些什么准备？

教室环境的布置　据我想来，你的最重要的准备，是把教室环境做适宜的布置。教室环境的布置，虽可说是学校行政上的问题，却是其对于教学的影响，也很巨大，所以你不能不加以注意。你布置教室环境时，似应特别顾及三件事情：(1)教室环境是否合于卫生条件；(2)教室环境能否激起儿童正当的活动；(3)教室环境是否艺术化和家庭化。

光线、空气和温度　最好，你先把教室情形从大体上观察一下。你要注意，教室里的光线是否充足，空气是否流通，温度能否设法控制。就理想言之，每一教室，其窗的总面积，应占地板总面积五分之一以上。在日光过强烈时，又须有窗帘去遮蔽。要使空气常流通，教室里更应设通气筒和通气窗。最好空气从上面流入教室，不要从下面流入；因为若从下面流入，则流入的空气，使儿童两足冰冷，而且未能把儿童头上面混浊的暖空气驱散。至于教室温度，最好能保持到六十八度。①

但我国一般小学，其校舍和教室的建筑，往往是因陋就简的。要合于上述的理想——实在还说不上理想一字——恐怕有点困难。你要件件事合于理想，当然是做不到的。可是光线、空气和温度等，直接影响到儿童的健康，间接影响到教学的效率，你总应把缺憾的地方，留心记载下来，供校长参考。在目前，你的校长，也许因经济困难，无法去改进，但是他明白了这种需要，他就渐渐地去想法子了。即在日常教学时，你也可以想法去补救。且举空气来说吧。你可以每隔若干时间，令儿童离开教室，开窗流通空气一次。你又可以每日指定两个儿童，行管理流通空气的职务。这样一来，教室里的空气既免污浊，而儿童又可因此逐渐养成一种重要的卫生习惯。

教室里的桌椅　其次，你应该观察教室里桌椅的高低和样式。在任何年

---

① 此处的六十八度为华氏温度，符号为°F，华氏温度与摄氏温度的换算公式为：°F = $\frac{9}{5}$℃ + 32。因此，华氏六十八度等于摄氏二十度，即 20℃。——编校者

（图四）

级里面，儿童身体的高矮，常常相差甚巨。若是高矮不等的儿童都用一样高低的桌椅，则儿童坐的姿势既失优美，而其健康及作业效率，也间接受到影响。按之理想，桌椅的高低和儿童的身材须全相适合。儿童坐时，其两足应平放在地板上，其股骨和地板相平行，而其两臂应十分自然地靠在桌上，以便写字。桌椅又不可隔开。其适宜的样式如图四。

照最新式的制造，桌椅能自由升降，所以要合于上述的理想是很容易的。但我国小学里的桌椅以陋劣者居多数，因此很难适合理想的标准。然你的学校里，总可设各种高低不等的桌椅，以适应儿童身材的高矮，使之近于理想。

桌椅不但要能适应儿童的身材，还要便于移动。旧式的桌椅常是笨重而固定的；这类桌椅，在被动的注入式的教学法之下，固未尝有什么特别的缺点；但新教学法的趋势，不尚呆板的形式而注重自由的活动，因此笨重而固定的桌椅不适于用，而教室里一定要设便于移动的桌椅，以备随活动性质而作种种不同的布置。

教师自己用的书案，要大些，并且要有抽屉，以便安放书籍纸张等物。你最好把自己的书桌放在较为儿童所不注意到的处所。

黑板和布告板　黑板是教师讲解时所不可少的工具，这又能激起儿童许多有价值的活动，如书写、画图、发表意见等，所以是一种重要的教室设备。黑板须放在大家目力所及的地方，而且不可悬得太高。爱德华·萧（Edward Shaw）曾提议，低年级的黑板应离地二十六英寸；中年级的黑板应离地三十英寸；高年级的黑板应离地三十六英寸。[①]

布告板，在新式小学里，也是不可少的。因为一来呢，这是教室里团体生活所需的工具；二来呢，教师常可利用这工具来引起学习的动机。布告板，像黑板

---

① 见 Edward Shaw, School. Hygiene, NY：Macmillan, 1915, p. 28.（爱德华·萧，Edward Shaw，曾任美国纽约大学教育学系教授。——编校者）

一样,也不可悬得太高。

教室里的装饰 你还须把你的教室布置得像一个新式的家庭,使儿童生活于其中,充满着一种优美和快乐的气氛。你可以选择几张儿童化的图画,低低地挂在墙壁上。你又可以选择几种花盆,来装饰你的教室。所有教室里的装饰,总须合于儿童的生活,以简单为原则,把新式家庭的布置作为模范。

在较高的年级里,教室的装饰,可以由儿童自己去设计。

标语 有许多的学校,在教室里贴满含着党义和训育意味的标语。这些标语,又常不合美观的条件。据我的意思,教室里最好不要贴这种标语。因为这种标语既不合儿童的生活的需要,又未能发生任何实际的影响。儿童对于这种标语,不会引起什么反应,所以这种标语毫无功用可言。但如果教室里的标语,非常美观,且能表示儿童共同的意志或共同努力的目标,则此种标语也未尝没有用处。

教室里的设备 对于学校里所有一切的设备和教具,你也要仔细地调查一下,以便在教学时随时利用。新式的一年级教室,莫不有洋娃娃、沙箱积木、自动作业材料、补充读物等设备,来刺激儿童正当的活动。任何年级,都应根据儿童变迁的需要和兴味,而在教室里设适宜的设备。

设备在现代教育上的重要,是大家晓得的。但是我国小学,因经费的限制,势不能把欧美小学的普通设备,搬来应用。在实际上,我国最近发达小学,其校里的设备,还不如外国乡村小学远甚。所以你对于校里的设备,也不宜希望过奢。你应该常常想,怎样才可以用最少的金钱得到效用最大的设备。最好,你常到优良小学里去参观,把费钱少而效用大的教育设备,记载下来,以备逐渐购置。

存放物品之处 有许多的学校,在教室旁边设一存放物品的小室。无论你的学校有没有这种小室,你总要指定一个地方,令儿童存放带来的物品。当然,有些物品可令儿童放在书桌的抽屉里;但你总要想法使儿童书桌上面不要乱堆物品,以保持教室的整洁和美观。最好在开学以前,你预先把儿童的姓名黏贴在指定存放物品之处,以免临时秩序混乱。这虽是小事,你也得要注意到的。因为在开学之始,你就须使儿童明白物品的所有权。你老早就须使儿童养成不损坏公共物品,和不妄取他人物品两种重要的习惯。

作业的中心 现在你也许要问教室里的桌椅应该怎样排列呢?这是要看你所用的教学法和教室的面积而定。如果你所用的教学法完全是注入式的,着重听讲的;则照普通的布置,把儿童的桌椅,对着教师的讲台,平行地排列起来，也未尝有什么缺点。假定教室的面积尚大，而你所用的教学法顾及儿童的兴味和需要，则最合宜的排列方法，是把教室划分为若干作业中心（work centers），如读算中心（reading and number centers）、建造中心（building centers）等。图五的布置方法，是比较新式的，可以供作一种参考。

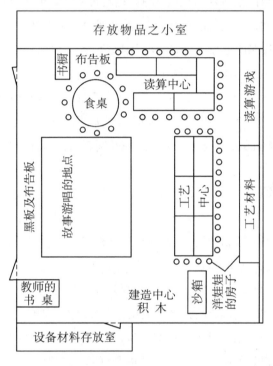

（图五）

此图采自 Stormzand：The Progressive Primary Teacher① 一书：此种布置在幼稚园及低级小学，颇为相宜。此图系供参考，不是要读者仿袭的。此点应加注意。

课程和用书 你在开学之前，最好再把教育部颁布的《课程标准》和你所教年级里的教科用书研究一下。由此研究，你可以决定一学期或一学年的教学计划。这种计划，当然是暂定的，遇需要时，你可以随时变更。但这种计划万万不可缺少。如果你是一个新进的教师，这种计划实可帮助你逐渐改进教学的方法，使得你一天一天地进步。

---

① Martin J. Stormzand, Jane W. Mckee, The Progressive Primary Teacher, Boston：Houghton Mifflin Company, 1928.（Stormzand，美国西方学院教育学教授。——编校者）

确定了一学年或一学期的教学计划之后,你还须订立开学第一天的教案。关于教案的编制,留待下章讨论,本章姑不赘述。总之,在开学的前一星期内,你要把一切事情准备齐全,以使开学后的教学得以顺利地进行。

二、开学的第一天

开学第一天的重要 你在教学上的成功或失败,在开学的第一天,已可大致地决定。儿童在开学的第一天,都注意新教师的言语、态度、容貌等等。儿童在那一天,所得的印象是比较永久的。要是你失掉了他们的信仰,此后你要恢复信仰,便非常困难。所以在开学的第一天,你要特别地小心,不要犯教学上的错误,并且要在儿童脑中留下很好的印象。

容貌和服装 第一,你要注意自己的容貌和服装。你对于自己的容貌和服装固应刻刻注意,但在开学的第一天,更应特别留心。你的衣服有没有破碎,你的头发有没有梳好,你的指甲有没有剪短?清洁朴素的服装和一种普通的和悦的容貌,应深深地印入儿童的脑中。

你的服装,不要太时髦,宁可稍为旧式些。倘使你是一个男子,劝你不要穿哔叽的西装;倘使你是一个女子,劝你不要太打扮,尤不可多戴贵重的饰品。我的理由是很简单的。你不是有时要对儿童讲提倡国货或节约吗?你现在自己穿了哔叽的西装或戴了贵重的饰品,岂不是自己言行不符,应该打嘴巴呢!

到校的时间 在开学的第一天,你到校的时刻应该要特别早些。儿童在开学的第一天,往往特别提早到校。你到校的时刻,最好比任何儿童还要早几分钟。你到校后,可先把教室里的事物观察一下,桌上有没有灰尘,花盆布置得美观不美观,书籍物品等准备好了没有。更要紧的,每一儿童到校,你要同他招呼,使得慢慢地亲热起来。要是儿童的家长到校参观,你也要好好地去招待。

开学时的仪式 普通的学校在开学的第一天都要举行一种仪式。所举行的仪式,不要占过长的时间。长篇的演说是用不着的。对于儿童过分的称赞或说一类恐吓的话,都是有弊而无利。如果你没有特别重要的话,你尽可以不说话。从前有一位新进的教师,他在举行开学仪式时,本来没有什么话可说,却也想登台说几句话。他偶然看见窗外有一座很高的仓,就对儿童说,"你们不要爬上这座仓,爬上去是很危险的"。原来这座仓在窗外已有多年,儿童从未想到爬仓这一件事。经这教师的暗示,不久就有几个胆大的儿童爬上这座仓了。从这个故事,就可以知道,我们对儿童讲话,一定要先加以审慎的考虑。

认识儿童 仪式完毕了之后,你可令值日生分发纸片,请儿童写出自己的姓名和年岁等。年幼的儿童如果不能写出自己的姓名和年岁,可请年长的儿童代写。有些儿童的姓名用字非常特别,你也许不能够认识。要是你能够预先调查儿童的姓名,最好在开学前你就把他们的姓名调查一下,遇有不认识的字,可先查一查字典,免得临时读错。要是你不能够像这样地事先准备,那么,遇有不认识的姓名里的字,你索性请儿童自己读出。总之,你要留心,不要把儿童的姓名读错,因为你读错了姓名,有时也许要因此失掉他们的信仰。知道了儿童的姓名,你就须快快地去认识他们。

座位的指定 你在第一天所指定的儿童座位,是临时的,遇必要时,你就须加以变动。每一儿童,可自己选择一个最适合其身材的座位。有目疾、耳疾和注意力薄弱的儿童,可令其坐在前面。凡吵闹和不守秩序的儿童,不要使之合坐在一块——要使之互相隔离。座位指定之后,你可在一张厚纸上,画了若干长方形来表示座位的排列,并于长方形中填入儿童姓名,以便认识。

第一天的上课 第一天的上课,你完全要依照时间表的规定。你要特别地严守时刻不可以迟到早退。总之,你在开学的第一天,精神要格外地饱满。你在开学的第一天,不要试验新的教学方法。你只须照常地教学,但你要设法使儿童喜欢你和你的学校。同时,你要造成一种合宜的团体生活的气氛,并为优良习惯的培养,打好了一个基础。

休息的时间 在休息的时间内,你将怎样去管理儿童呢?这问题也得要研究一下。如果你自己在室内休息,听着儿童在教室外游戏,则吵闹和不守规则的事情,就不免要发生了。休息时紊乱的秩序,更不免影响到上课时的管理。所以教室外的管理问题,虽非教学法本身上的问题,却因影响于教室的教学颇大,你也不得不对之担负一点责任。在休息的时间内,你最好加入儿童的团体,和他们共同游戏,并随时施以指导。若是你很热心地和儿童共同游戏,不但你自己的健康得以增进,而且儿童因此更加敬爱你了。你每天最好定出一个休息时的游戏计划(play program),使全体儿童都加入游戏,且能保持很好的秩序。到了下雨的日子,儿童既不能在教室外游戏,你又须使儿童在教室内唱歌、听留声机、听故事,或用积木来建造房屋。有时你可令儿童在教室内开了窗门,作深呼吸的体操。你也可令年长的儿童帮助你去管理。总之,你要想法免除秩序的紊乱。

学级会 较高的年级,在开学的第一天,就可于下午开一学级会议。在这会议里面,你可引导儿童去订出一学期的生活计划。墨司门(Mossman)叙述一

班三年级的儿童,在教师指导之下,订立以下的生活目标:①

1. 读许多的书
2. 改进我们的拼法
3. 学新的歌曲
4. 做木工
5. 用泥来做碗
6. 使算术进步
7. 表现一出戏剧
8. 使艺术进步
9. 做一本教室年志
10. 改进书法
11. 学油画
12. 学地理
13. 组织一故事会
14. 写故事
15. 写诗
16. 使教室整洁
17. 学历史
18. 举行学级会
19. 看地图
20. 参观大商店
21. 看报
22. 设一图书馆

这类目标,是指出儿童在一学期内想做的事情。有了这类目标,儿童都对于团体负起一种责任。儿童又可用这类目标,作为估评个人提议及评定作业价值的标准。这类目标的最大功用是增加团体生活的精神,使得你以后的教学和管理都便利起来。即使在较低的年级,你也可在最初的数日内,引导儿童去决定团体的意志,或订出像上列的目标。

教室的常规　在开学之始,你的最重要的问题,是怎样使儿童遵循教室的常规(routine procedures)。有的教师,往往在开学的第一天,整日讲排队,分发讲义,以及讲教室里种种的规则。我们认为这是大可不必的。前面已经说过,你在开学的第一天,尽可依着时间表的规定,照常上课。但是,如果遇有必须遵循常规的情形发生时,你要特别留心,使儿童不要犯着错误。教室的常规非常重要,此处仅稍提及,嗣后我们还要详细地讨论。

问题和设计

(一) 批评下述的方法:(1)一个教师叫一个吵闹的儿童坐在最前的一列。(2)一个五年级的教师每月把儿童的座位重新排列一次。成绩优者坐在前面;成绩劣者坐在后面,照座位号数依次地排列下来。

---

① 见 Mossman, Principles of teaching and learning in the elementary school, Boston: Houghton Mifflin Company, 1929, p. 6. (Lois Coffey Mossman, 曾任哥伦比亚大学师范学院教育学助理教授。——编校者)

（二）你觉得在开学第一天应做的事，试详列一表（愈详愈好）。

（三）假定在开学的第一天，下午有很大的雨，你将怎样处理休息时的儿童？

（四）开学的第一天，为什么是最重要，试详述理由。（令学生向全班报告研究结果）

（五）试把小学所必需的设备列成一表，并举例说明每种设备的功用。

参考书籍

① 罗廷光编：《普通教学法》，商务印书馆1930年版，第三课。

② 谢恩皋编：《小学普通教学法》，中华书局1930年版，第七章。

第十一章　教学的准备(下)

一、教案的种类

前章已把开学前的准备问题,及开学第一天所应注意的各点,详细研究过了。要是你在开学的第一天,已使儿童得到极良好的印象;此后,你的教学一定顺利得多。可是你对于日常的教学也得要加以充分地准备。最普通的准备方法是编制教案(或称教学计划)。教案可分为两类:一类是每周的教学计划(Weekly Plan),一类是每课的教案(Lesson Plan)。每周的教学计划,不妨简单些,只须把一周内教学的目标、所教的题目、动机的引起和时间的分配等,大概地加以说明。这种教学计划,有时是用大单元来组织的,就变成一种单元教案了。亚尔麦克(Almack)[①]和篮恩(Lane)[②]两氏曾定一种表格,可供作编制每周教学计划的参考,兹介绍如下:[③]

每周教学计划表格

科目………年级………第　周						民国二十年
活　动	星期一	星期二	星期三	星期四	星期五	星期六
1. 功课指定 ① 教科书页数						
② 参考书页数						
③ 说明用的材料						
2. 应温习的旧教材						
3. 新教材——教材大纲						
4. 教师目的						
5. 儿童目的						
6. 自1—5项的时间分配						

---

① 亚尔麦克(John Conrad Almack, 1883-1953),曾任斯坦福大学教育学教授。——编校者
② 篮恩(Albert R·Lang),曾任美国加州立大学弗雷斯诺分校教师学院教育系主任,巴拿马运河区学校的教育总监,华盛顿州立大学师范学院教育系主任。——编校者
③ 见 Almack, Lang, The beginning teacher, Boston: Houghton Mifflin Company, 1928, p. 79.

活　动	星期一	星期二	星期三	星期四	星期五	星期六
7. 教学手续 　① 准备						
② 引起动机						
8. 第七项的时间分配						
9. 教学手续 　① 提示 　　（下略）						
10. 第九项的时间分配						

每课的教案,更加重要,我们在本章中要加以仔细地研究。为明白起见,先举一个实例。

一个教案的实例①

（一）教材

（1）教师的目标

① 单元目标:教分数。

② 本课目的:化分数为最简分数。

（2）目的的分析

① 旧知识:儿童已知道分数的应用和有关系的名词的意义。

② 新材料:使儿童了解,用同数去除一个分数的分子分母,即可得最简分数。

③ 来源及参考书:任何算术课本。

（二）方法

准备(开始先把学过的名词简单地温习一下,可指定儿童解说分数、分子、分母等名词的意义。)

"我手里有一块钱。一块钱有多少分? 一分占一块钱百分之几? $\left(\frac{1}{100}\right)$(写在黑板上)。一分既是一块钱的百分之一,那么,五十分是占一块钱百分之几$\left(\frac{50}{100}\right)$(写在黑板上)。这是一张中国银行的大洋钞票,票上写明五十分。你们平常怎样称这张钞票? 你们称它为五十分呢? 还是称它为一块钱的百分之五十呢? 还是称它为半

---

① William H·Burton, Supervision and the improvement of teaching, NY: Appleton, 1922, pp. 444－447.

块钱?(半块钱)(写在黑板上,$\frac{50}{100}$就是一半,就是$\frac{1}{2} \times \frac{100}{100} = \frac{1}{2}$)"

(再拿一张大洋一角的钞票,同样发问后教师在黑板上写,$\frac{10}{100} = \frac{1}{10}$)

"我们平常不说$\frac{50}{100}$而说$\frac{1}{2}$不说$\frac{10}{100}$而说$\frac{1}{10}$这是什么缘故?(因为说起来便利)为什么说起来便利?(因为分数最简单)不错,我们称这种分数为最简分数。"

这两种分数(指黑板上)表面上虽不相同,而其价值,我们知道是相等的。

"我们算分数时,用最简分数便利呢,还是用繁的分数便利?"

儿童目的——今天我们要研究,怎样把繁的分数化为最简分数。

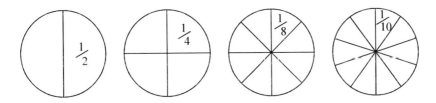

提示——你们看这黑板上的圆周。第一个圆周分做几个相等的部分?每一部分,我们称它几分之几?(在第一圆周的一部分内,写$\frac{1}{2}$)(其他圆周同样发问,直至每一圆周都写成$\frac{1}{4}, \frac{1}{8}, \frac{1}{10}$等记号为止)

(我们看,在八分之四当中,有多少二分之一?儿童指着第三圆周,回答$\frac{4}{8} = \frac{1}{2}$(教师在黑板上写$\frac{4}{8} = \frac{1}{2}$)

(用同样的方法来问答,使得最后在黑板上写成下表。)

$\frac{4}{8} = \frac{1}{2}$ $\frac{2}{4} = \frac{1}{2}$

$\frac{6}{8} = \frac{3}{4}$ $\frac{5}{10} = \frac{1}{2}$

"再看这个图"

| $\frac{1}{3}$ |
| $\frac{1}{3}$ |
| $\frac{1}{3}$ |

"这个图分成几个相等的部分?"(教师在每部分内写 $\frac{1}{3}$)

(于是用有色的粉笔,把图分为十二相等部分如下。)

	1/12			

"现在这个图里有多少相等的部分?"(儿童回答后,写 $\frac{1}{12}$)

(用另外一种颜色的粉笔,再把图分为24个相等部分,而在一部分内写 $\frac{1}{24}$,画图要清楚,不要相混,否则改用他种较简单的图。)

1/24							

(同以前一样,令儿童回答,而得到以下的算式,要同前面的四个算式写在一起。)

"现在请大家看 $\frac{4}{8}=\frac{1}{2}$ 的公式。我们怎样知道这两个分数相等?〔因为在这两个相等的圆周(指黑板上的圆周)里,各占相等的地位。〕如果我们要知道两个分数是不是相等,我们能不能够常常画起图来比较? 这样是太麻烦了。如果不画起图来,我们还有什么法子去知道 $\frac{4}{8}=\frac{1}{2}$ 呢?"(有些儿童也许知道这个法子;有些聪明的儿童,也许立刻就能够回答;但大部分的儿童恐怕不能够懂得。所以教师总得加以暗示,引导他们去回答。)"用什么数去除4,才得到1? 用什么数除8,才得到2?"(在黑板上写: $\frac{4}{8} \div \frac{4}{4} = \frac{1}{2}$)

(用同样的问答,慢慢地使黑板上写成下表:)

$\frac{4}{8}=\frac{1}{2}$ 或 $\frac{4}{8} \div \frac{4}{4} = \frac{1}{2}$ $\frac{5}{10}=\frac{1}{2}$ 或 $\frac{5}{10} \div \frac{5}{5} = \frac{1}{2}$

$\frac{6}{8}=\frac{3}{4}$ 或 $\frac{6}{8} \div \frac{2}{2} = \frac{3}{4}$ $\frac{4}{12}=\frac{1}{3}$ 或 $\frac{4}{12} \div \frac{4}{4} = \frac{1}{3}$

$\frac{2}{4}=\frac{1}{2}$ 或 $\frac{2}{4} \div \frac{2}{2} = \frac{1}{2}$ $\frac{8}{24}=\frac{1}{3}$ 或 $\frac{8}{24} \div \frac{8}{8} = \frac{1}{3}$

"我们倘不画图,谁能够证明 $\frac{4}{8} = \frac{1}{2}$?"(有些儿童会看出上表里的除数都等于1。如果他们看不出来,教师可引导他们去注意这一件事。当然他们知道,一个数目,用一去除,仍旧是不变价值的)。

比较和概括——大家回头来看这些分数,我们在每一分数里面,用什么数去除?(教师要把所有分数,一一指出,都是用同数去除分子分母。最后,教师要引导儿童发现,一个分数,若用同数去除分子分母,可把繁的分数化为最简分数。)

"今天我们所学习的是什么(怎样把分数化为最简分数?)我们是用什么方法呢?(我们用同数去除分数的分子分母,就得到最简分数。)"

(至此,这种算式须加以练习,直到纯熟为止。)

二、编制教案时应注意之点

现在我们要研究,在编制教案时,我们应注意的事项是什么?

目的的订立 你看,这个教案实例,不是首先列出教学的目的吗?这是编制教案的第一步手续。你又可以看出,功课目的只是单元目标里的一部分,因为最简分数的了解,只是帮助分数的计算而已。由此可见,在订立功课目的时,我们须先考虑,这功课目的是否适合于单元目标?我们在第二章里,已指出功课目的、单元目标、学科目标和小学教育目标的关系。我们要从这种关系上面,去估评我们所订立的功课目的是否适宜。换言之,功课目的,定须直接地帮助单元目标的实现,而间接对于小学教育目标也要有相当的关系。我们所订立的功课目的,又须明确、清楚、简单而扼要。

教材的选择和组织 编制教案的第二步手续,是选择教材和组织教材。教学固然是以应用教科书为原则,但教科书的内容,未必能合于儿童的需要、能力和兴味,又未必能适合教师的目的,所以教师有的时候须在教科书外搜集教材,或把教科书里的教材重新组织一下。选择和组织教材时应注意之点,在第二章里,已有所指示,如今不再详述了。等到教材决定了以后,教师就应在教案中列成一表,或列成一个纲要。各项目的教材,应按提出的先后次序而加以排列,并须按性质的轻重列成如下的形式:

(一)

1.　　2.

(1)　(2)

①　②

旧有的知识 从上面的教案实例里面,你可以看出,有一个项目是关于旧有的知识。列举与本课有关系的旧有的知识,是你编制教案的第三步手续。为什么你必须列举与本课有关系的旧有的知识呢?这在第三章里早已明白讲过,现在也不必多说。

参考书和教具等 上面的教案实例,还有一个项目,是关于参考书、材料来源和教具等。在这项目里面,你可以列出你和儿童所需用的参考书籍。如果你在教学时必须用到地图、图画、仪器、标本等设备,你也得要记载下来,以便事先准备。有些功课,只因缺少了一种必需的教具,便不能引起儿童的兴味,或不能使儿童了解所教的教材。可见教具是非常的重要。若是你事先不加准备,临时需用教具,就要引起时间的不经济和儿童注意的分散。所以列举参考书和教具是你编制教案的第四步手续。

教学的方法 但是你特别要注意的,是你所用的教学方法。你所用的教学方法,一定要针对教学的目的。例如上面的教案实例,其教学目的是要了解一个法则,所以赫尔巴特(Herbart)的归纳法还算适用;但如果你的目的是要获得一种技能或态度,则你就不得不舍去赫氏的归纳法而另用他种的方法了。

所用的教学方法要针对目的——这是你最应注意的一件事。许多教学上的错误,是由于方法和目的的不相调适。最明显的例子,就是有些党义的功课,其真正的教学目的,是要引起儿童情感的反应——引起其信仰——可是教师所用的教学方法完全着重知识的记忆。党义教学效率的低微,其最大原因即在于此。因此之故,教案里对于目的的叙述一定要十分的明确,最好用第二章里所讲到的教学结果——技能、知识、态度、欣赏等——来叙述。订立了所希望的教学结果之后,你就须选择最合宜的教学方法。哪一种教学方法和哪一种教学目的相配合,在第五、第六、第七等章中,我们已加以详细地讨论。

所用的教学方法固须随着所希望的教学目的而异,但是无论用何种教学方法,你总须引起儿童的动机(或适宜的心向)。上面所举教案实例里的准备一项,即含有此种作用。这动机的引起是异常的重要;教学的成功或失败,全以此为关键。所以你对于动机如何引起,事先须加以详细的考虑。你总须使你的教学目的被儿童承受,成为他们的学习的目的。

你在教学时所发的问题,或所激起的种种活动,也应该预先料定,在教案中详为记载。你又须注意到教学后的问题。换言之,教学完毕以后,你即须使儿童直接应用刚才学过的事物,或引导他们去做更进一步的研究。

照上述注意之点,把所用的教学方法加以详细叙述,乃是编制教案的最后手续。

三、教案有什么功用

反对编制教案的理由　编制教案时所应注意之点既已明了,现在我们要更进一步研究教案对于教师到底有什么帮助？为什么你一定要编制教案？有些人是反对编制教案的。他们所持的理由很多,但是比较重要的理由有三：

(1) 编制教案太费时间。

(2) 教师对于教学时所发生的事项不能够预料。

(3) 有了教案,教师在教学时便受到拘束。

编制教案的必要　如今让我们看,这些理由到底能不能成立？

(1) 编制教案太费时间,确是一件事实。但是新进的教师,无论如何,不可以怕麻烦的。要是你的教学经验渐渐的丰富,你就可改用较简单的教案,而准备的时间也就可减少了。教学前准备时间的长短,与教学经验的多少,适成反比例。没有经验的教师固须编制详细的教案,即使你的经验十分丰富,你也总得要在教学前准备准备——最好编一个极简单的教案。所以反对编制教案的第一理由,是不能成立的。

(2) 教师对于教学时所发生的事件,固然不能一一预料,但根据儿童本性和学习心理的知识,教师也可大约推测,用何种动境去刺激,才可以引起儿童何种的反应。有经验的教师,很能够预知教学时活动的情形,很能够断定在某种动境之下,儿童一定会做某种的事情。即在无经验的教师,与其毫无计划,对于将发生的困难事件一无准备；还不如先把教学时或许要发生的种种活动加以预先的规划,免得临时手足无措。固然教学时所发生的事件,或许出于意料之外,但有所准备总比毫无准备好些：这是绝无疑义的。所以反对编制教案的第二理由,也不能够成立。

(3) 至于教师受到教案的拘束一层,完全是应用者的错误,不能算是反对编制教案的一种理由。

教案的用处,柯尔文(Colvin)有一段话讲得很好,现在引在下面：①

> 教案是很像作战的计划。大将一定要知道他的主要目标和较小的种种目的；他又须在作战之前,预先定出实现目标所用的作战方法。在作战

---

① Colvin, The Eighteenth Year book of the National Society for the study of Education, p. 206.

时新发生的事件,也许使得他不得不把预定的目的和方法,改变一下;但因他对于所做的事早已规划妥适,他就不难把所定的作战计划略施变化。况且,若是他要得到胜利,他必须把几个主要目标实现起来。同样,教师虽不能把他应该发问的问题预先决定,但如果他对于将发生的最重要的问题不先详加计划,则到了教学时,临渴掘井,决难使所发的问题都很适宜。

分析说来,教案至少有以下的功用:
(1) 使教师上课有一定的目标。
(2) 教师对于教材准备充足,不至于以讹传讹。
(3) 使教师所选择的教学方法,适合于教学的目的。
(4) 使教师注意儿童学习的过程。
(5) 使教师准备各种教具。
(6) 使教师上课时,不致讲题外的话。

四、教案编制的最新趋势

非正式的富于弹性的教案　教案的功用,现在是毋庸置疑的了。反对编制教案的理由,虽然不能够成立,却对于编制教案方法的改良,也颇多贡献。大家承认,教案应富于弹性,不要束缚教师使用时的自由。过于正式的教案,像前面所举的实例,不但缺少弹性,且在编制时,所费时间过巨。因此有人主张采用非正式的富于弹性的教案。墨司门提议用一种非正式的记录,记出教学前所准备的事项,他称这非正式的记录为备忘录(memorandum)。在这备忘录内,教师应列举下列的事项:①

(1) 预料在教学时发生的事件　教师应按发生先后的大概次序加以排列。叙述的详略,应随教师的经验和所用的教学方法而异。

(2) 教师所认为有价值而可在教学时应用的教材　往往这种记录是用不着的。如果所用的教材比较新颖,或用更新的方法来组织,则这种记录很有用处。

(3) 功课指定教具和参考书等　教师说明愈详,则儿童愈明确地知道

---

① Mossman, Changing Conceptions relative to the planning of lessons, NY: Teachers college, Columbia university, 1924, pp. 59 – 60.

所指定的工作为何。

由正式到非正式的教案编制　墨氏的备忘录,代表教案编制的最新的趋势。但如果你是一个新进的教师,我劝你在最初教学时,不要怕麻烦,仍旧去编制比较正式而详细的教案,如本章所示的实例一般。在实习时,教师也应该编这种正式而详细的教案。凡是新学习一种技术的时候,你不能够讲时间的经济。你必须耗费很多的时间,来做事倍功半的准备。等到教学的技术有所进步之后,你可慢慢地采用墨氏的备忘录。起初采用墨氏的备忘录的时候,你仍须把所准备的事项详为记载,如果你有了很丰富的教学经验,你的备忘录,就可以记载得非常简略了。但无论如何,你必须在教学前有所准备。你所编的教案,慢慢地由正式到非正式,由详细到简单;但不论你的经验如何丰富,要是你不愿把儿童供作你的牺牲品,则你在教学前总得要编一种教案,或类似教案的记载。编制教案,是教师在教学前的一种无可回避的责任。

总论

教师在教学前一定要有所准备。在以上两章中,我们就把这准备问题详加讨论。教师在开学第一天的教学,关系异常重要,因为儿童对于他的信仰和此后管理及引起注意的难易,皆以此为关键。以此之故,我们把开学前的准备,和开学日应行注意之点,也统统地申说一下:关于开学前的准备,教师应特别注意教室环境的布置,如光线、空气、温度、桌椅、黑板、布告板、装饰、设备、物品的存放、作业中心等,我们都略加说明。我们又指出,教师不可缺少一种一学期或一学年的教学计划。至于教师在开学日应行注意之点,如容貌、服装、到校时刻、举行仪式时的谈话、儿童姓名的认识、座位的指定、上课、休息、学级会的组织、常规问题等,前一章中也提出不少的意见。

日常教学前的准备,就是编制教案。教案分每周教学计划和每课教案两种。编制每课教案时,教师要注意:(1)目的的订立;(2)教材的选择和组织;(3)类化的原则;(4)参考书和教具等;(5)教学时所用的方法。有些人反对教案,可是我们指出教案有不少的功用。但按最近的趋势,教案由正式到非正式,由详细到简单。我们提出墨司门的备忘录来供参考,并认定新进的教师仍须编制正式而详细的教案。教案的编制固极麻烦,却是教师在教学前的一种无可回避的责任。

参考资料

发问的技术　发问的技术,关系于教学的效率,至为巨大;在编制答案时,对于

上课时的发问,应该要好好地准备一下。兹述发问的技术上所应注意之点,列举如下:

(1) 不要用儿童不能了解的语句——这是类化原则在发问技术上的应用。所发的问题,一定要适合儿童的年龄和程度;凡问题内所用的名词,一定要使全班儿童完全了解。

(2) 问题的语句要简单明了——问题的语句不要含糊,也不要繁冗。凡含糊和繁冗的语句,常使儿童不易明了问题的意义。若在教学时临时发问,教师最容易犯这种含糊和繁冗的毛病,所以在教学前,你最好把要问的问题先加以准备。如果你发现儿童似有疑惑的地方,你就应重新组织语句,再问一遍。

(3) 所发的问题要确定不要宽泛——宽泛的问题,如"林肯的事业你知道些什么?""在这标本上你看到些什么东西?""对于废除不平等条约的问题你有什么意见"等,常引起儿童的猜度。

(4) 所发的问题要有兴味——不但功课要有兴味,所发的问题也要有兴味。

(5) 避用教科书上的字句——所发的问题最好不要完全用教科书中的字句。若所发的问题,其文字和组织,完全和教科书中的语句相同;则不但缺乏兴味,且偏重记忆,是很不适宜的。

(6) 所发的问题要合教师的目的——如果你的目的是要测验儿童的知识,或刺激其思想。你要避用下列数种的问题:

① 暗示的问题(leading questions),例如:"万里长城是秦始皇造的吗?是不是?"

② 二者择一的问题(alternative question),例如:"发明指南针的是中国人,还是外国人?"

③ 凡可用"是"或"非"回答的问题。

但如果你的目的乃在使儿童回忆旧有的知识,以准备教新的功课,或引导他们去注意某一方面或某一要点,则这数种的问题,也未尝没有用处。

以上各条,都是关于问题形式方面所应注意之点。现在我要再举几条发问时所应注意的事项。

(7) 要对全班儿童发问——"对个别的儿童发问"乃是一种极普通的错误。例如:"王君,二十一条条件,日本是在什么时候提出的?"正当的发问方法,先要对全班发问,然后再指定一人来回答。

(8) 发问不要按照座位的次序——还有一种极普通的错误,就是按照座位的次序指名发问。这种发问方法,其缺点和对个别儿童发问完全相同。因为,除了被指名的儿童以外,大家都可以不必思索答案了。照正当的发问方法,你指名发问时不可遵循一定的次序,却须注意使所发问题平均分配到全班的儿童。

(9) 发问时要注意个别的差异——所发问题的难易,要视被指名的儿童的能力而定。

(10) 对于不注意的儿童要多发问——你要对于不注意的儿童常常发问,却须使之感到兴味,不要使之发生仇视的感情。

(11) 不要因个别儿童妨碍全班的作业——如果有一二儿童不能回答你的问题,你应在自学辅导时给以帮助,不要在上课时多费时间,以致妨碍全班的作业。

(12) 发问时要用自然的会话方式——你发问要自然,不要带一种矫作或板起面孔的神气。

(13) 发问的快慢要看教师的目的——如果你的目的是练习,那么发问要快;如果你的目的是要激起思想,那么,发问要慢,让儿童慢慢地去思想。

(14) 发问时问题只须说一遍——如果所发的问题很明白清楚,每一问题只须说一遍。有的时候,问题比较困难,必须仔细思索,则你也不妨照原来语句重说一遍。但这种情形,不应该常有。

(15) 儿童的回答教师不宜重述——儿童回答时,应不仅对你讲述,而应该对全班讲述。你若重述儿童的回答,不但耗费时间,而且太重教师的形式了。一般教师往往在不知不觉之间,把儿童的回答重述一遍。对于此种习惯,你应该要戒除。

(16) 鼓励儿童作完备的回答——你应使儿童回答得完备些,却也不可占过长的时间。

(17) 要培养儿童详细考虑和慢下断语的习惯——要是儿童不经思索,就回答你的问题,你应加以阻抑。

问题和设计

(一) 试编一详细的教案,供实习之用,看这教案到底是否帮助你?由这次的经验,提出改良教案的方法。

(二) 参观一个小学教师的教学,批评他的计划是否良善,并根据相同的功课,另编一教案去实习。

参考书籍

① 罗廷光编:《普通教学法》,商务印书馆1930年版,第七章。

② 谢恩皋编:《小学普通教学法》,中华书局1930年版,第130—137页。

第十二章　教员之态度和教学技能

怎样才是优良的小学教员　在以上各章中，我们已指出教材选择和组织的一般原则，以及教学上所应注意的一般方法和要点。如今我们要考问：怎样才算是优良的小学教员？概括地回答起来，一个优良的小学教员，须具备下列的条件：

（一）充分的教材知识　教师的任务，既然是在于引导儿童获得人类的经验的精萃，所以他自己对于人类的经验的精萃，必须要透彻地明晓。专业的训练，对于小学教师固是异常的重要；却不能用以替代其对于教材知识的学习。小学教师教材知识不充分，似是现今我国小学教学改进上的最大障碍。

（二）社会领袖的知能和才具　现代的小学教师，不仅要关闭在学校里面，从事教学的工作；而且要走出校门，参与各种领导社会改良的活动。在目前的我国社会环境中，要做一个优良的小学教师，这一个条件，似是像教学的技能一样地重要。

（三）教学的技术　教学的技术的重要，是不待言的。本书的目的原欲把教学时所需的技术加以叙述，有的已在前面数章中论及，有的将在本章中指出，还有的要等到讨论各科教材和教学法时加以申说。但重要之点是：教学的技术的获得，正像其他的技术的获得一样，一定要靠着实际的动作，而不是单靠着书本的阅读的。

（四）丰富的专业知识　教员的职业是一种专业（profesion）而不是一种行业（trade），所以教学的工作，决不是机械呆板，具有一成不变的技术的。在小学的教学上，虽有若干较确定的巧术（device）可资应用；但是教师刻刻要用到判断，俾使所用的教学手续与所欲实现的教学目标相适合。因此之故，教师的专业知识，一定要很丰富。他一定要了解儿童，并明了学习的法则；而更重要者，他一定要有一种健全的教育哲学，俾对于任何实际教育问题的解决，采取一致的和正当的态度，或出发于相同的立场。《教育概论》《教育心理》等学程，对于这一种的训练，最有帮助；而本书对于这一点，在编辑时也异常的注意。

（五）优良的态度或理想　然而最重要的条件，乃是具备优良的态度或理想。任何优良的教师，均须能为儿童所信仰，均须能与同事合作，均须努力于教学的工作，及自己的进修。所以对于优良的态度和理想的获得每一教师皆应致力。

在本章中,作者将把小学教员所需的各种理想态度和教学技术略加叙述。

教员所需的优良的态度和理想　欲讲述小学教员所需的优良的态度和理想,作者认为莫若介绍查特斯和韦普尔斯(Charters and Waples)二氏所作的教员特性的分析研究,兹译述其研究所得的二十五种特性并略加说明。①

(1) **应变力**　例如:①能够于必要时转变原来的计划;②能舍弃预存的观念等。

(2) **容貌姿态引人生爱**　例如:①走路身体挺直;②衣服朴素整齐等。

(3) **兴味广**　例如:①常读杂志月刊;②对于网球、游泳等活动有兴味;③常旅行等。

(4) **审慎**　例如:①慎言;②慎下判断等。

(5) **体贴人意**　例如:①顾及怕羞的儿童;②不在其他的儿童面前,使某儿童难乎为情等。

(6) **合作**　例如:①在他人求助时愿意帮忙;②与校长、教育局长等欣然合作;③乐意接受本分以外的责任等。

(7) **可靠**　例如:①不背信约;②忠实地尽行其本分内的事务等。

(8) **热诚**　例如:①有兴味地提示作业,使儿童热烈地从事工作;②用声调态度引起儿童热烈的态度等。

(9) **流利**　例如:①说话清楚而有力;②迅速简捷地发表其意见等。

(10) **有力**　例如:①使儿童觉得他有学问;②教学时精神饱满;③说话时能集中听者的注意等。

(11) **判断正确**　例如:①劝告时能供给充分理由;②对于无关重要之点,不要妄费时间来讨论等。

(12) **健康**　例如:①从事各种运动;②强烈地工作,也不致发生疲劳等。

(13) **诚实**　例如:①常说真话;②做事不敷衍塞责等。

(14) **勤勉**　例如:①惜时;②常在图书馆内找求新鲜材料等。

---

① Charters, Waples, The Commonweath teacher-trainning Study, Illinois: The University of Chicago Press, 1929, pp. 223-244. 查、韦二氏,对于每一特性后,列出若干特性动作(Trait-Actions),但本章中仅举二三例,而未加全译。(查特斯 W·W·Charters 1875-1952,美国著名的课程论专家,课程开发的"目标模式"的先驱,主张通过"工作分析"来确定课程目标。曾任芝加哥大学教育学教授。韦普尔斯 Douglas Waples 1893-1978,芝加哥大学图书馆学研究生院的开创者之一。研究书面交流和阅读行为。1999 年,美国的图书馆将他看作是"20 世纪 100 位最重要的领导者之一"。——编校者)

(15) 领袖力 例如：①让儿童参与活动而不滥用命令；②有效率地指导学生组织等。

(16) 吸引力 例如：①能得同事的爱好；②能为学生所爱好等。

(17) 整洁 例如：①做报告正确而整洁；②办公桌上不乱堆物品；③衣服整洁等。

(18) 虚心 例如：①把没有效率的教学法舍弃不用；②尊重学生的意见等。

(19) 创造力 例如：①自动的应付并解决各种问题；②寻求新的做事方法；③提出新计划等。

(20) 进步的 例如：①从事研究的工作；②与时俱进；③读最近发表之关于教学之论文等。

(21) 迅速 例如：①迅速地上课和下课；②迅速地解释和解决复杂的动境等。

(22) 文雅 例如：①有良好的礼貌；②有教育的营养等。

(23) 学者态度 例如：①常投稿发表；②对于所教的科目融会贯通等。

(24) 克己 例如：①克制自己的脾气；②在困难境遇中态度安闲等。

(25) 节俭 例如：①爱惜校具；②利用光阴等。

教员的教学技能 小学教员所需的教学技能，有些较为简单者，若经相当的指导，很易为教师所获得。要是教师还没有获得这些技术，我们就很容易在参观的时候，发现各种的缺点。例如：(1)仅有少数儿童参与教学的活动；(2)先指名而后发问；(3)重述儿童的答案；(4)说话不清楚；(5)黑板上写字模糊；(6)指定作业不很明确；(7)没有教室常规，以致紊乱无序等。这些教学上的缺点，固极流行；但若教师在最初教学儿童时，就开始确定良好的习惯，这些不良习惯就不会发生了。关于发问管理等教学技术，要了解若干简单的法则，并不困难；所困难者，乃在成为日常应用的习惯罢了。

还有些教学技术，却是异常地复杂。例如：(1)举例说明要敏捷而适切；(2)讲解要清楚透澈；(3)迅速地察知儿童错误之所在；(4)敏捷地提出问题或发问，以集中儿童注意于要点；(5)迅速的发现儿童的不注意和不努力；(6)分清教材中的要点和非要点等等，都是成功的教学所不可少的因素。但这些因素，是靠着教师的随机应变，而不靠着习惯的养成。教师不仅要具有丰富的教学知识，并了解儿童的本性和能量，而且要能利用种种方法，来适应刻刻变化的动境。显然地，要获得这种复杂的技术，却不是一件易事。

天才与训练 有一句西谚说："优良教师是生成的而不是造成的"

(Teachers are born, not made),这话确有一些真理。因为要发展如上所述的各种能力,不能没有相当的天赋。成功的教师,一定要有若干教学的天才;正如同成功的艺术家,一定要有若干艺术的天才一样。天赋才具的重要,固属无疑;但现今的人们,往往或则歌颂天才,甚至认训练为无用,或则否认天才,而只注重教学原则的了解和应用,实在各趋极端,皆属谬误。考之实际,若经过训练后,天赋的才具,也可大大地增进。有天才的教师,若不加以训练,固尚可成功地教学;但常不免引起耗费,而不能得到最高的效率。正确地说来,优良的教师,一半是生成的,而一半是造成的。然因教学的范围,甚为广大;故教学的天才较艺术的天才更属易得。又因教学的天才易得,故师范学校里的学生,具有教学天才的,当不在少数,只要努力研究教学的原则和技术,并留心参观和实习,都是不难成为理想的优良教师的。

总论

在本章中,我们指出,一个优良的小学教员,须有:(一)充分的教材知识;(二)社会领袖的知能和才具;(三)优良的教学的技术;(四)丰富的专业知识;(五)优良的态度和理想。关于教师所需的优良态度和理想,我们已介绍查、韦二氏的教师特性分析,以供参考。教员的教学技能,有些固较为简单,而有些却异常复杂。成功的教师,固一半靠着天赋,而还有一半却靠着训练。师范学校中,具有教学天才的学生,当不在少数,只要努力研究并留心参观实习,就不难养成为理想的优良教师了。

问题和设计

(一)参考其他教育书籍,并根据本章所述,制一特性自省表,供自省之用。

(二)试把本书通论部分详细温习一遍,并拟若干教学信条,供将来教学时的指导。

参考书籍

① 孟宪承编:《教育概论》,商务印书馆1933年版。

② 俞子夷编:《新中华小学行政》,中华书局1931年版,第八章。

③ 杜佐周编:《小学行政》,商务印书馆1931年版,第四章。

总温习

(1)窗的总面积,要占地板总面积十分之一以上。

(2) 空气要从下面流入。

(3) 儿童坐时,其两足应平放在地上,其股骨应和地板相平行,而其两臂应十分自然地靠在桌上。

(4) 桌椅要固定,以图教室内布置整齐。

(5) 教室的布置,要像一个新式的家庭。

(6) 标语常能引起儿童强烈的反应。

(7) 乡村的小学,因为没有钱,可以少用设备。

(8) 现代的小学教师,须有领袖的才能。

(9) 在开学的第一天,教师要和平日一样准时到校。

(10) 在举行开学仪式时,教师须有一番演说。

(11) 儿童的座位,在开学的第一天,即应由教师指定,此后不得变更。

(12) 在开学的第一天,教师应试验新教学法。

(13) 休息时,教师应听任儿童自由。

(14) 在开学的第一天,教师的精神要格外饱满。

(15) 教案中须列出所需的教具和参考书等。

(16) 编制教案太费时间,所以新进教师可免编制教案的手续。

(17) 编制教案后,教师的教学,一定要依照教案,不容有所变更。

(18) 有经验的教师,在教学前用不着准备。

(19) 墨司门的备忘录,对于新进的教师,很有帮助。

(20) 有了充分的教材知识,就可以做一个优良的小学教员了。

(21) 优良的小学教员,应关紧校门,认真办学。

(22) 教师只要晓得些教学技巧,对于教育的理论的研究,是用不着的。

(23) 优良的教师是一半天生的,一半从训练得来的。

(24) 具有教学的天才的人们是不多的。

第二编
各科教材及教学法

第一章　卫生科的教学目标和教材

卫生科的教学目标　依小学课程标准的规定,小学卫生科的教学目标是:(1)养成儿童的卫生习惯,以增进其身心的健康。(2)发展儿童卫生的智能,以使其能保障本身和公众的健康。(3)培养儿童对于卫生的兴趣和信心,以期由个人的努力而促成家庭、学校、社会等环境的健康。这三条教学目标意义非常明显,用不着再加解释。但如果读者明白了下列各点,那么,对于这三条教学目标,当更能加以清楚的认识。

（一）个人的健康包括身心两方面　身体的健康的重要是为大家所知道的,但是精神的、情绪的、道德的和社会的健康(Mental, Emotional Moral and Social Health),往往为一般教师所忽略。美国全国教育学会和美国医药学会联合健康教育研究委员会(The Joint Committee on Health Problems in Education of the National Education Aesociation and the American Medical Association)曾叙述健康儿童的特征,以阐明健康的意义,兹译述于下以供参考:

1. 健康的有机体或生理的健康——生理的健康系指每一细胞和器官的健全和协调合作而言。关于生理的健康,可有两种测验:

（1）身高、体重、身体结构和机能有正当的发育,仅仅不残缺、无身体结构上的缺陷或发育不畸形,还不能算是健康。

（2）各种机能（筋肉的、神经的、心理的、情绪的、液腺的、营养的、循环的、呼吸的、分泌的和生殖的）具有完全的效率。这就是说,除了从事各种日常活动之外,个人常觉有余剩的能力,俾得从事特殊的紧张的工作。

欲对于上述二端详细确知,我们也许有举行精密的身体检查的必要。但是有若干身体健康的特征,非常简单,而极便一般的观察。

① 健康的儿童对于身体几乎毫无感觉。他只知道健全、愉快、筋肉有力。等到有痛苦或有病的时候,他才始对于身体各部有所感觉;若在平时,身体各部正如同不存在一样。

② 儿童具有充分的精力,对于相当数量的工作和游戏不觉得疲劳,而觉得兴奋。

③ 食量有恒。

④ 体重与常模相差不远。

⑤ 睡得很熟,而能在平常的睡眠时间内,恢复一切的疲劳。

⑥ 能够适应环境、气候和生活情形的变化,而无生理的障窒发生。

2. 健康的品格,或即所谓精神的、情绪的、道德的和社会的健康——暂把个别差异这一层撇开不论,兹叙述健康的人格的最重要和最简单的特征如下:

(1) 儿童所具的智力是以应付生活的要求。智力的高低固多差异,但智力较低者,若具着健康的品格,也足以应付其简单的手艺工作的生活的要求。

(2) 他能对于当前的事情,集中注意去考量,并能正确敏速地把握住这事情当中扼要之点。

(3) 他对于其身周围的世界,感有兴味而想去了解。

(4) 他具有自信力,他总希望成功,且常能成功。

(5) 尽力克服当前的现实的困难,鲜造空中楼阁。

(6) 主要的情绪为愉快、欢乐和勇敢。他的情绪的反应总是适当而合用的。不必要的恐怖、怕羞和胆怯等情绪,不会发生。

(7) 不含愠,不追想已往的失意的事。

(8) 具有不少客观的兴味,例如对于交友、游戏等。

(9) 容易接近,爱好朋友,容易合作,能做领袖而又能随从。

(10) 两性关系正当。

(11) 负责去谋朋友、同学和家庭分子的幸福。①

(二) 健康的习惯、技能、知识和理想应该要兼顾并重　健康的习惯的养成固属最为重要,但健康技能的发展,也应加以注重。例如细嚼食物系一种健康的习惯,但选择滋养丰富的食料及适当的食物,却为一种健康的技能。再例如每天早晚洗刷牙齿系一种健康的习惯,但如何刷牙却又为一种健康的技能了。技能的教学显然也是不可忽略的。然健康习惯的养成和健康技能的发展,皆需要相当的健康知识为其基础。不过在小学时期内,所供给的健康知识只要与实践相联络,不必过求高深。此外,培养儿童对于卫生的兴趣、信心、理想或欣赏,使儿童对于凡合于卫生状况者感觉愉快,而对于凡不合卫生状况者感觉憎厌——这也是小学卫生教学所努力的目标。

(三) 健康包括公众的和个人的二方面　公众的健康与个人的健康是同样的重要。小学教育的一种新任务,乃在造就许多社会分子,来做社会环境

---

① 见 Wood-Lerrigo, Health Behavio, pp. 5-6.

改造的工作。小学教学公众卫生的目的,不仅欲使个人将来对于公众的健康不加妨碍,而且欲在积极的方面,培养对于促成家庭、学校、社会等环境的健康的兴趣。关于这一点,理想的培养似较公众健康知识的灌输更为切实。

卫生科教材的范围 小学课程标准已根据上述的教学目标而规定各学年的作业要项,兹转录于下:

学年 要项 类别		第一、二学年	每周时间	第三、四学年	每周时间	第五、六学年	每周时间
习惯		下列各种习惯的养成 一、每夜开窗睡十小时左右。 二、每天早晚洗刷牙齿。 三、每天在一定时间大便。 四、每星期至少洗澡一次,吃饭以前、大小便以后,一定洗手。 五、每天吃青的蔬菜、豆腐等食物,份量适可而止。 六、用自己的茶杯、食具和手巾,用自己的干手巾在咳嗽及喷嚏的时候蒙住口鼻,以防传染疾病。 七、坐、立、行,身体要正直。 八、每天必户外游玩两小时。	60分钟	下列各种习惯的养成 一至八,继续第一、二学年。 九、食物必细嚼然后下咽。每日除正餐以外,不吃闲食。① 十、每日必喝适量的开水。 十一、读书及工作必在光线充足并且是从左边或者后方射来的地方。 十二、呼吸时必闭口。不要用手指挖耳鼻。 十三、指甲要剪去。	60分钟	下列各种习惯的养成 一至十三,继续第三四学年。 十四、每餐取营养素均衡的膳食。 十五、阅读写时眼与目的物必须有适当的距离(三十到四十公分之间)。 十六、每夜八时睡,次晨六时起身,早晨醒后立即起床。 十七、每日起床后必将自己被褥折叠整齐。 十八、保持全身的整洁美观,与人谈话时,防止唾沫喷扬。	60分钟
智能	个人的	下列各事项的研究和实践 一、皮肤及其附属品,牙、舌、鼻、眼、喉,各器官的功能和保健。 二、营养、睡眠、休息等与发育的关系,健康检查的意义和		下列各事项的研究和实践 一至四,继续第一、二学年。 五、肌肉、消化、骨骼、呼吸各器官的功能和保健。 六、营养的食料及适当的食物。		下列各事项的研究和实践 一至九,继续第三、四学年。 十、循环、排泄、神经各器官的功能和保健。 十一、营养的元素(水、空气、日光、维	

---

① 即"零食"。——编校者

学年要项类别		第一、二学年	每周时间	第三、四学年	每周时间	第五、六学年	每周时间
智能	个人的	价值(每学年应检查一次)，体重测量的意义和价值(每月一次)，日光和新鲜空气对于健康的效用，清洁(衣、鞋、牙齿)及行为道德方面的意义和效益。 三、行路防灾的方法(脚步轻，靠左边走，注意红绿灯，不在铁路轨道上行走，充分利用眼睛、耳朵以探索各种危险等)。 四、跌伤或皮破时的处理(立刻告知师长或家长，不染污，不惊慌)，传染疾病的预防(不和咳嗽或红眼人在一起)，中毒等的防止(铅笔和其他污物不入口，不用手擦眼)，常常喜笑，觉得疲倦时不勉强运动。		七、避电(不玩电线，雷电相交时关窗，不穿湿衣，不站在树下)，防害(睡时必灭灯，过街的时候，注意防避车辆等方法)。 八、皮破的急救，普通消毒的药品，天花、白喉、伤寒、霍乱等传染病的预防。 九、医学史话(如种痘发明的故事等)		生素、蛋白质、脂肪、淀粉、有机盐)；发育的要素(食物、睡眠、空气、日光、运动、休息)。 十二、营养料的吸收及消耗，近视远视的原因，酒烟以及其他刺激性食物的害处，休息的方法，运动的益处，调节气温的方法，生冷食物的注意。 十三、病和药的关系(病不要一定用药)，病者和治病的关系(病者应听从治病者的指导)，医生的选择。 十四、传染病和媒介的防止。 十五、急救要则，流血晕倒、溺死、火伤、骨断、骨节脱、人工呼吸法、搬运病人法、绷带法。 十六、医学史话。	
	公众的	下列各事项的研究和实践 一、注意公众卫生(不随地吐痰，不任意抛弃污物，不随意便溺，不涂抹墙壁门窗等)。 二、保障公众安全(不喧闹，不随地抛弃果皮、纸屑、碎玻璃片等物)。 三、改善生活环境(灭蚊蝇，教室的清洁、通气、光线，厕所、厨房、园地等的清洁)。 四、促进人群健康，灭除自己得病的机		下列各事项的研究和实践 一至五、继续第一、二学年。 六、注意公众卫生，不任意倾倒病人的排泄物，注意厨子贩卖及制造食物的传播疫病。 七、研究环境关系(蝇蚊生长程序及场所，住宅拥挤，空气不流通，公用手巾，公共食物，公共娱乐的危害)。 八、保障公众的安全(住、行及娱乐场所)。		下列各事项的研究和实践 一至十二，继续第三、四学年。 十三、研究环境关系(粪便适当的处置法，自来水的设置，下水道的设置，灭鼠，灭虫等)。 十四、保障公众的安全(住、行、交通及娱乐场所的安全)，避灾练习)。 十五、改善生活环境(家庭及社会的环境，督促公共卫生事业的改进，并加入各种卫生运动。)	

学年要项类别	第一、二学年	每周时间	第三、四学年	每周时间	第五、六学年	每周时间
智能	会。劝导他人养成卫生习惯,同学有病,报告教员;同学跌倒,立即扶助,受伤请师友或医生急救)。 五、认识医生设施(健康检查、体格测量、种痘预防、接种及注射、看病急救)。		九、改善生活环境(垃圾及污水的处置,厕所、厨房,改良住室的空气,庭院的清洁,饮水的改良,蚊蝇繁殖机会的肃清)。 十、促进人群健康(阻止别人做危害本身或公众健康的事,督促同学受预防接种等)。 十一、认识卫生设施(医院卫生行政机关的意义)。 十二、参加公共卫生事业(学校卫生行政机关的认识及服务、卫生队、清洁检查队、保健团卫生视察的值日等、学生自治卫生团体的组织的练习)。		十六、促进人群健康(宣扬公共卫生事业,灌输个人卫生常识,保健合作社的组织法等)。 十七、认识卫生设施、死亡调查、传染病调查、出生调查的重要,以及其他各项卫生事业的举办的意义)。 十八、参加公共卫生事业(地方卫生行政机关,自来水厂,下水道,医学校附近区域卫生事业的设计,各种卫生服务的练习)。 十九、育婴常识(女生适用)。	

从这个各学年作业要项里,读者当可明了小学卫生科教材的大概的范围;但是有几点我要提出来请读者特别加以注意。

(一)安全教育的教材和浅易的医学知识,也包括在卫生一科目内,因为这些教材也都是有关保障儿童本身和公众的健康的。在现代的各种生活动境中(尤其在都市的生活动境中),儿童常常可能遇到意外的危险。为了尽行其保障的职能(Protective Fonction)起见,学校必须要在卫生科中教学各项关于安全和急救的知识。

(二)从前的生理卫生的教学,着重在知的方面,故关于身体各器官的构造的知识,在卫生科中占着重要的地位。但现在则不然,因为行比知更为重要,所以关于各器官的生理研究,着重在讲述其所尽行的功能和保健的方法。

(三)重要的卫生习惯的养成须在低年级里开始,而在较高的年级里,一面对于各种已养成的习惯,继续地注意,使之保持;而一面又引入新的习惯,使儿童养成。儿童在小学时,乃是养成卫生习惯的"黄金时期",教师千万不可失此机会的。还有一点值得注意者,有许多应该使儿童养成的卫生习惯,不是在学校环境中能够收到效果的,而必须靠着家长的合作的。例如"每天开窗睡十小时左右"这一条习惯,若不能得到家长的合作,决乎不能够使儿童养成的。

（四）小学课程标准所规定的卫生教学目标第一条,虽把身心一方面的健康兼顾并重,却是在这作业要项里,我们不容易找着一条关于心理的、情绪的和社会的、卫生的习惯或知识,这在作者看来,实有加以补充的必要。兹介绍吴特①(Wood-Lerrigo)氏等所定的健康行为量表中,关于心理的、情绪的和社会的健康的部分,以供读者参考。

1. 心理的和情绪的健康

（1）对于周围其身的世界,具有好奇心,而想由实验和观察而把好奇心满足。

（2）对于友朋、运动等具有强烈的兴味。

（3）直接应付困难而不躲避。

（4）发展对于工作和游戏的创议力②(Initiative)。

（5）不含愠,不烦燥。

（6）发展有系统的习惯。

（7）做自己的工作百折不挠。

（8）集中注意于自己所做的事。

（9）常能成功地做毕自己的工作。

（10）敏速地做自己的工作而不拖延。

（11）遇有失意的事,勇敢地去应付。

（12）在困难境遇中仍保持温和的态度。

（13）克制忿怒、怕惧或其余强烈的情绪。

（14）很快地忘记怨恨。

（15）不怕怯,也不怕惧；具有勇敢的理想。

（16）对于滑稽的事件,觉得享乐。

（17）常快乐欣悦。

（18）说真话。

（19）有自信力。

---

① 今译武德·雷利国,生平未详。——编校者
② 即主动性、主动精神。——编校者

2. 社会的健康

（1）与同伴有友谊的关系。

（2）对于同伴有礼仪并常顾及其福利。

（3）与他人共同享乐，并分享所有。

（4）尊重他人的权利和财产。

（5）在工作和游戏时与同伴合作。

（6）发展独立能力和解决自己的问题的能力。

（7）开始发展男儿的理想（或女杰的理想）。

（8）言语清洁而适宜。

（9）异性关系正当。

（10）参与会谈，却不打断他人会谈。

（11）遇有生客或其他社会的动境，极力防止怕羞及"怕难为情"的心理。

（12）不争吵。

（13）对于弱幼者和气而不加戏侮。

（14）善待动物。

（15）公平，尊重他人权利，而静待权利轮流。

（16）不告诉教师而自己解决困难。

（17）对有权者服从并尊敬。

3. 对于工作的习惯和态度

（1）能每天工作四小时至六小时而不感疲劳。

（2）发展有系统的工作习惯；很迅速而不拖延地做工作。

（3）在校和在家，对于应负的责任负责地尽行。

（4）诚实地做工作。

（5）很欣悦地做工作。

（6）常帮助同伴、父母和教师。

（7）不因缺乏兴味而想逃避责任。①

以上为吴特氏等所定的习惯和态度，凡在小学毕业以前的儿童皆应养成的。其中，自 7 条至 19 条的心理的和情绪的健康习惯、自 12 至 17 条的社会的健康的习惯和自 5 至 7 条的对于工作的习惯，均应在三年级以下就已开始培养。上列各条虽有若干可视为公民训练的习惯，却从现代眼光看来，均应是归

---

① 见 Wood-Lerrigo, Health Behavio, pp. 71－72.

为卫生范围之内的。

参考资料

  帕克的《卫生教材选择和教学法的原则》——柏克和邰拍耳[①]二氏,在其所编的《幼稚园和第一年级混合教学法》(Parker and Templer: Unified Kindergarten and First Grade Teaching)一书中,曾讲述卫生教材选择和教学法的原则,兹介绍于下,以供参考:

  关于教材选择的原则,帕、坦二氏定出下列三条:(1)根据社会需要而选择,(2)使教材适合儿童的成熟程度,(3)选择具有最大的比较价值的题材和活动。

  关于发展健康习惯、兴味和态度的方法和巧术,帕、坦二氏作如下的建议:(1)大概言之,习惯的养成或获得,应为日常例行事务的一部,或与数种学科(或活动)相关联,(2)欲使儿童注意于所希望的行为形式,应诉之于一种或数种本能的兴味,(3)儿童对于某种行为已发生兴味之后,应立即予以练习的机会,并使之产生适宜的态度,(4)在可能范围内,应使学生对于某种行为培养一种正当的团体的情操;(5)由招贴图画的揭示,由标设的悬挂,更由讨论和会谈,继续维持其对于某种所已练习的行为形式的兴味。

问题和设计

  (一)试把健康的意义作简短的叙述。

  (二)分组研究各学年作业要项,可探用如下的方法:(1)把每一学年内的作业,组织成若干单元;(2)依时令和内容的深浅,把各单元定一个大概的教学次序;(3)选择每一单元的文字的教材和非文字的教材;(4)把每一单元编一教学纲要,供实习或将来教学之参考之用。纲要的格式可自决定,唯须注出教学目标、动机引起、教学步骤,并附有可用的教材、教具等。此种研究,做至何种程度,观时间多寡而伸缩,但总应该做一些。

  (三)详细分析作业要项,把所希望儿童养成的习惯、技能、知识和理想,详列一表;至于表的格式大致如下:

  (Ⅰ)身体的卫生

  1. 习惯

  (1)

[①] 今译作"坦普勒"。——编校者

(2)

(⋯)

2. 技能

(1)

(2)

(⋯)

3. 知识

(1)

(2)

(⋯)

4. 理想和欣赏

(1)

(2)

(⋯)

（Ⅱ）心理的、情绪的和社会的卫生。

(依相同方法,分习惯、技能、知识、理想和欣赏等项)

（Ⅲ）公众卫生。

(依相同方法,分习惯、技能、知识、理想和欣赏等项)

（四）试述心理卫生的意义和方法。（本题与《教育心理》一学程相联络）

第二章　小学卫生教学的原则

卫生教学与文字记诵　在民国十八年(1929)颁布的《小学课程暂行标准》中,卫生科分公共卫生和个人卫生两部分;公共卫生并入社会科内,个人卫生并入自然科内,而并不特设为一种科目。但最新颁布的正式《小学课程标准》,不仅把卫生科特设为一种科目,而且把这科目列居第一位了。这固然对于卫生的重要性加以明白地显示,却是隐含着一个很大的危险。这危险就是:卫生的教学或将变成为一种文字的记诵。自规定了卫生的科目之后,各书局就编辑卫生教科书了;有了卫生教科书之后,一般小学教师将以教科书课文的记诵作为儿童的主要学习活动了。这样一来,现今课程中的卫生科与从前课程中的修身科,将有什么区别呢?刚刚上过卫生课的小学生,就在水果摊前吃苍蝇爬过的西瓜,就把铅笔头塞在自己的口里,就拒食价廉而寡味的绿叶的蔬菜⋯⋯试问卫生科的学习将有什么价值可言?任何科目的教学,总应该对于儿童生活方法的改善具有或多或少的影响;而卫生科的教学,尤宜重视这个根本的要则。文字的记诵在卫生科的教学上,似占一极不重要的地位。欲矫正过重文字的记诵这一种倾向,如今让我把几个重要教学原则加以简单的叙述。

卫生教学的重要原则　第一,卫生的教学须成为整个的健康教育计划中的一部。儿童的健康是学校教育所最应开心的一件事,仅仅要靠着每周六十分钟的特定教学时间,使儿童获得必需的卫生的习惯、技能、知识、态度和理想,以影响其日常的生活,显然是一件难以做到的事情。把卫生科当作一种独立的科目来教学,而与其他学校里的活动不相联络,这是最普通的卫生教学的缺陷。刚才作者所认为最属危险的——对于文字记诵的偏重,大半是由于这种教学情形而发生的。

如今我们要问,所谓整个的健康教育计划究竟包括些什么?大概说来,这整个的健康教育计划,共包括三个部分:(一)健康的服务,(二)健康的检查,(三)卫生的教学。所谓健康的服务,包括医生、保姆等的服务;所谓健康的检查,包括校舍的光线、温度、通气和其他卫生状况的检查,以及学生健康检查,学生健康习惯和环境的视导等;而所谓卫生的教学,即是我们现今要讨论的,关于健康知识的教学和健康习惯、技能、理想和态度等的培育。

《小学课程标准》对于这一层也曾加以注意,故在教学要点里面列有下面的几条：

（1）学校在可能范围内，须指定一室为全校卫生设施的办事处。

（2）学校在可能范围内，当独立或联合附近各校，聘医师及护士，主持学校卫生事宜。

（3）除每日举行卫生视察一次外，每月举行身高、体重测验一次，每学年须定期举行卫生总检查或卫生比赛一次，将其结果公布并报告家属。

（4）学校在可能范围内，当聘请当地卫生机关职员或热心卫生教育的家长，组织学校健康教育设计委员会，主持健康教育的推广事宜。

以上各条，可视为最低限度的健康的服务和健康的检查。关于健康的服务和健康的检查，应在《小学行政》一学程中加以详细地讨论，故此处不能细讲。作者要请读者注意的是：我们现今要研究的卫生的教学既然与健康的服务和健康的检查同属于整个的健康教育计划中的一部，故教师应该对此三部分同等地加以注意，而且要互相联络，才可收到教学的效果。否则，在不卫生的校舍内讨论卫生，在不通气的教室内讲述新鲜空气的重要，真是万分的可笑！

第二，卫生的教学须充分利用儿童日常经验中所发生的各种活动。这条原则与前一条原则，都指出形式的卫生教学，正如同形式的公民教学或修身科讲授一样地没有效率，都指出特定时间的卫生教学本身并不充分。卫生教学必须要利用儿童所从事的各种活动的又一原因，乃是因为儿童对于卫生并不感有学习的兴味。威廉司①氏曾说过：

> 我们须指出，正常的儿童对于他自己的健康原是不感兴味的。假若他有病了，他想早日痊愈；但是等到他的病好了，他又把生病的事不再去想了。换言之，年幼的儿童，老是想着现在，而很少是计及将来的。……因为这个原故，所以我们主张，一种健康教学的计划，必须要利用儿童的活动或生活的动境。当儿童成功地实行这些活动时，我们才可以使儿童对于康健发生兴味，而因此使之学习卫生。举例来说，每晨的健康检查的活动，最足以鼓励清洁习惯的养成。……假若使姿势最好的儿童在排队时做全班的领队，那么，儿童对于良好姿势的习惯，自然也感到兴味。总之，我们可以说，假若健康被认为一种并不以健康为主要目的的活动的副产物，则其所

---

① 今译作威廉姆斯。——编校者

收的教学结果,反而是最美满的了。①

可以利用的活动,种类极其繁多。定期的健康检查,身高体重的测量,健康故事的讲述,健康日记的记载,健康研究会的组织,健康的歌唱,健康标语和图画的编制和黏贴,定期的对于学生家属的健康报告……凡此种种的活动都可加以利用,使儿童发生学习卫生的动机,各种体育的活动,虽非以教学健康为主,也可加以有效率地利用,来教学卫生的习惯或知识。邻近社会的公共卫生情形,以及报纸杂志上关于卫生的习惯的记载,都可充分利用,以引起儿童学习卫生的兴味。

第三,卫生的教学须充分与各学科相联络。在现今的教育进步的阶段内,学科的界限尚未能完全破除,但各学科的教材应该要互相联络。这固然是一个人所共知的重要原则,在任何学科内都可以应用,然而对于卫生科,这原则更加重要。因为最优良的卫生教学,常是从联系教材中得到的。在国语科中,我们可令儿童做"夏季的卫生""苍蝇和蚊子"这类的作文题目,或阅读关于卫生的故事及课文。在音乐科中,我们可使儿童唱或表演关于健康的歌曲。其他各科,如自然、社会、劳作、算术等,也常常有机会附带地灌输儿童卫生的知识。

第四,卫生的教学应该是积极的而不是消极的。一般小学的卫生教学的最流行的缺点之一,就是太着重在疾病的讨论,而把正常的健康的方面反而忽略起来。因此,儿童往往采取一种不健康的、消极的和内省的态度。这一种缺点应该要矫正。安全知识的灌输,固然要使儿童养成提防小心的习惯,个人卫生方法的教学,固然是以防止疾病为目的,却是教师不宜使儿童发生过分恐惧的情绪。有些儿童,因受家庭环境的限制,或由于其他的原因,常有背反卫生的事实发生,却仍不宜因此而发生恐怖。教师应采用积极的教学方法,使儿童知道什么事情应该要做,并且鼓励他们常常去做。假若教师过分重视如何防止儿童去实行不应该做的事情,那就是太偏于消极的了。要汰除一种不卫生的习惯,顶好是用一种良好的卫生习惯去代替。健康的训练,应该是一种愉快的积极的训练。

第五,卫生科教材的选择,须适合所教儿童成熟的程度。卫生教学上一种

---

① 见 Williams, Brownell, Health and Physical Education, p. 53.

最普通的错误,就是强迫儿童去学习其不能了解的观念。霍格①和推孟②(Hoag and Terman)二氏说得好:

"卫生教学的首要条件,是去适应儿童的了解的能力。这似是十分明显的一件事,却是这件事常常被教师们所忽视。"③

四年级以下的卫生教学,注重在使儿童养成简单的卫生习惯,并获得非常具体而立即可在动作上表现的卫生知识。在这时期内,卫生实践的正当态度的培养最属重要。教师只需使儿童知道什么事情应该做和怎样去做,而不一定要告以理由。

第六,卫生的教学须适合特殊情形的需要。《小学课程标准》中的卫生作业要项,其所指出的教材范围和排列次序,在作者看来,只是一个大概的标准。在实施教学时,教师必须再研究儿童和环境的特殊的需要。凡是所教儿童的特殊的卫生的缺陷,和本地社会的流行的不卫生的习惯,应该在学校里加以特别的注意;凡是儿童无法自己控制的卫生习惯,只得加以忽略。举例来说,关于食物的选择,牛乳固为营养最富的食物,但对于大部分的中国家庭,这是一种过于昂贵的食物,而必须教以用他物代替。又例如靠左边走的习惯,在乡村的小学里,似不必像在都市中的小学里同样地重视。最好教师常常要把儿童的健康情形和本地社会的卫生状况加以调查,然后根据调查的发现,把卫生教材作相当④的适应。

第七,卫生的教学须适合时令,并须有适宜的组织。譬如在春天,教师应讲述种牛痘的好处;在夏季,教师应讲述蚊蝇的害处和霍乱的预防。教材适合时令,则更易引起儿童的兴味。但仍宜有适宜的组织,使各项教材具有连续性而不流于零星散漫。

第八,卫生的教学须充分利用招贴、挂图和其他的视助⑤(visual aids)。若要把卫生的知识作具体的提示,教师必须要充分利用招贴、挂图和其他的视助。关于这些材料,有些是可以由教师自制的,有些是可由书局中购得现成的材料的。现今较进步的小学,莫不利用此种材料。若利用得法,颇足以增进卫生教学的效率,选择这种材料时,似可根据下列的标准:

---

① 今译作豪格,生平未详。——编校者
② 今译作特曼,生平未详。——编校者
③ 见 Hoag, Terman, Health work in the School.
④ 相当即"相应"义。——编校者
⑤ 视助今译作视觉教具。——编校者

（1）图样要具体而明确。

（2）说明要简单而正确。

（3）要生动。

（4）要有刺激的力量,要能引起思考,要有趣味。

（5）图样设计要有一个中心,使儿童的注意力自会集中在一个中心上面。

（6）说明的文字要用优美的字体写出。

（7）形式要简单而明显。

（8）要简单而风雅。

（9）一般的形式,须不至分散儿童的注意。

（10）大小适宜。

第九,卫生的教学须培养儿童的正当的态度并鼓励其自省。这就是说,教师须使儿童对于卫生习惯的养成,发生一种热烈的愿欲,并且常常自己考查有无进步。把硬纸卡片印成卫生规条分给儿童,供作自省之用,似是极有效率的一种方法。兹介绍如下：

我的卫生规条(姓名)

条文 \ 记号 \ 日期							总结
我天天要早睡早起,每夜睡足十小时							
我不买小摊上的脏东西吃							
我天天要吃一些蔬菜							
我每天有一定的时候大便一次							
渴了要喝开水							
我睡觉要开窗,不把头罩在被里							
我吃东西要细细地咀嚼							
我天天洗脚							
总计							

这一种卫生规条,可根据年级的高下或特别的需要,而随时由教师仿着所介绍的形式而制作。这一种规条的应用,其有不少的价值。一来呢,有许多须在学校以外实行而不能为教师所视导的卫生习惯,除用此种方法使儿童逐渐养成外,别无方法可以施用。二来呢,如果儿童知道自己进步,则其对于培养卫生习惯的兴味,自更浓厚。

第十，卫生的教学须得到家长的合作。因为有许多应该使儿童养成的习惯，必须要在家庭中养成，所以若不得到儿童家长的合作，卫生的教学就不能够收到良好的结果。这一层前章已经指出，道理非常明显无庸赘述。《小学课程标准》中的卫生教学要点里，也有这一条的规定："施行卫生教学尤须与家属充分联络，方能收效，否则进行上诸多困难。所以在家庭访问或举行恳亲会①、母姊会②时，须多多讲述关于卫生设施情形，或引导其参观儿童的卫生自治组织及学校卫生设备"。不过这原则虽极重要，但是欲得到家长的合作，在事实上颇多困难。卫生教学所以不能收实效，可以说是大部分由于此种原因。教师对于如何联络家长，这一个问题，应该常常去考量。这问题应在《小学行政》一学程中详细讲述，我们如今可以不去研究。

参考资料

健康教学的最普通的缺陷——威廉氏曾指出数种健康教学的缺点如下：

（一）只知教学生理和解剖的知识，而不知加以利用，以引导儿童养成良好的习惯和态度。

（二）偏重健康的某一方面，例如营养或体重，而对于其他的因素不加顾及。

（三）把健康当作一种独立的科目来教学，而与其他的学校活动不发生关系。

（四）不能获得家长和地方人士的合作。

（五）完全依赖教科书，或竟全然不用教科书。

（六）教材不适合儿童的年龄。

（七）过于看重疾病的讨论而不看重正常的健康的研究，而因此鼓励儿童内省。

（八）把健康视为一个教育的鹄的，而不把健康视为一种手段——使个人能对于社会做更多的服务的一种手段。

（九）采用通俗的歌曲或童话为教材。

（见 Williams, Brownell, Health and Physical Education, P. 63.）

问题和设计

（一）试拟一小学健康教育计划。

---

① 恳亲会是指旧时学校邀集学生家生，以相互沟通情况，展示学生作业，并辅以游艺助兴的一种活动形式。——编校者
② 母姊会亦称母姐会，现仍为台湾地区通用词语，相当于大陆的"家长会"。一般是由学校或教师发起的，面向学生、学生家长及教师的交流、互动、介绍性的会议或活动。——编校者

(二) 试列举卫生教学所可利用的各种活动,务求详尽。

(三) 试列举若干联络教学的实例。

(四) 试搜集各种卫生教学上所可利用的故事。

(五) 试拟关于卫生教学的家庭联络方法。

第三章　几个重要的卫生教学问题

在前两章中我们已把小学卫生科的教学目标、教材和教学原则等问题详加讨论,如今我们再提出几个实际教学问题来研究。

什么是卫生教学的过程　因为一般小学教师们,对于教学过程的问题最感兴味,所以我们讨论每一科目的教学方法时,必须要提出这教学过程的问题来说一说。但是教学过程固有时可帮助教师的实际教学,但如果呆板地遵守着教学过程,恐怕转足以①妨碍教师的教学活动。读者必须要记住这一点才是。

如今我们要讨论的卫生教学过程,只限于每周规定的六十分钟的卫生课内的教学所应采取的步骤。大部分的卫生教材,我们已说过,应该要和社会、自然、体育、国语等科联络教学;还有许多重要的卫生习惯,应该要使儿童在日常生活中养成;至于所规定的卫生教学时间,作者认为最好利用为一个规定的会谈时间。儿童卫生习惯和智能的获得,决不是专靠这短短的会谈时间的。但教师很可利用这会谈时间,来引起儿童实践卫生习惯的动机,来讨论校内和校外新近发生的有关健康的事件,来解决各种关于卫生的疑难问题,来供给若干合于儿童兴味的关于卫生的科学的知识。每周六十分钟的卫生时间,似以排定在星期一教学为最适宜;为便利会谈或充分讨论起见,似宜每周排一次(或两次),每次会谈的题目,固宜由师生临时共同决定。但教师应在每学期的开始,先订立一个大概的教学计划,俾仍有相当的组织,而不流于零星杂乱、全无系统,这却是要十分注意的。会谈不必太正式,但有时当然要用较正式的讨论。如果采用了较正式的讨论,那么,教师对于社会化教学法的原则,应该要注意遵守。②

因为会谈时间总共只有六十分钟,而且每两次会谈时间相隔有一周之久,所以每次的会谈必须要得到相当的结果,否则这会谈时间就要归于耗费。要把这会谈时间好好地利用,教师在事先必须要周详地把上课时间支配一下、计划一下。教学的一般步骤不外是:(1)引起动机,(2)讨论,(3)总结。有时,这一种的会谈或讨论,只是做一个设计的开始,完毕了"决定目的"和"计划"两过程,而留待课外"实行"。有时,这一种会谈或讨论乃是把已实行过的设计在课内"评

---

① 转足以作"反而"义。——编校者
② 温习第一编第六章的参考资料。

判"。有时教师可利用这会谈时间,来指定作业,叫儿童课外自学,准备下次报告。有时教师可讲述一点不易由儿童自己发现的科学知识。这会谈时间的如何利用,全视教材的性质和儿童的刻刻变化的兴味而定。依照着呆板的过程去教学,正如同依照着教科书课文次序去教学一样地不能收到良好的效率。

会谈结束时,儿童或者已获得一点关于卫生的科学知识,或者已经发生某种兴味,或者已决定此后应做的事为何。倘然还有其他应行讨论的事项,教师可暗示儿童提交卫生研究会讨论——对于高年级的儿童,一种卫生研究会的组织是颇有用处的。然提交卫生研究会讨论,并不是一种良好的办法;倘若教师支配卫生课的时间非常适当,最后总得到一个结果,那么,这种办法就毋庸用到的了。

教学实例　刚才说的,是关于每周六十分钟的卫生教学时间的如何利用。为具体起见,如今让我举一个单元教学的实例。假定要讨论的题目是睡眠,而教师的教学目标是要引起儿童实践睡眠习惯的动机,兹列举会谈或讨论的顺序,大致如下(中高年级适用):

(1) 上次体育测量结果,发现许多儿童离标准甚远。这一定有好几种原因,而睡眠不足,当亦为原因之一。(此系引起动机,以下即为会谈。)

(2) 叫每人把昨夜何时睡眠,今晨何时起床记下来。

(3) 叫至少两个儿童,报告自己的睡眠过迟的经验,并说明睡眠迟了以后,第二天如何感觉。

(4) 在黑板上画一宝塔,最下一层写八小时,上层写九小时,更上一层写十小时,最高一层写十一小时。

(5) 看哪一层宝塔里,儿童数目最多?(假定有九个儿童昨晚睡八小时,便在最下一层宝塔中写一9字。余类推)

(6) 告知儿童所需的睡眠的时间如下表:

年龄	最低睡眠时间
四岁	十二小时
六岁至八岁	十一小时半
八岁至十岁	十一小时
十岁至十二岁	十小时
十二岁至十四岁	九小时

(7) 把这宝塔留在黑板上不拭去,或用图画纸画一同样的宝塔贴在墙壁上,此后每日在各层中写儿童数目,直至每一儿童养成了每日睡眠十小时左右的习

惯为止。

(8) 把全班儿童分成两组,作升宝塔的友谊的比赛。这种比赛可继续至儿童兴味消失为止。(此条及上条,是会谈的最后的结束。)

初步的卫生教学　讨论至此,读者也许要问:开始教学卫生,究竟应该采用何种教学方法?依《小学课程标准》的规定,社会、自然、卫生三科在初级小学里,得合并为常识一科。据作者看来,关于卫生的知识,自应与社会和自然两科合并教学,但关于卫生的习惯,教师应每晨作一检查,并从谈话中加以教学。对于低年级的儿童,卫生习惯的养成,比加法基本九九的记忆更重要数倍,这是我们必须要记住的。

在开始教学卫生的数周内,教师应考查儿童在未入学前已获得何种卫生习惯,供作此后教学的基础。这种考查的必要至为明显,毋庸细说。至于教学卫生的最初步,似宜利用图画、招贴和游唱。在学年开始时,一年级的教室内,可悬挂几张美丽的卫生画。所选择的卫生画,须是关于可在课内实行并检查的卫生习惯,例如:(1)刷牙,(2)洗手,(3)用手帕等。在最初上课的几天内,教师自应努力使各个儿童对于教师和学校环境亲熟①起来。在此时,教师可与儿童作亲熟的谈话,并引导他们去注意教室内的事物。这几张卫生画当然很早地受到儿童的注意。教师可先取一张卫生画(例如关于洗手的)来和儿童作非正式的讨论。讨论时,教师可发问如下:(1)这小孩在做什么事?(儿童回答洗手!)(2)手脏了好看不好看?(儿童回答不好看!)接着,教师就应说几句话,使儿童发生"脏可憎恶"的情感。教师应记住,对于第一年级的儿童,我们只希望其养成卫生的习惯,而不一定要使他们明了理由。如果教师能引起其正当的情感,并引导他们实行卫生的习惯,我们就可以满意了。若把理由讲得过于详细,反使儿童觉得莫名其妙,故对于脏和清洁,我们只须使儿童比较何者好看,何者可憎,不一定要讲到脏和疾病的因果关系。再接下去,教师可令儿童伸出自己的手而实行检查。教师可指定一个较天真的儿童把脏了的手在教室里洗净(预备好面盆等物),而同时讲述洗手的方法。其他手脏的儿童,也令其洗手。从此以后,每日检查儿童的手,看其是否清洁。稍后,用大致相似的方法,教师可教学刷牙、用手帕等习惯。每种习惯,既然教过了以后,就应常常去盘问或检查,看其是否在生活中实行。检查的范围应逐渐地推广,对于儿童的卫生习惯,教师应每日自行检查或令值日生检查。下列各项,均应在检查之列,但得随时增减。

---

① 亲熟,即亲切熟悉。——编校者

(1) 手洁净否？

(2) 面孔洁净否？

(3) 头发洁净并整齐否？（对女孩更应注意此项）

(4) 指甲剪短并洁净否？

(5) 牙刷过否？

(6) 耳朵洁净否？

(7) 衣鞋整洁否？

(8) 带手帕否？

豪格和特曼曾说过："对于第一年级及第二年级的儿童，简单的每日检查，几可说是唯一而有效的卫生教学"。[①] 除此以外，教师可教儿童唱有关健康的歌曲，表现有关健康的游戏，读有关健康的儿童画报或儿童故事。有时，教师可讲述一些卫生的故事或安全的常识。以上可说是低年级卫生教学的一般的方法。

卫生教科书的选择　从前面的讨论，读者或疑作者对于卫生教科书的采用，取反对的态度。如今作者要声明：作者并不反对卫生教科书的本身；至于作者所反对者，只是把卫生的教学完全当作书本的记诵。较高年级的儿童未尝不可把卫生教科书当作卫生知识的一种来源，而常常从这里面寻找所需的卫生知识。

选择善良[②]的卫生教科书非常困难，兹介绍一个选择标准于下，以供参考：

1. 根本思想

(1) 把健康当作一种身体的机能，本身为一手段而非目的。

(2) 承认"人"为一个统一的整体，不仅注重身体方面的健康，而对于心理的方面和社会的方面的健康同等地加以注意。

(3) 把健康作为个人发展的基础，而因此把健康的研究作为普通教育中的整个的一部分。

2. 教育的和健康的目的

(1) 对于健康教育的每一方面的习惯、技能、知识和态度的基本性质，深加认识。

(2) 着重积极的方面：例如关于缺陷的矫正，不仅仅讲述缺陷的如何发现，关于能力的发育，不仅仅讲述体力的如何测定。

---

① 见 Hoag, Terman, Health work in the school.

② 善良，在此作"适宜优良"义。——编校者

(3) 使得儿童把"个人的健康"看作"社会和国家的健康"当中的一个重要方面。

3. 教材

(1) 着重准确的生理学的概念,在发挥这些概念时,须与卫生上和营养上的主要的知识相联系。

(2) 在文字上,避免情感的、宣传性的和非科学的语调。

(3) 申说个人努力的必要。

(4) 把重要的教材放在最明显的地位;注意教材价值的比较。

(5) 与儿童的学校生活、游戏生活和家庭生活相关联。

(6) 教材的组织须顾及各年级程度的循序渐进,而避免旧教材的重复。

4. 适应儿童的能力、兴味和需要

(1) 认知"儿童对于健康不感兴味,而仅对于生活经验感到兴咮"这一件事实。

(2) 教材的选择须与儿童的兴味和能力相适合。

(3) 着重儿童生活中最需要的知识、习惯、技能和态度。

(4) 某一年级卫生教科书中所用的生字,须适合某一年级儿童识字的程度。

5. 适应教师的需要

(1) 供给生动的教学材料。

(2) 供给一部说明非常充分的教授书,而在这教授书内,包括:

① 更详备的科学材料。

② 与各科联络的种种手续。

③ 教学方法上的巧术和建议。

④ 适当的参考书。

(3) 指导教师去评判其他健康的教材。

(4) 面对于未受训练的教师供给教学材料并提议教学手续,而一面却仍给予教师以自由和创新的机会。

6. 形式的方面

(1) 耐用。

(2) 纸张、印刷、标题、字体、大小等,均极适宜。

(3) 插图多,而所用色彩,极其美观。

(4) 有一详细目次。

(5)定价低廉。①

较高年级的儿童,对其已养成的卫生习惯和安全习惯,固然应该逐渐明了理由,而必须从教科书或补充读物中寻找各种浅易的科学的知识,但对于较低年级的儿童,教科书殊少功用。各种卫生的故事和各种卫生的挂图,在低年级中,似比教科书更应加以重视。

卫生成绩的考查 其次,我们要说一说卫生成绩的考查。如果卫生的教学着重在知识的灌输,那么,我们要考查儿童卫生的成绩就不十分困难。我们只须把教过的卫生知识,编成新式的测验(如正误法、选择法之类),然后举行考查。② 盖茨和斯屈来③二氏所编的《卫生常识测验》(Gates and Strang: Health-knowledge Test),就可供作一个模范。卫生的知识固应加以考查,但是顶重要者乃在考查儿童的卫生习惯、技能和态度。这些习惯、技能和态度,却颇难加以正确地考查。现今用以考查儿童卫生习惯和技能的方法,确然已有不少,但总不免于主观,而结果不十分可靠。兹举可用的方法于下:

(1)每日于举行卫生检查之后,教师就应把检查结果记录下来,备作此后的考查。

(2)把儿童身高体重检查结果,病假及缺席的记录,以及其他关于儿童健康情形的客观的证据,与每日卫生检查结果或儿童自己所做的卫生日记,互相比较。这种比较显然是不完善的(举例来说,一个每日实行良好卫生习惯的儿童,也许因营养上某种关系,而体重未能增加)。然而这种比较,常可显示若干重要的事实。

(3)教师常常盘问并观察儿童的卫生习惯。

(4)每学期终,令儿童报告其自己对于卫生习惯的养成有何进步。

卫生设备和教具 最后,我们要讨论卫生科所需的设备和教具。关于卫生设备和教具,我们颇难定一全国可用的标准。就原则来说,学校应选择可由教师自制或价值极廉者先行备齐。过此最低限度,那就要看学校经济情形而定了。兹举若干卫生教学所需的设备和教具如下:

(1)清洁用具——如手巾、杯子、牙刷、面盆、肥皂、牙粉、手帕、镜、剪刀、扫帚、畚箕、喷水壶、抹桌布、痰盂、字纸篓、铅桶等。

---

① 根据 The Bureau of Curriculum Research, Teachers College Collumbia University 中的建议,原文见 Burton, Supervision of Elementary Subjects, p. 657.
② 关于新式测验的编制可参考赵廷为、刘真合译的《新式测验编造法》(开明书店出版)。
③ Strang 今通译"斯特朗"。生平未详。——编校者

（2）体格检查用具——如公尺、秤、视力表等。

（3）教学用具——如生理挂图、卫生习惯挂图、卫生画、卫生招贴等。

（4）医药用品及用具——如硼酸水、十滴水、玉树神油、酒精、碘酒等药品以及橡皮膏、脱脂棉、绷带、剪刀、滴管、洗眼杯、体温针、玻璃漏斗等用具。

以上只是略举数例。关于每一科目教学所需的设备和用具应该是一个供读者研究的重要问题。读者可随时参观附近小学的设备和教具，并搜集种类，标明价目，分别必要和次要，备作将来办理小学时的参考。

总论

在以上三章中，我们已把卫生科的教材和教学法，加以较详细的讨论。

关于卫生科的教学目标，我们已介绍《小学课程标准》上的三条规定，并指出下列要点：(一)个人的健康包括身心两方面；(二)健康的习惯、技能、知识和理想，应该要兼顾并重；(三)健康包括公众的和个人的两方面。

《小学课程标准》所规定的各学年作业要项，我们也加以转录，并提出下列各点，请读者注意：(一)安全教育的教材和浅易的医学知识，也包括在卫生一科目内；(二)因为行比知更为重要，所以关于各器官的生理研究，着重在讲述其所进行的功能和保健的方法；(三)重要的卫生习惯的养成，须在低年级里开始，而此后逐渐地引入新的习惯；唯有若干习惯的养成，不是在学校环境中能收效果的，而必须靠着家长的合作；(四)关于心理的、情绪的和社会的卫生习惯或知识，似也应加以较多地注意。

文字的记诵，我们已指出，在卫生科的教学上，占一极不重要的地位。为了矫正过重文字的记诵这一种倾向起见，我们已定出下列各条教学的原则：(一)卫生的教学，须成为整个的健康教育计划中的一部分；(二)卫生的教学，须充分利用儿童日常经验中所发生的各种活动；(三)卫生的教学须充分与各科相联络；(四)卫生的教学应该是积极的而不是消极的；(五)卫生科教材的选择，须适合所教儿童的成熟程度；(六)卫生的教学须适合特殊情形的需要；(七)卫生的教学须适合时令，并须有适宜的组织；(八)卫生的教学须充分利用招贴、挂图和其他的视助；(九)卫生的教学须培养儿童的正当的态度并鼓励其自省；(十)卫生的教学须得到家长的合作。

每周规定的六十分钟的卫生课内的教学，应该是当作一种会谈或较正式的讨论；至于其一般的教学步骤，不外是(一)引起动机，(二)讨论，(三)总结。这一种会谈，有时只是一个设计进行的开始，有时系把一种已实行过的设计在课内评判，有时供教师指定作业之用，有时由教师讲述一点不易由儿童自己发现的科学知识，其如何利用,全视教材的性质和儿童的兴味而定。然而无论如何,每次的会谈,须最后得到一个结果。作者又介绍一个教学实例,俾读者明了实际教学的概况。

初步的卫生教学,似宜利用图画、招贴和游唱。简单的每日检查,几可说是唯一而有效的卫生教学。

除上述各点外,我们又把教科书的选择标准,和卫生成绩考查的方法加以叙说。关于设备和教具,我们虽略举若干需用最广者,供作参考,却仍应为读者搜集研究的一个问题。

问题和设计

(一)根据三章中所述的意思,并参考各种补充材料,拟定几条切实的卫生教材选择和组织的原则。

(二)仿着本章中的教学实例,编一个教案(教材自己选定),供实习之用(所采用的教学手续自应随教材性质而变异)。

(三)试编一种卫生常识测验,去测验低年级、中年级或高年级小学的儿童。

(四)搜集各种可用的卫生教具和设备,标明大概价值,分别必要与次要,列成一表,备将来作实际应用时的参考。

参考书籍

(前两章也适用下列所开的书目)

① 吴研因、吴增芥:《新中华小学教学法》,第十章,中华书局1932年版。

② 钟鲁斋:《小学各科新教学法之研究》,第七章,商务印书馆1934年版。

③ 小学卫生课本及教授书,商务印书馆、中华书局等书局皆有出版。

④ 葛承训:《小学各科教学发凡》,第十章,儿童书局。

⑤ 徐阶平:《实际的小学各科教学法》,第十章,开华书局1934年版。

第四章 小学体育科的教学目标和教材

健康教育和体育 有不少的人们,把健康教育和体育看作是一样的,但是在实际上,健康教育和体育在性质上截然不同。就儿童的兴味来说,儿童对于体育的活动,生来就感觉到兴味的;因为没有一个小孩子不喜欢跑跑跳跳,或做各种的游戏的。但是儿童对于健康这一件事,我们已在第一章中指出,并不感到何种的兴味。再就教学目标来说,健康教育无非是要帮助儿童过一种健康的生活而已,但是体育的目标,不仅欲对于儿童的健康有所贡献,而且还包含其他的方面。据《小学课程标准》的规定,体育科的目标为:(1)发达儿童身体内外的各器官的功能,以谋全体的适当的发育;(2)顺应儿童爱好游戏的本性,发展其运动的能力,并养成以运动为娱乐的习惯;(3)培养儿童勇敢、敏捷、诚实、忍耐、公正、快活等个人品性,并牺牲、服务、和协、互助等团体精神。由此可见,体育的目标包含非常之广。体育对于一个人的休闲生活、道德生活和社会生活,均有很大的贡献,正如同对于健康生活的贡献一样。所以我们若把体育与健康教育认为相同,便犯着一个极大的错误。

但是健康教育与体育,在性质上固多殊异,而其相互间的关系却是异常密切。每种体育的活动,虽其所贡献的,不仅限于健康的方面,然而总应对于儿童的健康有所促进——至少对于儿童的健康没有妨碍。这是极明显的一件事,但是在事实上,背反这个原则的实例,却很常见呢!

体育作业要项 据《小学课程标准》的规定,小学体育科的作业分为下列各类:(一)游戏,(二)舞蹈,(三)运动(包括模仿运动、器械运动、球类运动、简易国术等),(四)运动会及游戏比赛,(五)游泳(有相当设备及指导者方可练习),(六)其他如姿势的训练和比赛。《小学课程标准》又规定各学年作业要项如下:

类别\学年要项	第一、二学年	每周时间	第三、四学年	每周时间	第五、六学年	每周时间
游戏	一、唱歌游戏 二、故事游戏 三、追逃游戏(包括拍人游戏) 四、摹拟游戏		一、追逃游戏 二、竞技(如跳绳等) 三、竞争游戏 四、摹仿游戏 五、乡土游戏		一、竞技(如跳绳、豆囊等) 二、竞争游戏 三、乡土游戏	180分钟

续表

类别	学年要项	第一、二学年	每周时间	第三、四学年	每周时间	第五、六学年	每周时间
游戏		五、竞技（如跳绳豆囊等） 六、乡土游戏					
舞蹈		七、听琴动作 八、简易土风舞		五、歌舞 六、土风舞		三、歌舞 四、土风舞	
运动		九、模仿运动 十、远足、登山等	150分钟	七、模仿运动 八、机巧运动 九、简单的球类运动 十、田径运动 （1）短跑 （2）跳远 （3）掷远 （4）立定跳远 （5）跳高 十一、远足、登山等	150分钟	五、球类运动 六、田径运动 七、器械运动 （1）低架高架各种跳法 （2）垫上运动 八、游泳 九、远足、登山等	180分钟
其他		十一、姿势训练 十二、准备操		十二、姿势训练 十三、准备操		十、姿势训练 十一、准备操	
附注		一、课外运动以课内运动时间所教学的活动为主。 二、课外每天应有集团运动和个人自由活动。 三、足球、篮球由年龄较高的儿童采用。					

游戏的教材　良好的游戏,可有下列诸种价值:(一)有益于儿童身体的健康,(二)恢复儿童的疲劳,(三)使儿童快乐,(四)激发儿童的兴味,(五)增进儿童的智慧,(六)发展儿童的气力和忍耐力,(七)使儿童获得服从、守法、有礼、克己、公平、诚实等优良品性,(八)使儿童养成各种身心健康的习惯,(九)使儿童获得正当娱乐的习惯。小学游戏教材的范围非常广大,兹略举数种游戏教材的例子如下:①

---

① 本章中所举的教材例子,都是从麦克乐《小学体育教材》,王怀琪《小学游戏教学法》等书中选来的。

[例一] 唱歌游戏——农夫作工

```
3 2 1  1 | 3 4 5  5 | 4 3 4 5 | 3   1 0 |
你 可 知  道   农 夫 播  种？ 种 是 这 样 播    的

5 6̂5  5 | 5 6̂5  1̇ | 1̇ 7 6 5 4 | 3 0 2 0 1 0 |
提  着 筐   拿  着 种    一 下 一 下  撒！撒！撒！
```

一,二,三|二,二,三|三,二,三|四,二,三|四,二,三|三,二,三|二,二,三|一,二,三|

表演说明

(1)"你可知道农夫播种？"(用右手向别人一指,又向地面指着。)

(2)"种是怎样播的。"(作播种状。)

(3)"提着筐,拿着种。"(左手作提筐状,右手作握种状。)

(4)"一下一下,撒！撒！撒！"(向地面左右作撒种子状。唱完此句,开始动作,学生口呼廿四拍,教师按琴相配。)

第二段：你可知道,农夫插秧？秧是这样插的；跨开腿,弯着腰,一下一下,插！插！插！

第三段：你可知道,农夫耘草？草是这样耘的：撑着竿,撮着腿,一下一下,踹！踹！踹！

第四段：你可知道,农夫车水？水是这样车的：扶着架,踏着车,一下一下,车！车！车！

第五段：你可知道,农夫割稻？稻是这样割的：拈着稻,拿着刀,一下一下,割！割！割！

第六段：你可知道,农夫打谷？谷是这样打的：握着稻,向着桶,一下一下,打！打！打！

[例二] 追逃游戏——猫与鼠

先叫一儿童做猫,另一儿童做鼠,其余的儿童用手牵成一大圈。猫在圈外,鼠在圈内。开始时,由猫和鼠谈话,猫说："我是猫",鼠说："我是鼠"。猫说："我要捉住你"！鼠说："你不能"。于是猫就设法向圈子里跑,鼠就设法躲避。两方面都可跑进跑出,不过搭圈子的儿童,要帮鼠的忙。把手高举些,让他好在下面跑过,又须阻碍猫的进行,使他不易出入。

老鼠被捉住,就应加入搭圈子,而原来做猫的,改做老鼠。另从搭圈子的儿童中,挑出一人来做猫。

[例三] 竞争游戏——搬运豆囊

全级儿童分甲乙二组,各列作一排横队相对立。次令两组排头排尾前进,连接成一大圆形,甲乙各居半个圆形。每组的排头各予以一个豆囊。动令下后,豆囊向本组的第二人传去,第二人授给第三人,如此依次传递,直至末一人,举豆囊向上,以先举的一组为胜。第二次可由末一人开始传递。

其他的游戏,如踢毽子、造房子、跳绳、拍球、投圈、打棒、滚铁环、乒乓等等,实属不胜枚举。个人的游戏和团体的游戏均应注重,团体的游戏固然价值较大,但是个人的游戏更易在校外和在家庭中实行,也是具有极大的休闲价值和教育价值的。选择游戏教材的标准,大约如下:

(1) 要使全体儿童皆得参与游戏的活动。

(2) 要供给儿童以做领袖的机会。

(3) 要有引导儿童培养优良态度的机会。

(4) 要能在校外实行。

(5) 要适合儿童的年龄和性别。

(6) 要有兴味。

(7) 要适合时令(夏天用的游戏教材,应该要与冬天用的游戏教材不同)。

舞蹈的教材 舞蹈也是一种有益身心的体育活动。舞蹈的又一价值乃在帮助儿童获得韵律的动作和优美的姿态。下面是几个舞蹈教材的例子:

[例一] 土风舞——请安舞

唱歌:

(1) 朋友你好吗?

(2) 今天你好吗?

(3) 肯来园内跳舞吗?

(4) 我来做引导吧!

(5) 特拉拉拉拉拉(如此按琴调唱完)

排列:一圆圈,选一人立于圈中,任其意选一同伴。他即立于所选之同伴前,面对而立。

动作:唱(1)(2)(3)(4)(5)彼此行鞠躬礼。

(6) 二人立刻左右手相握,入圈内,作跑跳步(按琴调做,共做二十四个跑跳步)

做定后,二人任意各选一同伴,动作同上。如此,直等到全体被选定为止。

[例二] 土风舞——洗衣

唱歌：

(1) 洗,洗,洗,洗,洗。

(2) 绞,绞,绞,绞,绞。

(3) 晒衣裳,晒衣裳。

(4) 收去了,收去了。

排列：两行,两人对立。

动作：唱(1)两手握拳,两臂前下伸,作擦衣状五下。(2)两臂前屈握拳,作绞衣状,亦五下。(3)两人彼此彼此,向左右摇荡四次,作晒衣状(向右作起)。(4)携手在本位踏足六次,同时由手下钻过(右转一周)。

舞蹈教材的范围也是非常之广,关于舞蹈教材的选择,应注意下列数个标准：

(1) 要适合儿童的年龄和兴味。

(2) 要和儿童的其他的兴味相结合。

(3) 所伴随的音乐应是一种良好的音乐。

(4) 要表演优美的姿势。

运动的教材 运动足以发达儿童的肌肉而促进儿童的健康,同时对于敏速、勇敢、忍耐等品性的培养,也有所贡献。像远足、登山、田径运动、球类运动、器械运动等,想为读者所熟知,毋庸举例,兹举两个机巧运动的例子如下：

[例一] **机巧运动——推小车**

甲乙两人相对立,甲的右脚举起,使乙用右手握住,就把身体向后转,两手着地,同时把左脚使乙的左手握住；这样成一小车的形状。行动时甲用两手代脚,乙紧握甲的踝节,缓缓而行。

[例二] **机巧运动——用臂翻身**

甲乙两人相对而立,甲的手掌向上,握着乙的手。各向后转,相背而立。四臂向上举,手仍握紧,甲把身体向前俯下,引乙离地,使乙在他的身上翻过。当乙翻身的时候,甲只要稍为用力,引着乙的手,就可成一美满的旋转,而平安落地。甲乙两人,再相反演习。这种游戏,可以连续做,不必放手。

关于运动教材的选择,教师特别要注意其是否适合儿童的年龄、体力成熟程度和性别。倘若叫年龄幼小和体力未充的儿童从事过于剧烈的运动,则对于儿童的健康不仅无益,而且是有害的。女孩虽也宜使之从事各种运动,但其剧烈的程度,当较男孩的运动为低。

体操的教材 体操的教学,在现今的小学校中最为普通,但是论其对于健康的贡献,论其对于品性培养的价值,论其本身的兴味,它的价值远在游戏、跳舞和运动等体育活动之下。然体操仍不应完全废除。有人以为体操的特别优点,乃在于不需用何种设备和广大的操场,可是这尚不能说是体操不应废除的唯一的理由;体操不应完全废除的更重要的原因,似是由于它的特殊价值,尚未能为自然的体育活动所完全替代——体育除了以健身为目的之外,并没有其他的目的。因为它的目的较自然的体育活动更加单纯,故教师得专为促进儿童身体的发育起见,而选择适宜的体操教材。体操又可用以矫正儿童的特殊的缺陷。在一节体育课的时间内,若儿童从事剧烈的游戏或运动过久,便容易引起疲劳,故有时似乎也可用形式的体育去调剂。至于短时间的课间操或早操对于健身或恢复疲劳的价值,尤为一般人们所公认。各种体操的教材,如柔软体操教材、器械体操教材等,种类也极繁多。① 关于教材选择的问题,兹介绍陈奎生先生所拟的柔软体操教材选择标准如下,以供参考:

(1) 动作须合儿童之年龄及程度。

(2) 动作须合儿童之体格及天性。

(3) 动作宜简单易行。

(4) 动作宜有兴趣,但不得专求美观,以失柔软操之本旨。

(5) 动作以不妨害姿势为宜。

(6) 动作宜活泼自然,不得过于呆板。

(7) 动作以运用大肌肉者为首要,若手指之屈伸,足趾之起落,运用小肌肉之动作,只宜在高年级加授之。

(8) 每种动作连续演习之次数宜少,须与他动作相间而行之。

(9) 在低年级儿童,每一动作之后,须行呼吸。

(10) 可采用"故事式的表情游戏"及"仿效式的体操方法"以补"正式体操"之缺点。

体育教材的组织和排列 讲到体育教材的组织和排列,我们却很难定一全国适用的标准。学校操场是否广大,体育设备是否完善,教师为体育专家抑系由担任他科者兼充……这种种实际情形,对于体育教材的组织和排列都具有密切的关系。就原则说,各种不同的体育活动,须保持相当的平衡,并顾及时令、活动上的需要、各科的联络、循序渐进的关系等因素。

---

① 见陈奎生:《小学体育之理论与方法》,上海勤奋书局1935年版,第199页。

问题和设计

（一）参考麦克乐的《小学体育教材》，各书馆出版的体育教本，以及勤奋书局、儿童书局等出版的各种书籍，分组选择各项体育活动的教材，每人至少选出十种，用本章所述标准去评判其良好，然后汇集结果，编成纲要，供将来实际教学之用。

（二）试述游泳的价值。

（三）试述国术的价值。

（四）试述准备操的价值。

（五）试述课内体育教学与课外活动的关系。

第五章　小学体育科的教学问题

在前章中，我们已把体育科的教学目标和教材选择及组织的问题，详加讲述。如今我们要更进一步把体育教学方法上的各种问题，提出来加以讨论。让我先说一说体育教学要则。

体育教学的要则　第一，自然的体育活动应该要多于形式的体操的教学。各种游戏、舞蹈和运动，不仅最适合儿童的自然的兴味，而且具有极大的康乐的、社会的和训练的价值，应该要比形式的体操，在整个的体育课程中占更重要的地位。这层意思，我们在前章中已暗暗指出。

第二，教师应该要具有管理儿童的技术。在有技能的教师之手，管理本是不成问题的；但是一个初出茅庐的教师，当指导各种自然的体育活动时，便要遇到许多管理上的困难问题。这管理的问题，固然在任何科目的教学上，都会得发生，但对于体育活动的指导尤属重要。有的时候，管理上的困难，是由于所选择的体育教材不适宜而起的。倘若所选择的体育教材不适合儿童的兴味，或过于困难，则儿童便因缺乏动机而不守秩序了。

第三，教师对于儿童动作的指导和矫正，应该是积极的。按例，教师应先把正确的动作，示范并说明，然后叫儿童照样地去练习。有时，教师固不妨提醒儿童，不去犯某种容易犯的错误，但是说明错误动作的目的，乃在使儿童对于正确的动作格外明了。换言之，要使儿童对于正确的动作所得的意象，格外明显而深刻。若教师常常指出儿童动作上的错误，则儿童的错误的动作，仍未必能够改正，而其对于体育活动的兴味，反而因此消失。有技巧的教师，当常用言语来引起儿童的兴味，并转移其注意，由错误的动作转移到正确的动作。

第四，多用特殊的指导而少用泛指的语言。像"留心"这一句话，是泛指的；像"把身体挺直"一语，是特殊的。特殊的指导，往往可收得更良好的结果。

第五，教师须敏捷轻快、精神饱满，他又应发令明确，声音响亮。他须在儿童前面往返行走，俾对于儿童的动作，得到完全的观察。此不仅有裨助于管理，而且便于施行动作的矫正。

第六，在游戏和运动时，教师宜就各儿童的擅长、嗜好和需要分队组织，分组活动，并应指定儿童轮流为队长，以训练其领袖能力。在一个游戏里面，每一儿童又应轮流做数种不同的角色。总之，教师须使最大多数的儿童，参与最多的体育活动,并使每一儿童对于所参与的体育活动,感觉到强烈的兴味。

第七,在指导儿童各种分组的比赛时,教师应使两组或数组的能力大致相等,俾皆有获胜之希望,而因此增进其对于游戏的兴味。

第八,教师要设法造成一种满足和享乐的空气。他应该利用每种机会鼓励每一儿童参加体育活动,使之能由活动的成功而得到满足和享乐。

第九,教师应时常采用客观测验的方法,如麦克乐氏的运动技术标准等考查儿童的成绩,是否因身体的发展而进步,并使儿童自己知道进步而努力学习。

第十,当儿童从事各种体育活动时,教师应注意使儿童培养各种所谓运动的道德①(Sportsmanship),例如对于同组者合作,对于敌方保持和悦和友谊的态度,对于评判员绝对服从等等。

第十一,教师应轮流指定儿童为评判员,并训练儿童养成敏捷、公正、观察锐利、判断正确等习惯。

第十二,当儿童作分组比赛的游戏时,教师应训练儿童克制不必要的喧闹,俾不至妨碍其他年级的儿童的课业。

第十三,教师应明了各种游戏的规则,并随时告知儿童。对于高年级的儿童,教师有时可使儿童阅读并研究体育的规则,如此则体育与国语科的读书作业也有相当的联络。

第十四,体育的教育与其他各科的教学须尽量地联络。低年级的体育与音乐不能分离固不待言,即如各种模仿的游戏,也是未尝不可与社会、自然及劳作等相联络的。各种竞争的游戏,还可利用来教学卫生、算术和国语。

第十五,下课时,教师应迅速地停止活动。倘若下课后,儿童尚须洗手或做其他的准备,那么,迅速地停止活动,尤属必要。

体育教学的过程　其次,我们要讨论体育教学的过程。体育的教学,是一种关于动作技能的教学。教学儿童一种新的动作所用的根本方法,只是由教师示范而由儿童模仿。故体育教学的一般的过程,是依着示范的教学法的过程的。② 兹再述舞蹈和游戏教学的大致步骤如次:③

(1) 舞蹈教学的步骤:

① 引起动机。

---

① 今译作"体育精神"。——编校者
② 温习第一编第五章并研究本章参考资料。
③ 每次上课开始,还有准备操,这好比是例行的事,故在过程中未指出。

② 全部或部分示范(视情形定之,如果用全部示范并无困难,则用全部示范)。

③ 听音乐。

④ 拍音乐的拍子(拍掌或用足步)。

⑤ 说明各节舞蹈。

⑥ 再做全部示范。

⑦ 不用音乐,做第一节示范。

⑧ 带音乐,做第一节的舞蹈(注重在发表[①]而不在技术)。

⑨ 不用音乐,做第二节的示范。

⑩ 带音乐,做第一节和第二节的连续舞蹈。

依上述的步骤,把所有的各节教完,然后再把困难的各节分析出来,特别加以练习。

(2) 游戏教学的步骤:

① 说明游戏的名称(如系仿效游戏,尚须说明游戏的意义)。

② 说明游戏的方法(遇必要时,在黑板上或地上作图)。

③ 示范(有时须与一个儿童共同示范游戏方法)。

④ 回答儿童的凝问。

⑤ 尝试练习。

⑥ 校正(关于规则、技术等等)。

⑦ 练习(遇必要时,稍作说明,但不宜多讲话)。

一个教学的实例 如今让我举一个低学年的教学实例如下:

游戏名称——接球。

教学目标——(1)教接球的游戏,(2)使儿童互相认识,(3)供给体育活动和消遣,(4)教接球的方法,(5)鼓励敏捷的动作。

儿童目标——(1)学习一种游戏,(2)想要做猫。

教材及教法——教师提出一种新游戏,名为接球。问儿童:有没有做过这种游戏? 有没有做过猫捉鼠的游戏? 会否把球抛在空中,而且用双手去接?

(1) 说明接球的游戏,极有兴味。

(2) 说明要做这种游戏,一定要大家知道名字。

(3) 比赛谁知道名字最多?

---

① 发表,犹显示、表达义。——编校者

(4) 说明比赛方法，并示范。游戏方法如下：

儿童环立成一圆圈，猫立在圆圈中，拿着一个小皮球。猫叫某儿童的名字，并把皮球高抛；被叫的儿童，立即前去接球。接着了球，就可以做猫（或接不着球，就罚他做猫）。

(5) 继续游戏约十分钟，即令儿童作三分钟的休息。

(6) 教师在旁看儿童的接球方法有无进步，并示范接球方法。

初步的体育教学法　　最初步的体育教学，是要使儿童明了集合、排队、立正、稍息、散开、开步走等方法。教师可把哨子一吹，招呼上体育课的儿童集合在一起。集合以后，教师可先教学排队。此时体育科的教学，是与算术科联络的。教师宜用一种亲热的谈话态度，叫儿童比较高矮。先随便叫两个儿童走在教师旁边，问其余儿童说：谁高谁矮？连续几次，之后，教师发现多数儿童已明白高矮的观念，于是从全体儿童中选出五个或六个儿童，依着高矮排成一排横队，最高的排在右端，最矮的排在左端。在排队时，教师要全让儿童判断，而只给以若干所需的暗示和帮助。唯每次排队完毕时，教师应该用"很整齐，多么好看"等语，以引起动机。试演若干次，到达相当纯熟的程度时，教师才叫全体儿童依着高矮的次序排队。有些儿童，还没有明了高矮的观念，则令其记着其左边和右边儿童为何。更次，教师告知儿童以集合的口号（用吹哨子）和散开的口令。接着，教师就使儿童作集合、排队和散开的演习。等到演习已经到相当纯熟之后，教师可再告以立正、稍息、开步走等口令，并作演习，俾使每个儿童明了这些口令的意义。等到这些口令明了后，任何种适合儿童程度的游戏或舞蹈，便可开始了。

以上是初步的体育教学的大概顺序。如果多数儿童尚全然不明了高矮的观念，则教学的顺序上，自应加以相当的变化。

体育所需的时间　　以上把体育教学的一般方法加以指出，如今我们要再研究几个体育教学的问题。第一我们要考问，儿童每日所需的体育活动应该要若干时间。① 海柴林敦②氏（Heth rington）说："凡五岁至十二岁的儿童，每日所需的巨大的肌肉活动约四五小时。"若依照《小学课程标准》的规定，体育正式教学时间，在中低年级只有一百五十分钟，在高年级只有一百八十分钟，每周集团活动的时间，虽也有低年级一百八十分钟、中年级二百七十分钟及高年级三百

---

① 见 American Physical Education Review，May 1927，p. 251.
② 今译赫瑞敦，生平未详。——编校者

六十分钟的规定,但所包括者甚广,不只限于课外活动而已。由此看来,《小学课程标准》中所规定的体育活动的时间,只可算作一个最低的限度,而不能视为一种适当的标准。

现今小学儿童的体育活动,时间太不充分,影响儿童的健康甚大。欲矫正此种不良情形,正式的体育教学的时间,应加以正当地利用,来教学各种可使儿童在课外(校外或校内)实行的游戏或其他体育活动。"以劳作代体育"这一句话,如今我们常常听到。作者固然对于劳作能否完全代替体育,不能无疑,但也主张从劳作的活动——应着重运用巨大肌肉的木工、金工、农作之类——来把现今偏重于静的方面的课程活动略加调剂。总之,这体育时间的不充分,乃是一个值得我国一般小学教师们注意的重要问题。

体育对于性别差异的适应 第二,我们要考问,体育对于性别的差异,应该作怎样的适应?低年级和中年级的体育活动,对于男女儿童似乎无分别适应的必要。但自第五年级起,我们对于性别差异的适应问题,就必须要加以考虑。武德(Wood)说:"有些五年级或六年级的女生,已进入前青春期,其身体发育的速率骤然加快,故对于较剧烈的游戏和运动,男女应分班教学。自此时起,体育的各种活动的方式,不仅要适应年龄和各人特殊的需要,还必须要适应性别的差异。"在此时,男女儿童的差异,较属重要者为下列诸点:(一)女生的尻骨盘较男生为大,因此大腿骨倾斜,赛跑时决难与男生竞争。(二)男生肩阔而有力,对于掷远和爬攀等活动,较女生为优。(三)女生下体较重,凡关于杠杆的运动,宜少用或竟不用。(四)男生较女生更加好斗。

小学儿童的姿势训练 还有一个姿势训练的问题,我们也值得讨论一下。姿势的训练,固为体育教学的重要任务之一,但儿童的优良姿势的养成,还要靠着其他的因素。教室里的座位,教师自己的姿势,家庭的环境、营养和儿童所穿的衣服等,正如同姿势矫正的体操一样地重要。任何教师,对于影响儿童姿势训练的各种因素必须要加以注意。

优良的姿势,乃是一种良好的习惯。所以训练优良的姿势,乃是遵守着习惯的破除和养成的要则的。顶重要者,教师要使得儿童感觉到养成优良姿势的需要,换言之,教师要用种种方法,来引起儿童的适宜的动机。优良姿势的图画和供儿童自己矫正的大镜子,乃是重要的设备。教师又应每周举行姿势检查一次,并使儿童作个人的或团体的姿势比赛。倘若经检查后,发现有姿势不良的儿童,教师即应个别地教以各种矫正姿势的体操、嗣后每日举行,不得间断,但应随时引进变化,以增加其兴味。还有一点必须要注意:教师从事矫正儿童的姿势时,应该要使每一儿童感到积极的兴趣,而不要使之感觉到自己为一个受诊治的病人。

体育成绩的考查 第四,我们要考问,体育教育的成绩,应该怎样去考查。有两种成绩的考查乃是必不可少的,兹分述如下。

(一)姿势的考查 关于姿势的考查,教师应每周举行并记录结果,这在前面已经指出了。① 班克乐夫特②(Bancroft)女士曾发明一种简单易行的姿势测验方法,名为三段测验法(Triple test),不仅可用以考查体育成绩,并且可用来引起儿童对于姿势习惯的兴味,故有加以介绍之必要。若要明了这三段测验,读者须先懂得一种直线测验的方法③(Vertical test)。姿势良好的儿童,在直立时,其头颈和躯干一线垂下,像一根垂线一般,用一根木棍去测,一看便知(见图六)。这就叫做直线测验的方法。懂得了直线测验的方法,教师就不难施行三段测验法了。兹述之如下:

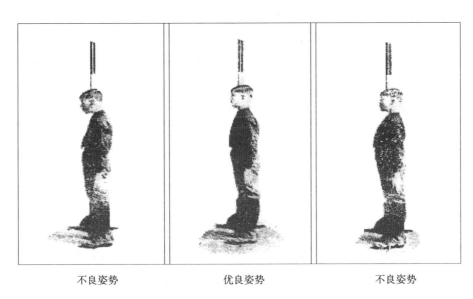

不良姿势　　　　　　优良姿势　　　　　　不良姿势

(图六)

(1) 直立的测验(Standing test)——教师叫第一行儿童走到前面来,侧面向着其余的儿童而直立。教师与其余儿童(应先使知道直线测验的方法)就很迅速地评定哪几个儿童及格,哪几个儿童不及格。及格者归入甲组,不及格者归

---

① 见 Bancroft, The Posture of School Children, Chap Ⅱ.
② 今译班克罗夫特,生平未详。——编校者
③ 即垂直测试。——编校者

入乙组。依相同的方法,把其余各行的儿童测验并分组。

（2）走步的测验（Marching test）——其次,教师叫甲组儿童做数分钟的走步动作。俟其稍形疲劳后,教师在旁察看儿童的姿势。姿势欠佳者,退归乙组。

（3）动作的测验①（Exercise test）——更次,教师叫甲组的儿童做几分钟的上肢运动,特别注意两臂上伸和上举的动作。等到他们的肌肉稍疲乏的时候,教师再择其姿势不良者,退归乙组。

依此测验的方法,常常把儿童姿势检查,教师就不难知道儿童姿势进步的情形了。

（二）运动技术测验　我们还可制定运动技术标准,以考查儿童的成绩。麦克乐对于此种标准,曾在其所著《新学制体操教材》一书中加以介绍,值得读者参考和研究。

体育设备和教具　第五,我们要讨论,什么是体育科所需的设备和教具。体育科所需的教具和设备,也不易定一全国适用的最低标准。乡村小学和城市小学的需要截然不同,操场的大小对于体育设备和教具的数量和性质也极有关系。读者最好根据某种特殊学校的情形,而研究其所需的设备和教具。兹将体育科所需的设备和教具,略举数例如下:

（1）固定的体育设备和教具——如浪船、滑梯、轩轾板、秋千架等。

（2）活动的体育设备和教具——琴、篮球、小皮球、豆囊、铁环、细跳绳、粗拔河绳、毽子、跳高架、哨子、体操动作图、姿势图等。

总论

在本章及前章中,我们已把体育科的教育目标、教材和教学法等问题加以讨论。我们指出,体育与健康教育的意义截然不同。体育的活动,不仅对于一个人的健康生活有所贡献,而且更有贡献于一个人的休闲生活、道德生活和社会生活。然虽如此说,每种体育的活动,至少要对儿童的健康没有妨碍。

除介绍《小学课程标准》所规定的教育目标和各学年作业要项外,我们又把舞蹈、游戏、运动和体操的教材,定出若干选择的标准。教材的组织和排列,随各校情形而异,但应顾及平衡、时令、活动需要、各科联络和渐进的关系诸因素。

我们又订立十五条体育教学的要则,并把舞蹈和游戏教学的过程加以指出。本章又举一实例,并讲述初步教学手续,俾读者明了体育教学的一般方法。

---

① 或译作运动测试。——编校者

作者最后又把体育所需时间、性别适应、姿势训练、成绩考查和教具设备等问题加以简单讨论。

参考资料

《体育教学的普通的错误》——威廉姆斯氏指出体育教学的普通的错误为：（一）欲由柔软体操促进健康，（二）欲由柔软体操改良姿势，（三）用呼吸运动以强肺；（四）教学各种与生活并无实用的或审美关系的、没有价值的技能和活动；（五）不知估量各种活动的附学习的结果。

《动作技能的学习原则》——盖茨曾把动作技能的学习，列出数条原则如下：

（1）实际研究将学习之机能的特性，为此目的，可利用：①口头说明；②直接观察良好之实行者或观察较为有益者；③图形——特别慢性之活动摄影——图解或其他机械之辅助品。

（2）当学习时实际研究自己之反动发展一种能力，将自己详细之活动或成绩与他人比较，发现其错误并去除之及选择其成功并练习之。

（3）除非部分有特别之困难，不应依赖机能之部分的正式练习，不应依赖机械之练习，因而经过全部动作以为帮助观察动作形式之方法，不应依赖肌肉之感觉，对于特别方法之价值有疑惑时，追忆此原则一人适学习其所练习之反动。（录自朱君毅、杜佐周译之《普通心理学》第331页）。

问题和设计

（一）试根据本章所述的教学过程，拟立游泳和国术的一般教育顺序。

（二）编一教案准备到附属小学中实习。

（三）试述自然的体育活动的优点。

参考书籍

① 陈奎生：《小学体育之理论与方法》，上海勤奋书局1935年版。

② 麦克乐，沈重威：《中小学体育教材》，商务印书馆1928年版。

③ 体育教本，各书馆出版者。

第六章　音乐科教材及教学法

音乐科的价值　在以前的时候,小学教学过于着重了写、读、算等所谓基本的科目,因此把音乐科看作随意科中的一种,而并不加以重视。但是这种错误的思想,现已不像从前那样地流行了。从新教育的立场看来,情感方面的陶冶,正如同知识和技能的获得一样地重要。音乐科在课程中的地位,是非常之高的。音乐教学的价值,就其重要者而言,约有下列各种：

（一）休闲的价值　休闲时间的正当的利用,原是一个重要的教学目标。音乐的教学,可以使儿童养成一种良好的娱乐习惯,在校时可用以调剂各科的学习而减少疲劳,离校后也可以充实生活的内容而增加人生的乐趣。

（二）团体训练的价值　团体的音乐活动能激起团体的情感,而因此对于团体生活能力的培养具有很大的价值。

（三）道德训练的价值　若儿童常与优良的音乐相接触,他们可由此得到道德的训练。关于这一层,斐立拍斯①(Philip)曾说过下面的话："在作者看来,其他的科目,能否像音乐一样地,对于一个人的社会的和道德的生活,供给有价值的训练,殊属可疑"。②

音乐科的教学目标　小学科的教学目标,依《小学课程标准》的规定,其有三条：（一）顺应儿童快乐活泼的天性,以发展其欣赏音乐、应用音乐的兴趣和才能；（二）发展儿童听音和发声的官能；（三）涵养儿童和爱、勇敢等情绪,并鼓励其团结、进取等精神。

音乐科的作业和教材的范围　关于音乐科的作业,依《小学课程标准》的规定,则分为三大类：（一）欣赏,（二）演习,（三）研究。欣赏有关声乐的,有关器乐的。所谓演习,包括听音练习,发音练习,歌曲独唱及合唱,表情练习,乐谱抄写,乐器演奏等。至于研究,则分乐谱认识,唱法的研究,表演法的研究,乐器奏法的研究,乐器构造及修理法的研究数类。《小学课程标准》上曾说明：研究的问题,是从欣赏演习的时候觉困难或需要而发生,所以研究要和欣赏演习两项打成一片,不宜单独教学,但五六年级也可酌量变通。在此处,作者要补充一点

---

① 今通译"菲利普"。生平未详。——编校者
② 见 Philip, Modern Methods and the Elem. Curriculum. P. 229.

意思:在这三类作业中,欣赏要算最为重要,但欣赏与练习研究等,也是要打成一片,不能拆分的。

关于音乐科各学年作业要项,《小学课程标准》曾作如下规定,由此可见小学音乐科作业和教材的大概范围:

类别 \ 要项 \ 学年	第一、二学年	每周时间	第三、四学年	每周时间	第五、六学年	每周时间
欣赏练习	一、儿童以为悦耳而且高尚的歌曲的欣赏 二、儿童以为悦耳的普通乐器演奏的欣赏 三、富于动作和儿童文学性质的语体歌词的听唱和表演游戏 四、各种模仿动作听音演习 五、2/4、4/4各种拍子的练习 六、音的听辨	90分钟(约分三节)	一、继续前学年 二、一、二项 三、本国及外国普通乐器独奏或合奏的欣赏 四、富于动作和儿童文学性质的语体歌词的视唱和表演 五、儿童歌戏的扮演 六、继续前学年第六项加3/4拍子的练习 七、CG两种调子和四分二分八分各种音符休止符等认识 八、CG两正调单音曲的视唱(唱歌时仍宜以适于儿童性质的长D、长G、长E、长F等调为主,唱名可采用固定唱名法)	90分钟(约为三节)	一、二、三 继续前学年一、二、三各项 四、曲风曲趣的欣赏 五、本国名曲(昆曲平调等)和外国名曲(如各国民间歌曲等)的欣赏 六、富于感情和思想的歌词的视唱和表演 七、儿童歌剧的扮演 八、继续前学年第六项加6/8拍子的练习 九、CGF等各种调子和十六分音符休止符有点音符以及♯与♭等各种音号的认识 十、平易单音曲、二部轮唱曲、二重音曲的视唱练习 十一、曲谱的抄写听写 十二、风琴和本国各种普通乐器的选习	90分钟(第三节)

续表

类别 \ 要项 \ 学年	第一、二学年	每周时间	第三、四学年	每周时间	第五、六学年	每周时间
研究	七、发音的方法 八、声音高低长短的辨别法 九、表情和表演法		九、继续前学年第七、八两项 十、曲谱的抄写方法		十三、歌和曲的关系 十四、曲谱组织的大要 十五、本国音乐常识和外国音乐故事	
附注	一、音乐时间的排列要在用脑子作业之后，不宜排在体育之后。但一二年级可常和体育游戏联络教学，各年级并可和舞蹈联络教学。 二、固定唱名法就是以 do 为 C 的固定唱名；re 为 D 的固定唱名；mi 为 E 的固定唱名；fa 为 F 的固定唱名；so 为 G，la 为 A，si 为 B 的固定唱名。不论音调如何变换，其唱名固定不变。即使因变调而生的升降半音，也照固定唱名法，随他的升降而固定唱名。					

音乐教材的选择和组织　关于音乐教材的组织及选择，似应顾及下列原则：

（1）歌词要合于儿童的口吻，而能为儿童所了解。

（2）歌曲要能满足儿童现时的兴趣，并提高其好尚的标准。

（3）曲谱要用五线谱，所选之曲应尽量采用合于民族性的材料，但以快乐、活泼、勇壮、庄严而多变化为主，悲哀、消极和油腔滑调或呆板平直的材料，应该力避。

（4）多选能够表演的歌词，以增加儿童的兴味。

（5）歌词与曲谱须互相配合调适。

（6）常和国语、社会、劳作、卫生等各种设计联络教学，尤应利用社交、时令、集会等的需要，而授以适当的歌曲。

（7）所用乐器以风琴或小提琴为主，但在经费缺乏的学校，可用箫、笛、胡琴教学。

（8）低年级的音乐教学，以听唱为主，而逐渐由听唱时期转变到视唱时期。

（9）当儿童对于音乐符号的学习发生需要时，就可用图表、卡片、手势等多变化而有趣的方法去指示，且当继续练习，等到已达各级所应达的标准为止。同时，教师应使儿童明了练习的所以必要，仍在欣赏能力的增加而已。

（10）应鼓励儿童制作乐曲，以发达其音乐的发表技能。凡遇集会、节令都应充分利用，使儿童尝试创作以应当时所需。

（11）关于欣赏的教学，除特选欣赏教材外，对于演习时所唱的歌曲，也须注意欣赏。

音乐教科书的选择　若是我们再研究音乐教科书的选择的方法，则我们对于音乐教材的选择和组织的问题，当更透彻明了。但在讲述音乐教科书的选择标准之前，读者应先注意下述各点：（一）适合一切可能的标准的理想的教科书，在坊间出版的，可说是绝无仅有，但我们也毋庸用极高的标准去选择。（二）音乐教材的范围要广，而种类要多。倘有两部教科书，其所选的歌曲都很良好，则范围较广而种类愈多变化者，自更适用。然每一部音乐教科书中所选入的歌曲，都是有限的，因此，教师必须要在所选定的教科书之外，另外选择适宜的音乐教材去补充。（三）音乐教科书的采用，只是避免油印的麻烦起见，切不宜按着教科书里的排列次序依次教学，而应随着时令和活动上的需要，选择教材或另印教材补充。兹草数条标准如下：

1. 关于内容的

（1）是否对于听唱、演奏和创作各方面，都供给充分的机会，俾儿童的音乐能力得有多方面的发展？

（2）有多少歌词是特为某级儿童所作？

（3）歌词中的用字是否有文学的意味，而适合儿童的经验？

（4）是否供给歌曲可在组织乐队和音乐比赛会时应用？

（5）是否有特殊的音乐材料，可在节奏的游戏中和活动中应用？

（6）歌曲是否具有欣赏的价值？

2. 关于组织的

（1）哪几项作业特别受到重视？对于歌词的听唱和曲谱的研究是否顾此失彼？

（2）教材的排列是否适宜？

（3）介绍曲谱的新知识是否以旧的知识为基础？

（4）教材的排列和组织是否便于更动，以适应特殊的需要？

3. 关于各科联络的

（1）歌曲的选择和组织，是否指出音乐和国语文学的联络的方法？

（2）能否指出音乐和史地的联络的方法？

（3）能否指出音乐与美术的联络的方法？

4. 关于教学方法上的建议的

(1) 有没有关于教学法上的各种建议？

(2) 这种种建议是否充分、明了、切实而合用？

(3) 这种种建议所根据的学习心理健全正确否？

(4) 有没有关于学生如何学习的建议？

5. 关于形式的

(1) 书本大小适宜否？

(2) 装订美观否？

(3) 纸张无损目力否？

(4) 印刷清楚否？线谱大小适宜否？

(5) 有适宜的插图否？

(6) 价值低廉否？

音乐教学的原则和过程 上面已把音乐科的教学目标和教材的问题加以叙说，如今我们要更进一步讨论音乐教学上所应注意的一般要则。

(1) 对于各儿童的唱歌能力，应先加以调查。凡能力较强者，教师可使之坐在教室的后面；凡能力较弱者，教师可使之坐在教室的前面，俾与教师接近，而因此随时得到教师的帮助。

(2) 关于材料的收发和座位的更动等，须使之常规化以节约时间。这虽是一个普通的教室管理问题，却对于音乐的教学影响颇巨。

(3) 在上音乐课时，教师应注意儿童的姿势。因为正当的姿势，不仅对于儿童的健康异常重要，而且又是一种获得优良的音乐教学成绩的因素。

(4) 在每次音乐教学的开始时和结束时，应使儿童吟唱其最爱唱的歌曲，俾使之对音乐教学起一种快感。

(5) 凡儿童所最爱唱的优良的歌曲，应使之熟记若干首并常常温习。若音乐的教学充满着一种自由的空气，每次的音乐教学，皆可使儿童吟唱一首或两首已经熟记的歌曲，因为儿童对于此种吟唱，一定是起快感的。

(6) 听唱教学的最初步，是由教师把一首歌整个地唱一遍。在范唱时，必须要有儿童化的声调和发表的神情，深入歌曲的精神，而因以启示其含义。①

(7) 听唱的教学，要并合全部学习法和部分学习法二者所各具的特长。等到教师把一首歌整个地唱了一遍之后，他又须逐句地唱给儿童听，并由儿童跟

---

① 温习第一编第五章及前章的舞蹈教学过程与参考资料。

着逐句的摹唱。更详细地说,听唱教学的过程如下:

① 由教师把全歌范唱(可稍把歌意说明)。

② 第一句先由教师范唱,然后由儿童摹唱。

③ 把第一句摹唱纯熟后,再由教师范唱第二句,而继以儿童摹唱。

④ 把第一句摹唱纯熟后,再并合第一句和第二句而作范唱及摹唱。

⑤ 依相同方法,把全歌教毕后,使儿童练习全歌的吟唱,以至于纯熟。

这一种教学过程,就叫做反复的部分学习法(repetitive part method)似最适宜,但在实际应用时,也不宜呆板地遵守,而应随情形而稍加变化。

(8) 在教学唱歌时,教师只应范唱给儿童听,却不宜与儿童合唱。若教师与儿童合唱,那么,他就不能细听儿童的吟唱,而因此不能发现其错误以备矫正。但有的时候,教师也可选出困难的地方,与儿童作短时间的合唱,以防止错误的发生。

(9) 研究的问题,是从欣赏、演习时觉困难和需要而发生的——这是在《小学课程标准》上已经载明的了。但是引进一个新的问题(例如乐谱上的问题)时,教师须利用儿童所已熟习的歌曲。此时的教学过程大致如下:

① 温习一首包含着所欲研究的问题的(已经熟习的)歌曲。

② 详细提示所欲研究的问题。

③ 提出加以特别练习。

④ 应用这问题来研究新的歌曲。

(10) 教师的指导须是积极的、鼓励的,而不是消极的、吹毛求疵的。

(11) 教师须能诊断出个别儿童的缺憾,而施以积极的补救。

(12) 教师应发现具有特殊的音乐天才的儿童,而予以鼓励及指导。

(13) 教师应常使儿童静听各种优美的音乐,以增进其欣赏的能力。凡供给作欣赏教学之用的音乐,不妨较为复杂,而因此不易为儿童所摹唱,但也应适合程度,不宜过于成熟。无线电收音机和留声机都应在可能范围内加以利用。

当教师实施欣赏教学时,他又应适应教室的环境,俾儿童感觉到舒适愉快,便于静听。在未静听之前,他应该作简短的谈话,以引起其预期的兴味(anticipating interest),并引导他们作适宜的解释和正确的辨音。

音乐成绩的考查 考查音乐成绩,至少要注意三点:(一)歌唱的技能;(二)音乐的常识,包括乐谱和各项符号的认识;(三)欣赏的能力。关于歌唱的技能,须先由儿童逐个歌唱,再记载其成绩的优劣。音乐的常识,可特制测验去考查,至于测验编造法可仿照一般的新式测验的形式。关于欣赏能力的考查,可叫儿童听过某歌曲后加以解释。

关于音乐的测验,在美国已编成多种:最著名者,为西沙①氏的《音乐能力测验》(Seashore：Measure of Musical Talent)。用这种测验,教师可察出儿童对于音乐的灵敏、音乐的动作、音乐的记忆、音乐的想像、音乐的智慧和音乐的情感。这是一种用以鉴别音乐天才的测验。

用以考查音乐教学的成绩的,也有郭华司②和卢基③合编的《音乐作业测验》(Kwalwasser-Rush：Test of Musical Accomplishment),吉尔特西里夫④氏的《音乐作业测验》(Gilder I. eve：Music Achievement Test)等,种类甚多,兹不备述。

我国在这方面的研究,尚极幼稚,此后或能有长足的进步也未可知。

总论

音乐的教学,对于休闲的、团体的和道德的训练,均有贡献。据《小学课程标准》的规定,小学音乐教学的目标有三:(1)顺应儿童快乐活泼的天性,以发展其应用音乐和应用音乐的兴趣和才能;(2)发展儿童配音和发声的官能;(3)涵养儿童的爱、勇敢等情绪,并鼓励其团结进取等精神。音乐的作业分为欣赏、演习和研究三大类,而以欣赏为最重要。本章除列出音乐教材选择和组织的原则及音乐教科书的选择标准外,又把音乐教学的若干要则和过程加以指出。最后又简单地讨论音乐成绩考查的方法,唯我国在此方面的研究,尚极幼稚。

问题和设计

(一) 在一个买不起风琴的小学里,将采用何种音乐和教具,试调查各种音乐设备和教具,并定出其大概价目,订成一表。

(二) 试根据本章及前章所述,拟一个低年级游唱教学计划。

(三) 试述声乐教学的一般过程。

---

① 即 Carl Emil Seashore (1866—1949),美国心理学家. 著有 The psychology of musical talent. ——编校者
② 即 Jacob Kwalwasser,今译作克瓦尔瓦塞,生平未详。——编校者
③ Rush,生平未详。——编校者
④ 此处英文名疑有缺漏,生平未详。——编校者

参考书籍

① 程宗颐:《小学各科教学法》,百城书局。
② 朱晸旸、俞子夷:《新小学教学法》,第十六章,儿童书局1934年版。
③ 吴研因、吴增芥:《小学教学法》,上海中华书局1932年版。
④ 钟鲁斋:《小学各科新教学法之研究》,第十三章,商务印书馆1934年版。
⑤ 音乐教科书及教授书,各书局出版者。

总温习

一、填充法

(1) 依《小学课程标准》的规定,小学卫生科的教学目标是:(1)_____(2)_____(3)_____。

(2) 身体的健康固属重要,但对于_____的健康,教师也不应忽视。

(3) 小学教学公众产生的目的,不仅欲使个人_____而且欲_____。

(4) 健康的习惯,_____应该要兼顾并重。

(5) 关于卫生的教学,行比知更加_____。

(6) 儿童在小学时,乃是养成卫生习惯的_____。

(7) 要儿童养成卫生的习惯,有许多地方是要靠_____的合作的。

(8) 文字的记诵,在卫生科的教学上_____。

(9) 卫生的教学须成为_____中的一部。

(10) 卫生的教学须充分利用_____。

(11) 卫生的教学须与各学科_____。

(12) 卫生的教学,固然是以防止疾病为目的,但是教师不宜使儿童发生_____。

(13) 卫生科教材的选择,第一须适合_____;第二须适合_____;第三须适合_____。

(14) 卫生挂图和其他视助的选择,可根据下列标准:(1)_____,(2)_____,(3)_____,(4)_____,(5)_____,(6)_____,(7)_____,(8)_____,(9)_____,(10)_____。

(15) 卫生的教学须培养儿童的正当的态度,并鼓励其_____。

(16) 每周六十分钟的卫生课,最好利用为一个规定的_____。

(17) 每次的会谈,必须要得到_____。

(18) 依照着呆板的_____去教学,正如同依照着教科书课文次序去教学,一样地不能收到良好的效率。

(19) 教师必须要把上卫生课的时间_____。

(20) 对于高年级的儿童，一种卫生研究会的组织_____。

(21) 对于一年级的儿童，我们只希望其养成_____，而不一定要使他们_____。

(22) 对于低年级的儿童，_____几可说是唯一而有效的卫生教学。

(23) 较高年级的学生，未尝不可把卫生教科书当作_____。

(24) 现今可用的卫生成绩考查方法，有(1)_____，(2)_____，(3)_____，(4)_____等。

(25) 健康教育与体育，在性质上_____。

(26) 体育教学的目标为：(1)_____，(2)_____，(3)_____。

(27) 选择游戏教材的标准为：(1)_____，(2)_____，(3)_____，(4)_____。

(28) 选择舞蹈教材的标准为：(1)_____，(2)_____，(3)_____，(4)_____。

(29) 选择运动教材的标准为：(1)_____，(2)_____。

(30) 选择体操教材的标准为：(1)_____，(2)_____，(3)_____，(4)_____，(5)_____，(6)_____。

(31) 各项体育活动的组织和排列，须保持_____。

(32) 自然的体育活动，要比形式的体傒_____。

(33) 教师对于儿童动作的指导和矫正，应是_____。

(34) 其他重要的体育教学原则有：(1)_____，(2)_____，(3)_____，(4)_____，(5)_____等。

(35) 舞蹈教学的大致步骤为：(1)_____，(2)_____，(3)_____。

(36) 游戏教学的大致步骤为：(1)_____，(2)_____，(3)_____，(4)_____。

(37) 凡五岁至十二岁的儿童，其每日所需的体育活动时间为_____。

(38) 高年级的体育活动，对于男女儿童，应该要_____。

(39) 要考查儿童的姿势，最简单的方法是_____。

(40) 音乐具有下列的价值：(1)_____，(2)_____，(3)_____。

(41) 音乐教学的目标为：(1)_____，(2)_____，(3)_____。

(42) 音乐教材选择和组织的选择，较重要者为：(1)_____，(2)_____，(3)_____，(4)_____，(5)_____。

（43）较重要的音乐教学原则为：(1)_____,(2)_____,(3)_____,(4)_____,(5)_____。

（44）听唱教学的过程是：(1)_____,(2)_____,(3)_____,(4)_____。

（45）研究教学的过程是：(1)_____,(2)_____,(3)_____,(4)_____。

第七章　国语科的教学目标和教材

课程标准中所规定的教学目标　依《小学课程标准》的规定，国语科的作业分为说话、读书、作文和写字四大类。这四大类的作业，固然是要互相联络的，但是为了讨论便利起见，我们将在以下数章中分别地加以讲述。

国语科的教学目标，依《小学课程标准》上的规定，只有四条：（一）指导儿童练习运用国语，养成其正确的听力和发表力；（二）指导儿童学习平易的语体文并欣赏儿童文学以培养其阅读的能力和兴趣；（三）指导儿童练习作文，以养成其发表情意的能力；（四）指导儿童练习写字，以养成其正确敏速的书写能力。这几条教学目标尚嫌太简单，不能供作实际教学的一种指导。所以我们在以下数章讨论到每类作业的时候，将再把每类作业的目标详加申说。

国语教材的范围　在本章中，我们要把国语教材的范围、选择和组织等问题加以讨论。《小学课程标准》对于国语教材的各项问题，指示得非常详尽，如今先把所规定的《各学年作业要项》，抄录如下：

类别 \ 学年要项	第一、二学年	每周时间	第三、四学年	每周时间	第五、六学年	每周时间
说话	一、看图讲述。 二、日常用语的练习。 三、有组织的语言材料的演习。 四、简易有趣味的日常会话。 五、故事等的讲述练习。	60分钟	一、有组织的语言材料的练习。 二、有趣味的日常会话。 三、故事等的讲述练习。 四、简短的演说练习。 五、国音注音符号的熟习。	30分钟	一、日常会话。 二、故事的讲述练习。 三、普通演说的练习。 四、辩论的练习。 五、国音注音符号的熟习运用。	30分钟

续表

类别\要项\学年	第一、二学年	每周时间	第三、四学年	每周时间	第五、六学年	每周时间
读书	一、故事图画的讲述和欣赏。 二、生活故事、童话、自然故事、笑话等的欣赏表演。 三、儿歌、杂歌、谜语的欣赏、吟咏和表演。 四、上两项教材中重要语句的熟习和运用。 五、各种浅易儿童图书的阅览。 六、简易标点符号的认识。	210分钟	一、自然故事、历史故事、生活故事、传说、寓言、笑话、剧本、杂记、游记、书信等的欣赏或表演。 二、儿歌、杂歌、民歌、短歌剧、短诗等的欣赏、吟咏、表演。 三、上两项教材中重要词句的熟习和运用。 四、简易普通文实用文的阅读。 五、各种浅易儿童图书的阅览。 六、普通标点符号的熟习。 七、检查字典词书的练习及国音注音符号的熟习和运用。	210分钟	一、历史故事、生活故事、自然故事、寓言、传说、笑话、剧本、游记、杂记、书信的欣赏、研究或表演。 二、诗歌、歌曲的欣赏、吟咏或表演。 三、上两项教材中重要词句的熟习和运用。 四、普通文、实用文的阅读和法式的理解。 五、各种儿童图书及浅易日报、小说等的阅览。 六、选择课外读物的练习。 七、继续标点符号的熟读。 八、检查字典词书的熟习。	210分钟
作文	一、图画故事的说明。 二、故事和日常事项的口述或笔述(包括日记)。 三、简易普通文实用文的练习。 四、其他作文的设计练习。	一二年共320分钟	一、图画、模型、实物等的笔述说明。 二、故事和日常事项、偶发事项的记述。 三、读书报告。 四、儿童刊物拟稿。 五、普通文实用文(注重寻常书信的练习)的练习。 六、普通标点符号的运用练习。	90分钟	一、日常事项和偶发事项的笔述和讨论。 二、读书笔记。 三、儿童刊物和级报或学校新闻的拟稿。 四、演说辩论的拟稿。 五、诗歌、故事、剧本等的试作。 六、普通文实用文(注重计划书和报告书)的练习。 七、标点符号的运用练习。	90分钟

从这《各学年作业要项》里,读者可以知道国语教材的大概范围。《小学课程标准》中,对于各种文体又加说明如下:

(一) 普通文

1. 记叙文

(1) 生活故事　以儿童等为主角,记叙现实生活的故事。

(2) 自然故事　关于自然物的生活和特征的故事(科学发明的故事也归入此类)。

(3) 历史故事　合于史实的记人或记事的故事(传记轶事及发明家个人事迹等也归入此类)。

(4) 童话　超自然假设的故事。

(5) 传说　民间传说故事(原始故事也归入此类)。

(6) 寓言　含有道德意义的简短故事。

(7) 笑话　滑稽可笑的简短故事。

(8) 日记

(9) 游记

(10) 其他

2. 说明文

3. 议论文

(二) 实用文

1. 书信　儿童和家属、亲朋、教师、同学等往来信札。

2. 布告　学校或儿童自治团体等的通告、广告。

3. 其他

(三) 诗歌

1. 儿歌　合于儿童心理的趁韵歌词(急口令等也归入此类)。

2. 民歌　民间流传的歌谣(拟作的民歌也归入此类)。

3. 杂歌　一切写景、抒情、叙述故事等的歌词(弹词、鼓词也归入此类)。

4. 谜语　包含拟作。

5. 诗歌　近人的所谓新诗和古人的白话诗。

(四) 剧本

1. 话剧

2. 歌剧

看了这个《文体说明》,读者对于所规定的《各学年作业要项》,当格外明了。读者可就坊间出版的国语教科书里的课文,依照着这个说明,试将文体一一辨别。

国语教材的选择和组织　《小学课程标准》中,对于教材的编选也详列若干标准。对于国语教材的选择组织和对于国语教科书的评判,这是一种重要的参考资料,所以也抄录在下面:

(一)依据本党的主义,尽量使教材富有牺牲及互助的精神。凡含有自私、自利、抢夺、斗争、消极、退缩、悲观、束缚、封建思想、贵族化、资本主义化的教材,一律避免。关于如下列的党义教材,尤须积极采用。

1. 关于中山先生的故事诗歌:
(1)幼年生活;
(2)学生生活;
(3)革命大事;
(4)生辰和忌辰;
(5)其他。

2. 关于国民革命的故事诗歌:
(1)国旗和党旗;
(2)各个重要的革命纪念日(如黄花岗之役、武昌首义等);
(3)其他。

3. 关于发奋民族精神的故事诗歌:
(1)爱国兴国和有关民族革命的事实;
(2)和中华民族的构成及文化有关的;
(3)重要的国耻纪念;
(4)关于帝国主义者侮辱我国民和侨胞的;
(5)其他。

4. 关于启发民权思想的故事诗歌:
(1)破除神权迷信的;
(2)打破君权的信仰和封建思想、封建残余势力的;
(3)倡导平等、互助、规律等的;
(4)关于民权运动的;
(5)其他。

5. 关于养成民生观念的故事诗歌:
(1)劳动节和有关农工运动的;

(2) 有关造林运动、改良农业、工业运动的；

(3) 有关提倡国货的；

(4) 有关合作生产、合作消费的；

(5) 其他。

（二）依据增长儿童阅读能力的原则，想像性的教材（如寓言、物话等）和现实的教材（如自然故事、生活故事、历史故事等）应调和而平均。凡带有恐怖性的应尽量避免。

（三）依据增长儿童阅读趣味的原则，尽量使教材富有艺术兴趣，其条件如下：

1. 事实连接一贯而不芜杂；

2. 趣味深切隽永而不浅薄；

3. 叙述曲折生动而不枯窘呆板；

4. 措辞真实亲切而不浮泛游移；

5. 描写和事实应"一致的和谐"而不扞格不相称；

6. 支配奇特（如鸟与叫相配搭，便是平凡，鸟与唱歌或说话相配搭，便觉奇特）而使儿童不易直接推知；

7. 结构严密圆满而不疏散奇零。

（四）依据儿童心理，尽量使教材切于儿童生活。其条件如下：

1. 以儿童或儿童切近的人物为教材中的主角；

2. 将抽象的大事，编辑成具体的片段事实；

3. 读了之后有工作可做，有事理可想像或研究；

4. 低年级应多用童话、诗歌和故事；

5. 依时令季节排列，以便随时教学，易于直观；

6. 文字深浅恰合儿童程度。

（五）依据运用标准语学习语体文的原则，文字组织等，以标准语法为准，诗歌押韵等，以标准音调为准。

以上条文虽多，但归纳起来，似只有下列几点意思较属重要。国语教材选择的原则为：（一）尽量地三民主义化；（二）想像性和现实性的教材要调和平均；（三）要具有艺术的兴味；（四）要切于儿童生活；（五）要用标准语写成。关于教材组织和排列的原则，就是（一）依时令季节排列；（二）文字深浅循序渐进，恰合儿童程度；（三）与儿童的有目的的活动密切相关，俾读了之后，有工作可做，有事理可想像或研究。

这些教材选择和组织的标准，当然尚有加以研讨和补充的余地。读者读过本章及以下数章后，可再自行订立若干要则，供作实际教学时的参考。

几个关于国语教材的问题　以上仅把《小学课程标准》中的规定加以介绍，并作若干必要的说明。如今作者要提出几个较重要的国语教材问题，加以简单的讨论：

（一）语体与文言的问题　《小学课程标准》上，已规定小学采用语体文教学，故这一个问题本可不必讨论。但现今有许多教育者，从事于语体与文言的论争，所以这问题也值得提出来说一说。[①] 作者相信，在小学校中，国语的教学一定是要用语体的，但是对于高级小学加授文言，若仅仅以帮助儿童阅报和阅看信札、布告等为目的，作者并不反对。有的时候，教师叫儿童把报纸上的文言的新闻译成语体，这似乎也是一种很好的作文练习。因为篇幅的限制，作者只能武断地表示这一点意思，希望读者把这问题，加以更深进的探讨。

（二）常用字的问题　小学儿童应该识些什么字？哪些字应该先认识，哪些字应该后认识？这些问题，也是异常地重要。[②] 儿童受教育的时间是很有限的，但是中国文的字数很多，在势[③]我们不得不从中国文的总字数中，选择最普通最常用的字来教儿童。到底哪些是最常用的字？对于这问题，教育心理学者要用统计的方法去解决。在美国，桑代克(Edward Lee Thorndike，1874 - 1949)等都做过这种研究。我国陈鹤琴(1892—1982)编的《语体文应用字汇》也是要解决这问题的。此外，敖弘德、王文新[④]等，都曾做过关于这问题的研究。但这问题很复杂，到现在还不能算是完全地解决，我们仍须继续地用科学的方法来研究这问题。倘然此类研究工作增多了以后，我们就不难酌定一个暂用的标准，此后任何儿童阅读材料，(包括各种教科书及课外读物)，均应就此范围内选字。若选字有了一定的标准，国语教学的效率就不难大为增进了。

（三）注音符号的问题　依《小学课程标准》的规定，注音符号的教学自第二学年开始。大概说来，每种教材教过了以后，就应该有加以应用的机会。在

---

① 作者认为，小学教育固以促进社会的改革为主要职能，但对于社会的现状也应有所适应，故有此种主张。且时事的教学既经重视而报纸皆用文言，则文言阅读能力的养成自也应略加以注意。唯作者所主张的文言教学，反以阅看的能力为限。用比方来说，小学国语科中教学文言，似与小学算术科中教学罗马数目字(如Ⅰ、Ⅱ、Ⅲ等)性质相类，但求意义了解，不必加以苛求。
② 依《师范学校课程标准》的规定，教育心理学程中有"常用字问题"这一项教材，故为避免材料重复计，此处只须提及这问题，而不必详加讨论。
③ 在势，因此义。——编校者
④ 敖弘德曾作《续语体文应用字汇》，王文新曾发表《小学分级字汇研究》。——编校者

第一二年级时，儿童应用注音符号的机会既然较少，教师自不必老早就把注音符号来教学。但注音符号原是帮助发音的一种工具，机械地叫儿童练习注音符号固然没有兴味，但若注音符号的教学成为帮助发音的工具，则儿童学习的兴味也一定非常浓厚。如此看来，在第一二年级时，注音符号也可加以随机的教学。像猫、狗、鸡、鸭等的叫声，与其用咪、唧等不习见的字来表示，似还不如用注音符号来代字。遇有其他的自然的动境，教师也应介绍注音符号，并寻找机会来练习。一等到儿童读书能力已相当地发达，教师在指导自由阅读和在教学字典的应用的时候，也应把注音符号加以正式地教学。自此以后，注音符号应成为儿童的工具，用来拼出每一难字的读音。

（四）标准语的问题　在与标准语相差不远的区域，教师自应采用标准语来教学，那是不成问题的。但在土语与标准语相差极远的区域，标准语的应用就成为问题了。我们一面要尽量利用小学教育来统一全国的语言，而一面又不愿降低小学教学的效率。故据作者的意见，小学国语的教学固以应用标准语为原则，但教学对于教师的个别的差异，像对于儿童的个别的差异一样地要加以适应。有些小学教师是把标准话说得很好的，当然应该要早早地用标准语来教学了。还有些小学教师，根本不会说标准语的，若像东施效颦似地，也应用标准语来教学，恐怕儿童所学到的未必是真正的标准语，而教学效率反而因此降低，似乎得不偿失。故这问题的解决，与师资的训练，具有绝大的关系。作者认为最初步的国语教学，应以儿童业已学会的语言为基础，似不宜应用与儿童所已学会的语言绝异的"所谓标准语"，而增多其适应上的困难。但到了相当的时候，教师就应早早地采用标准语来教学。自己不会说标准语的国语教师，也应该快快去学习，至少在指导说话和朗读等作业时，总是应该采用标准语来练习的。

（五）字典的问题　对于国语科的学习，字典为一种供儿童应用的极重要的工具。但坊间所出版的各种供儿童应用的字典，只是把大的字典缩小，并未顾及儿童应用上的便利。欲谋字典的改革，我们应先解决下列各问题：(1)如何统一字典检查的方法，以使儿童检字便利？(2)如何确定字典内所包含的字数？有些字具有几种意义的，又如何决定哪些意义必须列入，哪些意义可不必列入？(3)如何注释意义，才能使儿童了解，并便于记忆？最好，对于低中高各级，编制不同的字典来供儿童应用，而低级应用的字典尤应该用图画来说明字义。这尚是一个待解决的问题，值得加以研究的。

（六）鸟言兽语的问题　　现在有些教育者,对于儿童读物中充满着"鸟言兽语"加以攻击,所以对于鸟言兽语的问题,我们也值得讨论一下。所谓鸟言兽语的国语教材,似可归在《小学课程标准》上所说的想像性的教材这一类内,所以依《标准》上的规定,这些想像性的教材应该与现实性的教材调和而平均。倘若想像性的教材中所包含的非现实的元素,并不被儿童误认为现实,那么,儿童为着娱乐的目的而阅读想像性的故事,许多教育家认为未可一概攻击的。但作者相信,现实性的国语教材比想像性的更宜充分地采用。有些人以为想像性的教材更合于儿童的兴味,但据科学研究的结果,这并不见得是真确。如今我们可再把兴味的问题加以简单的叙说。

（七）阅读材料中的兴味元素　　不论所阅读的材料是供实用的,抑是供消遣的、是想像性的,抑是现实性的,凡是具有下列各种特征者,最能使儿童感觉到兴味。

(1) 惊异;奇突;事变或结果出人意料。

(2) 活跃;有动作。

(3) 有动物;叙述动物所做的事情及其特性。

(4) 有谈话。

(5) 幽默（须出于儿童的观点）。

(6) 设意好。

(7) 适合儿童经验。

(8) 难易适度。

凡成人所认为幽默者和凡讲述道德者,皆为儿童所不喜。

以上的结论,乃是根据盖茨等氏分析研究的结果。[①]　盖氏又说:"有知识内容的读书材料,要是用文学的手段写成,要是难易非常适宜,要是取材十分适合儿童发育的程度,要是包含奇异、活跃、滑稽、谈话等引起兴味的元素,则也可使儿童发生兴味"。[②]

照现今的情形,所谓儿童文学,以属于想像性的和小说体例的居大多数,至于有知识内容的读书材料,又往往缺乏引起兴味的元素。因此儿童常浸淫于小说一类书籍的阅读,而对于具有知识内容的阅读既乏兴味,又欠理解的能力。要训练儿童理解的能力,无疑地,以具有知识内容的阅读材料较为适宜。具有

[①] 见 Gates, Interest and Ability in Reading.
[②] 见 Gates, Studies of Children's Interests in Reading, in Elementary School Journal, May, 1931.

知识内容的读书材料,既然也未尝不可包含引起兴味的元素;所以作者希望今后出版界多编辑有兴味的实用性的读物,俾儿童阅读的兴味不至有偏畸的发展。①

（八）直行和横行的问题　教科书和补充读物应该用直行排呢,还是应该用横行排呢?写字、作文等所用的纸张的格子,应该横的呢,还是应该直的呢?有许多心理学者曾研究过这问题,而觉得横行比直行更加便利。但照现今的情形,大部分的书籍和杂志都是用直行排的,至于用横行排的,仅占极少数而已。所以作者主张,在最近的将来中,小学仍宜注重直行的读写的训练。对于低年级的教学,似应完全用直行,不仅教科书、补充读物和纸张格子如此,即如标语、招贴、挂图等上面所写的字,也应该如此。现在有许多小学低年级的教室中,挂着种种图画,但是图画里所写的文字,有用直行的,有自右而左地用横行的,也有自左而右地用横行的,作者认为足以混乱儿童的脑筋,不如一律采直行的好。等到儿童直行阅读能力已相当地发达,教师就应介绍横行的阅读材料叫他们阅读,因为在现今的社会生活中,用横行写的文字也是未尝没有,不过较少罢了。

总论

（1）国语作业虽可分为说话、读书、作文和写字四类,却是互相联络而不易划出界限的。

（2）依《小学课程标准》上的规定,国语科的教学目标为:①指导儿童练习运用国语,养成其正确的听力和发表力;②指导儿童学习平易的语体文并欣赏儿童文学,以培养其阅读的能力和兴趣;③指导儿童练习作文,以养成其发表情意的能力;④指导儿童练习写字,以养成其正确敏速的书写能力。

（3）《小学课程标准》不仅规定各学年作业要项,说明各种文体,并详细定出教材编选的标准,所以教师对于国语教材的选择和组织,对于教科书的评判,皆已有所遵循。

（4）试把《小学课程标准》的规定归纳起来,国语教材选择的原则为:①尽量地三民主义化;②想像性和现实性的教材要调和平均;③要具有艺术的兴味;④要切于儿童生活;⑤要用标准语写成。

（5）教材组织和排列的原则为:①依时令季节排列;②文字深浅循序渐进,恰合

---

① 《小学课程标准》中规定一条如下:"略读的图书需欣赏的、实用的、参考的三项并重,但依年级而异其分量。除课内指导外,应督励儿童课外阅读,并作读书报告。"这一条文的意思与此处所说似是相同的。

儿童程度;③与儿童的有目的的活动密切相关,俾读了之后,有工作可做,有事理可想像。

(6) 作者认为小学国语的教学,必须要用语体,但高级小学不妨略授文言,以帮助儿童看懂报纸、信札和布告为目的。

(7) 国语教学上一个重要的问题,是用科学的统计的方法,研究常用字汇,并据以决定小学各学年识字的标准。

(8) 注音符号的教学,应成为帮助儿童读音的工具,而不宜机械地叫儿童练习。

(9) 因为我们要尽量利用小学教育以统一全国的语言,故国语教学应以采用标准语为原则,但最初步的国语教学,似不宜应用与儿童所已学会的语言绝异的"所谓标准语",以增多儿童适应上的困难,而因此降低教学的效率。

(10) 欲谋字典的改革,我们应先解决:①如何统一字典检查的方法;②如何确定字典内所包含的字数及每字所列入的数种意义;③如何注释意义才能使儿童了解并便于记忆。

(11) 现实性的国语教材,比想像性的更宜充分采用。

(12) 凡是儿童感觉到兴味的教材,往往含有下列诸特征:①惊异、奇突、事变或结果出人意料;②活跃,有动作;③有动物,叙述动物所做的事情及其特性;④有谈话;⑤幽默,但须出于儿童的观点;⑥设意好;⑦适合儿童经验;⑧难易适度。

(13) 今后出版界应多编辑有兴味的实用性的儿童读物,俾儿童阅读的兴味不至有偏畸的发展。

(14) 现今小学低年级的读写的训练,似宜完全采用直行,但到了较高年级,教师就应介绍横行的阅读材料。

参考资料

现实性的故事的需要——因为低年级的国语教科书已充满着童话一类的材料,所以另一方面的阅读材料,格外是需要了。在低年级小学的义学欣赏中,神话故事的重要性是很少人加以怀疑的,但儿童虽喜欢这类神话的故事,却对于真确的故事,也未尝没有兴味……差不多每一幼年的儿童,对于古今人的现实生活的描述,都显示不少的兴味,可是这一方面的兴趣,太不为教育者所注意了。(见 Moore, The Primary School, p. 265)

国语教材改进的新动向——按现今一般教学的实际状况,低年级儿童的读书,几全限于文学的欣赏。此种办法是否适当,殊可怀疑。读者在生活中的应用,不仅限于艺术作品的享乐,并且包括思想和实际经验的互换。如果儿童把图书馆真正地看作一个储藏故事的场所,而不看作一个储藏知识的场所,这在某种程度之内,岂不是由于故事的兴味在儿童的早年阅读经验中得到满足,而求知的兴味全被忽视吗?

历史、传记、实业、艺术和自然科学这一方面的阅读材料,也宜使儿童阅读,而因以发展其理解的能力,但这类阅读材料,并不是把没有兴味的事实平铺直叙,乃是要加以有技巧的写述而含有各种显著的、产生兴味的元素。这类书籍能适合低年级儿童的阅读能力者,现在数量过少,而必须要大为增加,俾引导儿童作多方面的阅读,而因以推广其兴味,并发展其优良的思想。

国语教科书的内容,从很早的时候起,就应包罗儿童生活的全部……我们的目的乃在供给范围极广的阅读材料,俾使儿童既已发生的优良兴味得以有充分的发展,并且尽量地刺激他们产生新的其他的兴味。(见 F. W. Dunn, Interest Factors in Primary Reading Material, No. 113, Teachers College Bulletin of Publications, 1921.)

问题和设计

(一)分组辩论下列问题:

(1)小学国语科应否略授文言。

(2)鸟言兽语的教材应否采用。

(3)小学教科书应否采用横行排列。

(4)小学教科书应否汉字注音。

(二)试拟一改进小学字典的计划。

(三)试述决定小学教科书中的用字的各种因素。

(四)试就各项教科书及儿童读物中,选择最适宜于儿童读阅的课文或材料,编一目录。在此目录中,对于每一课文或材料,须略述内容,依文体归类(参考文体说明),并说明适合何年级的程度。(由全班分工合作,做一有意义的统计。)

参考书籍

① 赵欲仁:《小学国语科教学法》,商务印书馆1927年版。

② 吴研因、吴增芥:《小学教材研究》,商务印书馆1933年版。

③ 顾子言:《小学国语教学法》,大华书局1933年版。

第八章 读书①的教学(上)

读书的重要 读书虽只是国语作业中的一种,但其重要性却比任何科目为大,所以我们将加以较充分的讨论。

为什么读书的作业,在小学课程中占极重要的地位?这有几个原因。第一,读书的能力是一种基本的能力,有了良好的读书能力,不论学习何种科目,都得到了一点便利。儿童学习社会、自然等科目时,其所采用的学习的方法是否良善,完全要看他的读书技术若何而定。有许多小学儿童做算术应用题时便感到异常的困难,但其所以致此的原因,大半由于读书习惯上的错误。据潘锡华②(Percival)研究的结果,读书能力过低,乃是儿童留级的最普通的原因。低年级儿童的留级,几全由于读书上的缺憾。第一年级的儿童,由于读书上的缺憾而留级的,约占 99.15%;第二年级的,约占 90%;第三年级的,约占 70%。③ 读书的教学,在低年级固属重要,即在较高年级,也应加以特别的注意。我国中小学校程度的低劣,虽其原因颇为繁复,而儿童读书能力的薄弱,恐怕也为最重要的原因之一,所以为提高儿童一般的程度起见,我们对于读书的教学必须要非常重视。第二,读书能力的养成,不仅为研习各种科目的基础,而且本身具有极大的价值。我们在生活之中,常常要看布告、招贴、标语、广告、说明书、报章、杂志等,假若没有了读书的能力,我们就要感到种种的困难。当我们看小说、传记和诗歌等文学作品时,我们所得的享乐,并不较听音乐或看戏为逊。操着任何职业的人们,若要对于社会作更大的服务,也必须要把有关于自己职业的各种书报常常阅读。在这文明的时代,人们靠着文字来互相传达、互相接触,因此,印刷品的种类和数量增加极速。要是后一代的青年,没有养成良好的读书能力,如何能适应这种文明时代的生活?

如今有不少的教育者,痛诋现今流行的书本教育,就表面上看,好像读书已不宜受十分的重视。然而这是一种莫大的误会。目下的新教育运动,一面固然喊"打倒书本教育"的口号,而一面却仍注重读书的教学。这并不是"矛盾";这不过是把一种错误的观念改正罢了。从前的国人,是为了升官发财而读书的,

---

① "读书"今作阅读。——编校者
② Percival,今通译珀西瓦尔。生平未详。——编校者
③ 见 Percival, A study of the Causes and Subjects of School Failures.

读书只是对于应考试的一种准备,本与生活不发生关系的。读书和生活既然两相分离,于是一个人愈加读书,则愈加怪癖。"书呆子"的雅号,因此遂加之于读书人之身!若从新的观点来看,情形那就不相同了。学校是一个供儿童生活的场所,而不是一个仅供儿童读书的场所。但是在儿童现时的生活中和在准备儿童参与的、较大的社会生活中,读书都是不可少的一种活动。读书的活动乃是一个人的整个生活活动中的一部分,它的作用在扩张一个人的经验,并充实一个人生活的内容。读书的教学,在生活的教育上,实在占一个比从前更加重要的地位,可是我们对于它所占的地位,应该要有一种新的认识。

读书教学的目标 照旧的见解,读书教学的目标,不外是(1)认识生字,(2)朗读流利,(3)文学欣赏,但从新的观点来看,读书教学的目标却很广大。兹根据史笃氏(Stone)所订立的五条读书教学的目标,做简单的说明如下:①

(一)由广博的阅读而充实并扩张儿童的经验 这就是说,儿童的读书乃是要获得一种间接的经验,以补充直接经验的不足。所以读书的范围一定要很广大,凡关于自然、历史、传记、时事、各项职业和各项社会事业的书报,皆应使儿童涉猎。

(二)发展儿童对于阅读的永久的多方面的和正当的兴味 有许多的人们虽曾学习读书,却并不从事于阅读。我们常看见中小学校的毕业生,一离开学校就把书籍抛弃。还有许多的青年和成人,专阅读不正当的书报。此种种现象的所以发生,实由于读书教学目标过于狭隘所致。假若儿童不能在学校中获得正当的读书兴味、嗜好和习惯,以影响其将来的生活,则读书的教学,不能不说是完全失败。永久的阅读兴味的培养,应该是读书教学的一个重要的目标。

(三)教授基本的品性态度和理想 这并不是说,读书的教材必须要含有道德的教训。但若道德的教训能够与读书教材中有兴味的因素相结合,那是极其相宜的。有一部分的读书教材的内容,应以教授基本的品性、态度和理想为目的。各种寓言,便是关于这类教材的例子,可惜有些寓言的教材,所分配到的年级不很适宜,以致其意义不能为儿童所了解。

---

① 见 Stone, Silent and Oral Reading, R Chap. I. 史氏所述的目标,似又根据格雷(Gray)氏所订立者稍加变化。格雷所定的目标为:(1)由读书获得丰富的和多方面的经验,(2)对于读书发生强烈的动机和永久的兴味,(3)良好的态度和经济的、有效率的习惯与技能。见 Twenty-fourth Yearbook of the National Society for the study of Education, Part I. pp.9–11.

（四）发展儿童由朗读传达情意的能力　流行的朗读教学的方法，往往缺少一种有听众的情境（audiance situation），因此儿童所养成的发表的习惯，往往极不自然。学校里的朗读，其所进行的功能，应该是与校外的朗读完全相同的——就是要传达情意。养成由朗读传达情意的能力，也是读书教学的一个目标。

（五）培养有效率的默读所需的态度、习惯、技能和能力　默读注重在意义的了解，至于默读能力的训练，乃是要使儿童对于所读材料的意义，理解得十分深刻而正确。下列各种能力，均应加以特别的训练。

(1) 认知字义和词义。

(2) 解说句义。

(3) 看出一段一节或全课的要点。

(4) 了解一个问题中所包含的各种重要情形。

(5) 寻出并择定与某问题有关的各种材料。

(6) 把所读材料中各种元素分析、综合并组织。

(7) 看出作者的目的。

(8) 了解作者的组织。

(9) 估评作者的话并判定其结论是否可靠。

(10) 集中注意于要点而加以记忆，以备复述。

(11) 发展迅速阅读的能力，却仍须充分了解。

默读和朗读的比较　从上面的读书教学目标里，读者已可看出，现今的读书教学注重默读的一种趋势，因为除掉第四条目标之外，没有一条不是关于默读的。但在实际上，我国一般小学所采用的读书教学，还是以注重朗读者占大多数！假若我们走进一个小学，我们常可以听到全班合奏的读书声音，背诵也是异常地流行。为什么我国小学教育的实际情形如此地落伍？我们一面要矫正一般小学读书教学的错误，而一面却又不应走到相反的极端，所以我们要把默读和朗读在读书的教学上，各应占若何的地位，静心地研究一下。

劈头，我们要问：为什么朗读没有默读那样的重要？简单的回答是：我们在生活中的读书活动，大部分为默读而非朗读。格雷（Gray）氏曾研究九百余个成人的读书习惯，发现用到朗读的，每百次中不足五次。① 朗读的用处既然很少，

---

① 见 Twenty-fourth Yearbook, Chap. I.

所以小学校的读书教学，自不应再着重朗读了。

更进言之，若读书教学太着重了朗读，那就容易发生若干不良的影响。第一，儿童集中注意于正确的发音，而对于意义的解释，反加忽略。第二，儿童养成了一种朗读的习惯，即在默读时，也轻轻地发音，但是这种习惯养成了以后，就减少儿童读书的速率（因为眼看的速率比发音的速度快，倘若我们读书时能够完全不发音，则我们读书的速率就会得增加数倍）。总之，朗读不仅在生活中绝少用处，而且对于儿童正确的和迅速的阅读能力的养成，颇有妨碍。

虽然如此说，朗读仍不能全废。对于低年级的儿童，朗读的教学可说是异常的重要。这有四个原因：(1)当儿童入学时，他们已有不少听得懂的生字，这个基础，教师应该要好好地在教学时利用。当我们最初教儿童识字时，我们须先使儿童把"形"和"声"相结合，然后再使他们把"形"和"义"相结合。"声"既然是一种重要的媒介，所以朗读对于初识字的儿童，应该为一种重要的教学方法。(2)当儿童朗声地诵读时，教师可确知儿童是否真正识字，否则就无从晓得了。(3)对于初学的儿童，发音可帮助记忆。(4)朗读能使儿童集中注意于所要学习的字句。然朗读在低年级固甚重要，但是等到儿童读书能力相当发达之后，教师即应由朗读的教学转变到默读的教学。因为默读用处更大而且更有效率，所以由朗读到默读转变得愈快愈好。然对于较高年级的儿童，朗读的教学有时也属必要。像诗歌一类的教材，必须要用朗读来引起欣赏。还有演说辞一类的教材，也是以采用朗读教学方法为较适宜。朗读固没有像默读那样的重要，却是在小学国语教学上，也未尝没有一个相当的地位。

默读和朗读在读书教学上，既然都有相当的地位，那么，读书的教学对于默读和朗读的时间，应该做怎样的分配呢？这在现时尚难定一适宜的标准，兹介绍都诺文（Donovan）氏所定的标准于下，以供参考：①

年　　级	默　　读	朗　　读
一年级	10%	90%
二年级	35%	65%

---

① 见 Donovan, Silent Reading, in Journal of Ed. Method, Feb. 1925. 此只是一种参考资料而已。《小学课程标准》曾在"教学要点"这一项内，列一规定如下："每周除精读外，应有定时指导儿童略读。精读教材，低年级朗读、默读并重，二年级以上默读的时机要较朗读的为多。教学朗读宜注意发音和语调，教学默读宜注意正确、迅速、扼要（就是提纲挈领，如划分段落、寻求要点等）。"

续表

年　级	默　读	朗　读
三年级	64%	36%
四年级	73%	27%
五年级	80%	20%
六年级	90%	10%

两类不同的读书活动　要改进小学读书教学的现状,读者不仅要明了读书教学的目标,以及默读和朗读的比较的重要,还应该把儿童和成人所从事的读书活动,加以分析。格雷、猺耳(Uhl)、姚克姆(Yoakum)诸氏,都曾详细分析过读书的活动,①但在这本浅近的教科书中,我们没有加以介绍的必要。如今我们仅仅要指出,儿童和成人所从事的读书活动,可归为两大类:(一)游戏类的读书(Play-type reading),(二)工作类的读书(Work-type reading)。② 游戏类的读书乃是带一种消遣的性质,完全为了满足好奇心和享乐起见,而并不含有任何的目的,凡小说、诗歌的阅读皆属之。至于工作类的读书,则出于职业上、公民责任上及其他日常生活上的要求,而带着有意的目的。就成人的读书活动来说,职业性质的书报的阅读即属于此类。至于儿童在学校中所读的史地、自然等书,也都可说是工作类的读书材料。

这两类不同的读书活动,固应加以分别,却不是截然分出界限的。不同的人们,对于每一类的读书材料,可作不同目的的阅读;至于同一个人,也不仅对于相同的读书材料在不同的时候,可作不同目的的阅读,而且在每一次的阅读时,其目的或态度也会渐渐地转变。然工作类和游戏类的读书材料,虽不能划分得十分地精密,却也未尝不可作大致的划分。

小学读书的教学,对于这两类不同的读书活动,应该要兼顾并重,而不宜畸重畸轻。但按之一般实际教学的现状,工作类的读书活动,在研究自然、社会等科时,虽极被重视,却往往不预先加以有计划的教学,而听凭儿童自己采用错误的学习方法。欲补救此种不良现象,作者认为,国语科中的读书作业,对于工作类的读书能力的训练,必须要加以较现今更多的注意。

迅速的读书能力的养成　当我们分析儿童和成人所从事的读书活动时,

---

① 见 Yoakum，Reading and Study.
② 游戏类的读书又译称娱乐性的读书,工作类的读书又译称实用性的读书。

我们自会发现一件重要的事实,就是小学读书的教学,必须要训练迅速的读书能力。因为印刷品增加极速,成人和儿童每日从事的读书活动日益繁多。假若儿童读书过于缓慢,他们在适应生活时,就要处于不利的地位。过去的读书教学,太注重了精读,而对于略读的训练太忽视了一点。最近教育部颁布的《小学课程标准》,对于精读和略读加以相等的注意,不能不说是一大进步。但是如今我们要更深入地研究,精读和略读的比较的重要到底是怎样?迅速的读书能力应该怎样地养成?

第一,作者要指出,读书的速率是随着读者读书时的目的而异的。有的时候,读书者的目的乃在寻找某种参考材料或得到一个大意,于是用极高的速率来阅读,即所谓跳读(skimming)。对于熟悉的和容易的材料,读书者可采用很快的略读;对于一般的读书材料,不论是消遣性的或是实用性的,读书者总是采用平常的读书速率。还有的时候,读书者不仅要摘取大意,还要注意到详细的事实,那么,读书者就必须要详细地精读了。总之小学读书的教学,不仅要发展其迅速的读书的能力,并且要训练儿童能够把读书的速率适应自己当时读书的目的。不应精读而精读与不应略读而略读,同样地陷于错误。因为现今的读书教学太偏重了精读,所以儿童往往仅习知了一种详细精读的方法,而不晓得尚有其他的读书方法可以采用。这一种"顾此失彼"的读书训练,未免是太不充分了!

第二,作者要指出,儿童读书的所以缓慢,乃是因为养成了若干错误的习惯,而错误习惯的所以养成乃是由于读书教材和读书教学方法上的缺点。如今我们仅就较重要的数种眼动的习惯,提出来略加叙说。凡是迅速的读书者,一定已养成下列各种眼动的习惯:①

(一)眼动极有规律而停息次数(pauses)不多。或换一种说法来讲,识别距(span of recognition)较广。

(二)每次停息时间较短。

(三)回复眼动(regression)次数极少。

(四)扫视(sweep)正确。

至于一个缓慢的读书者,则停息次数既多而且每次停息时间也较长久,此外,他还要常作回复的眼动,使阅读缓慢。这些不良眼动习惯的养成,当然要归咎于教师的教学。儿童常常用手指去指字,因此把单字作为识别的单位,这可

---

① 尚有其他习惯,如唇动、发音等,概略而不述。

以说是引进错误眼动习惯的一因。过于着重细密分析的精读，这又是一因。现在较进步的小学教师，已采用各种巧术以扩大儿童识别的单位，而因此增进其读书的速度。较普通的一种巧术，就是写一短句于卡片上，做一种卡片练习，以使儿童顷刻地看出一个思想单位(thought unit)。盖茨(Gates)主张印刷一种特殊的读书材料或读书练习，以训练儿童对于思想单位的识别能力。① 这种种巧术，都是值得采用的。但是顶重要者，教师宜使儿童多读容易的读书教材。如果儿童读着困难的教材，意义不易了解，那么，他就不免要采用各种不良的眼动习惯了。因为各种眼动的习惯，是在四年级以下就已养成的，所以低年级的读书教材，必须要生字稀少，意义明显而兴趣浓厚。

还有一点，作者必要加以指出：就是迅速的读书能力，固宜加以特殊的训练，但不可因此而牺牲理解的能力。儿童读书的速度，总要与其思考的速度相配合，不能比其思考的速度更快。倘若儿童一面练习理解的阅读，而一面防免各种错误习惯的养成，则迅速的读书能力的养成，原是不成什么问题的。

读书与思考的关系　若就理解的方面来说，读书可说是一种异常复杂的过程。姚克姆有一段话讲得极好，兹译述如下②：

> 读书的过程，决不仅仅是记住若干文字的符号而已。这根本是一种解释他人用文字写出的各种意念的过程。印刷着的文字，乃是代表一组有关系的意念的各种符号，至于这一组意念是由著作者加以关联并用文字来加以永久地保存的。当产生这些意念时，著作者已经过一番学习和思考的手续，他会形成各种知觉，发展各种概念，把各种意念联结、估评、记忆并组成一种新的形式，再由经验的结果加以变化，而供给以更多的意义，到了最后，才用文字写出，使之保存久远。如此写出的文字符号，乃所以供此后读书者的阅读，而这些文字符号，乃是强有力的刺激，足以唤起意念并把著作者的思想传达于他人。
>
> 至于把这些文字符号解释并复现著作者的意念，决乎不是一件简单的事情。读书者的工作，乃是对于这些文字的刺激起一种反应，而其所经过的一番学习和思考的手续，虽不与著作者从事著述时的各种思考的手续完

---

① 盖茨所编之教材，兹举例如下：(1) Who will be glad when winter is over? A. The beds. B. The birds.　　(2) Where shall we play when grass is on the ground? A. In the snow. B. On the grass.
② 见 Yoakum, Reading and Study.

全相同,却极其相似。读书者必须要认知符号,必须要把适当的字义和字形结合,必须要回忆旧有的经验来供给各种符号以各种意义,必须要用评判的态度拒斥其不适当的意义而接受其适当者,必须要把各种意念重加组织而成一新的形式,以供作某种目的之用,又必须要加以记忆,备将来的需用。除了这些复杂的心理活动之外,他更必须学习书籍和杂志的使用方法。像目录、索引等等,皆应加以迅速地使用,俾随时可找到所需的材料。因为这些原故,所以各教育家把读书的活动,认为不仅包括识字和发音的机械的反应,而且包含一切复杂的思考的作用。

读书能力薄弱的原因 有许多教育者,曾把儿童读书能力薄弱的原因加以研究,他们发现最重要的原因为:(一)智力过低;(二)朗读的训练过多;(三)缺乏组织的能力;(四)识字过少;(五)经验不充足。过多的朗读训练足以减少理解的能力,前面已经指出了。至于智力、旧有经验和组织能力的重要,读了上面姚克姆这一段文字后,读者也不难明了。如今我们要把识字的问题略加以讨论。

识字数量的增进 识字的多寡与读书的能力既具有密切的关系,所以一般教师注重生字的练习,不能不说是极其应该的。但若太注重了生字的练习,而对于意义的了解方面倒很忽略,作者却不敢表示赞同。作者曾参观过小学国语的教学,发现一种最普通的教学方法,就是先叫儿童提出生字,由教师写在黑板上并加以注解,再经儿童抄录后,从事机械的记忆的练习。因此,生字的记忆,在教师教学时间的分配上,就占了极重要的地位。但是我们要知道,所谓读书,自心理方面言之,乃是由若干造作的符号排列里了解意义的一种过程,所以读书的教学应特别要着重意义的了解,至于生字的认识只是帮助了解意义的一种手段。若读书的教学过于着重生字的记忆,而忽略意义的了解,那就"本末颠倒""喧宾夺主"了。正当的教学方法是由综合而分析,更由分析而归于综合。教学读书的第一步骤,是使儿童看出全篇的中心思想;第二步骤是使儿童了解各段落的意义;第三步骤才摘出若干难懂的词或字来练习一下,但这种练习也应该"适可而止",俾不至使功课万分单调乏味。等到练习过了生字之后,教师又应把生字综合而成新的句子,俾使儿童明了其应用。总之,生字的机械的练习,在读书的教学上,并不占一最高的地位。

还有一种流行的错误,是把生字的练习离开了阅读的过程。教师往往摘出不相连属的单字,使儿童认识并记忆。这一种教学的方法,与从前教方字的旧方法相比较，实在不见得有多大的进步。人们在读书时所用到的反应，并不是把不相连属的单字一一认识，乃是要由认识单字而了解一段文字的意义，所以根据直接教学原则，我们要使儿童练习的反应，也应该是"由认识字面了解有意义的文字"这一种反应。有许多小学毕业的学生，虽能把单字一一认识，却不能透彻了解整篇的文字，这也许是一部分受了此种背反直接教学原则的生字练习的影响。现在有许多较新式的小学，采用卡片练习，以使儿童记忆生字，这种方法固尚有相当的价值，但也因为这种生字的练习离开了阅读的过程，而不合直接教学的原则，所以恐也不能说是理想的练习识字的方法。盖茨氏曾对于此种卡片练习表示过怀疑，而主张采用一种内在的教学方法（intrinsic method）。①他特制一种阅读材料，使儿童从阅读的过程当中练习识字，不必把识字提出来作特别的练习。作者认为，卡片的练习既极简便，自应继续地采用，但盖茨氏所提议的"从阅读的过程当中练习识字"的办法，法良意美，似更应尽量地仿行。

然增加儿童识字数量的最良好的方法，乃在鼓励儿童多读适合其程度的有兴味的书籍。若儿童常常从所读的材料当中发现生字，从上下文里面推求其意义，并在日常谈话和作文时加以应用，那么，儿童识字的数量就能够极迅速地增加。还有一种增加识字数量的方法，是教学字典的使用。有的时候，教师可在黑板上写出若干生字，叫儿童迅速地从字典中找出读音和意义。若一个字有数种意义，教师又应使儿童练习把最适当的意义选出。最好，每一儿童备着一本生字簿，叫他们把读到的生字记下并寻求机会来应用。还有的时候，教师可用一种汉字测量来测验儿童识字的数量。② 对于较高年级的儿童，教师应把偏旁相同的字加以分析比较，俾儿童识字时得到些帮助。③ 总之，要增加识字的数量，绝不是仅仅靠着枯燥无味的生字练习的。

总论

（1）读书的教学在小学课程中占极重要的地位，因为：①读书能力为研习各种科目的基础；②读书的活动为一个人的整个生活活动中的一部分。

---

① 见 Gates, Improvement of Reading, pp. 27 - 29.
② 中央大学教育学院出版的《心理教育专篇》"汉字测量"可资参考。
③ 《小学课程标准》上载有一条如下："自二年级起，得视相当机会约略指点文字构成的意义（例如吃从口，烧从火，旦为日从地平线上出现之类），以帮助儿童记忆，并约略指导简易的文法，以增进儿童阅读和发表的能力"。

(2) 依史笃氏的规定,读书教学的目标为:①由广博的阅读而充实并扩张儿童的经验;②发展儿童对于阅读的永久的、多方面的和正当的兴味;③教授基本的品性、态度和理想;④发展儿童由朗读传达情意的能力;⑤培养有效率的默读所需的态度、习惯、技能和能力。

(3) 我们在生活中的读书的活动,大部为默读而非朗读,故小学读书的教学,不宜太注重朗读。

(4) 着重朗读的教学方法,容易发生若干不良影响,较重要者为:①注意正确的发音而忽略意义的了解;②默读时轻轻发音,而因以减少读书的速率。

(5) 朗读却不能全废,因为:①初步的读书教学,必须要利用听得懂的生字;②帮助欣赏。

(6) 年级愈高,则朗读的应用应愈少。

(7) 儿童和成人的读书活动,可归为两大类:①游戏类的读书;②工作类的读书。小学读书的教学对此两类读书活动,必须要兼顾并重,不宜畸重畸轻。

(8) 对于小学读书的教学,对于精读和略读应该要并重。

(9) 读书的速度应该要随着读书者读时的目的而异。

(10) 儿童读书的所以缓慢,乃是由于养成了若干不良的习惯,较重要者为下列各种眼动的习惯:①停息次数多;②每次停息时间久;③常作回复的眼动……。

(11) 要防免不良眼动习惯的养成,我们固可采用卡片练习或编成特殊的读书材料,以训练儿童对于思想单位的识别能力,但是最重要者,我们要使儿童多读容易的读书教材。

(12) 迅速的读书能力,固宜加以特殊的训练,但不可因此而牺牲理解的能力。

(13) 读书的活动,不仅包括识字和发音的机械的反应,而且包含一切复杂的思考的作用。

(14) 儿童读书能力的薄弱原因有:①智力过低;②朗读训练过多;③缺乏组织能力;④识字过少;⑤经验不充足等。

(15) 读书的教学应特别要着重意义的了解,至于生字的认识只是帮助了解意义的一种手段。

(16) 生字的练习,不宜离开阅读的过程。

(17) 增加儿童识字数量的最良好的方法,乃在鼓励儿童多读适合其程度的有兴味的书籍。

(18) 教学字典的使用,也足以增加儿童识字的数量。

(19) 要增加儿童识字的数量,我们绝不可仅仅靠着枯燥无味的生字的练习。

参考资料

读书教材组织的要点　盖茨自编的读书教材,注意下列各要点:

(1) 生字数稀少,俾儿童得充分地认识新字。

(2) 由有意义的材料的充分阅读,而发展儿童识字的数量。

(3) 供给极多的阅读材料,却不受认字困难所窘,因此使儿童获流利、正确、完全的理解所需的各种习惯。

(4) 凡包含引起兴味元素的各种材料,供备极高(所谓引起兴味的元素,见前章所述)。

(5) 不限于故事的阅读或其他某一类的材料,却把各种类不同性质的材料,全部包含在内。

(6) 使用每类材料时,须证明为具有功用或具有兴味。

(7) 读书的活动并不与其他的活动分离,却成为整个的活动程序中重要的一部分。

(8) 不是若干不相连属的活动的积聚,而是一组有连续性的做事的程序,把一种大的作业或设计作为组织的中心。(意译 Gates: Interest and Ability in Reading, pp. 113 – 114, 1930.)

问题和设计

(一) 试述读书教学在小学课程上的地位若何。

(二) 试述默读和朗读的歧异之所在。

(三) 试述增进读书速率的方法。

(四) 试解释下列各名词的意义:(1)游戏类的读书;(2)工作类的读书;(3)跳读;(4)停息次数;(5)识别距;(6)回复眼动;(7)扫视;(8)内在的教学方法。

参考书籍

① 赵欲仁:《小学国语科教学法》,商务印书馆 1927 年版。

② 顾子言:《小学国语教学法》,大华书局 1933 年版。

③ 俞子夷、朱晸旸:《新小学教学法》第十章,儿童书局 1934 年版。

第九章　读书的教学（下）

关于读书教学的几个重要的问题，我们已经在前章中讨论过了。如今我们要更进一步把实际的教学方法研究一下。

实例和过程　为求具体起见，让作者先举一例子，并从这例子中明显地指出教学的过程。比方要教一篇《遇熊》的故事，教师似可采用下列的教学手续：[①]

（一）引起动机　教师可先由谈话的方法，使儿童发生适宜的心向或动机。他可提出下列问题来讨论：熊这种动物是怎样的？你们有没有看见过熊？熊要不要吃活人？要不要吃死人？（教师可告知儿童。）比方有两个极相好的小朋友在荒野玩耍，突然遇熊，要不要逃命？在逃命的时候，极相好的朋友应该怎样？

讨论完毕，教师可对儿童说：在这三十二页上，有一篇《遇熊》的故事，讲到两个极相好的朋友遇见了熊怎样地逃命，试在三分钟内读完全课。

（二）概览全文　教师叫儿童发现全文的中心思想。儿童读毕后，教师可发问：这两个相好的朋友遇见了熊怎样逃命？这两个相好的朋友是否互相帮助？

（三）逐段研究　教师可在黑板上写上若干问题，限定时间，令儿童迅速地默读课文，然后再行闭着教科书解答。举例来说，关于第一个段落，可列出下列问题：(1)甲乙二人在什么时候看见一只熊？(2)甲看见了一只熊就怎样？(3)乙为什么要哀求甲的帮助？(4)甲是否帮助乙？

其他各段落，可依着相同方法教下去。当儿童默读时，教师应注意观察，儿童有没有采用不良的读书习惯（例如唇动、发音等），并随时矫正。

（四）简单讨论　教师可再问，这故事给予我们什么教训？

（五）朗读　轮流地指定儿童朗读，而让其余儿童默读，并共同把朗读者读错的字校正。凡艰深难解的字句，教师可发问，并写在黑板上，令儿童注意并略事练习。但此种发问和练习，千万不可打断儿童的朗读。

几个教学原则　从上面的例子当中，我们可以寻绎出几个教学原则如下：

(1)在未叫儿童阅读之前，教师须先引起儿童适宜的动机、心理态度或

[①] 课文见《复兴国语教科书》（第七册），沈百英、沈秉廉编，商务印书馆 1935 年版，第 31 页。

心向。

(2) 由综合而分析,由全体而部分。①

(3) 着重默读。

(4) 意义的了解重于生字的练习。

(5) 激起儿童自动的思考。

(6) 读书要有明确的目标。(在这例子内,读书者的读书目标乃在回答所列出的问题。)

至于读书教学所应遵守的原则,当然还不仅这六个。还有许多的原则,恐更重要数倍,在本章及前章中,读者可发现不少其他的教学原则,应自整理,列成若干明确的条文,供作将来实施教学时的参考。

怎样指导朗读　上面的例子,只指出可用的教学方法中的一种而已。假若教师呆板地依照着这例子中的过程去教学,那就犯了极大的谬误。教师在教学时的目的,有时着重默读,有时着重朗读,有时着重表演,有时着重自由阅读指导,至其所采用的教学手续,也应该随着目的而改变。教师在某时间内所用的教学手续,既然是随着目的而改变,但本书为了受篇幅的限制,却又不能把实现每类目的的最适宜的教学过程一一地举例说明。如今我们只得把几种较重要的指导学习的方法,举示要点。兹先述怎样指导朗读。

朗读固然没有默读那么重要,却仍在教学上占有相当的地位,这已经在前章中指出了。朗读和默读,在每次上课时,常可并合应用,但教师却应注重于默读(像上面所举的例子,就是如此)。朗读可分为两大类,第一类较为普通,就是全体儿童都有一篇课文在面前,而令一个儿童朗读。在低年级时,这类朗读教学方法确极相宜。凡关于文学的作品,如诗歌演说和押韵的散文,以及其他凡注重声调的文字,这种朗读教学方法似也宜常常采用。但还有一种朗读教学方法,叫做有听众的朗读(audience reading)却更重要,因为这一类朗读与我们在生活中所用到的朗读,全然是情形相同的。兹述数种有听众的朗读的教学方法如下:

(1) 分为两组朗读　教师可把全班儿童分为两组,每组在课外准备不同的材料。在上课时,第一组把所已准备好的材料读给第二组听。为引起注意起见,教师可发若干问题,叫第二组回答或讨论。第一组读毕后,教师可再令第二

---

① 《小学课程标准》的教学要点中,也有一条规定如下:"读书教学,应先全体概览,而后局部地分析,先内容的吸取而后形式的探求,先理解而后记忆。"

组依同法朗读。此种教学方法在第一学年第二学期起似乎就可采用，但对于较高年级，尤属适宜。

（2）个别的朗读　每一儿童，可自己找一篇简短的材料，在课外准备，到了上课时便向全体朗读。有的时候，数儿童可合成一组，轮流地把所准备的材料，分段朗读。教师和其他静听的儿童，则于儿童读毕后加以批评（应以能否表达情意为批评的标准）。教师又可发问并令儿童讨论，俾全体儿童注意静听，但此种发问及讨论，却不宜过多。

（3）表演性的朗读　教师可选一篇可供表演的教材，分发给担任表演的儿童，令其分别担任朗读，而其余儿童皆为听众。

此外方法尚多，兹以篇幅所限，不能备述。在朗读的教学时，教师宜特别着重：①发音正确，②流利自然，③表情达意。

复述和背诵　儿童读毕一篇课文后，令其复述大意或逐句背诵，这也是一种极其流行的教学方法。复述大意当然要比逐句背诵好些，因为逐句背诵是机械的，而复述大意却必须要用到自己的组织能力和选择思考。不论是复述或背诵，在读书教学上，都有其相当的地位，但是现今一般的教学，未免把复述和背诵太滥用了！先来说复述。叫一个儿童把一首大家读过的故事复述，试问尚有什么兴味可言？谁愿意听一首已经听过的故事？俗语说"好曲子不唱三遍"，现在对于同一篇故事，听了又听，谁都觉得讨厌。关于复述的练习，教师应该要使各人选一篇新鲜的、有兴味的故事来讲述。在每周国语教学的时间内，教师应该规定一个自由阅读的时间和一个讲述故事的时间，儿童在自由阅读的时间内，并不随便浏览，却是存着复述的目的去选择适宜的材料，准备在讲述故事的时间内复述。因为所复述的材料不是大家读过的，所以就有了自然动境，而不流于"形式化"了。还有一种采用复述的自然动境，就是叫儿童说出证据，来证明自己的意见的真确。关于遇熊的故事，比方某儿童说甲是一个不可靠的朋友，教师就可叫儿童说出证据来证明。总之，复述大意是一种很好的读书的练习，却必须要有自然的动境，而不应过于滥用。

再来说背诵。儿童把一篇课文背诵是极费时间的，而现今一般教师，却往往不问课文内容有没有背诵的价值，也一概要儿童背诵，作者认为这是一种莫大的错误。作者虽不敢说，背诵应该完全废除；却是敢说，应该使儿童背诵的课文并不很多。作者又主张，背诵不是强迫的，而应是由儿童选择的，每一儿童可选择其自己所能欣赏的课文或课文中的一段来背诵。如果儿童已选定一首诗来背诵，教师可用下列的方法指导儿童记忆。

（1）先把意义弄得清清楚楚。

（2）把全首的诗先读了数遍，然后决定哪几部分已经背熟，哪几部分比较困难。

（3）集中注意于困难部分，却仍须常常来读全首诗。

（4）读时常常试加背诵。

默读练习方法　教师每次的教学固应着重默读的练习，但默读所包含的能力异常复杂，教师尤应采用各种特殊的练习方法，以使儿童对于每种特殊的能力都得到若干特殊的训练。兹介绍数种特殊的练习方法如下：

（一）限定时间的读书比赛　叫儿童默读三分钟，看谁读得最快。各儿童同时开始读书，过了三分钟后，就叫每人在书上做一记号，并计算其共读字数若干。教师令读得最快的儿童走到教室前面，由其余儿童根据所读材料中的意义发问。如果他不能回答，便叫读书迅速比赛的第二名的儿童走到教室前面回答。此种练习方法，可用来增进儿童读书的速率和正确了解的能力。

（二）跳读的练习　教师在黑板上写出一个问题，叫儿童从曾经读过的材料当中，寻出一句回答这问题的句子。教师可先告知儿童，这句子是在某一篇课文当中，然后叫儿童翻阅目次，并跳读那课文，直至寻出这句子为止。教师又应限定时间使各儿童比赛。最先找出这句子的儿童，可再帮助其他儿童去寻找。

（三）记忆的练习　等到儿童读过一首故事后，教师可叫儿童在一张白纸的上端，自右而左地写1、2、3等数目字。于是教师根据故事中的意思，说几句话（以遇熊故事为例）如下：

（1）熊不吃死人。

（2）远远望见了熊，甲爬到树上。

（3）远远望见了熊，甲帮助乙一同逃走。

如果教师的话是错的，儿童就应当在相当的数目字的下面作一"×"记号；如果教师的话是对的，儿童就应当在相当的数目字的下面作一"○"记号。做完后，教师可令儿童交换卷子校核，看谁最优胜。

此外练习方法甚多，兹因篇幅所限，不能详述了。

初步的读书教学法　儿童在小学时期内的读书能力的发展，大概可划分为三期：第一期是初步期，本期目的乃在引导儿童作了解意义的阅读，并发展其自动阅读浅易读物的能力，第一年级的读书教学属之。第二期是迅速进步期，本期目的乃在使儿童对于默读和朗读所需的重要态度、习惯和技能得到迅速的发展,第二、三年级的读书教学属之。第三期是涉猎期,本期目的乃在使儿童涉猎各种书籍,俾扩张其经验,敏锐其思考能力,增进其默读速率,筑成其自学习惯的基础,而培养其多方面的读书兴味和嗜好,第四五六各年级的读书教学均属之。如今我们仅就初步期的读书教学略加叙说。

初步的读书教学似应注意下列各要点:

(一)对于儿童的读书欲望,教师应立即使之满足。史洛门①(Sloman)曾叙述其最初两日所采用的读书教学方法如下:②

因为大部分的儿童,在初入学校时就很想学习读书,而巴不得希望在第一天就学会读书的方法,所以我们在可能范围以内,必须要满足他们这一种欲望,否则儿童就要感到失望了。我们知道,我们在实际上不能够使儿童在第一天就学会读书,却是我们不妨使他自认为已经学会了读书,而感到一种满足。等到师生相互亲熟之后,我们可叫十个儿童到教室前面,作非正式的谈话,问起他们的妈妈的一切。我们可以给他们看一张画着面带笑容的妇人的图画,并在黑板上写"妈妈"二字,对儿童说明这两个字的读音。

其次,我们可与儿童讨论图画里的事物,过片刻后,再指着黑板上的字问他们道,这两个字读做什么?我们可预先备好若干张纸条,而在每一纸条上,写"妈妈"二字,与黑板上的两个字完全一个样。等到告知了儿童这两个字的读音之后,我们可再问黑板上的两个字读作什么,纸条上的两个字读作什么。经过稍稍的练习,再叫他们拿出纸条,告知这两个字的读音。然后我们把这纸条缝在他们衣服上面,叫他们回家后读给他们的母亲听。在离校之前,我们又应提醒他们说:纸条在哪里?这两个字读做什么?对于其余的儿童,也用相同方法去教学。这种练习实是异常地简单,假若儿童比较地聪明,我们可用"我爱妈妈"这一类的句子。但我们须预防儿童把字倒转,最好我们在纸条上做一个记号,指示他们纸条的拿法。

到了第二天,我们要再问:这两个字读做什么?妈妈对他们怎样说?于是再稍作练习。采用了此种方法,教师便可满足儿童第一天读书的欲望了。

(二)读书应成为儿童生活中的一部分。圆满的儿童生活,包括下列诸种活动:(1)语言的活动(linguistic activities);(2)表演的活动(dramatic activities);

---

① 今通译斯洛曼。生平未详。——编校者
② Sloman, Some Primary Methods, pp. 225 - 227.

(3)艺术的活动(artistic activities)、试探的活动(explorative activities)和建造的活动(constructive activities)。读书的教学切不可与这些活动相分离,而应该要成为促进这些活动的一种手段。《小学课程标准》上所说的"读了之后有工作可做,有事理可想像或研究",其根本意思,可说是与这个要则相同的。

(三)在最初数星期内,读书的教学必须要利用布告板、黑板、挂图等等。布告板是一种重要的读书教学的设备,教师应使儿童养成一种习惯,每日去看布告板上所揭示的图画和通知等。教师应在布告板上每日或每两日更换一张切合儿童生活的图画,并附以一句说明图画内容的语句,以激起儿童对于文字的兴味。稍后,教师就应把布告板里的语句和图画,用来教学默读,等到儿童默读能力增进后,布告板上可不再揭示图画了。

黑板也是一种重要的读书教学的工具。教师可常把各种命令语写在黑板上,叫儿童默读后依照着实行,例如"拿出铅笔来""看第十三页"等等。

挂图可用来教学各种"经验的阅读"(Experience reading)。挂图里的语句可由师生共同编成,以发表其自己的思想,或叙述其自己的经验。兹举数例如下:

(1)

我们游花园。

我们看花。

花很好看。

(2)

我们唱歌。

我们写字。

我们玩耍。

我们读书。

我们真快乐。

用挂图来教学读书,具有下列诸种价值:(1)儿童觉得读书成为学校生活中的一部分;(2)激起儿童语言的发表,而因此儿童得以有目的地发表其思想;(3)儿童对于自己所编的课文,颇有阅读的兴味;(4)使儿童采用正当的读书态度(不仅正确地发音,并且注重意义的了解);(5)使儿童获得正当的读书习惯,如自上而下、自右而左地阅读以及其他眼动习惯等。

当教师利用布告板、黑板和挂图等来教学时,他对于用字应特别要加以注意,因为这时所教的生字,须与此后教科书里的用字相联络衔接。

（四）最初用书籍来教学时，教师应使儿童感到异常地满足，并告知以如何拿书和如何保藏的方法。等到儿童已获得若干正当的读书态度和习惯之后，教师才可采用书籍来教学。书中最初二三课故事，应早已用挂图教过，因为这样一来，儿童开头就能把读过的故事有兴味地阅读。分发书籍后，教师应让儿童先自由地翻阅，然后告以拿书和保藏的各种方法。接着，教师就令儿童把第一首故事迅速地读一遍，以养成其连续性的和有意义的阅读习惯。

成绩考查法 读书成绩的考查，可分为识字、朗读和默读三项。

（1）识字 要考查儿童生字认识的多寡，可采用默字的方法。比方教师说"天"就是"天上的天""天地的天"，那么，儿童就默写一个"天"字。陈鹤琴编的《小学默字测验》可资应用；若仿效其法，在日常教学时自编测验去考查成绩，似更相宜。

（2）朗读 考查朗读时，教师要注意儿童发音是否正确和表达情意是否充分。当儿童朗读时，凡读错的字，教师可用记号划出；凡插入的字，可在插入处记出；凡脱漏的字，可用圆圈圈出；凡重读两遍以上的字，另用一记号记明。此外，教师又须记出朗读所费的时间。至于表达情意一层，现尚不易加以客观的考查。儿童不能表达情意，大概是由于了解能力的缺乏，故又应采用默读测验去考查。

（3）默读 关于默读能力的考查，现已有许多标准默读测验可资应用。兹将陈鹤琴《小学默读测验》的材料内容，举例如下：

一天下雨，某生吃过早饭，向学校里去，右手撑着雨伞，左手拿着鞋子，身上还背着一个书包。

他正在街上行走，忽然大风来了，他忙将两手抱着伞柄，伞头随风飞去，鞋子也落在泥里，他一时急得没法。

（8）有一把伞在①学校里，②左手里，③书包里，④右手里。

（9）某生在街上的时候，忽然来了①一个学生，②一个孩子，③大风，④大雨。

（10）有一书包在①泥里，②手里，③背上，④空中。

（11）落在泥里的是①两手，②饭，③雨伞，④鞋子。

教师又可仿着这种格式，自造测验，去考查儿童的默读成绩。这种默读测验，是要考查了解意义的是否正确；假若教师要考查儿童默读的速率，则前面所述的限定时间的读书比赛，乃是一种很好的考查方法。

由读书成绩的考查,教师可诊断出儿童读书上的缺憾,根据所诊断出来的缺憾,教师又应实施补救的教学。

总论

(1) 本章所举的教学实例,明显地指出下列的教学原则:①在未叫儿童阅读之前,先引起其适宜的心理态度或心向;②由综合而分析,由全体而部分;③着重默读;④意义的了解重于生字的练习;⑤激起儿童自动的思考;⑥读书要有明确的目的。

(2) 教师所采用的读书教学手续,应随着目的而改变。

(3) 有听众的朗读,比各人皆拿着相同的教科书的朗读,更加重要。

(4) 有听众的朗读的教学方法有:①分为两组朗读;②个别的朗读;③表演性的朗读等。

(5) 教学朗读时,教师宜特别着重:①发音正确;②流利自然;③表情达意。

(6) 复述要有自然的动境,而不宜流于形式化。

(7) 应该使儿童背诵的课文,并不很多。

(8) 当练习背诵课文时教师可指导儿童用下列的方法去记忆:①把意义弄得清清楚楚;②把全篇的课文读了数遍,而决定哪几部分已能背熟,哪几部分比较困难;③集中注意于困难部分,却仍须常常来读全篇的课文;④读时常常试加背诵。

(9) 默读能力异常复杂,教师应采用各种特殊的练习方法,以给予儿童若干特殊的训练。本章已介绍下列各种练习的方法:①限定时间的读书比赛;②跳读的练习;③记忆的练习。

(10) 读书的教学,在小学校中,可划分为初步期、迅速进步期和涉猎期。

(11) 初步的读书教学,似应注意下列各要点:①对于儿童的读书欲望,教师应立即使之满足;②读书应成为儿童生活中的一部分;③在最初数星期内,读书的教学必须要利用布告板、黑板、挂图等等;④最初用书籍来教学时,教师应使儿童感到异常地满足,并告知以如何拿书,如何保藏等方法。

(12) 教师应常采用各种方法,考查儿童识字、朗读和默读的能力,并根据诊断的发现而施以补救的教学。

参考资料

低年级小学读书教学的原则　派爱尔①所定的低年级小学教书教学原则,约述

---

① 今译派尔,即 William Henry Pyle,所引书全称 The Psychology of the Common Branches: with abstracts of the source material. ——编校者

如下：

(1) 初步的读书教材，须利用儿童熟悉的经验和其常听常说的字句。故事须刺激、生动、把握住儿童的注意力，却不是味同嚼蜡和稚子气的。

(2) 生字逐渐地引进。在最初步的教学时，每天平均引进三个生字。引进了生字之后，就应常常应用并在此后数课文中反复出现。

(3) 在最初步的教学时，每一生字须使之具有丰富的意义。凡是动词应该用动作来表示意思；凡是名词，应该用图画来表示意义。

(4) 教师须设法使儿童对于读书有兴味，并发生快感。师生可把自己的经验共同编成故事或课文。凡用以记忆生字的各种活动，更应具有兴味。

(5) 对于聪明的儿童，反复练习不妨少些。

(6) 让每一儿童尽其能力，以求进步。

(7) 让儿童自己解决其困难，教师的工作大部分乃是供给所需的材料和帮助，俾儿童能够从事阅读。

(8) 供备许多的阅读材料。平均每一儿童应在第一年中阅读二十部书。

(9) 防止儿童在阅读时获得不愉快的经验。

(10) 初步的读书教学，即应少用朗读。可采用图画字典，可叫儿童看了命令的句子再做动作，可叫儿童默读了故事再讲述。

(11) 朗读仍应采用。儿童可把自己喜欢的材料，带到学校里来，读给全班听。但这不宜作为唯一的初步的读书教学的方法。

(12) 可用表演来增加阅读材料的意味。在初步教学时假若常用表演，教师可帮助儿童把所读的一切材料，在想像中浮现。

(13) 对于字、词和短句的迅速的认知，应常常练习。

(14) 儿童和教师可常由经验中创作故事，而因以养成儿童对于阅读材料的正当态度。(意译 Pyle, Psychology of the Common Branches, pp. 50 - 52.)

问题和设计

(一) 选一篇课文，应用本章的教学过程去试教。

(二) 依本章所述的朗读教学方法，计划实习。

(三) 试再举十种特殊的默读练习方法。

(四) 何谓经验的阅读？

(五) 试述读书兴味的密切联络的方法。

(六) 试根据第七、八、九章所述，拟一国语教科书的选择标准。

参考书籍

① 吴研因、吴增芥:《小学教材研究》,商务印书馆1933年版。

② 赵欲仁:《小学国语科教学法》,商务印书馆1927年版。

③ 俞子夷、朱晸旸:《新小学教学法》第十章,儿童书局1934年版。

第十章　说话的教学

说话与作文的比较　用语言来表达情意的叫做"说话",用文字来表达情意的叫做"作文"。说话和作文在性质上颇多相同,故在教学的手续上也颇相类似。按之已往的小学教学实际情形,"作文"固极受重视,但是"说话"的教学常被忽略,这是不合理的。因为我们在生活中用到说话的活动比用到作文的为多,所以说话当然要比作文重要得多。西尔逊(Searson)、克拉伯(Clapp)、贝克(Baker)和约翰逊(Johnson)诸氏的研究,曾对于这一点供给客观的证据,所以这已是事实昭彰,没有争辩的余地。[①] 现在有许多较新式的小学,也已应着社会生活的需要,而趋重说话的教学了。大概说来,第一年级应完全注意语言的发表,第二三年级则以语言的发表占全部国语发表教学时间的五分之四,自第四年级以上,语言的发表应占总时间的五分之三,而文字的发表应占总时间的五分之二。此系小学各年级说话和作文时间分配的大约比例。

说话教学的目标　说话教学的最基本的目标,是使儿童获得正确思考的能力。思考只是一种未出声的语言,故思考与说话具有极密切的关系,简直可说是不可拆分的。就大概而论,凡是我们所能了解的,大概是为我们所能发表的。假若我们不能把情意表达出来,使具有所需的经验背景的人们听懂,那么,我们大概尚未把所讲的事物加以有系统的思考,否则我们大概总能把自己思考的结果相当地显示给人们了。更精密地说,"思考"实在与"对自己说话"相等,倘若对着他人说话,则除了"能够正确地思考"之外,还需要各种说话的技能。思考的能力和各种说话的技能固均异常重要,然前者却比后者更属基本。

除此最基本的目标之外,还有几个目标,可简单述之如次:(一)使儿童发展选择和排列说话材料的能力,(二)改进儿童的用语,(三)使儿童说话适合语法,(四)发展儿童的正当的说话姿态和音调。

说话的作业　依《小学课程标准》,小学里的说话作业有(一)看图讲述,(二)用语和有组织的语言材料的演习,(三)日常会话,(四)故事讲述,(五)简短

---

① 见 Searson J. W, Meeting the Public Demand, in English Journal, June, 1921; Clapp J. M., Place and Function of English in American Life, in National Council of Teachers of English, Chicago, 1926; Baker E., Causes for the Demand for Spoken English, in English Journal, Oct. 1924; Johnson R. L., English Expression, in Public School Publishing, Oct. 1926.

演说,(六)国语注音符号的练习,(七)演说和辩论等。各种不同性质的说话作业,均应加以相当的训练,故教师对于这种种作业均应加以若干的注意。但作者认为,在日常生活中应用较广者,更应加以充分地训练。如是,日常会话、故事讲述和简短的说明及指导(其性质与标准上所说的简短演说相近)更应使儿童多多练习。至于长篇演说和辩论等,似只宜供给若干机会,以练习儿童的领袖能力,却不宜过分地重视。如今让我先叙述若干教学的要则,然后再把日常会话、故事讲述、简短的说明及指导和演说这四种作业略加讨论。

说话教学的要则　说话教学的要则,兹扼要叙说如下:

（一）说话的教学,应注重内容而不应太注重于形式。儿童在说话之前,一定要先有话可说。倘若他们没有意念可以发表,教师就不应该叫他们说话。形式方面的是否正确,固也应加以相当的注意,但说话的内容如何,却更属重要数倍。

（二）说话的教学,须充分利用各种儿童自发的活动,而不应单单靠着正式规定的说话教学时间。不论在旅行时或在实行某种设计时,儿童自然地要用到语言的发表。利用这种种自然的动境来指导儿童说话的练习,最能获得教学的效率。

然这种种自然动境固应充分利用,却都是没有系统的,都是不能事先计划的,所以仍不能完全代替特定时间的正式的说话教学。

（三）在教学其他科目时,教师也应该利用机会以指导儿童语言的发表。假若教室生活不趋于形式化,每一科目的教学,莫不具有给予儿童自由发表意念的机会。这些机会,教师总要充分地利用才是。

（四）儿童所说的话,一定要表示其自己的意念。在许多小学内,教师常强迫儿童叙说教科书里的思想或教师讲过的话,但儿童却未必真正地加以了解。这种教学方法,可说是完全错误的。按之理想,教师应仅仅使儿童讲述其熟知的经验。因为这个缘故,要发展儿童说话的能力,教师须供给各种实在的经验,以使之获得许多明了的意念。图画的阅看和各种儿童书籍的阅读,也可使儿童获得各种间接的经验,所以对于说话能力的发展,也颇有帮助。由此可知,说话与读书这两种作业,实具有极密切的关系。

（五）说话的教学须是自由的、非正式的。有些教育者,主张用有组织的语言材料来教儿童,作者觉得有点怀疑。所谓有组织的语言材料,例如"我开门:我走过去——我站在门边——我用手转动门把儿——我拉开门来"等等,现今已在各小学中应用得很广了。作者所怀疑者,第一是太着重形式的练习。形式的练习有时固属必要,但一定要等到儿童感觉到需要之后,才有意义。故有组织的语言材料,作者认为,仅宜在儿童感觉需要之时加以采用,而不宜呆板地加以教学。第二,作者怀疑,像"我用手转动门把儿"这类的话,儿童练习过了之后,究竟是否即可常常在生活中应用?作者认为,每种语言材料,经儿童练习后,一定要能常常在生活中应用,才不枉费一番辛勤练习的工夫。所以在选择此种有组织的语言材料时,必须要对其实用性加以注意才是。① 总之,形式的练习,固然有时仍须采用,但在说话教学上,毕竟占不重要的地位。造成一种自然的、非正式的空气,似乎是最属切要的了。

（六）语言的学习大部分要靠着模仿,所以教师自己平时对儿童说话,一定要刻刻留意,俾可作为儿童的模范。

（七）教师与儿童应常常订立若干优良的标准,以激起儿童的努力。此种标准,应由全班非正式地讨论而加以订立。每一标准,当然要为每一儿童所完全了解。

（八）教师应常发现儿童语言上的错误而加以矫正。此种错误的矫正虽甚重要,却不宜打断儿童的说话。当儿童说话时,如果他们采用了一种错误的语句,教师可轻轻地把正确的语句说一遍,如是,儿童仍可继续说话,不致被这种矫正所打断了。最好,教师要常把儿童说话时所用的错误语句记下来,到了适当时间再提出来,供全班讨论并练习矫正之用。

（九）说话的教学,要适应个别的差异。这原则包含有两种意义,第一,对于具有领袖能力的儿童,教师应鼓励他们多多练习较正式的演说和辩论;第二,对于口吃或胆怯的儿童,教师应个别地加以良好的适应。据心理学者的估计,具有语言缺憾或口吃的儿童,每百人中约占一人或二人。② 麦克独威尔③（McDowell）曾把实足年龄、心理年龄、性别、所操语言和所属种别完全相等的普通儿童和口吃儿童配成双对,各拨入一组,然后把两组比较。比较的结果发现,口吃儿童这一组的文字智力测验结果,较普通儿童这一组为高。至其教育成绩、情绪的安定性（emotional stability）、品格特性和体格等,均与普通儿童无大差异。然口吃儿童的自信力,却较普通儿童远远不如。由此可见,具有语言缺

---

① 有组织的语言材料,作者认为只可当作教师所不可不知的参考资料,遇有帮助时才用来教学,而不宜随便地叫儿童牢记。
② 见 Hollingworth, Educational Psychology, pp. 268 - 269. 麦克独威尔的研究,也见该书中的引语。
③ 今译麦克道尔,生平未详。——编校者

憾的儿童,虽其实际能力并不较普通儿童为逊,而在情绪上却颇感痛苦。他们常被教师所误解,常被其他儿童开玩笑,因此畏避交际,而容易产生一种卑逊感情(feeling of inferiority)。对于此种儿童,教师应善为适应,使其自信力增加,使之放胆说话,使之放胆加入各种社会交际的活动。

(十) 形式的说话练习,一定要有自然的动境。此原则的含义,在第五条原则的下面,我们已略有所述。根据这原则,每次形式的说话练习,一定要先有实际的需要,经过练习之后,又必须要能在实际生活中应用。最适宜的教学顺序,乃是(1)需要;(2)练习;(3)应用。

(十一) 教师要使儿童知道自己说话能力的进步,并因以推促儿童作更进一步的努力。

(十二) 每次说话教学时,教师须使最大多数的儿童加入活动。这一条原则与前一条原则,在意义上都是非常明显,毋庸申说。

以上各条原则,对于任何说话作业皆能适用,且略施变化后,有几条原则对于作文的教学,也极适用。

日常会话的教学　如今我们要把每类说话作业的教学方法略加叙说。先来讨论日常会话。在现代生活中,不论何人,均须常常从事各种会话。这可以说是一种最基本的说话活动,然小学教师每不加以注意。最流行的见解,以为日常会话的方法,儿童可在校外生活中习知,因此毋庸加以特别的训练,但若我们把一般人们日常会话上的缺憾略加分析,我们就不难知道,日常会话也实在有加以详细教学的必要。

据麦克勃罗姆[①]女士(Miss Mc Broom)的分析研究,欲好好地从事日常会话,儿童须养成下列诸种能力:[②]

(1) 有可说的话。

(2) 会话时能够很热诚。

(3) 知道许多有趣味的用语。

(4) 能做一个良好的听话者。

(5) 知道有兴味的说话材料的来源。

(6) 能够遵守会话时种种普通的礼貌。

---

① 今译迈克·布卢姆,生平未详。——编校者
② 见 Mc Broom and others, The Course of study in Oral Composition Unpublished Report, Utilized by Mc. Kee in Language in the Elementary School, p. 179.

(7) 能够自然地转变会话的题目。

(8) 能在说话时避用各种癖习。①

(9) 知道何时何地不宜谈话。

(10) 能做介绍并继以谈话。

(11) 知道拜访时如何谈话。

(12) 能从事商业访问。

(13) 知道对于某种情形或某种人所最宜讲述的题目。

(14) 能采用正确的说话技术。

(15) 知道如何搜集有兴味的说话材料。

这十五项能力的养成,似可视为日常会话教学所应努力的详细目标(其他说话作业,如故事讲述、简单报告和说明等,也是需用这些能力的)。如今让我把日常会话的一般教学手续略述如下:

初步的教学——在第一年级时,日常会话教学似可采用三种不同的方式。第一是非正式的会话,此时,教师的目的乃在引导儿童从各种来源中搜集说话的资料。教师可鼓励儿童去记忆故事,去寻找环境中有兴味的事件,去阅读适合其程度的各种图画故事或其他书籍刊物。教师又应供给儿童以非正式地讲述各种经验及故事的机会。由此种教学,儿童可得到一个基本观念就是:要有效率地从事日常的会话,必须要"有话可说",所以每一儿童须从各方面搜集意念,俾可在会话时加以应用。第二是规定时间的会话教学,最好叫儿童每三四人合成一组,交换经验,共同看图或讨论各种计划。在此时教师又应使儿童学习各种说话的礼貌。第三是全体的讨论,在此时,教师可使儿童回忆有兴味的会话,并列举各种搜集意念的来源。此外,教师又应引导儿童去订立若干良好会话的标准。[如(一)说话要响,使大家能够听清楚;(二)他人讲话时不应插话等],使儿童根据这些标准互相批评并共同努力。

较高年级的说话教学——在第二三年级时,教师要使儿童把大家熟悉的题目或经验,在规定的说话课内讲述。讲述的题目,如各种有兴味的游戏,旅行时的所见所闻,学校里的集会,熟悉的书籍和故事,有兴味的地方事件等皆可应用。关于此种会话的教学,应特别注意下列几个要则:

(1) 所讲述的题目,须是关于曾为儿童所直接或间接地经验过的事件。

(2) 儿童须预先加以准备。

---

① 说话时采用俚语或隐语、以手玩纽扣、以手摸头发等习惯,皆可称为癖习。

（3）教师与儿童须常常把所做过的会话加以批评，并订立若干标准以力求改进。所订立的标准应包含以下各项：①每人皆有讲话机会；②同时只许一个人讲话；③当他人讲话时，每人必须静听；④每人讲话时间不宜过长；⑤每人须从多方面搜集意念，俾各人所讲的题目不同；⑥遇不明白时，必须要发问等。

（4）每次应使儿童集中注意来矫正一种缺陷。

（5）会话须不拘形式。

（6）直接的和间接的经验须先充分供给。

到了第四、五、六各年级时，会话教学的方式大致与较低年级相似，唯讲述的题目更应包括报纸上登载的事件。除仍注意上面的六个原则外，在此时期的说话教学又须注意下列的原则：（1）注重材料的正确性；（2）要使儿童讲话扼要，不要啰嗦；（3）鼓励儿童发挥己意；（4）选材及讲话时，均须顾及听众的兴味。

教学的过程——从上面的叙述，读者可以知道，说话的教学一定要非常自由，不拘形式。教师只须使儿童预先搜集材料，准备谈话内容，到了上谈话课时，各人可自由地发表谈话，以贡献于听众。听众对于听过的谈话，可略加诘问或批评。

此种非正式的会话教学，当然是最重要的了。但除此之外，还有一种表演的方法（dramatization），在日常会话的教学上也是应用甚广。关于拜访或介绍时的会话，关于各种礼貌的练习，都是应该采用表演的方法来教学的。若采用表演的方法来教学，其大致过程如次：

（一）讨论——目的在引起表演的动机。

（二）表演——例如表演拜访。

（三）批评——表演完毕，由全体讨论尚有何种错误应加以矫正。

（四）矫正并练习——根据批评的结果再作表演，注意于矫正错误。俟表演正确后，再作数次表演的练习。

故事讲述的教学 除了日常会话之外，故事的讲述要算是一种最普通的说话活动了。在新式的小学内，故事讲述的教学，早已受到十分的重视。兹略述教学故事讲述时所应注意的若干要点如下：

（一）要儿童讲述其自己所熟知的故事。

（二）故事的教学须是非正式的。

（三）凡儿童所并不享乐的故事，不要叫他们讲述。

（四）每次故事讲述完毕后，须继以全体的非正式的讨论。

（五）故事讲述与读书这两种作业须充分联络。

（六）每一儿童须在讲述故事之前加以好好地准备。

（七）教师须鼓励儿童订立若干故事讲述的标准，以供批评之用。〔例如(1)准备充分；(2)讲述扼要；(3)用语适当；(4)讲述时态度自然；(5)发音清晰；(6)从容不迫；(7)声音响亮，大家可以听到；(8)声音不单调；(9)坐立自然；(10)看着听众等〕。

（八）教师虽不宜常使儿童反复讲述某数首故事，却应鼓励儿童把最喜讲的故事记熟若干首。

（九）故事讲述的教学，虽应着重娱乐听众的目的，却有时也应着重练习。假若儿童已感觉到自己的缺憾，教师即应使儿童讲述熟悉的故事，以努力于缺憾的矫正。

如今让我再把初步的故事讲述的教学，略加叙说。在第一年级时，教师应在开始故事讲述的教学之前，作一种非正式的谈话，在此种谈话中，教师和儿童可讨论校外生活中的故事讲述，并立此后本级儿童讲述故事的计划。谈话结束后，应把全班儿童分成若干组，每组四五人，推定一人为组长，计划下次讲述故事的顺序。下次的故事课，即为此种分组的故事讲述。每组中的儿童，依着组长所定的顺序讲述故事。俟故事讲述完毕后，教师可与儿童作非正式的讨论，像发音清晰、态度自然等标准，已可提出加以讨论了。此后数次的分组的故事讲述，就应使儿童根据这些已订立的标准互作批评。这种批评须是包含称赞和指摘两方面的，凡从这种批评中所发现的缺憾，应使儿童下次努力去矫正。最应常用的一种故事讲述的教学方式，就是叫儿童从事于某一缺憾的矫正。比方说，某些儿童讲故事时，往往不看着听众，于是教师就叫那些儿童练习讲故事，以努力矫正此种缺憾。有的时候，教师可叫每一组中选一讲得最好的儿童，对着全班讲述故事。还有的时候，教师可叫各人讲述故事，而选择一个讲得最好者，参与全校的表演活动。

但在第一、二年级时，教师应不仅常叫儿童练习故事的讲述，并且要常常自己讲故事给儿童听。如果教师自己讲故事，那么，他一定要十分留意，俾可供儿童的模仿。当自己讲述故事时，教师应注意下列各点：

(1) 所要讲的故事，一定要非常熟悉，能够一口气从头讲到底，毫不踌躇。

(2) 讲述要简单明了，合于语法。

(3) 一口气从头讲到底，不要在中间停顿，不要多作说明。

(4) 要用抑扬的音调和面部的表示来表达故事的神情。

(5) 让故事中的角色互相对话，不要改成叙述式。

简短的报告及说明　我们在日常生活中,是常常要做简短的报告及说明的。在新式的学校里,也有许多实际的动境可供教师利用,以教学儿童如何做简短的报告及说明。做简短的报告及说明时所需的能力,包括下列各种:(一)了解所欲报告或说明的事件的内容;(二)能够把所欲报告或说明的事件的内容,加以一种正当的组织;(三)能够叙说得简洁明确;(四)能够有良好的姿势态度;(五)能适合听众的经验背景;(六)知道正确的语法;(七)发音能正确;(八)声调要能悦耳。这些能力的养成,应该要作为教师所努力的目标。

关于简短的报告及说明的教学,必须要利用实际的动境。举例来说,教师可利用机会,叫儿童说明失物经过,说明如何使用新玩具,报告旅行路径,报告集会时间及地点,或邀请他级至本级参观表演……有了这种种实际的需要,教师就可引起儿童强烈的动机,去有系统地研究报告及说明的技术。指导此种研究时,教师所应采用的有系统的教学过程,大致如下:

(一)引起动机——比方说,李儿最近曾做过一次失物经过的说明,教师就利用这动境以引起动机。教师可发问,"假若王儿遗失了一本教科书,他应该怎样说明失物的经过?"接着,他就请王儿说明。

(二)研究——教师可叫儿童研究此种失物经过说明应该要讲到哪几件事?经研究的结果,儿童才知道此种失物经过说明一定要讲到:(1)所失的物件,(2)遗失的时间,(3)遗失的地点,(4)失物的特别标记。

(三)表演——叫儿童佯作失去某物,并表演做"失物经过说明"。但在说明时,每一儿童必须要记住应该要讲到的各点,勿使遗漏。

(四)批评及练习——每次表演完毕,应由全体儿童根据研究结果而加以批评。如是继续练习至下课为止。

此种有系统的教学,应该要每次集中注意于某一点,以使儿童习知某一种的技术或克服某一种的困难。

演说的教学　我们在社会生活中,很少作正式的或非正式的演说,但若必须要演说时,演说的能力若何,却极关重要。故在小学说话的作业中,演说的教学也有其相当的地位,而对于具有领袖能力的儿童更应加以重视。

社会生活中的演说,有介绍辞、庆贺辞、较正式的报告、临时演说等种类。按之理想,此种种不同性质的演说,均应使儿童在学校中练习,但无论如何,教师须利用或造作实际的动境,以使儿童对于各种演说,感觉到练习的需要。

演说的教学,似可采用四种不同的方式。第一种方式是完全非正式的。有的时候,在谈话课内,教师可叫儿童作非正式的演说,完全以娱乐听众为目的。

各人应自己选择演说的题目,自己来作准备。凡是有经验可叙述、有意念可发表的儿童,均应鼓励其向众人演说。当某儿童演说完毕之后,教师也不必加以批评或分析。第二种方式是以练习为目的的。比方说,经教师的暗示,某儿童已经知道他在演说的时候,眼睛不看着听众或者常常把手插在自己的袋子里,那么,这儿童就应练习演说以图矫正此种缺陷。采用此种练习的方式来教学时,教师可引导儿童订立若干批评的标准,例如(一)内容要有兴味;(二)说得响亮,使大家可以听见;(三)要有组织;(四)要预先好好地准备;(五)手不要插在袋子里;(六)眼睛看着听众等等。第三种方式是要准备加入全校的演说竞赛。小学中可定期举行演说竞赛,每年级在将近演说竞赛之时,可叫各儿童在说话课内练习演说,并选择演说较好者参加竞赛。儿童对于此种演说练习,一定是会感到强烈的兴味的。关于纪念日或游艺会的演说,各年级也可采用此法选择儿童来参加。第四种方式是采用表演。有许多关于介绍辞、庆贺辞等演说,不妨偶然地叫儿童在教室内表演,以资练习。

说话教学成绩的考查　上面已把日常会话、故事讲述、简短的报告及说明和演说的教学方法略加叙说,读者也许要发问:说话教学的成绩,应该采用何种方法去考查。据作者所知,较可靠的考查说话教学成绩的方法,现尚无有。目前,我们仅仅希望每一教师与儿童共同订立关于日常会话、故事讲述、简短报告说明、演说等说话作业的批评标准,而用来批评每一儿童的说话练习。此外,教师可再用图表来表示每一儿童关于矫正缺陷的进步。此种考查方法,显然是不正确的,但更正确的考查方法,尚待更进一步的科学的研究呢!

总论

说话和作文,在性质上颇多相同,但因人们在生活中用到说话的活动比用到作文的为多,说话的教学,更宜受学校的重视。

说话教学的最基本的目标,是使儿童获得正确思考的能力。此外,还有几个目标如下:(一)使儿童发展选择和排列说话材料的能力;(二)改进儿童的用语;(三)使儿童说话适合语法;(四)发展儿童的恰当的说话姿态和音调。

作者指出,不同性质的说话作业,均应加以相当的训练,但对于在日常生活中应用较广者,更应重视。作者在本章中,先叙述十二条说话教学的要则,然后就日常会话、故事讲述、简短的说明及指导和演说这四种作业略加讨论。在讨论每种作业时,作者对于初步教学法、教学过程所应注意的要则和各种不同的教学方式等,择其重要之点而加以说明。关于说话教学成绩的考查,作者指出,目下尚无可靠的方法,而全靠教师日常的批评矫正和图表的记载。

参考资料

良好的说话礼貌的分析——据麦克(Mc Kee)氏的分析,所谓良好的说话礼貌,包括下列各项能力：

（1）知道怎样插言和在何时插言。

（2）知道怎样对于讲话者所叙述的话表示不同意。

（3）不去补足讲话者所说的话。

（4）不像教师似的讲话。

（5）不垄断谈话。

（6）不讲没趣的事。

（7）不在他人前轻相私语。

（8）谈话时要顾及全体听众。

（9）不过分表示喜憎。

（10）不要过分夸奖自己。

（11）温柔地讲话。

（12）不当面驳斥他人的话。

（13）避用无谓的辩论。

（14）两人同时发言时,知道如何地谦让。

（15）讲话开始后,顾及迟来的客人。

（16）不伤害他人的感情。

（17）不窃听他人的私语。

（18）不采用人家不懂的隐语等等。

（19）避用癖习和动情语。

（20）不做不必要的重复讲述。（见 McKee, Language in the Elementary School)

问题和设计

（一）试选十个日常谈话题目,供某年级教学之用,并准备关于这十个题目的可用的语料。

（二）试选十首故事,准备向某年级儿童讲述。

（三）关于简短的报告及说明,试选十个题目,并在每一题目下面,注明指导练习时所应注意之点。

（四）试述形式的说话教学的利弊。

参考书籍

① 俞子夷、朱㵵旸:《新小学教学法》,儿童书局 1934 年版。

② 吴增芥、吴研因:《新中华小学教学法》,中华书局 1932 年版。

③ 徐阶平:《实际的小学各科教学法》,上海开华书局 1934 年版。

第十一章　作文的教学

作文教学的目标　小学作文的教学，其基本目标乃是要发展儿童下列诸种能力：(一)能够把各科研究的所得记录下来，以供较永久的保存；(二)能够靠着文字的发表，使各科研究所得的结果，意义格外明显；(三)能够在一生之中，常常利用文字的写作来传达情意。从这几条目标里，我们可以看出，良好的作文能力不仅本身具有实用的价值，而且像读书能力一样，也是一种为学习各种科目所必须具备的基本的能力。

欲实现上述三条基本的教学目标，教师又须作以下的努力：(一)使儿童获得正确明晰的观念；(二)使儿童具有排列并组织各种观念的能力；(三)增加儿童的用字；(四)使儿童造句修辞适合一般文法惯例。

作文的作业类别　作文的作业可分为以下各类：

(一) 写信札和便条　我们在生活中所写作的文字，以书信和便条占据大部分，所以小学作文的教学，对于书信和便条的写作能力的养成，自应特别重视。

(二) 各种文告的写作　我们在生活之中，有时要写作各种文告，如布告、广告、通告等。儿童在学校中，也常常发生写作文告的需要，例如招领失物、报告开会之类。所以教师对于儿童的文告的写作也应善加指导。

(三) 做各种记录　例如关于教室活动的日记、关于讨论结果的记录及开会记录等。

(四) 做日记　"做日记"系一种优良的习惯，也应使儿童养成。

(五) 做各种提要和笔记　当儿童读过了一部书之后，教师应鼓励他们做提要或笔记。每次参观、实验或旅行之后，教师也应叫他们做一篇笔记，以使每次经验的结果保存久远。这是一种为研究各科所必须具备的能力，所以异常重要，必须要由教师加意指导。

(六) 做说明及报告　例如集会报告，游戏方法说明，各种规章说明，制作方法说明等是。

(七) 创作文的写作　以上各类，都可说是实用文的写法。所谓创作文，有广狭二义。依广义说来，凡是儿童发表自己的意念的，都可称为创作。那么，因为我们主张，儿童每次作文必须要有意念可以发表，所以上述各类的写作，也未尝不可称为创作了。然这里所说的创作文,系指狭义而言。儿童一定要别出心裁,另具见解或发抒自己的情感,绝无抄袭之嫌。凡关于诗歌、故事、剧本等的试作,儿童刊物、演说辩论的拟稿,似皆应归入此类。

作文教学的要则　　前章所述的说话教学的原则,稍事修改后,即可变成为作文教学的原则,这在前章中已经指出了。今为节省篇幅计,拟不再加以赘述,让读者自己把前章加以温习吧。但是作者又另外提出几条应行注意的要则如下:

(1) 教师固应供给儿童写作创作文的机会,却不应希望每一小学儿童都能够创作。换一句话来说,实用文的写作,应该要算作小学作文教学的核心,是为全体儿童所共同需要的,但是创作文的写作,却着重在对于具有文学天才的儿童,作一种试探和鼓励。虽然如此说,对于并无文学天才的儿童,创作性的作文,也宜相当地供给以练习的机会,因为创作文的写作,对于文学写作能力的发展,似有更多的贡献。

(2) 教师对于写作每类文字所需的能力,应加以详细地分析,并根据此种分析而加以有计划的教学。兹举写信为例,教师应先加以决定什么是每类书信的最优良的格式?决定了每类书信的优良格式之后,其次的问题,便是去决定,要使得每类书信的写作合于最优良的格式,我们须使儿童获得哪几种所需的能力?有了此种分析的结果之后,我们才可把那些所需的能力,依难易的次序分配到各年级去教学,俾使儿童逐渐地获得。

(3) 迅速写作的练习和审慎写作的练习,应该要加以相等的注意。现今一般小学作文的教学,似太看重审慎写作的练习。儿童每次作文,必须要先打成草稿,咬文嚼字,费去一二小时之久。但是我们在生活之中,倘若每次写信札和便条,都要打成草稿,费时甚久,岂不就太忙了吗?所以作者认为,小学作文的练习,有时必须要限定十分钟或十五分钟,叫儿童很迅速地写毕;但有时仍宜使儿童打一草稿,细心推敲。关于书信、便条等实用文的写作,一定要使儿童养成迅速的习惯,但审慎的写作对于文字写作能力的发展也颇多帮助。所以教师对于这两种不同性质的练习,要加以相等的注意才是。

(4) 文法的教学,必须要对儿童的写作有实际的帮助,而不宜当作一种"科学"来教学。一个负责的小学教师,应该要把所教儿童的作文错误作精密的分析。凡儿童作文上每种文法的错误,即指出某一种文法教学的必要。根据儿童作文上文法的错误,而订立一种文法教学的计划,似最能收得良好的效率。

(5) 作文的批改应以刺激儿童作自我的批评(self-criticism)为目的。现今的小学教师,往往忙着批改儿童的作文,但一等到把作文簿发回给儿童以后,儿童并不把教师努力的结果细心深究,甚至把旧的作文簿抛在字纸篓中不加以一顾。似此情形,教师的时间和努力不是就白白地费去了吗?要使儿童作文进步,教师须使儿童自己用批评的态度,来矫正自己的错误,教师的批改只是供给儿童一点指导,以使儿童从事自我批评而已。

(6) 诊断和补救似是作文教学上主要的教学方法。教师应把每一儿童作文上的错误,分类列表,一面供作自己教学时的参考,而一面又使儿童自己知道困难的所在,俾得自己努力于错误的矫正。倘若每一儿童作文上错误的种类逐渐减少,那就是作文教学效率优良的明证。现今一般小学儿童作文,往往把相同种类的作文错误犯了之后再犯,这都是教师少作诊断和补救的教学的缘故。

(7) 教师应时常提出儿童所感有困难的问题,供全体讨论并继以有目的的练习。作文上的困难问题,例如怎样把各层意思作适当的排列,怎样应用标点等等,应该由教师提出讨论,而等到儿童习知了正确方法之后,就应设若干特殊的练习,叫儿童把所已习知的正确的方法应用。此种讨论和练习是极有价值的,但总得要适合儿童的需要才是。

(8) 教师应使儿童常常与模范文接触。关于日常应用的书信、便条、文告等,尤应显示正确的格式,使儿童仿效。

(9) 儿童的优良的作品,应常常揭示在教室内,以供全班观摩,有时并可油印分发,以资仿效。

初步的作文教学 作文的教学,可自第一年级开始。但最初步的作文教学,要采用共作法及助作法。教师必须要利用实际的动境,比方说,某儿童告病假,教师即可引起儿童"写慰问信"的动机。经全体讨论,决定信里面的意思之后,由教师助作,更经全体阅读后,就可黏上邮票寄去。如是,作文与读书这两种作业,便可以互相联络,我们在第九章里所述的"经验的阅读",请读者再参看一下。

作文教学的过程或步骤 较高年级的作文的教学,可分(1)命题,(2)指导写作,(3)批阅,(4)讨论和矫正等步骤。兹分述如下:

1. 命题 命题的方法有好几种。一种是由教师命题的,一种是由儿童自己命题的。由教师命题的,又可以分"一题的"和"几题的"两种。这数种命题的方法到底是哪一种更好?各教育者对这问题的答复恐怕不是完全相同吧!

在作者看来,命题的方法若何,还是一个次要的问题,顶重要者,儿童作文的题目一定要适合下列标准:

（1）作文的题目须在儿童经验范围以内，而为儿童所可了解的，换句话讲，儿童在做作文的时候，一定要"有话可说"。

（2）作文的题目须是具体的、特殊的，倘若过于广泛，过于概括，则儿童就茫无头绪，而不知从何处下笔了。

（3）作文的题目须是有意义的，有价值的。

（4）作文的题目，须尽量利用"有听众的动境"（Audience situation），例如叫儿童慰问一个同学的疾病或索阅某书局的廉价书目等，都是适合这一个标准的。

作者认为，教师固宜鼓励儿童自己命题作文，但若完全采用此法，而不用他法去补充，恐怕儿童的写作，容易偏于某一方面，而因此不能得到多方面的练习。若由教师命题，因为各儿童经验背景不同，所以最好由教师多出几个题目，使儿童有选择的余地。还有一种更良好的办法，就是先出一个题目叫儿童试作，如果有几个儿童感觉困难，教师可再出一个题目，以适合其经验。采用了这一种办法之后，每一儿童自然都有话可说，同时其注意力也不致被不同的题目所分散。然有的时候，教师也应仅出一题，不让儿童作自由的选择。因为我们在生活之中，有时出于职务上的要求而写作，完全是要尽行一种责任，不容许我们加以选择的，所以儿童在学校内也应常常作此种责任性质的写作的练习。关于此种责任性质的写作的练习，又必须要限定时间，贵在迅速而不求精密。

2. 指导写作　当儿童从事写作的时候，教师必须要静静地在教室内巡行数次，并忙着作各种所需的指导。他应注意察看，儿童坐的姿势若何？儿童的工作习惯若何？儿童写字太潦草否？若是某儿童做了一个很好的开始，他就应加以赞美和鼓励；若是某儿童开始就做错了，他又应暗示矫正。他的态度应是友谊的、鼓励的和积极的。他应阅读每一儿童的写作的全部或一部，而供给以若干改进的建议。

在作文的时候，儿童应该要和成人一个样，也得以享受各种便利。他们当然可以翻阅字典，参考各种书籍。他们遇有困难的问题，当然可以询问教师。在教师方面，有时可径告以答案，有时可指导他们自己翻查参考书籍以自求解决，这完全要看情形而定。总之，在不妨碍儿童自由发表的范围内，教师应给予儿童以一切所需的帮助。

在交卷之前，教师应鼓励儿童作自我的批评，并尽量地自行把错误校正。教师应与儿童共同商定若干批评的标准，供儿童在作文时批评之用，这一种批评标准，似应包括下列各项：

（1）关于内容的

① 所表达的思想有兴味否？

② 表达思想清楚否？

③ 思想层次排列适当否？

④ 文章里面有没有累赘的话？

（2）关于形式的

① 有没有脱略的字句？

② 有没有错字？

③ 有没有多余的字句？

④ 标点点错否？

⑤ 大致形式美观否？

⑥ 字迹太潦草否？

这一种评标准的内容，当然要随儿童所处的年级和需要而异。

3. 批阅作文　教师批阅作文要越快越好。在下次上作文课之前，教师就应把儿童的作文批阅完毕。教师批阅的目的，并不是要使儿童所作的文章完善无疵，乃是要训练儿童作自我的批评和矫正。教师只须把所有的作文略读一遍，寻出最普通的错误若干类，供作全班讨论之用。有几类错误，当教师指导儿童写作时，他就已发现出来了，所以这一种略读用不着耗费很多的时间。每一教师又应与儿童商定若干符号，俾在批阅时应用，例如"×"代表错字，"？"代表文法错误，"∨"代表脱略字句等。有了这种种符号，教师在批阅作文时，看见某种错误，就很快地用一种相当的记号划出，叫儿童自己去矫正。但是教师应告知儿童，还有其他不少的错误，尚未用记号划出，仍要他们自己去发现的。

4. 讨论和矫正　教师在批阅作文时所发现的若干类普通的错误，就应提出供全班讨论。可采用的方法如下：

（1）较正式的方法，是选出包含所欲讨论的几种普通错误的几篇作文或几段文字，油印分发全班儿童，而在下次上作文课时，加以共同的讨论及矫正。

（2）若采用较非正式的方法，教师可对所欲讨论的每一种普通的错误，各从儿童的作文中选出数例，写在黑板上，加以共同的讨论及矫正。

讨论完毕后，教师可叫儿童根据共同讨论及矫正的结果，个别地发现自己作文上相同种类的错误而自行矫正。他又可指定几个此次作文错误最少的儿童，帮助其他儿童做矫正的工作。他自己每次可帮助几个儿童，详细矫正所有作文上的错误。这一种详细的矫正，应该要对各儿童轮流地施行。当施行此种详细的矫正时,教师一面矫正,一面又对儿童说明理由,最能够使儿童得益。

5. 列表及保藏 每次作文矫正完毕后,教师应该叫每一儿童把自己作文上的错误的种类列表指示进度。每人应备一进度表如下:

作文次数 \ 错误种类	意思不切题	层次排列不合	标点错误	脱略字句								
第一次												
第二次												
第三次												
第四次												
第五次												

儿童每次所作的文章,也应保藏起来,留备将来比较自己的进步之用。

以上的教学步骤,只是作者的一种建议。相同的教学方法,用得太长久了,就要使儿童发生厌倦。有许多可用的教学方法,须由教师自己去研究或计划。关于小学作文的教学的现状,作者认为大有加以改进的余地,希望读者多从事新的方面的试验。

作文成绩的考查 上面所说的进度表和每次作文结果的保藏,对于作文成绩的考查很有用处。假若儿童作文的错误的种类逐渐减少,假若儿童作文的品质逐渐地改良,这就是儿童作文成绩进步的明证。

还有一种考查作文成绩的方法就是利用标准量表。我国关于作文的标准量表,有俞子夷的《小学缀法量表》可资应用。此种量表,不仅可以客观地指示儿童作文的进步,还可用以激起其更进一步的努力。

总论

良好的作文能力,不仅本身具有实用的价值,而且也是一种为学习各种科目所必须具备的基本能力。

作文的作业,可分为以下各类:(一)写信札和便条,(二)各种文告的写作,(三)做各种提要和笔记,(四)做各种记录,(五)做日记,(六)做说明及报告,(七)创作文的写作。至于前六类作业,都得称为实用文的写作。

关于作文教学的要则,除可把前章所述的说话教学的原则转变外,作者又提出下列各条:(一)教师不能希望每一小学儿童都能够创作;(二)教师应对于写作每类文字所需的能力详加分析,并根据此种分析,而加以有计划的教学;(三)迅速写作的练习和审慎写作的练习,应该要加以相同的注意;(四)文法的教学,必须要对于儿童的写作有实际的帮助,而不宜当作一种"科学"来教学;(五)作文的批改,应以刺激儿童作自我批评为目的;(六)诊断和补救似是作文教学上主要的教学方法;(七)教师应时常提出儿童所感有困难的问题供全体讨论,并继以有目的的练习;(八)教师应使儿童常与模范文接触;(九)儿童的优良的作品,应常常揭示在教室内,以供全班观摩,有时并可油印以资仿效。

作者又指出,最初步的作文教学,要采用共作法及助作法。较高年级的作文教学,可分(1)命题,(2)指导写作,(3)批阅,(4)讨论和矫正等步骤。除把每一步骤的指导方法详述外,作者又略述作文成绩的考查方法。

参考资料

关于作文教学的金玉良言——戴维斯曾列出几条关于作文教学的金玉良言,颇有价值,兹介绍于下,以供参考:

(1) 先经验,后发表;先口述,后笔述。此处所谓口述,不一定是指"说话"而言,思考也是一样地有效的。

(2) 防止错误比矫正错误更加经济。

(3) 写作时的预见(prevision),可减少写作后的修正(revision)。

(4) 多使儿童从事短篇的审慎的写作。

(5) 要使儿童记住优良的格式,采用练习的方法,比叫儿童作文再经教师批改,更有效果。

(6) 赞美比谴责更有效果。换言之,教师有时对于儿童的并不十分完善的作文,也要加以赞美。

(7) 每次只使儿童学习一事。(见 Davis, Tenching the Elementary School Curriculum, p. 166)

问题和设计

(一) 试分析写信所需的能力。

(二) 试分析各种文告的格式及写作各种文告所需的能力。

(三) 文言的信札的阅读和写作,是否应在小学中教学(可作为一个分组辩论题)?

(四) 试分析某级儿童的作文卷子,并把错误归类。

(五) 试述一般学校所采用的笔记方法的缺点,并提出改良的意见。

（六）试述养成儿童日记习惯的各种方法。

（七）试述各种批改作文可用的方法。

参考书籍

① 徐阶平:《实际的小学各科教学法》,上海开华书局1934年版。

② 吴研因、吴增芥:《小学教学法》,上海中华书局1932年版。

③ 赵欲仁:《小学国语科教学法》,商务印书馆1927年版。

④ 顾子言:《小学国语教学法》,大华书局1933年版。

第十二章　写字的教学

写字作业的重要性　为什么小学里必须要教学写字？最重要的理由是：写字在生活上应用甚广。除掉了文盲之外，每一个人要常常书写便条、信札等等。其次的理由是：良好的写字能力，对于各种学科的学习颇有帮助。笔记和抄录的工作，在任何学科的学习上都要用到，倘若某儿童写字能力薄弱，就要感到种种的不便利。还有一个次要的理由就是社会的习惯，一向重视写字。有些店主或老板，不愿收用写字不好的学徒。社会上的绅士们，往往根据学生写字能力来评判学校教育的良窳。这种评判固常失当，但在现社会中办学，似也宜对于实际社会状况稍稍适应。

写字教学的目标　《小学课程标准》上，已把写字教学目标规定如下："指导儿童练习写字，以养成其正确和敏捷的书写能力。"试加以分析，我们就可以知道，写字必须要达到正确和敏捷两个标准。但除此之外，我们还可把几个标准增添上去。我们可以说，在小学毕业之前，每一儿童的写字能力，须达到下列标准。

（1）正确　不写错。

（2）整齐　把字写得整齐匀正。

（3）敏速　每分钟可写不少的字。

（4）舒适　肌肉动作互相调适而有节奏，姿势和执笔方法均极适宜，能够敏速并持久地从事书写的工作。

（5）机械化　写字时仍可从事各种思考。

（6）能转变　能使用各种不同的工具（铅笔、石笔、毛笔、钢笔等）来写字，能写各种不同的字体（大楷、中楷、小楷、正楷、行书等）。

（7）认识　能认识各种用正楷、行书和草书写出的字。

（8）批评　能批评字的好坏的所在，并能常常自己批评。

（9）应用　能作信札、便条等的书写，能明了各种通用的格式（如写信格式等）。

（10）有系统的习惯　安放笔砚，随时取用。

写字教学的材料和用具　关于写字教学的材料和用具的问题，各教育者常抱不同的主张。如今作者表示一点意见如下：

（一）字的大小　第一，我们要问，要儿童练习的应该是大字呢，还是小字呢？有些人以为，把大字练习好了之后，儿童写起小字来也是一定会好的。这未免把训练移转的说素太相信了！[①] 但在实际上，由练习大字而获得的写字的能力，究竟移转到小字书写的能力上面到达怎样的程度，我们尚茫然不知。就一般而论，训练的移转是极靠不住的。目下最稳妥的办法，是根据本书第一编第三章中所述的直接教学原则，看社会生活上最有用处的到底是哪一类的字，就直接使儿童练习那一类的字。社会生活上最有用处的是中字和小字，那是一定无疑的，所以我们要儿童练习的字似乎也应注重中字和小字。

（二）练习写哪些字　第二，我们要问，我们应该要叫儿童练习的到底是哪些字。这却很难定一标准，但下面几个原则，似宜遵守：(1)所写的字应为儿童读过的字，而能够了解意义的；(2)所写的字要连成有意义的句子；(3)在所连成的句子当中，尽量使同一的字或同形同部的字反复出现；(4)尽量与作文、读书等作业相联络，把新学过的生字和常常写错的字练习书写。

（三）字的体格　依《标准》的规定，正书和行书是要练习的。至于通用字的草书及俗体，只须认识而不必作书写的练习。就正书和行书来比较，行书在社会生活上用处更大，因此有些教育者主张，行书的练习应该要受到更多的注意。

（四）用什么笔写　写字所用的笔有毛笔、钢笔、石笔、蜡笔、粉笔等。若根据拿笔的方法分类，铅笔、石笔、蜡笔、粉笔等为一类，毛笔又为一类。当我们用铅笔、石笔等写字时，我们是把笔斜拿的，当我们用毛笔写字时，我们是把笔直拿的。斜拿式的练习和直拿式的练习固然可相当地互相移转，但握笔的方法，至少是大不相同，而必须要分别地加以教学的。究竟哪一类应该先教学？我们可快捷地答说：儿童初习写字，应该用石笔、蜡笔、粉笔，更进则用铅笔，到了最后，才用毛笔和钢笔。石笔、蜡笔和粉笔因为使用较为简单，故更宜于初学。再问哪一类应该多练习？作者的答复是：照现在的情形，斜拿式的写字练习和直拿式的写字练习，似应加以同等的注意，但就将来的趋势言，毛笔的书写或将无甚用处也未可知。

（五）字的范本　古人的字帖，显然是不适用的了。以前的写字，注重美观，所以对于古人的字帖，我们必须要加以摹临。现今的小学写字教学，只希望

[①] 参见作者编的《教育心理学》第十一章，开明书店1933年版。

每一学生把字写得整齐匀正,不使人讨厌,用不着怎样地美观,所以古人的字帖,根本没有用处。但倘若有少数儿童对于写字具有特别兴味,而把临帖练字当作一种消遣或欣赏,自也不在禁止之列。小学低年级的国语教科书都是用书写体印成的,似即可供范本之用。有许多小学由教师自写范本似更妥善,因为这样一来,要儿童练习书写的字,更易适应需要。沈百英先生曾主张采用一套写字练习片,似有可取之处,所以也在此处介绍一下:

"参照算术测验练习片的方法,制成由浅及深的一套练习片,好比第一片上是儿童的字体,是大号的字形,是有三句连续的话……第二十片上已经写行书了,写中字了,写十句以上的话了,采用实用的教材了。写一片加深一片,每一片下都有一行标准的尺度。没有达到标准还须练习,已经达到标准了,再换一片,这样能够自己知道练习的进程,自谋改进。依算术片的推想,可得到很大的效果。"

(六)纸用什么格式　写字要不要用有格子的纸?要回答这问题,我们应先考问:纸上的格子到底作什么用?简单说来,格子的功用在帮助儿童把字写得均匀整齐。这可说是与算术科中"加法进位作点子"的性质相类。这类的事物,对于初学者或有相当的帮助,但容易使儿童养成一种将来必须要破除的习惯,所以我们应该少用。倘若必须要采用,我们总要慎防儿童养成依赖这类事物的习惯才是。然对于初学写字者,作者认为这种格子的应用似属必要。

写字教学的方法和过程　写字的教学可有两种不同的方式。依第一种方式,写字成为儿童进行某种活动时所需用的一种技能。这是采用设计教学的过程的。兹举例说明如下:

(一)决定目的　教师可对儿童说:"今天我们要表演'开玩具店'。我们先把每一玩具的价目定下来,准备做一种购买玩具的算术游戏。每一玩具的价目一定要先写在纸条上,然后再黏在玩具的上面。如今我们练习写'四分''三分''五分'等价目,看谁把纸条写得顶好。写得顶好的纸条,就用来黏贴在玩具上面"。至此,儿童已决定目的去写各种纸条了。

(二)计划　决定纸条的大小和字形的大小等。

(三)实行　各儿童从事书写,而教师在旁察看姿势、执笔、笔顺等有无错误,而予以所需的个别指导。

(四)批评　叫全班共同批评,把写得顶好的纸条选出来黏贴在玩具上。在批评时,教师可随机使儿童注意良好的形式,如"横"要平,"竖"要直等。有时,教师可更进一步使儿童作"横""竖"等笔划的特殊的练习。

这一种写字教学方式应该要尽量地应用,因为用这种方式来教学,最容易引起儿童对于写字的强烈的兴味。但是用这种方式来教学,儿童对于写字的反复练习究嫌过少。所以除了这第一种方式之外,我们还必须采用第二种方式去教学。这第二种方式就是摹仿范本的练习。这两种练习方式的根本歧异之点,乃在:(1)前者是较属自由的书写,而后者为临摹的;(2)前者是以"实用"来引起动机的,而后者却必须使儿童自知"进步",然后可发生努力书写的动机;(3)前者对于初步教学尤属适宜,而后者似宜采用较迟。依这第二种方法去教学,教师完全要依照本书第一编第五章所述的练习教学的步骤,即是:

(一)引起动机;

(二)正确的开始;

(三)集中注意来练习。

本书第一编第五章所述的练习教学原则,在此处几乎全可适用,读者最好把该章重新温习一遍,来补充本章的所述。当教师采用这第二种方式来教学时,他必须采用一种个别教学的计划,兹介绍底特律的写字个别教学计划,以供一般的采用:①

(一)对于每一儿童,定出一个确定的客观的目标。

(二)让儿童努力去达到这目标。

(三)写字完毕后,让儿童自己去量度,自己去决定,有没有达到目的。

(四)如尚未达到目标而失败,则教师必须要予以所需的帮助,而鼓励儿童再试。

(五)如已达到目标,则再订立一个新的较稍困难的目标,以激起其努力,直至儿童达到最后的目标而止。

初步的写字教学 写字的一般教学方法和过程既已明了,如今让我再把初步的教学法讨论一下。

黑板书写 初步的写字教学,着重在使儿童养成良好的写字习惯。倘若在初步的教学时,儿童已养成错误的习惯,则此后,欲破除一种错误的习惯,就要感到异常的困难。这是教师所最应注意的一件事。

最初的写字教学,应该采用黑板上的书写。此时的教学目的乃在:(1)使儿童把已经认识的字写得正确无误,(2)使儿童写字时的肌肉动作得有相当的适

---

① 见 Stone, Supervision of Elementary Education, p. 309.

应,(3)使儿童知道笔顺。倘若教室内悬挂的黑板占很大的面积,教师应鼓励儿童在课外自由练习,凡是正常的儿童,对于此种练习总是感有兴味的。同时教师应告知儿童,字必须要写在黑板上,千万不可写在墙壁上面。

对于笔顺的问题,如今要特别提出来说一说。练习笔顺,不仅使儿童养成字形观念,而且对于字的安排方法,颇多帮助,所以笔顺的教学,异常重要,兹将教学笔顺的要则述之如下:

(一)第一步,选择笔画少的字示范,并叫儿童在黑板上学写。在示范和学写时,教师须指导儿童,使之明了笔画的先后,并防止其养成倒写的习惯。

(二)倘若儿童仍常写错,则用数字注明笔画的顺序。这也像有格子的纸一样,不宜多用,而对于笔画多的字,用之尤不便利。

(三)其次,教师可随机教儿童以笔画的名称(如横、竖、撇、捺、勾等)。作者认为,这些名称,最好在施行特殊的练习(special training)时教学之。何谓特殊的练习?比方说,儿童写"中"时把"竖"写得弯曲的,教师就趁机对儿童说:"这一笔叫做'竖'。这一笔'竖'一定要写得挺直的,倘若写得弯曲了,就不好看。现在甲儿把'中'字里面的这笔'竖'写得多么不好看。你们看我写这笔'竖',这是弯曲吗?(儿童说,不弯曲)这一笔是不是比那一笔好看?(儿童说,这一笔好看)现在我想叫一位小朋友来写一笔'直'不要写得弯曲,要像我这一笔'竖'一个样。谁愿意来写的就举手。"接着,教师就指定某儿童来练习。此种练习就是我们所说的特殊的练习。依此法,儿童不仅由横、竖、撇、捺、勾等的特殊的练习,而得到肌肉上的适应,而且因以习知各种笔画的名称,这不是一箭射双雕吗?

(四)等到儿童已习知了笔画的名称,此后教学笔顺就可以叫儿童口唱了。有时,教师可叫儿童一面在黑板上书写,一面口唱笔顺;有时,教师可叫儿童一手书空(就是在空中书写),一面口唱笔顺。例如写一"牛"字,教师可叫儿童唱"撇、横、横、竖"等是。

(五)用种种游戏比赛方法,使儿童练习笔顺。较好的游戏方法,是叫儿童用牙签搭字或用颜色涂空心字。若用颜色涂空心字,可先印成讲义分发儿童,并决定红色代表第一笔,黄色代表第二笔等,然后叫儿童把讲义上的空心字涂成实心字,比较谁涂得最对。

其他的游戏比赛,教师尚可自拟,以增多变化并激起儿童练习的兴味。

(六)到了相当时候,教师就可告知儿童以笔顺的普通原则,如由左而右,由上而下,由外而内等。最后,教师就应常常用此原则来指导儿童的笔顺了。

（七）在作个别指导时，注意校正儿童错误的笔顺。

用石笔和铅笔书写　写字教学的第二步，是叫儿童在座位内用石笔和铅笔书写。自此时起，教师除仍注意儿童的笔顺和肌肉动作外，又应注意儿童座位和姿势。正当的标准如下：

（一）坐时身体要挺直。

（二）两足踏在地板上，椅的高度须使儿童的两股能与地板相平行。

（三）椅的前面的一边，应较桌边突前数寸。

（四）前臂的约四分之三靠着桌上，肘节离身体约三四寸。

（五）纸张正放在写字者的面前。

（六）桌面应稍向写字者倾斜。

（七）纸张放得稍微倾斜一点，下面的一边与桌边成 30° 的角度。

（八）前臂与纸的底线成直角形。

（九）握笔轻松。

（十）手倚靠第三和第四指。

（十一）手掌向下，俾使手腕几与桌面平行。

（十二）光线须由左边或上面射入。

教师在教室内应悬挂几张写字姿势图，以资儿童观摩。每次写字前，教师应先使儿童注意自己的座位和姿势。对于座位和姿势不好的儿童，教师应从事个别的矫正，却不宜多讲话。

毛笔的书写　比石笔和铅笔的书写更进一步，则为毛笔的书写。最初教学毛笔书写时，教师除仍注意其座位和姿势外，还要注意下列各点：

（一）教师应指导儿童如何执笔。作者常看见，低年级的儿童用执铅笔的方法来执毛笔，可见得有许多小学教师对于这一点是不注意的。但执笔的方法若何，与写字的好坏和快慢关系甚大，故教师应开始就使儿童采用正当的习惯。关于执笔的标准，徐阶平先生曾有一段话，兹引在此，以供读者采用："无名指、小指的第一节抵住笔管，掌心要空，食指要平，笔管要直，握管不能太低，写小楷时，约距笔尖一寸，中楷便须高些，大楷甚至须握顶端。写大楷执笔太低，写到长的笔划，笔管横倒，就显出没有力。所以写大楷需要悬腕，因为悬腕才可以运笔自如。"[1]

教室内应悬挂毛笔执笔姿势图，以资观摩，而在最初教学毛笔书写时，教师

---

[1] 见徐阶平：《实际的小学各科教学法》，上海开华书局 1934 年版，第 134 页。

应加意作团体的和个别的指导。

（二）教师又应指导儿童养成各种使用用具的习惯，如研墨的方法、写字用具的保护法、看范字的方法、蘸墨的方法等。对于清洁的养成，教师尤应特别留意。

写字教学的原则　如今让我简单地立出几条写字教学的原则如下：

（一）写字练习时间要短，而次数要多。

（二）每次练习写字的开始，教师须注意观察儿童是否采用良好的习惯——关于座位、姿势、用具使用、执笔、笔顺等习惯。

（三）多采用个别的指导。

（四）要使儿童写字时具有强烈的动机，或则使写字成为儿童进行活动时所需用，或则使儿童努力达到一个客观的目标。

（五）先确定在小学毕业以前，写字练习应达到何种标准。据俞子夷先生的研究，社会上的人士，其写字能力仅得到平均七十五分，如此看来，小学写字的练习，只须把七十五分作为最终的努力的目标。凡已达到此目标的儿童，不论在哪一年级，皆可不令其写字了。如果他自愿写字，当作一种消遣，自然也不加以禁止。

（六）每次练习应利用写字量表，以给予儿童所努力的客观的目标。

（七）每次写字完毕，叫儿童自行与量表比较，然后在统计图表中载明儿童的进度。

（八）依能力把全班分成若干组，每周从每组中选出最优良的写字成绩揭示，以激起儿童的努力。

（九）在写字时，要使儿童注意于字形，而不要注意于自己写字的动作。

（十）撇、捺、横、竖等笔画的练习，似宜行之于整个字的练习之后，而当作一种特殊的练习，却不宜行之于整个字的练习之前，而当作一种预备的练习（preliminary drill）。第一步要使儿童感觉到"需要"——使儿童感觉到自己的缺憾而图改进；第二步是要使儿童作特殊的"练习"；第三步是要儿童"应用"刚才练习过的笔画，写整个字。(1)需要，(2)练习，(3)应用——这是笔画练习所应采用的过程。但此种练习是缺乏兴味的，故必须用吟唱歌词以引起兴味。赵欲仁先生曾拟有单笔练习材料和复笔练习材料两种，兹举数例，以供参考：[①]

[①] 见《教师之友》(创刊号)，1935年。

（3）竖的练习　　　　　　　　　　　　（4）撇的练习

呀！索儿都掉下来了！　————————　　锅碗里的脏东西，

一根索儿，　　　　　————————　　撇去，

两根索儿，　　　　　————————　　快撇去，

三根索儿，　　　　　　　　　　　　　　快快撇去！

……

写字成绩的考查　考查写字成绩所用的工具，现已有俞子夷的《正书小字量表》和《行书小字量表》等，可资应用。

考查写字成绩时，教师要注意两方面：（一）快慢；（二）好歹。若用写字量表来考查成绩，教师只须叫儿童写一段文字，与量表比较好歹，并计算字数以评定快慢。考查方法详见各该量表说明书中，兹不赘述。还有一种诊断图表（diagnostic chart），[①]用以发现各儿童写字困难之所在，在教学上颇有用处，惜我国尚未有人加以编造。

总论

因为写字在生活上应用甚广，又因为笔记和抄录的工作在任何学科的学习上都要用到，所以小学里的教师对于写字的作业必须要加以重视。在小学毕业之前，每一儿童的写字能力，须达到下列标准：（1）正确；（2）整齐；（3）敏速；（4）舒适；（5）机械化；（6）能转变；（7）认识；（8）批评；（9）应用；（10）有系统的习惯。

关于写字教学的材料和用具，各教育家主张不一，作者对于下列各问题，均已在本章中表示一点意见：（一）字的大小；（二）练习写哪些字；（三）字的体格；（四）用什么笔写；（五）字的范本；（六）纸用什么格式。

作者指出，写字的教学，可有两种不同的方法：（一）设计的方式，其教学过程分（1）决定目的，（2）计划，（3）实用，（4）批评；（二）模仿练习的方式，其教学过程分（1）引起动机，（2）正确的开始，（3）集中注意来练习。本书第一编第五章所述的练习教学原则，几可全部在写字教学法上应用。作者又介绍一种底特律的写字个别教学计划，供一般的试行。

初步的写字教学，应由黑板书写开始，再由石笔、铅笔而进于毛笔的书写。作者在本章中已把每一阶段的教学要点，详加指出。

---

① 参考 Freeman, Chart for Diagnosing Faults in Handwriting.

作者最后列出十条写字教学原则,并略述写字成绩考查的方法。

问题和设计

(一) 行书和正书的教学,哪一种更应在小学中注重(可作分组讨论的题目)?

(二) 试把汉字的偏旁和笔画作一分析的研究。

(三) 试把汉字的笔顺作一分析的研究,而订立若干原则。

(四) 试订立几个毛笔握笔方法和书写姿势的标准。

参考书籍

① 吴研因、吴增芥:《小学教材研究》,商务印书馆1933年版。

② 吴研因、吴增芥:《小学教学法》,上海中华书局1932年版。

③ 钟鲁斋:《小学各科新教学法之研究》,商务印书馆1934年版。

④ 赵欲仁:《小学国语科教学法》,商务印书馆1927年版。

⑤ 俞子夷、朱晸旸:《新小学教学法》,儿童书局1934年版。

总温习

(1) 什么是国语教材选择和组织的原则?①

(2) 为什么要研究常用字的问题?

(3) 想像性的教材何以不及现实性的教材重要?

(4) 什么是阅读材料中的兴味元素?

(5) 为什么读书在小学课程中占重要的地位?

(6) 什么是珀西瓦尔氏的研究结果。

(7) 我们要打倒的书本教育,到底是哪一种书本教育?

(8) 什么是史笃氏所定的读书教学的目标?

(9) 为什么朗读没有默读那么的重要?

(10) 什么是格雷氏的成人读书习惯研究的结果?

(11) 什么是朗读教学的价值?

(12) 什么是都诺文所定的默读和朗读的时间分配的标准?

(13) 什么是游戏类的读书和工作类的读书的歧异之点?

(14) 何以工作类的读书更宜加以重视?

---

① 即国语教材选择和组织的原则是什么? 下同。——编校者

(15) 何以读书速率必须要适应读书时的目的？
(16) 什么是最重要的数种眼动习惯？
(17) 什么是增进读书能力的数种巧术？
(18) 什么是迅速能力和理解能力的比较的重要？①
(19) 什么是读书与思考的关系？
(20) 什么是读书能力薄弱的原因？
(21) 何以生字的练习不宜过于注重？
(22) 何谓内在的教学方法？
(23) 什么是增加儿童识字的良好的方法。
(24) 什么是几个最重要的教学原则？
(25) 何谓有听众的朗读？
(26) 试述数种朗读教学的方法。
(27) 试述复述和背诵在读书教学上的正当的应用？
(28) 什么是指导儿童记忆的正当的方法？
(29) 试述数种默读练习的方法？
(30) 什么是初步的读书教学所应注意的要点？
(31) 怎样考查读书教学的成绩？
(32) 何谓经验的阅读？
(33) 为什么说话的教学较作文的教学更宜重视？
(34) 什么是说话教学的目标？
(35) 哪几种说话作业最宜受到重视？
(36) 什么是说话教学的要则？
(37) 怎样去应用有组织的语言材料？
(38) 什么是麦克道尔的研究结果？
(39) 什么是日常会话所需的能力？
(40) 什么是初步的教学所应采用的方式？
(41) 较高年级的说话教学,应该是怎样？
(42) 若采用表演的方法来教学说话,其过程若何？
(43) 什么是教学故事讲述时所应注意的要点？
(44) 初步的故事讲述的教学应该怎样？
(45) 教师自己讲述故事时,应该注意哪几点？

---

① 意为迅速能力和理解能力何者比较重要。——编校者

（46）什么是做简短的报告及说明所需的能力？

（47）什么是简短的报告及说明的教学过程？

（48）演说的教学应该要怎样？

（49）怎样考查说话教学的成绩？

（50）什么是作文教学的目标？

（51）什么是作文作业的主要的种类？

（52）什么是作文教学的要则？

（53）什么是创作文和实用文的区别的所在？

（54）初步的作文教学，采用何种方法？

（55）怎样命题？

（56）怎样指导儿童的写作？

（57）怎样批阅作文？

（58）怎样讨论并矫正儿童作文上的错误？

（59）怎样把儿童的作文列表及保藏？

（60）怎样考查儿童作文的成绩？

（61）为什么写字很重要？

（62）什么是写字教学的目标？

（63）为什么小字比大字重要？

（64）要叫儿童练习的，到底是哪些字？试订立几个选字的标准？

（65）写字应该用什么笔写？

（66）为什么临帖并不必要？

（67）为什么有格子的纸不宜多用？

（68）什么是写字教学的两种不同的方式？

（69）什么是写字教学的过程？

（70）什么是底特律的写字个别教学计划？

（71）初步的写字教学应该怎样？

（72）怎样教学笔顺？

（73）什么是正当的写字姿势？

（74）什么是写字教学的原则？

（75）怎样考查写字的成绩？

第十三章　社会科的教学目标和教材

社会科的教学目标　依《小学课程标准》的规定,小学社会科的教学目标为:(一)指导儿童认识个人与社会的关系,并培养儿童良好的道德习惯和参加社会活动必须的知识经验;(二)指导儿童了解国家民族的历史演进、地理状况和文物制度的大概,并培养儿童爱护国家、努力自卫的精神;(三)指导儿童明了人类生活状况、世界大势和文明进化的意义,并培养儿童尽力社会、爱护人类及促进世界大同的愿望。社会科的内容,虽包括公民、历史和地理三方面,但就这几条目标看来,其根本目的乃在训练有效率的公民。亚尔麦克(Almack)和蓝恩(Lang)二氏曾说得好:使儿童了解社会、参与社会并改进社会——这些是历史、公民和地理等科的最高的目的。①

社会科教材的范围　《小学课程标准》曾把各学年作业要项,详细规定如下,由此可以看出小学社会科教材的大概的范围。

第一、二学年

(1)党旗、国旗的认识和讲述。(2)中山先生儿童时代故事的讲述。(3)参加纪念周及其他集会的训练。(4)节日(如植树节)的讲述研究。(5)忠、孝、仁、爱、信、义、和平等道德故事的讲述(注重实践)。(6)家庭生活的研究。(7)邻里生活的研究。(8)学校生活的研究。(9)本地公共场所的观察研究。(10)本地名胜古迹和纪念物的实地观察,及其所包含的历史故事的讲述研究。(11)方向位置和本地区域山水道路等观察的研究。(12)本地物产的观赏研究。(13)异地生活的设计比较研究。(14)原始人生活,如裸体、生食、穴居、巢居、取火、渔猎、自卫、御侮、迁居、娱乐等的设计比较研究。(15)纪念日讲述研究。(16)本地时事要闻的讲述研究。

第三、四学年

(1)我国近代历史上重要人物及党国先进故事的讲述研究。(2)我国革命运动史和中华民国开国史的大概的讲述。(3)三民主义大要的讲述研究。(4)纪念日和国耻痛史的讲述研究。(5)不平等条约大概的讲述研究。

---

① 参看本书第一编第二章。

(6)民权初步的演习。(7)选举、罢免、创制、表决四种民权的设计练习。(8)人民对于国家的权利义务的研究。(9)继续第一、二学年第五项。(10)地方自治(保卫、水利、造林、修路)的观察调查和研究。(11)我国政治组织的大概的讲述。(12)本地人民生活和职业状况的观察调查和研究。(13)异地人生活的比较研究。(14)食、衣、住、行等日常事物的发明进化研究。(15)历史上重要人物和发明家故事的讲述研究。(16)渔猎、畜牧、农耕、工商各时代人类生活进化大概的研究。(17)家族、民族、部落、国家、人类、社会、政治组织演进大概的情形。(18)我国地势、气候、物产、交通、区域等大概的研究。(19)我国首都、上海、北平、汉口、广州等重要都市的研究。(20)地球形状、大洋、大洲,我国和世界重要各国位置的认识。(21)重要时事的讲述研究。

第五、六学年

(1)总理遗嘱的意义的讲述研究。(2)中国国民党党治及军政、训政、宪政等意义的讲述研究。(3)继续第三四学年第三项。(4)继续第三四学年第六项。(5)继续第三四学年第七项。(6)继续第三四学年第九项。(7)平等与自由的意义的研究。(8)地方民俗习惯的观察调查和改善方法的研究。(9)地方自治的观察调查研究。(10)市政的观察研究。(11)社会生活和社会服务的观察研究和实际参加。(12)家庭贫乏等社会问题的观察、调查、讨论、研究。(13)生产、消费等社会经济状况的观察、调查、讨论、研究。(14)我国政治制度组织和人民的权利义务的研究。(15)五权宪法的研究。(16)我国现行重要法制的大概的研究。(17)职业种类、择业方法和职业上必需的品性行为的讨论研究。(18)重要时事的讲述研究。

以上是关于公民知识的。

(19)中华民族的起源和我国古代文化的研究。(20)我国历代民族的演变与现时国内民族现状等的研究。(21)我国历代学术思想的重要事实的研究。(22)我国历代重要发明的研究。(23)我国历史上重要人物的讲述研究。(24)与我国现时有关系的各民族和国家的研究。(25)我国近百年来的内政外交的重要事实和革命运动的研究。(26)日本的维新及其在太平洋上的活动研究。(27)英、法的革命,美国的独立和我国民权运动的研究。(28)俄国革命研究。(29)产业革命及其对于我国的影响研究。(30)欧洲大战及其对于我国的关系研究。

以上是关于历史的。

(31)我国地势、山脉、河流、区域、气候、物产等的研究。(32)我国各省市和蒙古、西藏的认识研究。(33)我国重要都市的研究和世界重要都市的比较。(34)我国交通事业及世界交通的研究。(35)我国水利和民生关系的研究。(36)实业计划大概的研究。(37)我国边界、失地和邻近各国(尤注重日本)的研究。(38)我国和帝国主义国家地理上种种关系研究。(39)世界重要各国的地点、国势等及世界大势等的认识研究。(40)地球形状、两极、赤道、五带、经纬线、大洲大洋等的认识研究。

以上是关于地理的。

学科并合的问题 在把社会科教材选择和组织的问题作更进一步的研究之前,让我们先考问:为什么《小学课程标准》把从前的公民、历史和地理三种学科合并成为社会科呢?简单的回答是:这种办法是顺应着小学教育的最新的趋势的。然读者要明白,按世界各国小学实际教学的情形,有三种不同的办法,都有采用:第一种是分设三种学科的,第二种是把三科合并教学的,第三种是根本不问学科界限而采用彻底的活动课程的。采用第三种办法的,现仅限于实验性质的小学,但前两种办法都是非常流行。各教育家中,有赞成各科分设的,也有赞成把各科合并的,意见非常分歧。所以这问题迄今尚有争辩的余地。至于作者的意见,则倾向于合并一方面,但是对于各科分设的优点,作者认为仍须注意保存。

合并的好处在哪里呢?简单的回答是:倘若我们把公民、历史、地理三科合并教学,那么,有许多重要的教学单元,就可加以充分的讨论了。例如"九一八"事变,我们固然可把它当作历史去研究,但牵涉到地理方面的非常之多,若归在历史科中研究,我们一定是不能加以充分讨论的。要教学像这一类的单元,采用合并科目的办法,总比采用分科的办法便利得多。然各科分设也有一种为合并所无的优点,就是更有系统。采用了合并教学之后,有许多小学儿童,非但得不着系统的知识,而且连时间和空间的观念也一点没有。这一种缺点也必须要加以矫正才是。然而在优良教师的指导之下,这一种缺点也是很容易免掉的。

系统知识的归纳 采用了合并教学之后,我们如何才能够使得儿童获得有系统的知识呢?兹举一例加以说明。比方说,在五月一日这一天,儿童要了解劳动节的意义,请教师讲述劳动节经过的情形,教师便可趁机把五月一日所以定为劳动节的经过作详尽的有兴味的讲述。这种讲述不仅限于历史的事实,而且连带到与劳动节的成立有关系的各国地理的研究以及资本主义概念的了解,所以是把历史、地理、公民打成一片的。教师又须引导儿童发生更进研究其他劳资问题的史实与现状,而指导儿童参考各种补充的教材,使之从吾国劳动节成立起把历年来劳动者与资本家间发生大事的经过,用笔记、立表、绘图等方法作极充分的研究。儿童从这有兴味的研究中,可以了解劳资的一切关系——这何尝没有很好的系统?

在正当的指导之下,一种兴味总可以引导到另外一种兴味。研究了吾国劳资问题之后,儿童就想研究英、美、法、俄及他国的劳资问题了。这样一来,全部劳资问题都可使儿童得到系统的了解,而对于劳动者现在所处的地位和改良待遇的必要等等,儿童都可因此获得一个明了的概念了。

再从劳资问题的了解,儿童便感觉到革命的必要,而因此发生研究中山先生民生主义的兴味,于是历史研究的范围愈扩愈大了。但因为各项史实间的因果关系,儿童也可从这个研究中得到一个大概的线索,所以这种研究总不能说是没有系统。

年代和空间观念的发展 其次,我们要研究,采用了合并教学之后,我们将怎样培养儿童的年代和空间的观念呢?从刚才所举的例子里,读者已可知道,在正当的合并教学之下,我们也未尝不可使儿童明了各种因果的关系。假若教师能够把儿童的兴味因势利导,使之注意各种事实的因果,则他们欲跟进发展其年代和空间的观念并不十分困难。对于年代观念的发展,有一种有效率的方法,就是在教室中悬一年代表,每次讨论过一件历史事实,便把该项事实发生的年份记于表上。此种年代表可用公历纪年为经,民族分合、历朝兴亡年代、列国兴亡年代为纬,以供四年级以上作整理知识的工具。这在较新式的小学内,已被普遍地采用了。

发展空间的观念的最有效率的方法,便是利用地图和地球仪。每一教室应该备有此种教具。如果教室面积相当地巨大,还有一种很好的方法可以采用:就是在地板上绘上一个很大的地图,图上东南西北的方向,也要与教室的实际方向相符合。此后,儿童可自由地用蜡笔去定出某地名在地图上的地位并可自由抹去。总之,假若教师每次讨论一个具有空间的关系的地理题目,就常常把地图和地球仪加以利用,则我们欲使儿童逐渐发展空间的观念就不十分困难了。

社会科教材的选择和组织 作者在第一编的第二章中所讲述的教材选择和组织的原则,对于所谓内容的科目,如社会、自然等科特别地适用。为了节省篇幅起见,请读者自行将该章温习,并自行根据该章所述订立若干条社会科教材选择和组织的原则，供作自己实际教学时的参考。如今我们要把几个有关于社会科教材选择和组织的重要问题讨论一下。

社会科的详细教学目标分类 第一我们要考问，什么是希望儿童从社会科中获得的特殊的学习结果？或换句话说，什么是社会科的详细的教学目标？我们虽不能把社会科的教学目标加以详细的决定，却可把他们分成下列四大类别：

（一）事实的记忆 有许多重要的地名人名和其他重要的事实知识，我们仍须使儿童记忆。一般的实际教学，或则过于重视事实知识而强迫儿童把不必要的地名和人名等加以强记；或则走到相反的极端，过于重视思考的方面而忽略事实的记忆。正当的社会科的教学，自应着重于思考的方面，却是对于事实的记忆，也必须要定出一个最低的要求。这最低的要求，应该要由从事课程编造的工作者加以明确的规定。但未有此种规定之前，每一教师应该要根据本书第一编第二章所规定的价值评判标准，自己斟酌决定。

（二）概念或名词的了解 社会科中，还有许多重要的名词或概念，也应该要使儿童彻底地了解，像不平等条约、帝国主义、五带、赤道等，不胜枚举。对于这些概念，我们也应根据价值评判标准分别主要与次要，俾在教学时加以不同的时间的分配。这一项教学目标，当然要比事实记忆重要得多。

（三）思考能力的培养 社会科教学的又一重要目标，就是要使儿童对于各种社会生活中的问题做有智慧的思考。就目前情形而论，像如何救济农村衰落、如何恢复民族精神等问题，都是值得研究的。此类问题随时发生，很难预先拟定一表格，规定在学校中教学，而且又没有现成的答案可使儿童牢记。所以其性质与事实的记忆根本不同。要实现这类目标，我们只有一法：就是把第一编第五章所述的问题的教学法，尽量地在教学社会科时应用。

（四）重要态度和理想的培养 像爱国、世界大同、服务等等态度和理想，当然是异常的重要。社会科在这方面的贡献，也应该要加以详细的分析，供作教学时的应用。

怎样研究社会科的教材 因为我们已指出，选择教材的首要原则，是使所选择的教材适合于所已订立的教学目标，所以我们若不明了社会科的详细目标，就无从着手做社会科教材的研究。①《课程标准》上所订立的三条教学目标

---

① 参看本书第一编第二章。

当然是很概括的,所以我们必须根据上述的类别,加以进一步的分析研究。一种最简单易行的研究方法,是把《各学年作业要项》中的规定,依上述的类别重新归类,重新立表,但这种方法显然是不完密的。

单元的决定 等到详细分析了教学目标之后,作者认为最重要的教材研究工作,就是去决定各个可用的单元。可用的单元,当然是很多的。每一小学所教学的单元,也不必求其完全相同,因为重要之点,乃在所规定的教学目标有没有实现,而不在所教学的单元的名称和数量若何。

单元的性质,也有各种不同的类别。据姚克姆(Yoakam)和辛柏逊(Simpson)二氏的分类,单元可分成设计单元(project units)、问题单元(problem units)、学科单元(subject units)和活动单元(activity units)四种不同的类别。①设计单元和活动单元,可说是名异实同的,不过后者的名称较属新颖。若完全采用了活动单元来教学,那就要打破一切学科界限,颇不易在普通小学中实施。这一层,我们已在第一编第二章中指出,无待赘述。唯在小学较低年级中,教师似宜视教材的性质,尽量地引用活动单元来教学。问题单元是要使儿童用理智来解决一个巨大的问题,不一定是包含具体的活动的。但有时,问题单元也可包含具体的活动,到了那时,就可以称为问题的设计(a problem-project)了。问题单元的特征乃是用归纳的立场研究一个单元和题目,在社会、自然这两门科目中,采用问题单元的组织似极相宜。还有一种学科单元,乃是从问题单元演变出来的,在实际上与问题单元很相类似。依此种学科单元的组织,学科的界限,尽管保存,我们只要把一种科目分为若干有意义的单元并使儿童把各单元作有系统的研究。这就是莫利逊的单元制(Morrison's unit plan),后来开尔泰女士(Miss Kelty)曾把《美国史》分作十二大单元,在高级小学中试行过,而得到很好的成绩。② 关于此种学科单元所应采用的教学方法,下章将加以详细讲述,关于问题单元的教学方法,读者温习了第一编第六章之后,自可明了,作者拟不再加以重复叙述了。

单元内容的分析 每一小学教师应该根据所已订立的详细教学目标,把各年级的社会科的教材,分作若干单元,并根据时令和活动上的需要,预定一个先后的次序。这一种预定的计划,当然是暂定的,随时可加变动的。至于其次的

---

① 见 Yoakam, Simpson, An Introduction to Teaching and Learning, Chap. XXV.
② 参考 Morrison, The Practice of Teaching in the Secondary School; Kelty, Teaching American History in the Middle Grades of the Elementary School.

研究社会科教材的步骤,就是要把每一单元的内容详加分析。关于此类的分析,作者敢拟一表如下,以指出此种研究的一般的范围。

(一) 单元名称

(二) 单元目标(分别主要与次要)

1. 概念的了解

 (1) ……

 (2) ……

 (3) ……

2. 事实的记忆

 (1) ……

 (2) ……

 (3) ……

3. 理想态度和思考的训练

 (1) ……

 (2) ……

 (3) ……

 (4) ……

(三) 可利用的学生活动①

 (1) ……

 (2) ……

 (3) ……

(四) 可采用的课文或阅读材料

 (1) ……

 (2) ……

 (3) ……

(五) 可利用的教具和设备

 (1) ……

 (2) ……

 (3) ……

---

① 参看本章参考资料。

(六)可利用的教学手续(说明大概的过程)

教科书和参考书的地位 关于这个表格有一点是值得注意的。儿童学习社会科的教材,完全是由于自己的活动的结果,至于教科书或参考书的阅读,只是儿童活动中的一方面,并不包含儿童活动的全部。儿童由教科书或参考书的阅读可获得若干间接的经验,但是更加重要的是关于直接经验的供备。有许多教育者主张,社会科和自然科的教学不要采用教科书。这就是要矫正现今的一般小学社会、自然两科的教学过于重视文字的流弊。我们认为,教科书仍不妨加以采用,但是在采用教科书时,教师必须要注意两点:(一)社会科的教科书,虽已把社会科的教材作有系统的组织而很便利于学习,但其主要功能乃在指示自动研究的途径,却并不包含一切所需的材料。(二)教科书册页极薄,内容并不充分,如果儿童已获得良好的阅读能力,决不能对于教科书所供给的知识感觉到满足,所以除了社会教科书之外,教师又须充分供给各种关于社会知识的阅读材料。

关于这一层,《课程标准》的教学要点里,也说得很好,兹抄录如下,供读者深省。

> 社会教学应注重儿童亲身经历、亲眼观察或亲手调查记载制作发展等的活动,书本知识不过用以补充直接经验。至于社会科的儿童图书如原始人生活、树居人生活、穴居人生活、海滨人生活、世界儿童故事、名人传记、风景志、游记、年代表、地图、事物发明史等,可充分采用。

教学要点里又说:

> 高年级儿童所用参考书,可每一问题编成一种。例如关于服式的,可将历代服式,现在我国和各国服式,绘图立式,成为一套;关于陶瓷的,可将中外陶瓷的发明进化史以及历代和现代陶瓷器图说,编为一套……行文须浅显而有文学趣味。

作者对于这一种办法,表示十二分的赞成,可惜此类参考书,现在已经出版得并不很多。倘若此类参考书增多了以后,社会科教材的内容就十分地充实了。

教科书和参考书的分析 还有一种关于社会科教材研究工作,就是把各种

社会教科书的课文和参考书的内容作精密的分析。分析每一教科书的课文或每一参考书的内容时,作者认为下列的问题须加以考问:

(一)这一篇课文(或参考书)能够帮助实现什么教学目标?

(二)这一篇课文(或参考书)适合若何年级的程度?

(三)这一篇课文(或参考书)包含何种兴味的元素?

(四)这一篇课文(或参考书)能引导儿童作何种有意义的活动?

几个根本观念　最后,作者要不厌重复说明教学目标和课文的关系。我们研究教材,决乎是不能离开教学目标的——这里所说的目标,显然是指详细的教学目标而言。用一种比方来说,教学目标好比是人身所需的营养成分,教科书里的课文或参考书,原可说是精神上的食物。我们选择课文和参考书,正好像选择吃食的食物一样。当我们在选择食物时,我们应该考问,这种食物到底包含些什么营养成分,依相同的道理,当我们选择教科书的课文或参考书时,我们也应该要首先考问,这篇课文或参考书可能引导到何种教学目标的实现。食物的种类很多,我们每天吃的不必要拘泥于哪一种,只须选择营养丰富者多吃食一点,依相同的道理,供儿童阅读的课文,也不必要严密地加以规定,只要使儿童每次读了之后,能够获得所需的学习结果。

至于单元的划分,只是要把一科目内的全部教学目标,划分几个学习的段落以求其逐段地实现。在每一学习的段落内,我们当然要采用若干课文或参考书,供作儿童的精神的食物之用。教科书里的课文,为便利起见,当然也可以采用单元的组织,但是学习一个社会科的单元,决不就等于阅读一个单元的教科书的课文。

明白了上面所述的教学目标、学习单元和教科书课文的相互关系,并根据作者所指出的教材研究工作的步骤,那么,我们研究起社会自然等科的教材来,或不至走上错路!倘若我们不先分析社会科的教学目标,而盲目地研究社会科的教材或从事课文的编辑,那就好像选择食物时,不分析营养成分而只问滋味好坏一样。至于把教科书的课文看作与教材完全意义相同,那更是荒谬绝伦了!现在各种错误的观念非常流行,所以作者不厌其烦地加以申说,希望读者对于这些根本思想,首先要加以正确的认识。

总论

社会科的根本目的,乃在训练有效率的公民。

作者介绍了《小学课程标准》所规定的《各学年作业要项》之后,就把学科并合的问题加以讨论。作者指出公民、历史、地理三科的合并教学,似更适合小学教育的最新的趋势,但采用了合并教学之后,教师仍须使儿童获得系统的知识,关于时间和空间的观念,教师更应利用年代表、地图、地球仪等,使儿童明了。在正当的教学之下,这不是十分困难的。

我们希望儿童从社会科中获得的特殊的学识的结果,可分为:(一)事实的记忆,(二)概念或名词的了解,(三)思考能力的培养,(四)重要态度和理想的培养等类别。

在本章中,作者提出若干社会科教材研究工作,希望读者自动地从事研究的活动。作者又明显地指出,教学目标、教学单元和教科书课文的不同的性质及其相互的关系,希望读者加以明白地记识。这些根本见解,作者认为异常重要,要请读者详加思考,俾对于社会科教材的研究的工作,不至走上错路。

参考资料

社会科中可利用的学生活动 社会科中可利用的学生活动,帕克氏曾分析为下列七项:(见 Parker, Types of Elementary Teaching and Learning)

(1) 观察真正的社会情境和材料或图画模型。

(2) 解决问题,须从人生需要上发生,或从学生的经验、目前状况或想像历史上人民生活而发生。

(3) 发表观念用下列各法:

① 游戏的模仿社会活动;

② 制作缩形的实物及情况;

③ 绘画地图、图画表解;

④ 记述经验实物实事;

⑤ 比较和陈示历史活动;

⑥ 讨论发生的问题;

⑦ 组织、概括和复习所获经验的结果。

(4) 阅读课本及补充读物,包括冒险的阅读和历史的研究。

(5) 研究大运动,不依年代详细学习。

(6) 确定地理上的影响对于历史发展的关系。

(7) 采用伟人生活,于社会运动中的伟人,审辨大冲突及发展。

奥多可[①](Altucker, Margaret, M)在《社会教学之研究》(Research in the Social

---

① 生平未详。——编校者

Studies)一文中,提出十五项活动如下(见 Journal of N. E. A Vol. 16, pp. 180 - 190, June, 1927.)

(1) 表演,赛会,假扮;

(2) 远足和想像的旅行;

(3) 制造和手工;

(4) 学生报告指定的问题;

(5) 沙台陈列;

(6) 地图,表解,挂表;

(7) 辩论;

(8) 做凸面地图和模型;

(9) 研究社会的组织;

(10) 收集图画及材料;

(11) 做小册子;

(12) 编造纪念日表;

(13) 揭示新闻时事;

(14) 游戏团体练习;

(15) 使用实体镜及影片。

问题和设计

(一) 试根据《作业要项》及各种教科书,全班分工合作,拟定各年级适用的社会科和自然科的教学单元,供将来教学时的参考。

(二) 每人至少就两个单元的内容,依作者所拟的表式,作一精密分析。

(三) 每人至少依本章的指示,分析五篇教科书的课文。

(四) 试解释学习结果、学习单元、教材、活动、教科书课文等的意义及在教学过程中的地位。

参考书籍

① 徐阶平:《实际的小学各科教学法》,上海开华书局1934年版。

② 吴研因、吴增芥:《小学教材研究》,商务印书馆1933年版。

第十四章　社会科的教学法

《小学课程标准》虽已把从前的公民、历史、地理等科合并成为社会科,但高级小学采用分科教学办法的仍极普通。有些小学虽采用合并教学,而其所教学的单元,有偏重历史的,有偏重地理的,有可归入一般所谓公民的,故为便利起见,我们如今仍把历史、地理和公民的教学,分别地加以讲述。

一、历史的教学

历史的功用　小学儿童所能习知的历史事实是极其有限的。有许多重要的历史运动和事实,倘不能为小学儿童所了解,凡在小学中教学的历史教材必须要对于儿童具有极大的价值。还有一点,我们必须要认识清楚:历史的事实,虽只是"过去"的记载,但是研究"过去"并不是为了"过去"的本身,乃是欲对于"现在"得到更透彻的了解。所选择的历史教材须能帮助解释现时的社会情况,并能由"过去"的追溯帮助解决现时的问题。

用传记法来研究历史　小学儿童研究的历史,须是非常具体,因此,最初教学历史,以采用传记法为最适宜。传记是研究个人的,历史是研究人类团体的,然由个人的研究引导到人类团体的研究却是非常的便利。约翰逊·亨利(Johnson Henry)提出下列的用传记法来研究历史的理由:[1]

（一）研究个人比研究个人所属的种族、城市或国家来得简单。

（二）儿童对于个人有一种天然的同健全的兴味。他们的心理是同英雄同其苦乐的,他们自己的经验因之扩大起来,这种影响是研究社群所想不到的。

（三）知道了古代伟大的高尚的人物,就会生出一种模仿他们的意思,而且使得恶人所做的恶事觉得可怕。

（四）我们可以使个人来代表社群,所以研究个人的特性同经验,事实上同研究社群的特性同经验一样。

---

[1] 见(美)约翰逊·亨利著,何炳松译:《历史教学法》,商务印书馆1926年版,第175页。

假若在小学中所教学的历史采用了传记的方法，那么，我们研究历史教材时，最应致力的乃是选择代表每一历史运动的伟大的人物：关于近数十年的中国历史无疑地，我们可选孙中山先生为代表的人物。但是其他的历史上的代表人物，选择时却极不易，这是要由历史专家加以评定的。

莫利逊的单元教学法 莫利逊的单元制我们已在前章中提及，因为莫氏所提议的单元教学法，在高级小学历史科中应用非常适宜，所以如今作者要加以介绍。莫氏的单元教学法，所根据的理论基础，就是本书第一编第四章所述的熟练公式，请读者自行温习，恕不重述了。

（一）试探（exploration） 这个试探的阶段，目的乃在发现儿童对于所欲学习的单元，已具有何种经验的背景。倘若某数儿童对于所欲学习的单元已经了解，教师就不必再使他们学习，致使把光阴耗费于无谓。倘若某数儿童尚缺乏经验的背景，教师就应供给以经验的基础。"预测验"的手续是在这个阶段内举行的，儿童对于新教材的兴味也在此时引起。这一阶段费时不多，接下去就可由教师提示。

（二）提示（presentation） 在这提示一阶段内，教师应说明某一单元的大意。此种提示，一定要非常简单而有兴味，其目的乃在给予儿童一种鸟瞰，供作儿童进一步详细研究的基础。这一阶段也不必费很多的时间，但需要很优良的教学技术。经提示之后，教师即应作一提示测验（presentation test），看儿童对于教师的提示有没有了解。根据提示测验的结果，教师可把儿童分组：第一组已可进行自力研究，第二组尚须略加帮助，第三组则因尚未明白了解，须由教师重新提示。

（三）自学（assimilation） 在这第三阶段，儿童在教师指导之下作自力的研究。儿童在此时从事各种阅读，从事搜集材料，或进行各种设计，而教师则在旁作个别的建议及帮助。这一阶段的工作，可继续数日或数星期之久。

（四）组织（organization） 这第四阶段的目的，乃在使儿童把自学时所搜集的知识组织成一个系统。结果可由教师与儿童合作，列出一个纲要。等到儿童能力更进步之后，此种纲要可由儿童自己单独去写作。

（五）回讲（recitation） 在此阶段内，教师希望儿童把自学的结果作简短的报告——口头的或笔述的。口头的报告取讲演的形式。每一单元学习完毕，教师须至少指定数人在讲台上讲述，而由其余儿童发问或补充。其余未回讲的儿童，则必须缴呈笔述的报告。

上列的五个阶段，显然不宜呆板地加以应用，而必须要随着特殊的教学动境而施变化。莫利逊的单元教学法，据开而泰所指出，可称为"团体的和个别的教学法的混合"（combined group and individual progress）。① 最初的准备及提示和最后的回讲，都是采用团体的教学的，至于自学和组织这两个阶段则纯然采用个别的指导。此种教学法的又一特长，乃在极易在社会、自然等科中采用，而不像道尔顿制一样地需要特殊的学校改组。若细加以分析，我们便可发现，这种教学法并不引进何种革新的元素。第一和第二阶段，实在就是一种较完善的作业指定的技术，第三和第四阶段实在就是一种自学辅导的技术，至于最后的回讲一阶段，就可说是一种社会化的教学法的技术。把三种技术合并在一起应用，才是这种教学法的革新的地方。

采用此种教学法时，每一单元的教学须费去很多的时间，故历史科里的中心单元，必须要范围广而数目少，这是在试行时所应注意之一点。

重要事实的记忆 历史上有若干重要的事实和日期，必须要叫儿童记住。关于历史事实和日期的记忆，许密特脱②（Schmidt）氏作如下提议：③

（1）先使儿童研究历史的事实，并指出关于这历史事实的日期有加以记忆的必要。接着，教师就在一张适当的图表上，写出这历史事实和日期，事例如下：

一四九二年——哥伦布发现美洲。

（2）等到引进了六七个日期之后，教师应即使儿童作有系统的记忆。在极短的两分钟的练习中，叫儿童把这些日期熟记。其他的历史事实，也可用相同方法去教学。

二、地理的教学

地理与人生 地理的教学应着重在指出地理环境对于人类生活的关系，凡与人类生活并不具有密切关系者，概不宜列入小学课程之中。这可说是选择地理教材的主要标准。

新旧地理教学的比较 过去的地理教学，漫无目的之可言。地理教科书

---

① 见 Burton, Supervision of Elementary Subjects, p. 399.
② 今通译施密特。即 Charles Christian Schmidt. 曾任美国北达科他州大学教育学教授。——编校者
③ 见 Schmidt, Teaching and Learning the Common Branches, p. 312.

中，罗列着关于地球各部的各种琐碎的知识，而不问其与人类生活的关系若何。至于现时的地理教学，乃是要使儿童获得主要的地理事实和原则的知识，乃是要使儿童明了地理环境与人类生活的因果关系，乃是要使儿童对于各地人民的生活发生研究的兴味。在教材的方面，现时的地理教学已有下列的主要的革新：

（1）引进直接观察　关于低年级乡土地理的教学，特别着重直接的观察。由此种直接的观察，儿童可获得若干真实的知识，以帮助他们此后研究异地生活时作正确的解释。

（2）引进充分的叙述　关于有兴味的地理问题，叙述得比从前更加充分。地理的研究不再像以前一样地干燥无味了。

（3）着重因果的关系　以前的地理教学太着重事实知识的记忆，但现时的地理教学则着重关于因果关系的思考。不相关连的事实知识最易遗忘，但有组织的事实知识则记忆较易。

至于地理教学的方法，因为受了心理学的进步的影响，也已发生了下列各种变迁：

（一）着重口头的讲述　在低年级教学乡土地理时，教科书是不用的。地理的教学，一半着着儿童的直观的经验，一半靠着口头的相互讨论。

（二）以社会化教学法代替书本的记诵　全班儿童成为一个合作的团体，共同参与活动，以解决一个困难的问题。此种新教学法的主要特征可述之如下：

（1）上课时由儿童相互交换思想，相互矫正错误，相互补充思想。

（2）教师成为一个指导者。

（3）教师虽常回答儿童所发问的问题，却是仅供给以必需的指导，而不作过多的帮助。

（4）教科书只是一种参考资料。

（5）儿童自己参与选择所欲解决的问题。

（三）由具体事实的研究引进到重要原则的了解。

（四）当采用举隅法来教学　儿童由举隅的研究(type studies)[①]获得许多有用的知识或概念，至于许多零碎的事实知识，简直是不加以注意。

（五）作业指定常采用问题的形式　儿童常由解决许多问题而熟悉地理

[①] 温习本书第一编第五章。

的教材。

地理科中的练习　有许多重要的地理知识,仍须使儿童作记忆的练习。此种记忆的练习,每次历时五分钟至十分钟,每周数次,似已足够了。需要练习的材料如下:(一)国家、都市、山脉、河流、洋、洲、岛、半岛、湖、星辰的名称;(二)地图、地球仪、图画、图表等等的阅读和解释;(三)在地图上指出重要国家、都市、山脉、河流的位置;(四)关于工商业地理和政治地理的重要事实。

旅行的方法　旅行是研究地理的最良好的方法,如果儿童不能够作实际的旅行,教师也可使之作想像的旅行。学校中可供给各种游记一类的读物,使儿童想像异地的人民生活、山水风景、瀑布和物产等等。

旅行地理(Journey geography)这一个名称,用以指一种利用想像的旅行的教学技术。这种教学技术是采用设计的过程的,兹叙述如下:

（一）决定目的　第一步,教师要引起儿童的旅行的兴味,并使之决定旅行的目的。

（二）计划准备　第二步,教师要使儿童计划准备,正好像真正旅行一个样。在这步内,教师可列出若干如下的问题令儿童回答:

(1) 我们愿意去看什么有兴味的事物?

(2) 我们可以走的路线有哪几条?

(3) 哪一条路线最便利? 我们决定走哪一条路线?

(4) 在路上,我们将注意看哪些有兴味的事物?

(5) 回程将走哪一条路线?

(6) 旅费大约要若干?

(7) 气候变化怎样? 我们将准备何种衣服?

（三）开始旅行　在开始作想像的旅行时,儿童常常要去看地图。对于有兴味的事物,教师应鼓励他们作详尽的研究。所有教科书、游记、杂志、图画和博物馆、标本等,皆可供他们参考。

（四）报告及讨论　第四步,教师可叫儿童作一旅行报告并互相讨论。

地理教学的过程　宾夕法尼亚(Pennsylvania)州对于地理单元的教学,曾订立教学过程如下:[①]

（一）引起动机(motivation)　引起动机的方法很多,或利用标本图画,

---

① 见 Stone, Supervision of Elementary Education, p. 333.

或利用时事,或利用故事讲述。教材选择之权固然操之于教师之手,但学习的目的应该要由儿童订立而由教师认可。

（二）研究（investigation） 既决定了目的之后,全班儿童须从事研究的工作。三年级以下的儿童,或研究标本图画,或从课本中求得知识,或由旅行获得各种经验。至若第四、五、六各年级的儿童,又应参考各种补充书籍。此种研究工作,或由全体儿童共同从事,或分组进行,以收分工合作之效。这在实际上可算是一种自学辅导——在这时间内,儿童在教师指导之下自行搜集各种知识,来解决所欲解决的问题。

（三）组织（organization） 等到儿童搜集了各种知识之后,教师应引导儿童作适宜的组织。在低年级时,师生共同从事组织的工作,但在高年级时,学生应自力做此种组织的工作。教师应使儿童养成系统组织的习惯,并指示各种组织的方法。这一过程,也归入自学辅导的时间内,但是这一种组织的工作有时是可由儿童在家里面做的。

（四）报告（socialized presentation） 在这过程内,各儿童向全班报告其研究的结果,而由全体儿童发问或补充。这一过程的教学手续,其性质实与社会化教学法相似。

（五）批评（evaluation） 各儿童所作的报告,应该由全体儿童作积极的批评。这一过程与前一过程是同时举行而不易划分的。

（六）结束（clinching） 各儿童所作的报告,当然是不很扼要,而不见得是句句话要加以记忆的。从这些报告中,教师和全班儿童须决定何者为最重要的地理观念,而必须要作记忆的练习。

上列的地理教学过程,很值得在我国小学中加以试行,但不宜呆板地遵守,以致教学方法流于形式化,这是必须加以注意的。

三、公民及时事的教学

公民的教学 像人民对于地方、国家的权利义务的研究,我国政治组织的大概的讲述,中国国民党党治及军政、训政、宪政等意义的讲述研究等项教材,就是一般人们称为公民的教材。这类教材的教学,有时也可采用莫利逊的单元教学法、问题的教学法或社会化的教学法等等,但因儿童不仅由此获得若干重要的知识,并由此而发生正当的心理态度,所以用谈话方式去教学似最相宜。其过程大致如下：

（1）讲述经验　等到引起了研究动机之后，教师可叫儿童讲述观察的结果及各种经验。兹以人民纳税的义务为例，教师可叫儿童讲述一般人们不愿纳税的情形和各项税收的用途，如办学校、筑公路等等。

（2）发问及讨论　由正当的发问，简短的讲述和书本的阅读，教师可引导儿童对于若干重要的事实得到深刻的了解。

（3）结束　由此种问题的研究，儿童可获得若干重要的学习结果，如概念的了解和理想的获得等。有些重要的事实又应加以记忆的练习。

时事教学法　时事的教学，不仅可为引起儿童研究史地等常识的动机的一种手段，而且本身为一种目的。因为每一儿童在小学毕业以前，应已养成看报的能力和习惯。

儿童看报时，所感到的困难可分为两种：一种是文字上的困难，一种是意义上的困难。文字上的困难，乃由于报纸上的义字多用简洁的文言文写作，而小学对于文言文的阅读并未加以特殊的训练。关于这一层，作者曾主张，高级小学最后一年，应该在不妨碍语体文和其他各科学习的条件之下，略教文言文的阅读，俾儿童对于看报的文字上的困难可以解除。① 至于意义上的困难，乃由于史地公民等常识的不充分所致，这却要靠社会科教学的效率的提高了。

关于时事的教学，作者敢拟数条办法如下：

（1）高级小学最后一年的儿童，应每日阅看报纸，把义言的新闻若干条译成语体文，并经整理后编成每日时事壁报，供较低年级的儿童阅读。

（2）高级小学最后一年的儿童，对于文言报纸上所遇到的困难的字句或不易了解的意义，应随时向社会科或国语科的教员询问，并备一笔记簿记录询问的结果。

（3）在说话课内或在举行纪念周时，有时指定儿童简单报告时事，以引起儿童注意时事的兴味。

（4）定期举行时事常识测验和报纸文字默读测验，以量度其对丁看报能力的进步。

（5）在较高年级，尽量利用时事来研究历史、地理和公民的问题。

总论

本章把历史、地理和公民的教学，分别地加以讲述。

---

① 参考作者的《小学国语教学问题》，载《国立中央大学教育丛刊》，1935年第2卷第2期。

历史的研究，乃欲使儿童对于现时的社会情况，得到更透彻的了解。对于初学者，用传记法来研究历史，尤见便利，唯选择各时代的代表人物，却不是一件易事。关于历史单元的教学，莫利逊所提议的教学方法，似极适用。依莫氏的教学方法，分为试探、提示、自学、组织和回讲五大过程，实际上把团体教学和个别教学二者的优长，兼取而有，可算是一种很值得高级小学以上的学校试行的新教学法。这种教学法，对于历史的教学固更适宜，但对于社会、自然二科中较大的单元，都可应用。关于重要的历史日期和事实的记忆，作者又介绍施密特氏两条建议。

地理的教学，应着重在指出地理环境对于人类生活的关系。作者又指出，现时的地理教学，已有了巨大的革新。就教材方面而言，较主要的革新为（一）引进直接观念，（二）引进充分的技术，（三）着重因果的关系。就教学法方面而言，较重要的变迁为：（一）着重口头的讲述，（二）以社会化教学法代替书本的记诵，（三）由具体事实的研究引进到重要原则的了解，（四）常采用举隅法来教学，（五）作业指定常采用问题的形式。记忆的练习，在地理的教学上，有时固属必要，但每次历时五分钟至十分钟，似已足够。用旅行来研究地理，乃是一种最良好的教学方法。这是采用设计的过程的，可分为（一）决定目的，（二）计划准备，（三）开始旅行，（四）报告及讨论。美国宾夕法尼亚州所拟的地理单元的教学，分为（一）引起动机，（二）研究，（三）组织，（四）报告，（五）批评，（六）结束六个过程，在本章中，作者也略加介绍。读者可自行发现，这六个过程，与莫氏的教学法，颇多类似之处。

最后，作者指出公民的教学，宜多用谈话的方式，其过程大致为：（一）讲述经验，（二）发问及讨论，（三）结束。关于时事的教学，作者也提出数条建议。

参考资料

使用地图的技术 假若儿童利用壁上挂着的大地图，来指出一个区域或地名的位置，他应该要用一根教鞭去指示。用教鞭去指示位置，具有下列优点：

（1）全班儿童的视线不受遮蔽。

（2）所指示的位置格外明确。

（3）地图不至于弄脏。

当指示位置时，儿童最好要说一句关于地理知识的语句。在最初的时候，这语句是比较简单的；但等到儿童知识进步了以后，这所说的语句，应该要渐进于复杂。当儿童初习本国地理时，儿童找着了地图里面"南京"的位置之后，他就应一面指着"南京"的位置，而一面说"南京在长江南岸"。此后，教师应视其知识的进步，而鼓励他们作更复杂的陈述。（见 Moor and Wilcox, The Teaching of Geography, p. 224.）

问题和设计

（一）试选择一个社会科单元，试行莫氏的教学法。

（二）试选择一个地理单元，采用宾夕法尼亚州的地理单元教学过程去实习教学。

（三）试选择一个单元，实习社会化的教学法。

（四）试研究莫氏的教学法的理论根据，并作一批评。

（五）试把莫氏的教学过程与克伯屈氏的设计过程作一比较。

（六）现今我国著作者所讲述的各科教学过程，率皆由克伯屈的设计过程略事变化而成，试搜集各著作者所述的各科教学过程作一比较，并由此发现若干共通的原则。

（七）试述教学过程不宜呆板遵守的理由，并批评误用教学过程的危险。

参考书籍

① 徐阶平：《实际的小学各科教学法》，上海开华书局1934年版。

② 吴研因、吴增芥：《小学教学法》，上海中华书局1932年版。

③ 俞子夷、朱㫙旸：《新小学教学法》，儿童书局1934年版。

④ 吴增芥、吴研因：《新中华小学教学法》，中华书局1932年版。

第十五章　自然和常识的教学的研究

一、自然科的教材和教学法

自然科的教学目标　依《小学课程标准》的规定，小学自然科的教学目标是：（一）指导儿童理解自然界的现象并养成其科学研究和试验的精神；（二）指导儿童利用自然以解决人类生活问题的智能；（三）培养儿童欣赏自然、爱护自然的兴趣和道德。兹再略加说明如下：

（一）理解自然　教师应使儿童获得若干重要的概念，俾对于自然环境中的各种现象得到更深切的理解。重要概念的获得，比事实的记忆尤属必要。像"地球绕日而行"这一个概念，可以用来说明不少自然的现象，当然要比"某虫有足几只"的琐碎事实知识重要得多。有些事实的知识固足以阐明重要的概念而必须要加以记忆，但是如何引导儿童去了解若干重要的概念，更是一个值得教师注意的问题。

（二）利用自然　教师又应选择切合实用的自然教材，以帮助儿童解决各种经济的和社会的问题。

（三）欣赏自然　儿童对于自然现象的观察和研究，应该要获得一种永久的兴味。学校中应供备充分的欣赏自然的经验，使儿童养成欣赏自然的嗜好和习惯。

（四）爱护自然　教师应使儿童由自然美的欣赏而知道自然的值得爱护。

（五）科学研究和试验的精神　科学的思考习惯的养成和科学研究的态度的获得，应是小学自然教学的一种重要的目标。教师应努力使儿童养成正确观察的习惯和爱好真理的态度。

自然科教材的范围　自然科的作业分为两大类别：（一）关于自然现象的，即是儿童在环境中所接触的气候、天象、地文、生物特性的观察、调查、识别、比较、实验、记载、发表、参考图书、解答问题等；（二）关于生活需要的，即是与儿童日常生活有关的，衣、食、住、行等各种需要物品的调查、搜集、观察、识别、比较、记载、发表、试作、制作或试行种植、畜养及参考图书、解答问题等。根据这两大类别，《小学课程标准》规定各学年作业要项，兹转载于下，俾读者明了小学自然科教材的大概的范围。

各学年作业要项

类别\学年要项	第一、二学年	每周时间	第三、四学年	每周时间	第五、六学年	每周时间
自然现象	一、冷暖的省察。 二、秋、冬、夏四时景物（例如秋天的花木和动植物的过冬、春天花木的荫芽，夏天树木的支盛，燕等候鸟的往来）变化的观察研究。 三、春、夏、秋、冬四时的蚊、蝇、虱子等的害处和驱除方法的研究。 四、雨、云、日常晴雨、风向的记载研究。 五、温度的记载研究。	90分钟	一、四时物候（例如树的落叶、谷类、豆类的萌芽、冬季的候风、春、夏的候禽、夏季的梅雨等）变化象征的调查、观察、研究、记载等。 二、植物和日光的关系（如日光下和阴处花草比较研究）。 三、有毒动植物（动物如毒蛇等，植物如石蒜，半夏、毛食泽漆）的认识。 四、有群昆虫（如蜂、蚁等）的观察研究。 五、昼夜运行和日蚀月蚀等的研究。 六、继续前学年第四、五项。 七、霜、露、冰、雪等的研究。 八、温度、晴雨和风向的记载研究。	120分钟	一、四时变化的因果的研究。 二、继续前学年二、三、四、五、六各项。 三、地震、海啸、火山爆发等的研究。 四、地球成因变化等的研究。 五、日、月、地球进行的现象和月球盈亏等的研究。 六、星球种类成因等的研究。 七、雷、电的研究和避电的研究。 八、生物研究优生进化的研究。	150分钟
生活需要	八、关于食的 (1) 陆地食物 　① 本地主要农作物和蔬菜等形态，生长情形的观察研究，并试行种植。 　② 家畜、家禽的状态生活的观察、研究并试行同养。 　③ 雨水、气候和农作物的关系的研究。 (2) 水生食物		九、关于食的 (1) 陆地食物 　① 继续前学年①，须加主要树的研究。 　② 蝗螟、青蛙、蚯蚓和农作物关系的研究。 　③ 大豆的研究。 　④ 茶叶的研究。 (2) 水生食物 　① 继续前学年①②两项。		九、关于食的 (1) 陆地食物 　继续前学年①②③项。 　① 鸟和农作物的关系和各种鸟类的研究。 (2) 水生食物继续前学年的研究。 (3) 空气和食物成分效用和真空等的研究。 (4) 其他盐、糖、酱、酒、酱油、真菌等和食物关系的研究。	

续表

类别\学年要项	第一、二学年	每周时间	第三、四学年	每周时间	第五、六学年	每周时间
	①鱼、虾的状态、生活的观察研究。 ②捕鱼的研究。 ③本地主要水生植物形态和生长情形的观察研究。 九、关于衣的 (1)丝和主要丝织物的识别。 (2)棉和棉纱、棉布的识别。 (3)麻和麻布的识别、大麻、苎麻的试种。 (4)呢绒的识别和绵羊的研究。 (5)皮革和皮革动物的研究。 十、关于住的 (1)建筑材料：砖瓦、石灰、木材等的研究。 (2)家用供给：水、燃料、灯火、习见工具（刃尺、针等）的研究。 (3)居屋构造：日光、光线、空气的研究。 十一、关于行的 (1)筑路用的材料（如石、煤屑和路的采掘种类的研究）。		②继续前学年③项，加试行培养。 (3)其他食用油、盐、酱的研究。 十、关于衣的 (1)丝和染料的研究、蚕的饲养、桑树的研究试验。 (2)棉织物的继续研究和棉的试种。 (3)麻的漂白作用研究试验。 (4)毛织物的继续研究。 (5)皮革物的继续研究。 十一、关于住的 (1)建筑材料：花岗石、砂岩、石灰石、松、杉以及玻璃等的研究。 (2)家用供给：普通木料家具、铁质家具、习见工具和防火用具等的研究。 十二、关于行的 (1)继续前学年。 (2)运输机械：轮船、火车、汽机等的研究。 (3)煤和铁的采掘等的研究。 十三、其他 (1)印刷器具的研究。		十、关于衣的 继续前学年，加衣类附属品以及人造丝、人造革、机器制造等的研究。 十一、关于住的 (1)建筑材料，继续前学年，三合土和造林等的研究。 (2)家用供给，继续前学年，加瓷器、陶器、五金器具、常用工具、电话、电灯、电煤气灯、时钟、火炉、自来水等理化作用的研究。 十二、关于行的 (1)桥梁等重心和杠杆等物理作用的研究。 (2)飞机、自行车、火车、电车等的构造和运动原理的研究。 (3)有线和无线电报装置原理的研究。 (4)铜和锡等的采掘的研究。 十三、其他 (1)继续前学年(1)项。	

续表

学年 要项 类别	第一、二学年	每周时间	第三、四学年	每周时间	第五、六学年	每周时间
	(2) 舟车的种类和用途的研究。 (3) 煤和石油等的研究。 十二、其他如普通记载用品(纸、笔、墨、砚、墨胶等)研究。		(2) 游戏器具:皮球、不倒翁、毽子、纸鸢等简易物理的研究。		(2) 游戏器具和娱乐器具:留声机、照相机、活动影戏等研究。 (3) 火柴、军器等的研究。	
附注	（一）上列各要项，依分类法排列，以虚线分界。 （二）要项内容极简，教学时应依儿童的学力和地方情形，扩充研究范围并随时伸缩增减。上学年作业，遇必要时都得于下学年继续研究，例如水在要项中，仅于第一年列入，但第二年研究蒸汽蒸时须利用水力，即应继续扩充研究范围。 （三）研究的先后，以儿童经验为背景，不可确照要项所列次第。					

自然科教材的选择和组织 作者在第二编第十三章所讲述的研究社会科教材的步骤,在自然科上也完全适用。自然科教材的选择和组织的原则,与社会科也颇多相同。故关于这教材的问题,读者最好把本书第一编第二章、第二编第十三章和本章合读,并自行扼要地订立若干简明的要则,供作将来实施小学自然科教学时的参考。如今作者再介绍若干专家的意见如下:[①]

《教育局长组第四年鉴》[②](The Fourth Yearbook of the Department of Superintendence)曾根据许多教育专家的共同的意见,订立下列数条自然科教材选择和组织的原则:

(一)自然科的教材应适合儿童的活动和经验,而从儿童的自然环境中选取出来,由已知渐进于未知(举例来说,动物的研究应由儿童所熟知的猫狗等家畜开始,而由看马戏或参观动物园渐渐及于异地的动物。然异地的动物的研究,也必须要靠着标本模型的帮助)。

(二)自然科的教材应能唤起儿童的兴味和好奇心,而同时又能使儿童自行习知不少重要的知识。

(三)凡具有社会价值而能适合儿童的兴味和了解能力的教材,总比仅有兴味而无社会价值的教材更宜采用来教学。

(四)自然科教材的选择和排列须适合时令。

(五)自然科教材应循序渐进,作适当的排列,成一有系统的学程,更应常常变换论题,不使单调,俾儿童对其所处的环境得到更广大的观察。

屈拉夫顿(Trafton)在其所著《小学科学教学法》一节中,也订立大致相似的原则,兹一并介绍如下:[③]

(一)自然科教材须包括一切的方面,而又须适合各年级的程度。

(二)自然科教材应从儿童的观点加以组织,而不应从成人的观点加以组织。

(三)应根据儿童的需要和兴味以组织自然科的教材,而不应单顾教材的本身。

(四)应根据儿童现时的或不久的将来的生活中的需要和兴味,以组织自然科的教材,而不应以准备遥远的将来为目的。

---

① 各专家的意见,见 Stone, Supervision of Elementary Education, pp. 457–463.
② 应译作《监管部门第四年鉴》。——编校者
③ 书名原文为 The Teaching of Science in the Elementary School.

（五）自然科教材应依时令而排列。

（六）自然科教材应适应本地的情形。

（七）在低年级时，自然研究的主要目的是审美的，但在高年级时，自然研究的主要目的是经济的和社会的。

（八）低年级自然研究的问题，大部分为植物和动物的研究，但到了高年级，自然研究的范围就扩大起来，而包括一切的方面了。

（九）低年级自然研究的问题，包括儿童环境内主要的植物和动物的研究。

史笃氏所定的自然科教学标准中，有下面几条也是关于教材的选择和组织的：

（一）自然科的课程应根据教学目标而订定，俾各方面均衡，不致偏重某一方面。

（二）自然科的课程应加以明确的计划，以防免不必要的和单调的重复，而同时又须防免各年级的不相衔接。

（三）自然科的课程，应该由巨大的互相连贯的单元所组成，而不应该由不相连属的小单元所组成。

（四）欲采用互相连贯的单元来教学，巨大的问题或设计最宜为教师所利用。

（五）自然科里的问题或设计，应适合儿童的心理的成熟并应适合儿童的兴味。

（六）自然科的教学应供给许多有目的的活动的机会。

以上各专家的意见，很值得读者深思，希望读者自己再作一番整理和研究。

自然科的教学法　自然科教学所应采用的方法，是随着所欲实现的教学目标而异的。如果教学的目标乃在使儿童了解一个原则或概念，则实物提示或实地观察再益以简单的说明，似最适宜的了。如果教学的目标乃在使儿童获得解决问题的技术，则教师须供给以实际的问题，而指导他们自行解答。如果教学的目标着重在欣赏、理想和嗜好的发展，则教学手续上也必须要有相当的适应。然这并不是说每一教学单元，只可使儿童获得某一种学习结果。每一单元的教学，虽应以使儿童获得某一种学习结果为主要目的，却对于各种副产物（即其他学习结果的获得）也不容忽视。

问题和设计的教学法、社会化教学法以及前章所介绍的莫利逊氏的单元教学法，对于自然科单元的教学均极适宜，但是实验法和野外观察法（field trip），在自然科中更宜充分利用。如今让我把实验和野外观察时教学要点分述如下：

（一）实验法　自然科的实验,固为教学自然所最宜常用的一种方法,但是儿童往往对于实验的目的和意义不很了然。他们只知道实验器具如何配置和实验进程若何,但对于所要证实的到底是些什么,却往往茫然不知。因此之故,教师和儿童虽忙着做自然科的实验,但若离开了教学的目的,则殊无价值可言。要使得自然科的实验具有教学的价值,教师须常常发问,常常指导,俾每一儿童知道此种实验与所欲解决的问题的关系若何,俾每一儿童从事思考而察出实验的结果并正确地解释其意义。一个实验技术极纯熟的教师,也许其教学方法完全归于失败。因为实验教学法的主要部分乃在儿童思考的进程,假若教师不能对于儿童的思考作良好的指导,实验就毫无价值可言了。

（二）野外观察法　旅行参观的教学,也要加以详细的规划。下列各要点,更宜在实施时留意：

（1）旅行宜举行于研究某一问题之后,而不宜举行于研究某一问题之前。如是,儿童才明悉何者为所欲观察的事物。

（2）所要旅行的地点,教师须曾到过一次,把一切布置预先准备好,并把有兴味的研究问题预先决定。

（3）儿童须预先记下所欲观察的各事物和所欲研究的各问题。旅行时应每人带一本笔记。

（4）每次旅行时所欲研究的问题不宜过多,须以儿童所能彻底加以研究者为限度。

（5）旅行完毕后,即须把所观察的结果加以讨论。

（6）须结队旅行。

（7）排队、散队以及召集等须先规定明确的暗号。

（8）儿童须明了旅行观察为一种课业,又须遵守秩序。

（9）人数过多时,须分成数组,并指定组长帮助教师维持秩序。

二、常识科的教学

这里所说的常识,是合指社会和自然而言。因为社会和自然同属于知识内容的科目,故这二科的教材选择、组织和教学的原则颇多相同。关于这一层,读者若把本章及前两章合读,就不难明晓。《小学社会科课程标准》的教学方法要点里,又有一条规定如下："社会和自然、卫生关系尤为密切,四年级以前,可合并为一科目,名称可从习惯称为常识"。由此可见,本节系社会自然等科的并合的讨论,而以上则为公民、历史、地理、自然等教材和教学法的问题的分述。

在本节内,我们将讨论:(1)常识教学的要则,(2)初步的常识教学,(3)常识成绩的考查,(4)常识教具的研究。

常识教学的要则 在分述公民、历史、地理、自然等科的教学方法时,作者业已把若干常识教学的要则,暗暗地或明显地加以指出。《小学课程标准》中关于社会自然二科的教学方法要点异常精辟,故作者就所列的要点,整理成下列的常识教学要则,以供读者参考:

(一)常识教学应常和劳作、美术、算术、国语等科联络设计,以便打成一片。但各科联络一定要极自然而不勉强。

(二)常识教学应注重儿童亲身经历、亲眼观察或亲手调查、记载、搜集、制作、发表等活动。书本知识不过用以补充直接的经验。

(三)在都市的学校,最好有一个学校园,培养动植物以为活的自然教室和自然教科书,并应常往野外采集,或至工厂、商店、医院参观,充分利用活的教科书和教室。乡村小学更应利用田野、山林为教学的场所,别拘束于死的教室。

(四)平时教学应以乡土材料和儿童眼前的日常问题为出发点。低年级应引导儿童以自身生活方面发生需要解决的问题,高年级除儿童自发问题外,教师可以从时事、纪念日、时令等引起研究的问题。

(五)发生了问题,除无价值或价值很少的(无代表价值的或不需搜集思索的)随时用简单方法解决外,较重大的问题乃和儿童共同设计进行解决。

(六)问题的解决,要引导儿童自己活动,如观察、调查、研究、实验、搜集、填表、制图、剪贴图样、表演故事、记录要点等。

(七)经过长时间而始得结果的观察、研究、实验等,应该指导儿童逐日去做,并且逐日记载经过情形,到有结果可报告时为止。

(八)问题的讨论,应让儿童自由发表意见,教师在儿童意见未尽情发表时,不要轻加批评或暗示。全研儿童没有意见时,教师才可加入校正。

(九)引旧材料以和新材料比较研究,和把教学的材料综合而得一完整的结果,这是社会自然教学中所应注重的一点。

(十)着重因果关系和重要概念的了解,而不注重零碎事实的记忆。

(十一)教师对于儿童做的结果,可揭示成绩、表示结果、开会展览,以鼓励儿童的兴趣。

(十二)关于公民的教学,教师应指导儿童组织各种机关,练习运用四权处理事务,这是常识科课外最重要的工作。

初步的常识教学　初步的常识教学，特别着重在供给儿童明晰的事物观念。直接的经验最属重要，故最先教学儿童的常识教材，须以儿童能够直接经验者为限。此时所用的教学方法着重下面几种：

（一）观察　凡可带至教室内的实物，教师应常常叫儿童观察并研究。若不能罗致实物，则用模型图画等来替代。

（二）参观和游览　教师可带着儿童参观邮局、医院、图书馆或游览本地的名胜古迹。这参观和游览的活动，实在就是"观察"的另一种方式。

（三）谈话和讨论　教师可叫儿童报告自己的见闻经验或提出问题共同讨论。此种谈话和讨论，或在观察、参观及游览之后（或在同时）举行，或仅令儿童非正式地讲述其习见的经验，供全班讨论。

（四）讲述故事　有时，教师不能使儿童从事直接的经验，则用故事讲述来教学各种常识。因为儿童都喜听故事，故此种教学在低年级时也宜常用。

（五）表演　凡是不能目见的事实，教师可叫儿童表演，以期获得活跃的印象。例如爱斯基摩人的生活、初民的生活等，均须使儿童表演，才能使之获得明确的观念。

（六）沙箱装排和搭积木　关于城市、乡村、花园、山林、河流等，如果利用沙箱和积木，使儿童从事各种发表意念的活动，最易使儿童获得具体的观念。

（七）种植饲养和制作等活动　种植饲养和制作等活动，也能帮助儿童获得明了的观念。常识和劳作二科的必须密切联络，由此可见了。

总之，小学（特别是低年级）的常识教学，靠着五官接触和"手做"的比其他各科更甚。这是读者所必须要注意的一点。

常识科的教具　常识科的教具，大部是供儿童"观察"和"手做"的。下面仅提出几种重要的种类，以供参考。

（1）实物　如寒暑表、指南针等。

（2）标本　如各种动植物标本等。

（3）模型　如各种机器模型、地球仪等。

（4）图画　如异地人生活图画等。

（5）地图　如世界地图、本国地图等。

（6）人物肖像　如发明家和历史英雄肖像等。

（7）图表　如不平等条约表、革命纪念日一览表等。

（8）沙箱、积木及其他活动用具。

每一小学所应置备的常识设备及教具,因经费情形不能相同,极难定一全国适用的标准。读者应把教具和设备当作一个研究调查的问题。凡费钱不多,或可以自制的教具和设备,首宜为我们所注意,希望读者自行做一番搜集调查和列表的工作。

常识成绩的考查 考查常识的成绩,我们可采用:(一)论文式的考试(the essay type of examination),(二)标准测验(standardized test)和新式测验(new-type test)。论文式的考试,因为结果多不可靠,已迭受教育者的攻击。标准测验,当然要比论文式的考试更加真实、客观、可靠且更便于记分,但我国已出版的标准测验,如《陈氏小学常识测验》等,多已陈旧不适用,在教学上应用最适宜的,要算是新式测验了。新式试验的形式有以下各种:

(一)问答测验(single answer tests),例如:

美国的第一任总统是谁?

法国的首都叫什么?

中国国民党的总理是谁?

(二)填充测验(completion tests),例如:

孙中山生于_____省_____县,为中华民国第_____任大总统。

哥伦布在_____年发现_____。

(三)选答测验(multiple-choice tests),例如:

民国四年在云南起义的是(1)孙文(2)黄兴(3)黎元洪(4)蔡锷(5)袁世凯。

世界上最大的都市在(1)纽约(2)英格兰(3)法兰西(4)中国(5)美国麻省。

(四)对偶测验(matching tests),例如:

第一格	第二格
华盛顿	(1)美国的发明家
秦始皇	(2)英国的生物学家
爱迪生	(3)美国的大总统
达尔文	(4)中国的皇帝

(五)正误测验(true/false tests),例如:

(1)用铁是在用铜之前。　　　　　　　　　　　　　(　)

(2)孙中山是中国国民党的总理。　　　　　　　　　(　)

(3)焚书坑儒的是汉武帝。　　　　　　　　　　　　(　)

(4)美国原来是英国的属地。　　　　　　　　　　　(　)

(5)狗是食草动物。　　　　　　　　　　　　　　　(　)

上列各种格式看起来倒很简单，但是编造起来却极不易。关于编造时所应注意之点，读者可参考作者与刘真合译之《新式测验编造法》一书，兹不赘述。①

总论

小学自然科的教学，是要使儿童能够理解、利用、欣赏并爱护自然，而同时又养成科学研究和试验的精神。

关于自然科的教材，作者除抄录《标准》上的各学年作业要项外，又介绍屈拉夫顿、史笃诸专家关于自然教材选择和组织的意见，供读者参考，并希望读者自行整理，定出若干条原则，供实际教学时的应用。

自然科的教学，也宜视教材的性质，而充分地把莫氏的单元教学法、问题教学法、设计教学法或社会化教学法拿来应用。然而科学的实验和野外的教学，在自然科中采用更广，故作者把指导时所应注意之点加以指出，但本书第一编第五章中所讲述的直观教学法，也宜请读者温习。

社会自然二科，又可合称为常识，在低年级时社会自然二科又应与卫生科中知识的部分合并，成为常识的科目。作者因欲指出社会自然二科的不少共同的性质，故除把共同点随时指出外，并把社会自然二科之一般教学要则、初步的教学要点、成绩考查、教具研究等问题合并地加以研究。作者共指出十二条常识教学要则，对于初步的常识教学，又指出几种所应着重的教学方法。常识科的教具，有实物、标本、模型、地图、人物肖像、图表、活动用具等不同用具，希望读者就其费钱不多和可以自制者，做一番搜集调查和列表的工作。关于常识成绩的考查，作者介绍数种新式测验的格式，以供参考。

参考资料

乡土地理 叫儿童学习邻近社会的地理知识，就叫做乡土地理。这是要靠实际的观察来获得基本的地理概念的，其教材内容显然是随着所处环境而变异。关于乡土地理的教学，马克马利主张分七个大单元如下：

（1）食物研究　在春天，教师可叫儿童观察园丁播种的工作；在秋天，再使之观察果园田野中的农产。凡关于园丁和农夫在四季中所作的各种工作皆宜使儿童观察和讨论。

（2）住的研究　教师可叫儿童研究建造房屋所需的各种材料，如木、石、砖、瓦、

---

① 该书是从 Lang 的 Modern Methods of Written Examination 一书中摘译而来，开明书店 1934 年初版。——编校者

灰泥、玻璃等。在可能范围之内,教师应带儿童去参观水木作的工作及各种工厂。倘有机会叫儿童看着一所房屋渐渐建筑以至于完成,那是顶好的了。

（3）衣的研究　教师可叫儿童研究毛棉麻丝等衣服的原料,着重在本地的出产品。凡有关于衣服的工厂,在可能范围内,使儿童去参观。

（4）行的研究　公路、铁路和本城街道等应叫儿童绘图来指示。教师又应使儿童研究其与商业和运输的关系。水道的运输和旅行,也应加以注意。

（5）本地地形的研究　邻近的河流、湖泽和海边,皆应使儿童观察研究。其他如森林、田野、山谷等地形,也宜使儿童常常去观察。

（6）星辰季节研究　教师可叫儿童观察日月星辰位置的变化,四季的变化等。

（7）本地政府的研究　教师可叫儿童研究本地官署、各种公务员的职务等。

从上面的各单元中,我们可以看出,有些知识不限于地理,简直可说是自然的研究。由乡土地理的研究,教师可刺激儿童发生研究自然现象或异地人生活活动的兴趣（根据 Mcmurry 的 Special Method in Geography 一书中所述的大意）。

问题和设计

（一）调查本地的特殊情形,而决定若干可用的乡土教材的单元。

（二）实习野外观察的教学。

（三）根据教科书的内容,编造一种供某级考查常识成绩之用的新式测验。

（四）试拟一时事教学的计划。

参考书籍

① 钟鲁斋:《小学各科新教学法之研究》,商务印书馆 1934 年版。

② 吴研因、吴增芥:《小学教学法》,中华书局 1932 年版。

③ 徐阶平:《实际的小学各科教学法》,开华书局 1934 年版。

④ 俞子夷:《新小学教学法》,儿童书局 1934 年版。

⑤ 吴增芥、吴研因:《新中华小学教学法》,中华书局 1932 年版。

总温习

（1）什么是社会科的教学目标?

（2）为什么公民、历史、地理等科要合并为社会科?

（3）什么是合并教学的弱点?

（4）怎样使儿童归纳有系统的知识?

(5) 怎样发展儿童的年代的观念？

(6) 怎样发展儿童的空间的观念？

(7) 社会科的详细的教学目标应如何分类？

(8) 为什么各小学所教学的单元，不必求其完全不同？

(9) 单元的性质，可分哪几类？

(10) 每一单元的内容，应如何分析？

(11) 教科书和参考书，在单元教学上，应占若何的地位？

(12) 采用教科书来教学时，教师应注意些什么？

(13) 对于教科书的课文和参考书，我们应如何作精密的分析？

(14) 教学目标、学习单元和教科书课文的相互关系若何？

(15) 历史的研究到底有什么价值？

(16) 用传记来研究历史，有什么优点？

(17) 试述莫利逊的单元教学法概要及其优点。

(18) 试述莫利逊的单元教学法的理论基础。

(19) 怎样使儿童记忆重要的历史事实和日期？

(20) 什么是选择地理教材的主要标准？

(21) 什么是地理教材方面的主要的革新？

(22) 什么是地理教学法上主要的革新？

(23) 用旅行方法来教学地理，其过程若何？

(24) 宾夕法尼亚州所定的地理单元教学过程究竟是怎样？

(25) 公民教学最宜采用何种过程？

(26) 时事教学应注意些什么？

(27) 什么是时事教学的正当的方法？

(28) 什么是自然科的教学目标？

(29) 试述自然科和社会科的教材选择、组织的原则。

(30) 试述旅行实验法所应注意的要点。

(31) 试述指导野外观察所应注意的要点。

(32) 试述常识教学的要则。

(33) 初步的常识教学应着重何种方法？

(34) 什么是常识教学上最重要的教具？

(35) 怎样考查常识教学的成绩？

第十六章　算术科的教学目标及教材

一、算术教学的目标

依《小学课程标准》的规定,小学算术的教学目标共有三条:(一)增进儿童生活中对于数的常识和经验;(二)培养儿童解决日常生活问题的计算能力;(三)养成儿童计算敏速和正确的习惯。但是欲供作教师教学时的指导或参考,这几项条文还嫌太简单一些,我们还得要加以分析和申说。

（一）计算的能力　显然的,小学算术教学的最重要的目标,乃在培养儿童的计算的能力。在小学六年的时期中,儿童须习知整数、小数、分数和百分数等的计算方法,并能正确敏速地用来解决日常生活中的计算问题。关于这个教学目标,教师所应注意的是:(1)使儿童计算的准确率,达到百分之一百的标准;(2)使儿童运算敏速;(3)使儿童能够应用已习知的计算方法,来解决日常生活中的计算问题。这第三点当然是最重要的了,故教师在教学时尤须加以注意。

（二）关于数的常识和经验　刚才说的教学目标,是要儿童获得若干习惯和技能。至于现在要讲的第二教学目标,乃是要儿童获得若干重要的知识。关于重要的知识,兹为便利说明起见分为三类。第一是计算所需的基础的知识,例如一百以内基本加法九九、度量衡、货币价值等,皆属于此类。第二是数量关系的了解,例如求利息时所用到的四则演算,不一定很复杂的,但若儿童对于这些生活动境中所包含的数量间的关系(利息＝本金×利率×时间)缺乏了了解,他们就不能够加以正确的计算了。第三是与计算绝少关系的一般常识和经验。在阅读报纸、书籍、杂志时,我们常常遇到若干关于数的名词,虽用不着叫我们做计算的手续,却必须要为我们所了解,才可以使我们感悟书报杂志中的意义。这类常识和经验的重要性,并不在计算能力之下,却往往不为一般教师所注意。总之,教师须记住,关于数的常识和经验的教学与计算能力的教学,在算术科中,可说是占同样重要的地位。

（三）思考方法的训练　旧时的学者,都相信算术是一种最能训练思考的科目,甚且主张这是学校课程中设立算术一科目之最有力的理由。自心理实验证明训练不能普遍转移之后,这种过于重视算术科训练价值的主张,已缺乏科学的凭据。我们已知道,任何一种科目皆有训练思考的可能;我们又知道,训练思考的方法,大部分要靠着教师随时的注意,而靠着科目内容的比较少。然而虽如此说,我们仍须承认,在算术一科目中训练思考方法的机会,比较别种科目要多一点。算术应用题的练习,原是一种问题解决的练习。要解答一个应用题,儿童必须要(1)详细阅读,以了解问题的性质;(2)考虑问题中所已告知的种种事实。这些都是重要的思考的习惯。如果儿童已获得这些习惯,他们不仅解答算术应用题的能力大有增进,而且要解决任何性质的问题也可以得到不少的帮助。其他如归纳思考的习惯等,也应该使儿童在学习算术时逐渐地获得。

（四）**重要的理想**　有许多重要的理想,例如精密、正确、有系统和条理、整洁等等,教师也可使儿童在学习算术时逐渐地培养,这实在也是一个不可忽略的教学目标。兹以精密为例,而加以说明。我国人士最缺乏的就是这种精密的理想,或可称为数学的头脑。倘若有人问起中国人口有多少,我们只知道有四万万余或五万万余,却没有精密的统计。对于任何事情,我们只知道一个大概就算满足,而不再考问其精密的数目。这种数学头脑的缺乏,实为我国科学发达的莫大的障碍。担任小学算术教学的教师们,对于这种数学头脑的养成,似也应负相当的责任。

作者如今要郑重声明,第三目标和第四目标却不是特定若干教材去求其实现的,乃是靠着附学习来实现的。附学习的重要,往往不在主学习之下,作者在本书第一编第四章中讨论同时学习的原则时,曾加以详细讨论,兹不赘述。

二、教材的选择

无价值的教材的裁汰　关于算术教材的问题,最重要的是要决定何者应保留,何者应裁汰。有许多的教材项目,从前是在小学中教学的,而现在已经裁汰了;还有些教材项目,虽未完全裁汰,却是改为浅易,没有从前那样繁复了。若把最近出版的小学算术教科书与从前的比较一下,我们便可发现,已被裁汰的教材确有不少,但作者认为,最近出版的小学算术教科书中,还有不少的教材应在裁汰之列(例如循环小数、复利息等等)。所以教师必须要有评判教材价值的能力,才可以把没有价值的教材全数裁汰,以节省儿童学习的时间和精力。如今让我先说明算术教材倾向于简单浅易的种种原因,然后再提出几种决定教材去留的标准,以供一般教师参考。

(一) 社会生活的调查　算术教材倾向于简单浅易,其主要原因乃在根据社会生活的调查。我们已发现,社会生活中所用的算术,并不十分困难繁复。威尔逊(Wilson)曾做过一个最著名的调查研究,兹报告如下。[①] 他叫许多高级小学和中学的学生,每日搜集其父母在社会生活中所解决的计算问题,共历两星期之久。他共搜集问题 14523 个,用到 21898 个计算手续。后来威氏加以分析,发现大部分的问题是关于买卖和记账的,且都只用一步的计算手续。最常用的计算手续,是乘法,加法次之,减法、除法、分数和百分数更次之。至于数目则很少是在四位以上的。算术教科书里所讲的计算方法,有许多在社会生活上,简直是完全没有用到的呢！威氏的研究,包括 4068 人的报告,遍及于一百五十种不同的职业,要算是比较的可靠。还有许多人用同样方法来研究这问题,也得到与威氏的研究大致相符的结果。教材的选择,固不全以此种社会生活调查为根据,但是小学里的算术教学,既以适应社会生活为鹄的,自不必过分的高深,这却是一件无可置疑的事实。

(二) 普通算术和职业算术的区别　算术教材倾向于简单浅易,其第二原因乃在我们对于普通算术和职业算术已严加以分别。例如药房里所用的权衡,称金银宝石所用的权衡,航海家所用的测度等,在从前的小学教科书里是常常讲到的,但是我们主张,像这类仅为特殊职业所用的算术,只须让操特殊职业的人们去学习,用不着叫小学儿童去研究。小学里所教的算术,应仅以普通算术为限。这样一来,小学里的算术教材又裁汰了不少。

(三) 常识的算术与计算的算术的区别　算术教材倾向于简单浅易,其第三原因乃在我们对于常识的算术与计算的算术也严加以分别。有许多算术的教材,只须使儿童认知或了解,用不着叫儿童去演算,但若不加辨别也令儿童练习演算,便要引起时间的耗费。举例来说,从前的算术教科书里,常有关于罗马数字的计算练习(像 $Me\,II - cc\,XIII = ? X\,IV + X\,V = ?$ 等算式的练习),这类算式的计算练习,完全是耗费时间的;因为这类的教材,只须使儿童认知,不必使儿童计算。我们在看表时,常常遇到这种符号,有许多的书籍,也有用这种符号来记章数的,所以在 X X X 以下的罗马数目字,不妨教儿童认知。在 X X X 以上的罗马数目字,应否在小学中教学,就已成为问题;关于罗马数目字的四则演算,根本是不需要的。然作者所举的,只是一个较明显的例子而已。现今出

[①] 见 Sixteenth Yearbook, National Society for the Study of Education, Part I (1907).

版的小学教科书中，有不少的教材，应着重在认知或了解而不着重在演算。教师必须用其自己的判断来加以辨别，才可以避免时间的耗费。这是最应加以注意的一件事。

重要教材的加入 然而照最新的趋势，许多没有实用价值的算术教材，固然日见减少，却是还有不少重要的教材，将逐渐地加入于小学课程之中。文明愈进步，报纸杂志中关于数目的统计愈加常见，而所涉及的关于数目的名词也愈增多。因此，我们若缺乏充分的关于数的常识，此后将对于极普通的书报，也难明白了解地加以阅读了。因为这种缘故，凡关于数的常识的教材，在小学课程中，有逐渐增加的倾向。除此之外，还有一种重要的倾向，就是许多原属于几何、三角等科目中的教材，因为具有极高的实用价值，也逐渐地加入于小学算术课之中。关于圆周、三角形、平行四边形等的认识和计算，就是几个最明显的例子。

几个决定教材去留的标准 现在小学算术课程既然是在逐渐变迁之中，欲决定何者应保留，何者应裁汰，确乎不是一件易事。兹介绍几个标准，供作选择教材时的参考。

（一）这项教材在生活中切合实用否？

（二）这项教材与商界中所用的计算方法相适合否？

（三）这项教材能为儿童所了解而因此可用以推广其经验否？

（四）这项教材是否着重在常识方面，而不着重在计算的练习？

（五）这项教材对于一般的数量概念的发展是否确有贡献？

（六）这项教材是否为以后将学习的数学工作的基础？

（七）这项教材虽对于一般儿童无甚价值，却对于特别聪明的儿童是否尚有兴味？

三、教材的组织和范围

旧时的组织 其次，我们要讨论算术的教材应该怎样作适宜的组织？记得作者从前在小学学习算术，大约是按照如下的次序：（一）整数加法，（二）整数减法，（三）整数乘法，（四）整数除法，（五）诸等数，（六）分数。像这种组织，只顾及论理的系统，看起来确很整齐美观，却不易使儿童学习。没有学会加法以前，先要使我们学会几万几千的大数目，而把极易的减法倒放在极复杂的连加法之后，试问学习起来是何等地不便！

新式组织的特点　新式的组织则反是。其主要目的乃在适合儿童的能力和兴味,而便利于学习。至于形式上是否整齐美观,倒不是一件十分重要的事。兹介绍数种特点如下:

(一)凡是容易的教材,应该先教学;凡是困难的教材,应该后教学。由易至难,循序渐进,至于学科系统的整齐美观,却不必顾到。容易的减法九九,应排列在困难的进十加法或连加法之前,简单的分数,如 $\frac{1}{2}$ 之类,在低年级里就不妨加以教学。其他例繁,不胜枚举。

(二)平常我们当做一个单元来教的教材,如果过于复杂,可分做几个单元去教儿童。例如乘数三位的乘法,可以分做下列各个单元:

(1)乘数里没有0,如456、289、372等。

(2)乘数末尾有一个0,如460、280、370等。

(3)乘数末尾有两个0,如400、500、300等。

(4)乘数中间含着0,如405、209、302等。

这个特点是非常的重要,因为算术的学习是非常的困难的,所以每次的教学,至多提出一个困难之点加以阐明,使儿童了解并熟练。若我们同时提出两个以上的困难之点,则儿童的脑筋就要被我们所迷乱了。然而欲根据这个特点来组织教材却极不易,因为我们非把儿童学习算术时所遇到的困难,先全部地加以彻底的分析不可。

(三)凡是没有多大用处的教材,决不为了求组织系统的完备起见而加以教学。例如关于利息的教材,我们只须叫儿童从已知的本金存期和利率中求本利和,而不必叫儿童从已知的本金存期和本利和中求利率,或从已知的本金利率和本利和中求存期。关于本利和的计算的方法,是我们在生活中常常用到的。至于求利率的求存期的计算问题,却很少在生活中遇到,完全是一种书本里的计算问题。若依新式的组织,这一部分的教材必须要加以裁汰,宁可使组织系统稍欠美观,决不使儿童耗费冤枉的时间和精力。

(四)凡是可以互相联络的教材,要联络了教学。依最新的组织,"加法九九"是和"减法九九"联络教学的,"乘法九九"是和"除法九九"联络教学的。例如 $8+5=?$,$5+8=?$,$13-5=?$,$13-8=?$ 这四个事实应该做一单元;$8×5=?$,$5×8=?$,$40÷5=?$,$40÷8=?$ 这四个事实也应该做一单元。

(五)对于复习要有更适当的组织。依新式的组织,凡一种能力,既已为儿童所获得之后,决不听其因缺乏练习而消失,而必须常常使儿童练习应用而使之永久保存。且复习数量的多寡,也视每种能力的难易而异。$\begin{array}{r}2\\+\ 2\\\hline\end{array}$ 的加法的复习,显然较 $\begin{array}{r}8\\+\ 8\\\hline\end{array}$ 的加法的复习,要减少几次。

(六)儿童的实际的生活动境,应该是算术教材组织的中心。新式的组织,在一方面顾到学习的难易,使儿童按部就班,学习各种计算的方法,而在另一方面又须顾到儿童的需要和兴味。小学儿童所常遇到的实际的生活动境,有不少是用得着算术的,教师就应乘机教学算术,一则用以引起其学习的动机,二则使算术的学习不离实际的应用。小学儿童所常遇到的实际的生活动境,兹略举数例如下:

(1) 计算出席儿童数。

(2) 测量身长体重。

(3) 比较年龄。

(4) 贮蓄。

(5) 在杂货店购物。

(6) 看表上指示的钟点。

各学年作业要项　根据上述的特点,来把算术教材作适宜的组织,决乎不是一件易事。儿童学习整数、分数、小数和百分数等计算的方法,到底必须要养成多少特殊的习惯和能力?儿童学习算术时所常遇到的困难是什么?算术里的特殊的习惯或能力,其相互间的关系是怎样?各种特殊的习惯或能力的获得,与儿童成熟的关系是怎样?像这样的问题,必须要用科学的分析和心理的实验加以解决,才可以使算术教材的组织臻于完善。现今我国和外国最新出版的小学算术教科书,其教材组织的方法颇不一致。凡含于上述各种特点者,均可假定为新式的善本。教育部颁布的《小学课程标准》中的各学年算术作业要项,乃是具有上述的特点的。[①] 我们从这作业要项里,不仅可知道新式的算术教材组织的大概情形,而且可知道小学算术教材的范围如何。兹特转录于下,以供参考。

---

① 这只是组织方式之一,似不宜视为理想的组织,而呆板地去遵照教学。

各学年作业要项

类别	要项 第一、二学年	每周时间	第三、四学年	每周时间	第五、六学年	每周时间
笔算	1. 大小长短的认识。 2. 轻重厚薄的认识。 3. 1到9各数目的认识和应用。 4. 日、星期、月、年的认识。 5. 每天出席的人数的计算。 6. 10到19各数目的认识。 7. 尺、寸的认识和应用。 8. 铜元、银元的认识。 9. 三角形、圆形、方形的认识。 10. 各种算术游戏的练习（如拍皮球、掷篮圈等）。 11. 和不过9的加法基本练习。	一年级90分钟	1. 千以内数的认识。 2. 丈和尺的认识和应用。 3. 进位的加法。 4. 减位的减法。 5. 石和斗的认识和应用。 6. 圆和椭圆的认识。 7. 6、7、8、9和0的乘法九九的练习。 8. 6、7、8、9除法九九的练习。 9. 不尽数的除法九九的练习。 10. 方寸、方尺的认识和应用。 11. 乘数一位的进位乘法的练习。 12. 法数一位的退位除法的练习。 13. 法数10或10的倍数的乘法的练习。 14. 同上的除法的练习。 15. 小数（名数）的练习。 16. 斤两的认识和应用。	三年级180分钟	1. 万到万万各数的认识。 2. 整数四则的应用。 3. 两、钱、分、厘的应用。 4. 十进复名数和小数的关系的认识和计算。 5. 非十进复名的加减乘除的练习。 6. 面积和地积的关系的实测和计算。 7. 方、里的认识和应用。 8. 圆周的长和圆面积的计算。 9. 立方寸、立方尺、立方丈的认识和应用。 10. 小数（不名数）加减法的练习。 11. 小数（不名数）乘法的练习。 12. 小数（不名数）各式除法的练习。 13. 小数、整数的四则应用。 14. 分数的初步练习。 15. 折扣、成分的初步练习。 16. 简利息的初步练习。	210分钟

续表

类别	学年要项	第一、二学年	每周时间	第三、四学年	每周时间	第五、六学年	每周时间
笔算		12. 9以内各数的减法基本练习。 13. 关于0的加减九九的练习。 14. 二十以内不进位的加法的练习。 15. 二十以内不退位的减法的练习。 16. 积在18以内的乘法的练习。 17. 20到100各数目的认识。 18. 进位的加法基本九九的练习。 19. 减法基本九九的练习。 20. 升斗的认识和应用。 21. 元角的应用。 22. 儿童生活中所用物品的调查和估价。 23. 正方形、长方形的认识。 24. 关于2、3、4、5的乘法九九的练习。 25. 关于2、3、4、5的除法九九的练习。 26. 法数一位不进位的乘法练习。 27. 时、刻、分的认识和应用。 28. 法数一位不退位的除法的练习。 29. 寒暑表的使用。	二年级150分钟	17. 万以内数目的认识。 18. 菱形、梯形、平行四边形的认识和应用。 19. 方分、方丈的认识和应用。 20. 亩、分、厘、毫的续继和应用。 21. 法数二位的乘法的练习。 22. 同上的除法的练习。 23. 简易的四则的练习。 24. 日、星期、月、年的计算。 25. 元、角、分、厘的应用。 26. 分的应用。 27. 秒的应用。 28. 法数三位的乘法的练习。 29. 同上的除法的练习。 30. 里的实测计算。 31. 担的认识和应用。 32. 磅和吨的计算。 33. 整数乘有名小数的练习。 34. 整数除有名小数的练习。 35. 票据的认识和计算。 36. 账折的认识和计算。 37. 家庭、学校所用物品的成本、工价、时货的估计调查。	四年级244分钟	17. 分数和小数的关系的认识和计算。 18. 分数和复名数的关系的认识和计算。 19. 分数和成分的关系的认识和计算。 20. 浅易分数的四则练习。 21. 百分数的应用。 22. 日常应用的利息的计算。 23. 合作商店的研究和实习（课外作业）。 24. 物价涨落的调查和计算（课外作业）。 25. 关于度量衡市制和公制的比较和应用。 26. 中英度量衡的比较计算。 27. 家用簿记的练习。 28. 简易统计图表的认识制作和计算。	

续表

类别\学年要项	第一、二学年	每周时间	第三、四学年	每周时间	第五、六学年	每周时间
珠算			1. 拨珠的方法。 2. 定位的方法。 3. 加法的练习。 4. 减法的练习。 5. 法数一位的乘法的练习。 6. 法数二位的乘法的练习。	四年级60分钟	1. 复习加法。 2. 复习减法。 3. 复习乘法。 4. 法数一位的除法。 5. 万以内数目的记法和读法。 6. 法数三位以上的乘法。 7. 法数两位的除法。 8. 整小数加减法。 9. 整小数乘法。 10. 整小数除法。 11. 四则的应用。 12. 斤两法。	30分钟
附注	（一）笔算第一、二学年的一至十一各项，在第一学年教学，不用算式，只须随机给以算术的知识，所以时间每周只定六十分；十二以下在第二学年教学。第三、四学年的一到十六各项，可列在第三学年，十七以下可列在第四学年。第五、六学年的一到十六各项可列第五学年，余可列入第六学年。珠算从第四学年开始。 （二）在乡村里或偏僻的地方，一、二学年的儿童年龄较长，没有入学以前，已经有了不少的数量经验和常识，以及计算的习惯，所以宜把一、二年各项和三、四年一到十五各项的作业，重行分配，大约分作两年完。 （三）外国度量衡及外国货币，各地方倘有需要，可酌量增加，例如青岛、南满等处，可加中日制的比较，余类推。内地不需要者，可径不用。					

总论

关于小学算术教学的目标，作者除介绍《课程标准》的规定外，并分(1)计算的能力,(2)关于数的常识和经验,(3)思考方法的训练,(4)重要的理想四项，略加申说。作者指出，关于数的常识和经验的教学与计算能力的教学，在算术科中，占同样重要的地位，又指出(3)(4)两项乃是靠着附学习来实现的。

关于教材的选择，作者指出，无价值的算术教材，已逐渐地被裁汰，而因此算术课程倾向于简单浅易。引起此种倾向的原因，就其重要者而言，不外是：(一)社会生活中所用的算术，并不十分困难繁复;(二)有些算术教材，只须使儿童认知或了解，用不着叫儿童演算;(三)特殊职业所用的算术，用不着叫小学儿童去研究。但就另一方面言，有不少数的常识的教材和浅易而重要的几何三角等教材，也已逐渐加入于小学课程之中。作者又在本章中，介绍七个教材选择标准，以供读者参考。

关于算术教材的最新的组织方式，具有下列的特点：（一）容易的先教，困难的后教，循序渐进，都把学科系统的美观置于不顾；（二）复杂的单元，分做几个单元教；（三）无用的教材，决不为了求组织系统的完备起见而加以教学；（四）凡可联络的教材，要联络了教学；（五）把儿童的实际的生活动境，作为算术教材组织的中心，欲把算术教材作适宜的组织，决非易事。《小学课程标准》上的算术各学年作业要项，要算是代表一种较新式的组织了。

参考资料

算术教材科学研究所得的结论——根据许多关于日常生活中所用到的算术的调查研究，许多教育者已同意如下的结论：

（1）算术上的问题，应以商业的动境为中心，因日常生活中的算术问题，都是如此的。

（2）一般人们所解决的算术问题，都是简单的；故必要的工具教材，能在四五年内学习完毕，而不妨自第三年级起开始教学。

（3）算术课程中包含着许多无用的教材。应该教学的教材，应以切合日常生活的应用者为限。

（4）在有实用价值的算法之中，最重要者，要推基本四则了。（见 Schmidt: Teaching and Learning the Common Branches, p. 365.）

问题和设计

（一）试根据本章所介绍的选择标准，把一部坊间出版的算术课本，加以批评。

（二）试述学习迁移的心理实验对于算术课程的影响。

（三）试述算术社会化的意义。

参考书籍

① 赵廷为：《算学：小学教学之研究》（第五册），商务印书馆1935年版。

② 俞子夷：《小学算术科教学法》，商务印书馆1931年版。

第十七章　算术科的教学法(上)

欲研究小学算术教学的方法,最好从一年级到六年级,按着教材排列的次序逐步地讨论下去。但是因为受篇幅的限制,我们不能作如此详细的讨论,所以我们只能把一般的教学手续提出来讲一讲。就大概说,算术的教学包含三种重要的工作:(一)提示各种算术知识使儿童了解;(二)指导式题的练习;(三)指导应用题的练习。如今让我把这三种教学工作,依次地加以讨论。

一、怎样提示各种算术的知识

算术科所包含的知识　算术科所以为一种最困难的科目者,一则由于所包含的各种知识非常复杂,二则由于所包含的知识过于抽象。在这里,我们不能把算术科所包含的各种知识一一加以列举,只可以把各类不同的知识略举数例来说明。

（一）概念　算术科里包含许多基本概念,例如数的概念、分数的概念、算法的概念、几何形的概念、量度的概念等。有许多的概念是非常复杂的。1、2、3 等数字可含有数种不同的意义：(1)积的意义,(2)秩序的意义,(3)比例的意义,(4)相关的意义。[①] 又例如减法的概念也含有三种不同的意义：(1)剩余的意义,(2)添补的意义,(3)比较的意义。[②] 其他例繁,不胜枚举。在教学时,教师固不宜把数种不同的意义在同时间内向儿童说明,但是他须使儿童对于每一概念的数种不同的意义,逐渐会得一一了解。

（二）定义　有大部分的算术概念只须使儿童了解意义,用不着列出抽象的定义的。不必要的定义太多——这可以说是一般算术教科书的缺点。所以教师在教学时,不宜过于强调定义的解说和记忆。然有若干重要的定义,如分子分母等,也是应该使儿童知道的。

（三）事实　像 $9+7=16, 8\times7=56, 8\div2=4$ 等,都叫做事实。算术科中所包含的事实非常众多。最基本的是一百个加法九九,一百个减法九九,一百个乘法九九和九十个除法九九。每一事实,教师在教学时必须要加以

---

① 见 Thorndike, Psychology of Arithmetic, pp. 2-3. 可参考艾伟的《初级教育心理学》,商务印书馆 1933 年版,第 181-185 页。
② 可参考赵廷为译的《低年级算术教学法》第五章,开明书店 1931 年版。

注意。

（四）原则　较事实更普遍而概括的，乃是若干重要的原则。例如"用同数除分子分母，其值不变"之类。

（五）法则　假若一个原则不仅当作一个普遍的原理，并且用作计算的指导，便变成一种法则了。举例来说，根据"用同数除分子分母，其值不变"的原则，我们可定立"要化为最简分数，用同数去除分子分母"这一条法则。在小学算术科中，一切的原则若变成法则的形式去说明，似较便利并切于实用。

（六）算法　简单的算法，如乘分数、乘小数等，是可以用一个法则来指导的。但是复杂的算法，如长除法、连加法等，却不能用一个法则来指导了。一般的教师往往把一种算法，如整数加法、整数减法等，看得非常简单。其实，加减乘除的算术，都是包含着许多概念、事实和法则而异常复杂的。兹举梅登（Merton）氏对于加法的能力的分析结果为例。①

(1) 基本九九一百个。

(2) 把一百个基本九九应用到二位加法，例如把 $\begin{array}{r}2\\+\ 4\\\hline\end{array}$ 的加法应用到 $\begin{array}{r}5\ 2\\+\ \ \ 4\\\hline\end{array}$ 的加法。

(3) 加法的意义。

(4) 下列各个名词的意义：加法、总和、加、加数和进位。

(5) 做加法时，单位数写在个位行内，十位数写在十位行内……。

(6) 由右边算到左边。

(7) 个位数与个位数相加，十位数与十位数相加……。

(8) 把一个看得到的数目，加到一个心里想着的数目。例如 $\begin{array}{r}4\ 7\\5\ 6\\+\ 9\ 3\\\hline\end{array}$ 这一例，学生把 7 和 6 加过后所得的 13，是心里想着的，然后他把心里想着的 13，加到眼里看到的 3，这种能力就是要使学生把相加的结果记住，以备加到十位行（或百位行）时应用。

(9) 怎样处理 0（阿拉伯数字）。

---

① 见 Merton, Remedial Work in Arithmetic, in Second Yearbook of the Elementary School Principals.

(10) 怎样处理连加法中的空的地位。

(11) 个位行里的数目加过后,如果结果不满10,如何把结果写在总和内。

(12) 依第十一条情形,如何再做十位行的加法。

(13) 个位行里的数目加过后,如果结果等于10或过10,如何把这结果写在总和内。

(14) 依第十三条情形,如何再做十位行的加法(进位)。

(15) 记住进位的数。

(16) 如果各行加法的结果有须进位者,有不必进位者,互相掺杂时如何做加法。

(17) 如何把所有的相加结果写在总和内。

(18) 如何校核答案。

减法、乘法、除法、分数、小数等,也包含同样复杂的能力,兹不赘述。

一般教学的缺陷 一般教师对于各项算术的知识的提示,常犯着两种重大的错误:第一是欠具体。他们往往先提出若干抽象的定义,然后根据这些定义说明算法并用例题来表示。例如教乘法,他们先把乘法、被乘数、"×"的符号等解释一番,然后用78×4的例题,来说明算法。试问10岁以下的儿童,如何能了解这一种说明。恐怕教师愈加说明,儿童的头脑愈被弄得糊涂呢!这一种说明的方法叫做演绎的方法,对于年纪幼小的儿童显然是太嫌抽象了。第二是说明得太简略。这一半是受到教科书的影响,因为教科书为了册页单薄的关系,往往不能把各种算法作详细的说明,然而过于简单的说明,决不能使儿童了解复杂而抽象的意义的。

几个教学实例 这两种流行的错误的发生,乃是由于教师对于算术的符号性和抽象性缺乏一种了解。算术科里所包含的概念、事实和法则,都是极不易使儿童了解的。抽象和简单的说明决乎是不足够的。如今让我先举出几个实例,然后再从实例中抽绎出几个在提示时应该遵守的原则。

一个教学量度的实例 教师取二根长度不等的杆,问儿童道:"哪一根杆长些?""这根杆多长?"如果我们要说"这根杆多长?"我们如何说法。不错,我们说,这根杆长多少寸。

1寸大约有多长? 你们知道吗? 王儿,请你走上来,在黑板上,画一根1寸长的直线。

王儿画的直线,是不是1寸长? 这一把尺的一头,到这里写着"1"的地方,刚刚是1寸。让我们看,王儿画的直线,是不是刚刚1寸(把尺的一头放在直线的左端,而量度此直线。让儿童自己决定,这根直线是不是刚刚 1 寸)。

从这尺的一头,到这里写着"2"的地方,刚刚是 2 寸。谁愿意到黑板上来画一根 2 寸长的直线(再用尺去度量,而让儿童自己去决定,这根直线是不是刚刚 2 寸)?

从这尺的一头,到这里写着"3"的地方,刚刚是 3 寸。谁愿意到黑板上来画一根长 3 寸的直线(再用尺去量度,而让儿童自己决定,这根直线是不是刚刚 3 寸)?

现在我要画一根直线,让你们猜猜看,到底多少寸?(儿童猜过了以后,让他们用尺去量度。)

一个数 2＋2＝4 的实例　教师叫四个儿童走到教室前面,问其余儿童道:"这里有几个儿童?"儿童当即回答道:"4 个"如果他们不能立时回答,可用计数来回答。

等到儿童回答无误后,教师可把 4 个儿童每两个一组,分成二组,却把二组靠近在一处。

教师再问:"你们曾说过这里有几个儿童？这里一共有几个儿童?"直至儿童能够毫不踌躇地回答时,可不再问。

复次,教师指着一组儿童问:"这里有几个儿童?"儿童回答说:"有 2 个。"再指着另一组儿童问:"这里有几个儿童?"儿童又回答说:"有 2 个"。接着,教师就问:"合拢来有几个?"(自然很敏速地回答 4 个)。再连下去问:"2 个儿童加 2 个儿童是几个儿童?"儿童就回答说:"有 4 个。"

然后教师用其他具体事物,如书籍、粉笔、铅笔等,依着同样方法来说明。最后在黑板上写出 $\frac{\begin{array}{r}2\\+\ 2\end{array}}{4}$ 的式子,叫儿童读作"二加二等于四"。

一个教进十加法的实例　假定以 $\frac{\begin{array}{r}1\ 8\\+\ 1\ 4\end{array}}{}$ 为例子,教师可取 10 枝铅笔为一束,再加 8 枝铅笔来代表 18。其次,更取 10 枝铅笔为一束,再加 4 枝来代表 14。两数相加时,教师可把两堆铅笔合并起来,那么就得 2 束又 12 枝。于是教师在 12 枝铅笔中,取出 10 枝,扎成 1 束,合起来共成 3 束又 2 枝,即 32 枝。

经过利用实物作这种具体的说明之后,教师可再进行教学如下:

教师——18 里面有几个"10"?

儿童——1 个。

教师——18 里面有几个个数?

儿童——8 个。

教师——14 里面有几个"10"?

儿童——1 个。

教师——14里面有几个个数?

儿童——4个。

教师——个数8个加个数4个,一共有个数几个?

儿童——12个。

教师——12个里面有几个"10"?

儿童——1个。

教师——这里有几个"10"?

儿童——2个。

教师——现在我们把一个"10"和2个"10"相加,并成3个"10",而在8和4的下面,写个数2。记记看,还有几个"10"?(指着 $\underline{\begin{array}{r} 1\ 8 \\ +\ 1\ 4 \end{array}}$ 的算式)。
$ 2$

儿童——3个。

教师——答数是32。这和我们加铅笔得的结果相同。现在你们要记住,一行相加的总和,如果是10或超过10,你须把右边一个数字写下来,而把另一数字进位到上一行内,和上一行里的各数相加。

经过这样的说明,教师可再看着儿童做其他类似的式题。

一个教法数两位的乘法的实例 比方有一个例题如下:某级有七十二包纸,每包里有九十六张纸,问共有若干张? 教师可采下列方式去教学:

$$\begin{array}{r} 9\ 6 \\ \times\ 7\ 2 \\ \hline 1\ 9\ 2 \\ 6\ 7\ 2 \\ \hline 6\ 9\ 1\ 2 \end{array}$$

(1) $2 \times 6 = 12$,把"2"写在"72"的下面的个位一行内,记住"1"。

(2) $2 \times 9 = 18$,"18"和"1"是"19"写"19"。

(3) $7 \times 6 = 42$,把"2"写在"72"当中的"7"字的下面,即十位一行内,记住"4"。

(4) $7 \times 9 = 63$,"63"和"4"等于"67",写"67"。

(5) 两数相加,记住"672"实等"6720"。

几个原则 上面四个教学实例,有一个是关于概念的教学的,有一个是说明事实的,还有两个是说明算法的。在说明算法的两个实例当中,一个比较简单,可以用一个法则来指导,另外一个比较复杂,仅说明计算的手续而并未指出法则或理由。这四个教学实例虽未能代表全体,却已足供我们研究了。如今让

我从这些实例中,抽绎出几个教学的原则如下:

(1) 要提示一项新的知识,须以旧有的有关系的经验或知识为基础。如果要教学量度的概念,儿童须先知道长短的分别。如果要教学加法的基本九九,儿童须先有计数能力。假若儿童缺乏必要的知识基础,我们无论如何总不能使儿童了解的。一般的教师因与儿童接触已久,对于所教的儿童的旧经验的基础当可十分的明白,但仍往往有施行一种"预测验"的必要。[①] 对于新生或经过假期休息后的旧生,这一种"预测验"的手续竟可说是不可少的了。施行"预测验"的手续,有时很简单,只须用发问的方式就行,有时须编制测验,此举。较属正式,这是全视情形而定的。总之,提示新的知识的第一步手续,是去测知儿童的有关系的旧知识的基础怎样。

(2) 要提示一项新的知识,须尽量利用具体的经验。如果要儿童明了 $2+2=4$,教师必须利用书籍、粉笔等实物使儿童直观。如果要儿童明白进十的法则,教师必须利用铅笔的计数来说明。至于量度概念的教学,也一定要利用具体的量度的经验。

(3) 教师须渐渐由具体的说明引渡到抽象的说明。在开始说明进十加法之时,我们固然要用扎铅笔的具体动境使儿童了解;但是等到儿童了解之后,我们应继以抽象的说明,因为我们要使儿童仅仅去想抽象的数目而不再去问具体的动境。倘若儿童每次做进十加法时,必须先想一想扎铅笔的动境,这是多么不便利呢!所以由具体引渡到抽象,乃是一个重要的教学原则。

(4) 多用归纳的说明而少用演绎的说明,这是第四个重要的教学原则。凡是使儿童由比较若干具体的实例而了解意义的,都叫做归纳的说明的方法。凡是使儿童从已经知道的事实或原则而推知新的事实或原则的,都叫做演绎的说明的方法。演绎的说明的方法较为抽象而不宜多用,这是前面已经指出的了。但是有的时候,用演绎的方法比用归纳的方法更加便利。举例来说,假若有一百个加法九九,一概要照前面所用的一个教 $2+2=4$ 的实例去说明,这是多么的麻烦。为省免麻烦计,凡和在 10 以下的加法九九,我们可大致照着前面的教学实例作归纳的说明;而对于其他的加法九九,就不妨用种种的方法,作演绎的说明了。比如 $\begin{array}{r}7\\+4\\\hline\end{array}$ 的加法,我们可使儿童从已经学过 $\begin{array}{r}7\\+3\\\hline\end{array}$ 的加法里面推

---

① 参看本书第一编第四章。

知,因为这 $\frac{+\ 7}{\ \ 4}$ 的加法只是比 $\frac{+\ 7}{\ \ 3}$ 的加法多一而已。然演绎方法的应用,仅以谋时间的经济为目的。① 凡是最先使儿童明了的事实,必须是要用归纳的说明的;等到儿童能够作抽象的思考之后,我们才可以渐渐地采用演绎的说明的方法。

(5) 算术名词不要老早就介绍,精确的定义也应该少用,这个原则是为一般教科书编辑者和教师所最易背反的。最易发生的弊病是:儿童仅知道若干算术名词,而对其所代表的意义却不甚了了。要避免这种弊病,我们须记住:与其把名词介绍得太早,还不如把他们介绍得晚一些。像分子、分母等名词,不妨等到儿童计算过若干简易的分数之后,由教师遇必要时随时介绍。大部分的名词不必下精确的定义,只须使儿童认知。较重要的定义,等到儿童已了解其所代表的概念之后,就不难举若干具体的实例使儿童归纳而得。

(6) 较复杂的算法,横竖是理由讲不清楚的,索性把理由略而不讲而仅告知计算的步骤。上面的法数两位的乘法的教学实例,便是根据这个原则的。凡是算法的理由可为儿童所了解的,自应向儿童讲述。至于这法数两位的乘法,根据莫顿(Morton)说,照他的教学四年级学生的经验,理由的讲述,除对于较聪明的儿童之外,对于全体是没有多大的价值的。② 儿童虽不了解算法的理由,却已能照样去演算,正好像接电生虽不了解电气的知识而已能接电一样。聪明的接电生,自后会从经验中学习电气的知识,至于聪明的儿童,也自会从演算的经验中逐渐发现算法的理由的。

参考资料

  演绎法在算术教学上的地位 有的时候我们简直是一定要用演绎法来教学算术的。例如:

(1) 所教学的概念过于困难 有些算术上的定律,一定要加以分析和综合的研究,才能够明白了解,因此就超过幼小儿童的能力范围了。教这类定律时,归纳的方法反足以紊乱儿童的脑筋,所以必须要采用演绎的方法,例如说明法两位的除法、法三位的乘法、被减数的同位数小于减数的同位数时的减时手续等是。

(2) 归纳的思考过程过于繁复 如果讲述一个法则时,只须用两三个简单的例

---

① 参看本章的参考资料。
② 见 Morton, Teaching Arithmetic in the Intermediate Grades, pp. 65 - 67.

子,而儿童极易加以比较,发现其共同的特征而综合得到一个概念,那么,归纳的教学,自属最为适宜的了。然若我们把较繁复的算法,如寻求最小公分母或做法两位的除法等,也加以归纳的教学,显然的,我们就要紊乱儿童的脑筋了。这些算法里面,包含很多的元素,儿童不易把握要点,因此不能归纳得一概念。据经验的启示,教学这类的算法,为求时间经济起见和易于了解起见,用演绎法更加妥当。

(3) 时间过促,不能详加说明　假定某级将开始教学小数除法,但预测验的结果,发现某级儿童对于已习过的小数记位的方法尚未了然。补习此种知识时,为节省时间起见,我们就应采用演绎的方法了。

(4) 所规定的教材无甚价值　凡一受过专业训练的小学教师常常根据实用的标准来估评课程中的教材。教师固应依课程的规定去教学,但其所采用的教学技术为何,仍可由教师自行选择。若据教师自己的判断,课程中某项教材无甚社会的价值,也就必须采用一种最省时间的教学手续(例如演绎法)去教学了。(见 Klapper: The Teaching of Arithmetic, p. 187 – 188.)

问题和设计

(一) 试拟提示下列各项算术教材的教案:(1)退位减法,(2)乘法九九的事实(如 $\begin{array}{r} 2 \\ \times\ 2 \\ \hline \end{array}$ 和 $\begin{array}{r} 5 \\ \times\ 2 \\ \hline \end{array}$),(3)小数的意义,(4)长除法及试商。

(二) 试比较归纳法和演绎法的优劣。

第十八章　算术科的教学法(中)

二、怎样指导式题的练习

反复和应用　经教师的提示，儿童明了一项算术的事实、法则或算法之后，其次的教学工作便是使儿童把所已习知的教材加以熟记。比方 2＋2＝4 这一项事实，教师要使儿童看见了 2＋2＝? 即能正确地回答 4。换言之，教师要使儿童对于 2＋2＝? 和 4 二者之间造成一种强固而机械的结合。在实际上，造成许多像这样的结合乃是算术教学的主要工作。欲造成一种强固而机械的结合，可有两种不同的方法：第一种方法，是使儿童把像 $\begin{array}{r}2\\+\ 2\\\hline 4\end{array}$、$\begin{array}{r}3\\+\ 2\\\hline 5\end{array}$ 这类的事实，作抽象的反复练习；第二种方法，是使儿童把这些事实在实际的计算动境中加以时常的应用。前者称为式题的练习，而后者称为应用题的练习。"应用"固然未尝不足以使各种事实的结合机械化，但仅靠"应用"而不作抽象的"反复练习"，在时间上也嫌太不经济。假若仅使儿童作抽象的"反复练习"而不使之作实际的应用，其结果则儿童虽知道加法或减法怎样计算，却不能发现何者为应用加法或减法的计算动境。所以式题的练习和应用题的练习是同样重要的，而且是常常要联络着的。兹为便利起见，先讨论了式题练习，再在下章讨论应用题的练习。但是两种练习之间原有相互的关系，要请读者刻刻记住的。

三种不同性质的练习　为明白起见，我们可分别出三种不同性质的练习。第一种练习，我们可名之为初次练习(initial drill)，这乃是指儿童在习知某种事实或算法之后所作的强烈的练习而言。第二种练习叫做保持练习(maintenance drill)，这种练习的目的乃在防止遗忘。第三种练习叫做补救的练习(remedial drill)，假若经过初次练习和保持练习之后，经测验的诊断，教师发现某儿童对于某种算法仍多缺陷，则教师就可使之作补救的练习。

所谓保持练习，实即指温习的分配而言。学过了一种算法之后，教师须在一年之中分配儿童温习的时间。但每次温习时间的长短，可以递减，而两次温习相隔的时间，也可逐渐延长。盖茨说："练习后隔二十四小时，可作初次的时间较长的温习。再隔一星期，可作第二次时间较短的温习。第三次的时间更短的温习，可举行于三个星期之后。第四次的温习，可举行于两个月之后。嗣后，约每隔六个月,练习一次"。① 一般的教科书的编辑者,对于温习这件事往往非常忽略,这是何等的不幸! 至于补救的练习,实极简单,只须针对儿童的缺陷而施以特殊的练习,②本章因篇幅的制限,拟不加以赘述。

几个原则 关于式题的练习,兹举若干原则并加以简单的说明如下③(有些较明白的原则即不加以说明):

(一)在开始练习之前,教师须先使儿童发生强烈的练习动机。最好的引起动机的方法是供备实际的动境,使儿童需用一种技能和习惯。

(二)在每次开始练习之前,教师须先把练习的方法向儿童详说一番,务使每一儿童知道怎样去练习。

(三)练习时,要防止不良习惯的养成。最普通的不良习惯,是用计数来做加法和背乘法表来回答乘法九九。这两种习惯,教师应刻刻注意,防止其养成。

(四)避免采用各种助记法(crutches)。像进位加点子之类,都叫做助记法。有几种助记法流弊较少,但是有几种助记法,对于正当习惯的养成是很有妨碍的。助记法总是以少用为是,各种助记法实在也都是不良的习惯。用计数来做加法和用背乘法表来回答乘法九九,都是可称为助记法的。

(五)注意矫正儿童的错误。假若儿童看见了 $\frac{+\ \ 8}{?}^{4}$,不回答 12 而回答 13,教师即应加以矫正。否则儿童对于 $\frac{+\ \ 4}{?}^{8}$ 和 13 之间将造成一种错误的机械结合。

(六)练习时,要集中儿童的注意。如果儿童注意不集中,练习的效率就要减少。

(七)指导练习时,教师要精神饱满。

(八)练习次数要多,而时间要短。每次练习时间最好在十至十五分钟之间,因为反复练习是单调的,练习过久则儿童注意力就难集中。

(九)要限定练习的时间以催促儿童努力。

---

① 见 Gates, Psychology for the Students of Education, p. 288.
② 可参考作者所编之《算学:小学教学之研究》(第五册),商务印书馆 1930 年版。
③ 温习本书第一编第五章。

（十）要儿童作敏速的反应，但仍是以正确为主。

（十一）要避免一切无谓的手续，如抄题目之类。

（十二）要使儿童作简单的思考，例如作 $\begin{array}{r}3\\9\\+\ 5\\\hline\end{array}$ 的连加法，儿童在演算时，不应在心里想"3加9等于12，加5等于17"，而应该想12、17。

（十三）要利用统计图表，使儿童自己知道自己的进步。

（十四）要变化练习的方法来打破练习的单调。

（十五）如果有两种以上的算法时，只须采定一种算法使儿童练习，例如减法的计算，或采用剩余法（take away method）或采定添补法（additive method）均可。①

（十六）所有要记熟的事实均须加以练习，不宜有所遗漏。单就整数加法而言，据奥斯朋（Osburn）的研究，有一百个基本九九，二百二十五个做最重要的连加法所需的加法事实，一百七十五个做乘法进位时所需的加法事实，均须一一加以练习。②

（十七）做加法九九的练习时，正反二式都要练习，而且最好常常要同时练习。举例来说，练习了 $\begin{array}{r}4\\+\ 5\\\hline\end{array}$ 还须练习 $\begin{array}{r}5\\+\ 4\\\hline\end{array}$。这条原则，实已包括在前条原则内，因往往不为一般教师所注意，故特为指出。

（十八）较困难而易犯错误的事实，应使儿童多练习几次。例如 $\begin{array}{r}8\\+\ 8\\\hline\end{array}$ 的练习，应该要比 $\begin{array}{r}2\\+\ 2\\\hline\end{array}$ 的练习多几次。

（十九）横式和竖式均宜加以练习，但竖式更加重要。

（二十）练习要达到一百的正确程度。

（二十一）要使儿童养成校核的习惯。

练习的方式 练习的方式以采用黑板练习者为最普通，但黑板练习具有不少的缺陷：(一)在练习时，儿童用到无谓的手续，如抄写题目之类，因此与上面所举出的第十一条原则相背反；(二)时间不经济，因在一节课内，每一儿童仅

---

① 可参考作者所译的《低年级算术教学法》，开明书店1931年版，第71页。
② 见 Osburn, Corrective Arithmetic, pp. 155-166. 或作者所编之《算学：小学教学之研究》的附录。

做极少数的式题练习;(三)当数个儿童在黑板上演算时,其余儿童常常是闲着无事的。因为有这种种的缺陷,故黑板练习虽仍可有时采用,但新式的算术教学应注重练习测验、卡片练习和游戏练习的采用,而不应再注重黑板练习了。兹将采用练习测验、卡片练习和游戏练习,这三种练习方式时所应注意之点分述如下:

练习测验 最经济的而最有效率的练习方法,是采用练习测验。练习测验的功用,已详述于本书第一编第五章中,兹不赘述。最困难者,我国出版的现成的练习测验尚不多见。若无现成的练习测验材料,只得由教师自编,用油印去印。中央大学实验学校出版的算术练习簿,也是可以采用的。

卡片练习 卡片练习乃是最经济而最有效率的练习的一种。根据上面所举出的数条原则去批评,卡片练习和练习测验,都是和第五、第六、第九这几条原则相适合的。算术式题的练习,似应把练习测验和卡片练习作为主要的方法。卡片练习的又一优点,乃在运用心算。经科学的研究,心算的重要已被证明为不在笔算之下,所以应该在教学时特别着重的。①

现成的算术卡片,在我国出版的也不多见。但是欲自制卡片却极便利,只须用厚的图画纸裁成相当大小的卡片,而在其上面写着欲使儿童练习的算式。例如关于加法九九的卡片,可在正面写 $\dfrac{+\ \ 3}{\ \ 4}$ 的算式,而在其反面写 $\dfrac{+\ \ \ 3}{\ \ \ \ 4}{\ \ 7}$ 或 7。

又例如关于分数的卡片,只须在片上写 $\dfrac{2}{9}$、$\dfrac{5}{8}$ 等算式。关于卡片的练习,帕克曾举一关于五年级的分数乘法卡片练习的教法的例子,②很足以代表卡片的使用技术,兹介绍如下:

(1)教师所立的地位,须使卡片得受相当的光线,俾使全班儿童,都能明白看见,而无一人面窗而坐。

(2)由教师指定一个儿童作计时员。

(3)教师把法数(例如 $\dfrac{1}{2}$)写在黑板上,令儿童用此法数去乘卡片上的分数。

---

① 见 Woody, Types of Arithmetic Needed in Certain Types of Salesmanship, in Elementary School Journal, March, 1922.

② 见 Parker, Types of Teaching and Learning in the Elementary School, pp. 167 - 168.

(4) 确知每个儿童都已明白他们将做的工作是什么。

(5) 然后教师说"预备做"。

(6) 教师将卡片闪出。闪第一片时,第一个儿童须即把答数报出,愈快愈好。

(7) 要是这个儿童答得不错,教师便可闪出第二片;要是答错了,可由第二个儿童回答,将片置于桌上,以备后来再令儿童回答。然后再闪出第二片。

(8) 依上述手续,轮流令儿童回答,直至全数闪毕为止。

(9) 这时,教师可将桌上有人答错的卡片取出,重行练习。倘能记得答错的儿童是谁,可以指名叫答错的回答。

(10) 练习毕,教师问计时员所费的时间多少。在黑板上记明(例如三分三十秒)此项时间,可记于前一日练习此一套卡片所费的时间之后,并与其他团体同日练习所费时间对列,以资比较。

(11) 最后予儿童以相当的鼓励,引起其增进此项纪录,以达到标准时间(例如这一套练习的标准时间为一分钟)的兴趣。

游戏练习 因为练习往往是单调的,所以教师除采用上述各种练习的方法之外,有时必须要利用游戏来引起儿童的兴味。一般的小学教师,都已经知道利用各种游戏的方法了。关于各种良好的算术游戏练习,我们也常常在杂志上看到介绍或报告的文字。但是作者认为游戏的练习,并不是理想的练习的方法。用统计图表使儿童自己知道练习的进步,或利用实际的计算需要来引起练习的动机,实在比利用游戏的练习以引起兴味要好得多。游戏练习有好的,也有不好的。兹先把好的游戏和不好的游戏各举一例,然后再指出几个批评的标准。

游戏练习的第一例 儿童环立成一圆周。在每一儿童的身上,挂一张卡片,各载有9以下的数字一个。儿童蒙着眼睛,做猫捉鼠的游戏。他伸手来捉环立着的儿童,捉住了一个儿童之后,便由被捉的儿童,喊出其所挂的卡片上的数字和蒙着眼的儿童所挂的卡片上的数字相加的总和。于是蒙着眼的儿童,便去猜被捉住的儿童所挂的卡片上的数字为何。如果猜得不错,便将被捉住的儿童蒙眼,继续做猫鼠的游戏。

游戏练习的第二例 儿童环立成一圆周。在每一儿童的身上,挂上一张卡片,各载着18以下的一个数字。但是同一数字的卡片,须有二个儿童挂在身上的。令一个儿童立在圆周的中心,喊出一个加法九九算题,例如 $8+6$。凡挂有14的卡片的两个儿童,即应互换位置,而立在中间的儿童,便趁机去抢位置。如果他抢不着,他可再换一加法九九算题。如果一儿童因动作迟缓,而位置被抢,则应走到中间,来继续做这种游戏。

评判的标准 这两个游戏练习,到底是哪一个好呢?如果我们定出几个标准来评判,就不难加以分辨。兹定出几个评判标准如下。

（1）这种游戏练习引导到不良习惯（例如计数习惯）的养成否?

（2）这种游戏练习在时间上经济否?

（3）这种游戏练习能顾到全体儿童否?

（4）这种游戏练习对于儿童确有兴趣否?

（5）这种游戏练习究竟是否良好,而应鼓励儿童去从事?

参考资料

科学研究所证明为适用的算术教学原则 孟禄（Monroe）曾搜集科学研究所证明为适当的各条算术教学原则如下：

（1）在教学基本算术概念时,教师应供备有目的的、具体的、数的经验。计数和量度这两种经验,最宜充分供备。

（2）大概言之,先教意义,然后再引进名词或符号。不论是教学 1、2、3、4 等符号或加、减、尺、码等名词,都应该如此。

（3）记忆乘法表等,须遵守下列的法则：

① 儿童对于所记忆的事实,应该要明了意义。

② 集中注意来作反复练习,却不可少。此种反复练习,或是抽象性的,或是在做算术时应用,都是可以的。

③ 若欲担保永久的记忆,练习须到达极易回忆的程度。

④ 记忆时,须集中儿童的注意,或在某种压迫之下举行练习。

⑤ 记忆一组的事实,不要每次记忆一件事实。

（4）表内的事实,其困难并不相等,对于表内事实的反复练习的次数,视困难程度而定。最困难的事实,应使儿童作最多次数的练习。

（5）每一算术事实,其困难程度若何,视儿童而异,因此除了团体练习之外,必须要有个别的练习去补充。

（6）教加法及乘法时,每一结合的正反二式,都要加以教学（例如教了 $\frac{+\ 3}{4}$,又须教学 $\frac{+\ 4}{3}$,教了 $\frac{\times\ 3}{5}$,又须教学 $\frac{\times\ 5}{3}$）。

(7) 做连加法时，把相当的各数并成 10 或其他简便数目，乃是没有益处的。各人所采的计算手续容有不同，但若让各儿童选择其自己最喜用的方法去演算，而催促他们迅速地做毕，我们似可得到最良的效率。

(8) 做减法时，添补法不见得比剩余法好。

(9) 借位时，把减数加一，比把被减数减一好些。

(10) 澳大利亚的除法计算法，在初教除法时，比一般所用的方法更有效率（可参考 Klappar, The Teaching of Arithmetic, pp. 318 - 319）。此条及第八条、第十一条原则，似尚未完全证实，教师可略去不讲。

(11) 做小数除法时的小数点记法，采用澳大利亚法比一般所用的方法更有效率。

(12) 儿童常把相同种类的错误，犯了之后再犯，所以最常犯的错误，应特别使儿童注意矫正。

(13) 教师应叫儿童采用简语。

(14) 除了最初的练习之外，基本算法的练习，应该要利用习题。

(15) 每次练习的时间，应在十分至十五分之间。

(16) 使儿童知道过去的成绩，并刺激其更求进步的欲望，乃是增进教学效率的最重要的因素。

(17) 在每次上课的开始，应先做练习。

(18) 注重迅速而不注重正确。（桑代克反对此条。）

(19) 同年级的儿童，其能力的差别甚大，故个别的教学成为必要。

(20) 算术能力是特殊性的，故每一种算术能力均须加以特殊的训练。

(21) 儿童做各种不同类的习题的能力不是平均发达的，所以诊断和补救的教学成为必要。

(22) 实际问题的计算练习，比教科书中的应用题的计算练习，能得到更优良的效果。

(23) 用标准测验来把教学的结果做有系统的量表，能得到很高的效率。

(24) 教师须使儿童习知应用题中所用的特殊名词，俾便儿童在解答时做正确的推理。（见 Monroe, W. S. Priples of Method in Teaching Arithmetic, as Derived from Scientific Investigations, Eighteenth Yearbook of the National Society for the Study of Education, Part I, pp. 78 - 95.）

问题和设计

（一）试述诊断的和补救的教学的技术。（参考作者所讲的《算学：小学教学之研究》及《教育心理学》——由开明书店出版——二书。）

（二）试搜集十种游戏练习方法。

（三）实习卡片练习。

第十九章 算术科的教学法(下)

三、怎样指导应用题的练习

应用题与式题的异点 在前章中,我们已把式题练习的原则和方法加以说明,如今将把应用题的练习加以讨论。劈头,让我们把式题练习和应用题练习的异点来说一说。做式题的练习时,教师或在一组式题的练习的前面,写出"加""减""乘"或"除"的字样,或竟在算式里附着"＋""－""×"或"÷"的符号,所以用何种算法去计算,是预先告知儿童的,儿童只须依照已经告知的算法,敏速正确地加以演算,用不着多费思索。由此可知,式题练习的指导,完全是采用练习的教学法的。至于应用题则不然,儿童须先研究意义以决定究竟用什么算法演算,然后再写列算式加以演算。其主要困难,乃在决定所应采用的算法为何。所以教学应用题时,教师必须采用问题解决的教学过程。这是式题练习和应用题练习的歧异之点。

良好应用题的标准 事实告诉我们,小学儿童对于应用题练习所感到的困难比式题练习更甚。这固然是由于应用题的解答的不易,但是有一大部分乃是由于教学上的缺陷。教学上的缺陷有二:(一)为儿童所练习的应用题往往不很合宜;(二)教师指导思考不善。如今我们先举出几个良好应用题的标准,然后叙述指导儿童解答应用题的适宜的方法,以供从事改进应用题练习的教学效率时的参考。

(一)良好的应用题的第一个标准就是它的实在性。具有实在性的计算问题,是在日常生活中会发生的计算问题。如"某店年终结账,损失资本的$\frac{1}{5}$,计银250元,资本究竟有多少?"这类问题,在事实上是不会发生的。[①]

(二)良好应用题的第二标准是合于儿童的经验。如果应用题里所述的计算动境,完全超越儿童的经验而不能为儿童所想像,无论如何,儿童是不能正确地加以计算的。

(三)良好应用题的第三标准是有兴味。应用题叙述的方法,要多变化而不单调。有时可采用故事的方式。

---

① 在实际生活中,像这一类的答案应该是早已知道的了,而毋庸再加演算了。

（四）良好应用题的第四标准是文字简单易懂。应用题里面的用字须合于儿童识字的程度。

（五）良好应用题的第五标准是供给有用的常识。凡仅使儿童练习计算而供给错误知识的应用题（如作者亲身看见儿童演算的"一年有十二月，一月有三十日，问一年有几天？"这一个应用题），确然是对于儿童有不良的影响的。

（六）良好的应用题的第六标准是每一组问题须包括数种不同的算法。一般小学算术教科书的应用题，往往组织呆板，或一组全用加法，或一组全用减法。稍聪明的儿童，只须把问题中的数字相加相减，而不问文字的意义若何。因此，应用题的练习，在实际上，也只是成为用文字写出的式题而已。多用一组的问题（grouped problems），而少用各自独立的问题（isolated problems），就很容易矫正此弊。

以上几个标准较为重要，其他姑不具说。教科书里用文字写出的应用题，常常是不合这几个标准的。在选择教科书时，教师应根据上列标准仔细地加以评判。儿童在实际活动或设计中所遇到的计算问题，大部分是适合上述标准的，应该要时常利用。叫儿童自拟计算问题，不仅足以增进儿童的观察力、想像力和创造力，而且足以使应用题的练习更多兴味，似乎也应鼓励。假若算术的应用题和卫生、自然、社会等科联络，有时也足以引起儿童研究的兴趣。把儿童做不合实际演算情形的应用题的时间省下来，叫他们做这种种计算问题的练习，恐怕就足以使应用题教学的效率大为增进了。

论理的分析　现在让我们把指导儿童思考的方法加以讨论。多数教师的经验，证明儿童对于较困难的应用题，若采用论理的分析，可以得到很多的帮助。桑代克曾提议，在遇到一个困难的应用题时，教师应指导儿童对于下列三个问题，先加以考问和解答：①

（1）求的是什么？

（2）已经知道的是什么？

（3）怎样演算？

在回答第一个问题时，儿童须把应用题作详细的阅读和分析。有时，他须连读数遍才能正确发现所求的究竟是什么。其次，儿童要确知应用题里面已经告知的各个数目和种种事实。他应该把这些已经告知的数目和事实，明白的摘录下来。有时，他还可画一个图，把这些数目和事实用图来显示其所含的意义

---

① 见 Thorndike, New Methods of Arithmetic, p. 139.

和相互间的关系。等到前两个问题解答了以后,儿童才解答这第三个问题。这第三个问题最为困难,但等到前两个问题解答了以后,再去解答第三个问题就容易了不少了。

关于应用这种论理的分析来指导儿童的思考,兹举一例以明之。某儿童遇到一个困难的题目如下:"有儿童若干人,有铅笔若干枝,若每一人分得 18 枝,少 18 枝;若每人分得 11 枝,多 22 枝;问儿童数和铅笔数若干?"因某儿童曾做错这题,所以我曾作如下的论理分析以帮助其了解。

1. 求的是什么?

(1) 儿童数。

(2) 铅笔数(共求两个答案)。

2. 已经告知的是什么?

(1) 每人分得 13 枝,少 18 枝。

(2) 每人分得 11 枝,多 22 枝。

3. 怎样演算?

(1) 每人分 13 枝,与每人分 11 枝,相差几何?

每人究竟多得几枝?

每人多得 2 枝($13-11=2$)。

(2) 要使每人多得 2 枝,需要多少枝铅笔?

需要 40 枝($18+22=40$)。

(3) 假若每人多得 1 枝,需要多少枝铅笔?

需要 20 枝($40 \div 2 = 20$)。

(4) 儿童数不也是 20 吗?

是。

(5) 那么,铅笔数有多少?

242 枝($13 \times 20 - 18 = 242$)。

(6) 这答案错不错?

不错(因为 $11 \times 20 + 22$ 也是等于 242)。

这一种指导儿童思考的方法,显然是与一般的问题解决的过程,没有多大的分别的。兹为明显起见,再根据以上所述,列举教学过程如下:

1. 确定问题的所在:

(1) 问题——所求的是什么?

(2) 事实——所已告知的是什么?

2. 计划解答：

（1）怎样去演算？

（2）演算手续的次序怎样？

3. 列式演算。

4. 校核。

往往在列式演算之前，可以更加一步概算的手续。例如关于利息的应用题，儿童应先概算一下"本利和"或利银的数目大约若干？如果所得答案与概算数目相差过远，儿童便可断定演算有误，而有加以重新演算的必要。至于校核，则和概算一样，也是一种应该使儿童养成的习惯。这是教师在指导时必须要注意的一件事。

论理分析的价值 用论理分析来指导儿童思考，实在有很大的价值。牛克姆①（Newcomb）曾做过一个双组法的实验，一组采用论理的分析去教学，而一组则否。② 采用论理的分析的这一组，每次解答一个应用题必须要：

（一）详细阅读应用题里的文字。

（二）叙述所已知道的是什么。

（三）叙述所求的是什么。

（四）写出要采用的算法是什么。

（五）写出大概的答案（即概算）。

（六）在规定的空地位内演算。

（七）校核（考问这答案近情理否）。

二组实验的结果，指出采用论理的分析这一组，不论敏速或正确方面，都比另外一组进步得快。史蒂文生（Stevenson）也曾做过一个实验，证明论理的分析有很大的价值。③ 史氏的实验又显示一件有趣的事实，就是论理的分析对于较愚笨的儿童帮助更多。

论理分析的限制 讨论到这里，我们要把这里所讲的教学方法和《小学课程标准》里的算术教学要点比较一下。算术教学要点第八条是：解决问题的计算法不必多用论理的分析，而须诉诸儿童的经验常识。这一条教学要点在表面上看来，似与这里所讲的指导儿童思考的方法完全冲突，实则不然。第一，我要

---

① 今译纽康姆。生平未详。——编校者

② 见 Newcomb, Teaching Pupils how to Solve Problems in Arithmetic.

③ 见 Stevenson, Increasing the Ability of Pupils to Solve Arithmetic Problems, in Ed. Research Bulletin, Vol. Ⅲ. 1924.

指出,论理的分析对于较难的应用题的解答确有帮助,但是对于容易的应用题的解答就不是必要的了。第二,我要指出,这种论理的分析对于低年级的儿童价值较少。第三,我要指出,使应用题适合儿童的经验和常识,或更概括地说,使应用题适合前面所举的几个标准,乃是增进应用题教学效率的第一要图。假若应用题适合儿童的经验和常识,假若儿童对于应用题中所叙述的计算动境能够加以想像,则论理的分析自非必要的事。第四,我要指出,小学算术教学的目的,乃在适应生活中的计算需要,而生活中所需的计算并不十分的困难,所以与其叫儿童做过于困难的算术应用题,还不如叫儿童做容易的算术应用题而增加其练习的数量。根据"学由于做"(learn to do by doing)的原则,如果儿童常常练习良好应用题的解答,则其解答应用题的能力自会有所增进。

总之,年龄和智力,对于算术应用题的练习关系非常密切。大概说来,三年级以上的算术应用题,应以一步计算手续的问题(one step problems)为限,对于智力不同的儿童,应用题的难易也应该有适当的适应。如果应用题的难易适合儿童的智力成熟程度、经验和常识,那么,论理的分析自然没有用到的必要。然而无论如何,儿童对于应用题的解答,有时总不免要发生困难,当儿童对于应用题的解答发生困难时,上述的论理分析可给予不少的帮助。除掉这种普通应用的指导思考方法之外,更有系统的帮助儿童克服困难的方法,就是采用诊断和补救的教学。①

总论

(一)算术科所以为一种最困难的科目者,一则由于所包含的各种知识非常复杂,一则由于所包含的知识过于抽象。

(二)要提示一项新的知识,须以旧有的、有关系的经验或知识为基础。

(三)要提示一项新的知识须尽量利用具体的经验。

(四)教师须渐渐由具体的说明引渡到抽象的说明。

(五)多用归纳的说明,而少用演绎的说明。

(六)算术名词不要老早就介绍,精确的定义也应该少用。

(七)较复杂的算法,横竖是理由讲不清楚的,索性把理由略而不讲,而仅告知计算的步骤。

---

① 参考本章的参考资料及作者的《算术应用题的诊断的和补救的教学》一文(载于《教与学月刊》,创刊号)。

（八）算术教学的主要工作，乃是造成许许多多的结合。

（九）式题练习和应用题练习是同样重要的，而且是常常要联络着的。

（十）学过了一种算法之后，教师须在一年之中分配儿童温习的时间，但每次温习时间的长短，可以递减，而两次温习相隔的时间，也可逐渐延长。

（十一）关于式题的练习的原则，作者已简单地列举二十一条。

（十二）黑板练习具有不少的缺点：(1)在练习时，儿童用到无谓的手续，如抄写题目之类；(2)时间不经济，因在一节课内，每一儿童做极少数的式题练习题；(3)当数个儿童在黑板上演算时，其余儿童常常是闲着无事的。

（十三）算术式题的练习，似应把练习测验和卡片练习，作为主要的方式。

（十四）算术游戏练习方法，种类甚多，有好的，也有不好的，在选择时，应根据下列的标准：(1)这种游戏练习引导到不良习惯（例如计数习惯）的养成否？(2)这种游戏练习在时间上经济否？(3)这种游戏练习能顾到全体儿童否？(4)这种游戏练习对于儿童确有兴趣否？(5)这种游戏练习究竟是否良好而应鼓励儿童去从事？

（十五）教学应用题练习时，教师必须要采用问题解决的过程，这是式题练习与应用题练习的歧异之点。

（十六）良好的应用题的标准是：(1)实在性，(2)合于儿童的经验，(3)有兴味，(4)文字简单易懂，(5)供给有用的常识，(6)每一组的问题须包括数种不同的算法。

（十七）儿童在实际活动或设计中所遇到的计算问题和儿童自拟的问题，最应时常利用。

（十八）桑代克曾提议，在遇到一个困难的应用题时，教师应指导儿童考问和解答：(1)求的是什么，(2)已经知道的是什么？(3)怎样去演算。

（十九）指导儿童思考的方法，采用一般的问题解决的过程，可分为(1)确定问题的所在，(2)计划解答，(3)列式演算，(4)校核。

（二十）纽康姆和史蒂文生二氏的实验，均说明论理的分析具有很大的价值。

（二十一）论理的分析，仅在用来解答困难问题时，具有莫大的价值，故也不必常用。

（二十二）更有系统的帮助儿童克服困难的方法，便是采用诊断和补救的教学。

参考资料

儿童学习算术的困难的原因　假若一个教师要决定儿童做错算术的原因之所在，他应该要备着一张表，把各种可能的原因，列在上面，以供作诊断时的参考。兹将各种可能的原因列举如下：

（1）智力过低　教师要考问：儿童做错算术，是否由于缺乏充分的智力。

(2) 身体上的缺陷　教师要考问：儿童是否受到近视、耳聋或其他感觉器管或运动器官上的缺陷的不良影响。

(3) 基本联络不牢固　假若儿童本身的缺陷已经除去，教师就应考问其对于算术学习上的缺陷。教师首先要问：儿童做错算术，是否由于基本联结不纯熟牢固？

(4) 什么算法有困难　假若教师已断定，儿童做错算术是由于基本联结不纯熟牢固，他应该跟进考问：哪几个基本联结不纯熟牢固，或根本尚未造成？

(5) 十进记数法　有的时候，连年龄较长的儿童，还没有把十进的记数法完全了解呢！

(6) 数目的读法和写法　当教师口述问题时，有些儿童不能把听到的数目写下来，因为他们对于数目的读法和写法，尚未得到充分的训练。

(7) 阅读能力薄弱　教师要再考问：儿童做错应用题的原因，是否由于不能把应用题十分了解地阅读？

(8) 缺乏具体经验　儿童不了解应用题所述的计算动境，是否由于缺乏具体的经验所致？

(9) 名词不了解　儿童不了解应用题中所包含的计算动境，是否由于不了解名词之故？

(10) 推理错误　儿童做错算术，是否由于经验组织上有欠缺，而因此发生错误的观念？

(11) 不细心　儿童做错算术，是否由于抄写上或其他方面的不细心所致？

(12) 解答方法的不合　儿童做错算术，是否由于解答方法和手续的不适宜，而因此不能组织各种事实材料并用以解答？（见 Pypesi Psychology of Common Branches）

儿童做错应用题的最普通的原因　据班廷（Banting）的研究结果，小学儿童做错应用题的最普通的原因是：

(1) 不能了解应用题意义的全部和一部，其原因或由于默读能力的缺乏，或由于不了解算术上所用的专门术语，或由于阅读时过了粗心，或由于缺乏所需的经验，以致不能想像应用题中所叙说的具体动境。

(2) 缺乏正确敏捷地演算基本四则算式题的能力。

(3) 缺乏解答某应用题所需的事实知识。

(4) 不能看出应该用何种算法去演算。

(5) 对于应用题的演算缺乏充分的兴味而因此不加以努力。

(6) 没有养成校核的习惯。

(7) 仅注意各个数目而不把应用题中所叙说的各种条件细加研究。

（8）看见了很大的数目就觉得无从着手。

（9）不去把问题分析而受到某一种文字方面的线索所暗示。

（10）不能把笔写的工作加以正常的有秩序的排列。

（11）因为所欲解答的应用题涉及某种特别的情境，所以儿童不能看出这所欲解答的应用题与其所已了解的某类问题的类似性。举例来说，儿童虽很容易把关于熟悉的事物的买卖的应用题解答出来，但是一遇到关于田亩买卖的应用题就不能加以解答了。

（12）缺乏了解数量关系的能力，例如：原价损失（或获利）和售价的数量关系，收入支出和存储的数量的关系。

（13）应用题过于繁复，而儿童注意时间过短，不能继续努力做下去，因此不能做对。

（14）绝对不能作反省的思考。

问题和设计

（一）试根据本章所列举的标准，评判教科书里的应用题练习。

（二）试根据本章所介绍的论理的分析的方法，指导小学生困难应用题的解答。

（三）试述算术应用题教学效率低劣的原因。

（四）试述算术应用题的诊断和补救的教学的方法。

第二十章　几个重要的算术教学问题

在以上三章中,作者已把算术科的一般教学手续加以详讲,如今再提出几个重要的算术教学问题讨论一下:

初步的教学法　我们先要讨论,小学第一年级实施初步的算术教学,究应采用何种的方法?《小学课程标准》的"教学要点",已列出一条规定如下:"第一年级的算术,应随机教学而不特定①正式时间,或和别的设计联络教学。第二学年或如第一学年,或特定正式时间教学,由各校各依自己的方便而施行。"为什么小学第一年级的算术教学,用不着特定正式时间? 其理由有二:第一,对于第一年级的儿童,算术科不及国语科那样的重要。若算术科不特定正式时间教学,则教学国语的时间,可以增多。国语科中的读书,是求知识的最重要的工具。如果儿童读书的能力有所增进,则其他各科(包括算术科)的进步,也会迅速。省下教学算术的时间来教学国语,似是第一年级算术科不特定正式教学时间的最重要的理由。至于第二个理由,则因小学第一年级的儿童,对于算术科所感觉到的学习需要,并不很大。

现在为了受篇幅的限制,不能把初步教学的方法作详细的讲述,只指出三条应行注意之点如下:

(一) 初步的算术学习的顺序是:(1)需要;(2)学习;(3)应用。换句话说,教师第一要设置环境,使儿童发生学习算术的需要;第二,等到儿童有了学习的需要之后,就应抓住机会,使儿童学习所需的算术;第三要设法使儿童把学过的教材常常在此后活动中应用。

(二) 充分供备具体的经验(注重计数和量度的活动),而少用抽象的练习。

(三) 防止不良习惯的养成,而打好此后学习算术的良好基础。最应注意防止的不良的习惯乃是:靠着计数来回答加法,即所谓计数的习惯(counting habits)。一般的教师提示加法的事实,往往同时暗示儿童去计数。至于本书第二编第十七章所举的教学 22-4 的实例,一面利用计数使儿童了解加法的事实,而一面又避免计数习惯的暗示,很值得加以注意。但防止此种计数的习惯,决非一件易事,如今作者仅指出防止的必要,读者若欲进一步研究,请参看作者

---

① 特定即特别指定,特别规定。——编校者

其他关于这问题的著译文字。

珠算的教学　因为社会上一般人所用的计算方法,还是靠着珠算;所以珠算的教学,在小学中也不容忽视。有许多教育者主张,珠算与笔算的教学应该要互相联络;因为内容实质完全相同,所异者仅为所运用的工具,所以这可以说是当然的事。但珠算教学上的困难问题,似为下列的几个:

(一)如何使"五进"与"十进"相联络　欲谋笔算与珠算的联络,最感困难者,一用五进,一用十进;而因此口诀悬殊,转动应用,至为不易。有人主张把算盘改为十进,俾便使珠算与笔算联络;但社会的势力不容忽视,此种珠算方法的革新本身固或有相当价值,但现今学校中所教学的珠算,仍宜采用五进的算盘。故我们只可遵从习惯,而在可能范围内谋笔算与珠算的联络。然除了这一点困难之外,其他方面的联络却非难事。

(二)如何背熟珠算口诀　要学习珠算,每一儿童必须要背熟珠算口诀。但记忆珠算口诀,是与记忆乘法表,遵守相同的法则的。本书第二编第十八章参考资料中所介绍的关于记忆乘法表的法则,在此处也是同样地适用。顶重要者,在开始作记的练习之前,儿童须先明了每一口诀的意义。口诀太难懂,太易相混,是学习珠算的最大的困难。教师在此等处必须要加以注意;倘使把口诀改良一下,显然是对于教学效率的增进,可发生很大的影响。

(三)如何记住零位及小数位　笔算中的零位和小数点,是有符号来记明的。但是珠算中没有此种符号,所以位置容易弄错。这是在教学珠算时必须要注意的一点。对于初学者,在算盘上做一记号,似乎很有帮助。

(四)如何得到肌肉的适应　珠算与笔算,都是贵在练习纯熟的。珠算的教学,可采用各种笔算上所用的练习的方法;但更须注意肌肉上的适应。这又是珠算与笔算不同之一点。

算术教科书的选择　第三,我们要讨论,算术教科书的选择问题。因为坊间出版的小学算术教科书,能利用科学研究的结果者,尚不多见,所以选择一层,教师往往感到异常困难。兹介绍施密特所定的良好算术教科书的特征如下,以供参考:[1]

(一)教材的选择

(1)所包括的教材,以切于实用者为限;易言之,所选的教材,以日常生活中

---

[1] 见 Schmidt, Teaching and learning the Common Branches, pp. 379 - 381.

所用算术的科学的调查研究所证明为最有价值者为限。

(2) 每一条目的意义,皆用图画、图表及其他视助来说明,以使儿童明了。

(3) 特殊职业中,所用的算术问题和计算方法一概不列入。

(二) 排列

教材根据各年龄儿童的算术能力的科学研究,而作心理的组织和排列,每一阶段的作业,以已经熟练者为基础。每一条目开始教学的时间,与儿童兴味和能力成熟的时间大致相合。

(三) 新的条目的教学

(1) 引进新的条目时,分步逐渐启发,讲述详尽,俾每一因素皆能为儿童所彻底了解。

(2) 对于所用的名词、例证和说明,特别审慎。

(3) 每一新的算法,用明了的例题来阐明。

(四) 应用题

(1) 在每一算法之后,须设充分的应用题材料,以使儿童对于每一算法的各种重要的应用,得到明白的了解。

(2) 应用题里的文字简单明了而易于了解。

(3) 每一组的应用题,依难易次序而排列。最易者排列在前,即愚笨的儿童也能解答;而最难者排列在后,即如能力最高的儿童,也感觉到相当的困难。

(4) 有许多应用题是关于各种实际生活的活动的。

(5) 供备各种的建议,以帮助儿童习知分析问题的技术。

(五) 试题练习

(1) 对于每一算法,备有现成的,合于科学组织的练习材料。

(2) 凡仅以供给常识为目的而着重了解的教材,不设试题的练习。

(3) 把试题练习作正当的分配;练习次数多但每次练习数量颇少。

(4) 关于练习正确和迅速的程度,定出年级常模(grade norms)。

(5) 至少有一部分的练习材料,可供作诊断儿童的困难之用;且对于补救的教学,也有所指示。

(6) 在儿童尚未充分了解算法之前,不作解答问题的练习。

(六) 温习和测验

(1) 关于已学过的重要算法和观念的温习,采用审慎编成的"预测验"和诊断测验,而并不叫儿童用相同的方法反复地做相同的工作。

(2) 这些测验发现哪几个儿童必须要重新学习,并发现他们应该要重新学习的到底是些什么。书中又供给适宜的练习材料以适应个别的需要;至于儿童已经熟练的算法,决不强迫他们去反复练习。

(3) 对于儿童的成绩作有系统的量度和记载。供作此种用途的测验,既与学过的项目相关联,又在全书中作适宜的分配。

(七) 引起动机

(1) 诉诸比赛的精神,而使儿童努力超过其过去的记录,或达到一个规定标准。

(2) 采用自我测验的方法,使儿童自己知道进步或退步。

(3) 练习材料和应用题的种类,变化而多兴味。

(4) 凡足以引起儿童的适当的兴味者,尽量地利用;例如采用有兴味的应用题及举行游戏比赛等。

算术成绩的考查 要考查算术教学的成绩,或采用标准测验,或自造新测验。关于小学算术科的标准测验,有德尔满《算术四则测验》、俞子夷《算术混合四则测验》、俞子夷《小学算术应用题测验》等,可资应用。欲自造算术科的新式测验,也极便利,兹列举数种格式如下:

(一) 填充法

(1) 一尺有＿＿寸

(2) 一斤有＿＿两

(二) 选答法

(1) 四百方尺

① 这是一种长度

② 这是一种面积

③ 这是一种阔度

(2) 某小学五年级和六年级的儿童将作春季远足,五年级共有儿童46人,六年级共有儿童58人,倘若无人缺席,参加春季远足的人数总共若干?

你回答的是什么?

① 第五年级的儿童数

② 倘若无人缺席参加春季远足的人数

③ 缺席的儿童数

④ 第六年级的儿童数

（三）正误法

(1) 9 月份有 31 天。

(2) $\frac{1}{2}$ 与 0.5 相等。

(3) $1\frac{1}{2}$ 叫做假分数。

算术教具的研究　算术教具可分为两类：一类是以使儿童获得明了具体的概念为目的的；还有一类是供作练习之用的。像度量衡用具、豆粒等实物，以及各种模型、图表等都是用来使儿童获得明了具体的概念的；因为算术概念往往是十分抽象，故此等教具的应用，不可缺少。至于卡片爬宝塔图，以及各种游戏器具，都是在施行练习时应用的；对于较低年级的算术教学，尤属重要。

有许多算术教具可以自制。凡有创造能力的教师，都很能自创新奇灵巧的教具，各校所用的算术教具，自然各个相同；读者叫自行搜集调查，并根据经济、变化、灵便、兴味等标准加以评判。

总论

第一年级的算术教学，不特定正式时间，一则因为要省下教学算术的时间来教学国语；二则因为算术的学习对于第一年级的儿童，尚鲜需要。至于初步的算术教学所应注重者为：（一）充分供备具体的经验；（二）防止不良习惯的养成。初步的算术学习的顺序是：（一）需要；（二）学习；（三）应用。

珠算与笔算应该要尽量地联络。珠算教学上的困难问题为：（一）五进法与十进法的不同；（二）珠算口诀的意义的不易弄清楚；（三）零位及小数位的不易记住；（四）肌肉的不易适应。

关于教科书的选择，作者介绍施密特氏所定的良好算术教科书的特征，以供参考。

要考查算术科的成绩，除采用标准测验外，还可以自造新式测验。自造算术科的新式测验，在手续上非常便利。

算术教具，有些是用来使儿童获得明了具体的概念的，有的是供作练习之用的。算术教具的种类甚多，且其在教学上的功用极巨，读者应自行搜集、调查、列表，而加以研究。

问题和设计

（一）根据本章所介绍的标准，评判一部小学算术教科书的内容。

（二）试述防止计数习惯的方法（参考作者登在《中大教育学院季刊》的《初步的加法教学》一文及作者所编的《算学：小学教学之研究》）。

（三）试编算术科的新式测验，以测验第五年级的儿童。

（四）试搜集可用的算术教具，列成一表（可作为全班合作研究的设计）。

参考书籍

（以上五章均适用）

① 赵廷为：《算学：小学教学之研究》，商务印书馆1935年版。

② 克拉克著，赵廷为译：《低年级算术教学法》，开明书店1933年版。

③ 俞子夷：《小学算术科教学法》，商务印书馆1929年版。

④ 吴研因：《小学教材研究》，商务印书馆1933年版。

总温习

（1）什么是小学算术教学的目标？

（2）为什么小学算术教材倾向于简单浅易？

（3）什么是威尔逊的调查研究结果？

（4）为什么有许多原属于几何三角等科目中的教材逐渐地加入于小学算术课程之中？

（5）什么是选择算术教材的标准？

（6）什么是新式的算术教材组织的特点？

（7）为什么算术科成为最困难的一种科目？

（8）一般教师对于各项算术知识的提示，常犯何种错误？

（9）什么是提示算术知识所应遵守的教学原则？

（10）什么是三类不同性质的式题练习？

（11）温习时间应怎样支配？

（12）什么是重要的式题练习的原则？

（13）什么是黑板练习的缺点？

（14）卡片练习和练习测验的优点是什么？

（15）什么是评判游戏练习的标准？

（16）什么是应用题和式题的异点？

（17）什么是良好应用题的标准？

（18）什么是论理的分析的方法？

(19) 什么是论理的分析的价值?

(20) 什么是论理分析的限制?

(21) 什么是年龄和智力对于算术应用题的练习的关系?

(22) 为什么小学第一年级的算术教学,不特定正式时间?

(23) 什么是初步的算术教学所应注意之点?

(24) 什么是珠算教学上的困难问题?

(25) 怎样选择小学算术教科书?

(26) 怎样考查算术教学的成绩?

(27) 什么是小学算术科的重要教具?

第二十一章 劳作科的教材及教学法

劳作科在课程中的地位 混合旧时的"工艺""农艺"和"家事"三科,而再益以"校事"的作业,就成为现时小学中教学的"劳作"。劳作这个名称,是很新颖的;却很代表一种重要的教育思想,即劳动教育的思想。如果今后的我国教育,不再以造就"士大夫"为目的;那么,劳作科在课程中,一定无疑地要占着极重要的地位。就心理方面言,每一儿童都是喜欢"动手做"的;所以对于劳作科自然会发生强烈的兴味。就社会方面言,劳作科之足以增进儿童的生产兴趣和能力,自不待言;如果提倡生产为目下我国切要的社会问题,那么,劳作科的社会的价值,显然是非常的巨大。然而劳作科不仅有贡献于生产教育,而且对于消费教育上,也颇多贡献;因为对于各种材料的鉴别,以及管理修理的技术,乃为每一消费者所必须具备的能力。按照过去的教育情形,课程太偏重于符号的学习,劳作科若受教师的重视,便可以矫正此种不合理的状况。且据心理学的研究,有许多对于符号学习感觉困难而被视为较低能的儿童,往往对于各种劳作的活动,显示很大的成就。所以利用劳作的活动来适应"一般所谓愚笨儿童"的需要,很可以减少儿童的"失败",而谋教育工作的经济。劳作科的又一价值,就是帮助儿童了解社会的关系。劳作和社会自然等科,应该要密切地联络;有许多重要的社会概念和自然知识,必须要靠劳作的活动,使儿童透彻地了解。

劳作科的教学目标 劳作科的教学目标,在《小学课程标准》上,已有明白的规定,就是(1)养成儿童劳动的身手和平等、互助合作等的精神;(2)发展儿童的计划创造的能力;(3)增进儿童的生产兴趣和能力,并启发其改良生活改良农或工的志愿和知识。这三条目标的意义至为明显,毋庸再加申说。请读者把这三条目标和上节所举出的劳作科的价值比较一下,并作一种深思。

劳作科教材的范围 关于劳作科教材的范围,看了《课程标准》上所规定的作业类别和《各学年作业要项》,读者就可以窥见一斑。劳作科的作业类别划分如下:

(一)校事 校中以少用校工为原则。一切粗细校务,由儿童和教师共同讨论工作方法,分别担任,并须由教师考查其结果。

(二)家事 家事设备较完善的学校,以在校内工作为原则。如设备缺乏,则可在校内支配工作,讨论工作方法,限令在家庭间操作,由教员设法考查其成绩,工作范围以衣食住为主。

（三）农事　除园艺须在校操作,且无论乡村城市都须有这一类的工作外,农作畜养以乡村小学设备为原则……

（四）工艺　以制作并研究本地特产工艺为原则。注重农事的学校,如不能兼备,可以省略此项作业。又各校可视环境需要、能力所及,尽量设备下列各种工艺,高年级生应专习一两种。

(1)特产工艺。(2)纸工。(3)土工。(4)木工。(5)金工。

《课程标准》上的《各学年作业要项》,兹转载于下,以供参考。

类别 \ 学年要项	第一、二学年	每周时间	第三、四学年	每周时间	第五、六学年	每周时间
校事	一、教室的清洁布置。 二、教室用具的分工管理。 三、教室的设计装饰。 四、其他。	在校实行,不计时间	一、教室内外和场地的清洁布置。 二、教具、校具、校舍、校地的分工管理。 三、教室、会场、园亭等处的设计装饰。 四、经济的工作方法的研究设计。 五、其他。	不计时间	一、校舍、校地的清洁布置 二、教具、校具、校舍、校地的分工管理和修理。 三、校舍的设计装饰,门窗的油漆,墙壁的彩饰等。 四、经济的工作方法的研究设计。 五、其他。	不计时间
家事　食	一、设计中需要食物的煮、蒸、腌、酱。 二、普通主要食物的种类和物价的调查。	限令在家庭实习	一、设计中需要食物的煮、蒸、腌、酱、煎、炒、饯醉、油酥、发酵等。 二、继续一、二学年。	不计时间	一、普通食物的蒸、煮、煎、炒、薰、腌、酱、饯、风干、油酥、发酵等。 二、继续三、四学年。 三、主要食物工业概况的认识。	不计时间
家事　衣	三、设计中需要衣饰的洗、折、结、缀、剪等法。		三、设计中需要衣饰的洗、折、结、平针缝、回针缝、切针缝、剪、裁、编、十字绣、平绣等法。		四、普通衣饰的洗、折、熨、结、平针缝、回针缝、切针缝、剪、裁、编、绣、补等法。 五、主要衣服工业概况的认识。	

续表

类别	学年要项	第一、二学年	每周时间	第三、四学年	每周时间	第五、六学年	每周时间
家事	住	四、设计中需要的家屋模型和家具的装置。	限令在家庭实习	四、各个家宅构造布置等的调查批评和改良的设计。 五、主要家具的价值等的调查研究。	不计时间	六、家宅建筑、布置、经济的、卫生的、秩序的、优美的研究设计。 七、家具价值等的调查研究。 八、居室工业概况的认识。	不计时间
农事	园艺（或酌减为盆栽）	一、本地主要易栽蔬菜和普通易栽花卉的种植、灌溉、施肥、除虫等。	除限令在家庭田园等处实习的不计外，所习的农事工艺无论一种或数种	一、本地主要蔬菜和普通花卉的植苗、移植、分栽、施肥、换种、灌溉、除虫、留种等。 二、庭园的布置设计。	除限令在家庭田园等处实习的不计外，所习的农事工艺无论一种或数种	一、本地主要蔬菜、普通花卉、主要果树的栽植、扦插、嫁接等。 二、园庭的布置设计。 三、关于园艺改良的问题研究。	除限令在家庭田园等处实习的不计外，所习的农事工艺无论一种或数种
农事	农作	二、本地主要易栽农作种植物的去草除虫等。 三、农具的认识和整理。 四、本地农人生活的调查研究。		三、本地主要农作物的选种、培秧、施肥、换种、除虫、收获等。 四、农具的调查和批评研究。 五、本地农民生活的调查研究和改良设计。		四、继续三、四学年。 五、农作物栽培新法研究试验。 六、世界各国农业状况农作方法的参考。 七、农民、农运、农业和民生主义关系的研究（注重耕者有其田和改善农人生活的研究）。	
农事	畜养	五、普通家禽（如鸡鸭）和蚕的畜养。		六、普通家禽（如鸡、鸭、鸽）家畜（如羊）等和蚕的饲养。 七、畜养新法的研究实验。		八、家禽、家畜、和虫（蜂蚕）鱼的畜养。 九、畜养新法的研究试验。	

续表

类别	要项 / 学年	第一、二学年	每周时间	第三、四学年	每周时间	第五、六学年	每周时间
工艺	特产工艺	一、本地简易特产工艺的制作练习。 二、制作品功用销路的调查研究。	总时间定为90分钟	一、继续一、二学年。 二、制作品价值销路等的调查研究。 三、制作品改良的设计。	总时间定为120分钟	一、继续第三、四学年。 二、制作品的计划创造。 三、本地手工业和手工工人生活的改良研究。	总时间定为150分钟
工艺	纸工	一、设计所需要的简易物品的制作。 二、儿童生活所需要的简易物品的制作。 三、裁、剪、糊、贴、折各法的练习。 四、纸和纸制实物的认识。	总时间定为90分钟	一、继续一、二学年。 二、继续一、二学年。 三、继续一、二学年，如切、凿、求形、造花各法的练习。 四、各种纸料价值和制法的调查研究。	总时间定为120分钟	一、继续三、四学年。 二、继续三、四学年。 三、教科及问题研究中所需要的物品的试验创作。 四、各种实用物品的制作。 五、继续三、四学年，加装订等法的练习。 六、印刷工业概况的研究，并此类工人生活的改良研究。	总时间定为150分钟
工艺	土工	一、二、}同纸工一、二项。 三、抟、搓、捻、黏各法的练习。 四、陶器、瓷器的认识。	总时间定为90分钟	一、二、}同纸工一、二项。 三、继续一、二学年，加烧、设色、施釉、砌、铺各法的练习。 四、陶器瓷器的制法和价值等的调查研究。	总时间定为120分钟	一、二、三、四、}同纸工一、二、三、四项。 五、继续三、四学年第三项加塑造、模制、雕刻各法的练习。 六、陶瓷器工业状况的研究和此类工人生活的改良研究。	总时间定为150分钟

续表

类别	要项\学年	第一、二学年	每周时间	第三、四学年	每周时间	第五、六学年	每周时间
工艺	木工	一、二、同纸工一、二项。 三、钉、锯各法的练习。 四、木料、木器的认识。	总时间定为90分钟	一、二、同纸工一、二项。 三、继续一、二学年加刨、油漆各法的练习。 四、木器制法和价值的调查研究。	总时间定为120分钟	一、二、三、四、同纸工一、二、三、四项。 五、继续三、四学年第三项，加凿、穿孔、起线、合榫、起槽、求角度、制图等法的练习。 六、木业木工业等状况研究，并此类工人生活的改良研究。	总时间定为150分钟
	金工	一、二、同纸工一、二项。 三、铁皮、铁丝剪折等法的练习。 四、五金和金属物的认识。		一、二、同纸工一、二项。 三、继续一、二学年第三项，加到、刨、钳等法的练习。 四、金属器皿制法和价值的调查研究。		一、二、三、四、同纸工一、二、三、四项。 五、继续三、四学年第三项，加展、卷、锻、焊等法的练习。 六、金工业的状况研究，并此类工人生活改良研究。	

劳作教材的选择和组织的原则　关于劳作教材的选择和组织，似应遵守下列原则：

（一）须帮助劳作教学目标的实现　前面所述的三条劳作教学目标，应视为评判劳作教材价值的根据。这原则至为显然，毋庸再加申说。

（二）须适合特殊学校的环境　乡村学校和城市学校的环境，既不相同；其所采用的劳作教材，自也相异。在城市学校内，工艺似比农事更属需要；但对于乡村学校的学生，农事教材似更宜多加选用。即如同为乡村学校，因为所处地点的农产物不同，其所选用的农事教材，也必须要作不同的适应。

（三）须适合学校的设备情形　有些学校，经济比较地充裕，因此劳作设备非常完善。还有些学校，因为经费困窘，所以设备不得不事简陋。各校设备情形既如此差异,各校采用的劳作教材,自不能完全一律。对于经济困难的学校有许多有价值的劳作教材,因为材料和设备的缺乏,不得不加舍弃。然虽如此说,经济困难的学校,也宜尽量利用废物(例如破布、废纸、竹头、木屑、香烟箱、洋铁罐头等),俾劳作教材格外地充实,丰富而多变化。这一个原则仅仅指出两种必要的原因:一种是教师须对于各种可在小学中应用的劳作教材,知道得愈多愈好,以便随境遇的不同而加以选用;还有一种是教师须把环境里的各种材料和设备,尽量地作经济的使用。

(四)须采用设计的组织　在最初的时候,设计是在农事的教学上应用的。每一学生直接从事农作,和农夫相似,自耕耘以至于收获,完全由学生负责。结果,学生不但对于农作极有兴味,且因此获得所需的种种农业知识,比由上课时获得知识更加切实,更加彻底。自此以后,设计的应用,推广到家事、工艺等科。到后来,设计教学遂变成为一种极普通的教材组织方法,差不多在任何科目上都可应用。这是设计的起源和发展的大概情形。设计既起源于农事、家事、工艺等科的教学;故设计的教材组织,在劳作科上应用,似最适宜。

(五)须随特殊的需要而重新排列劳作的教材　在开学的时候,教师应视学校情形,和各种机会,预先把要教学的劳作设计单元,排列成表,但此后遇特殊的需要,应把排列的顺序,重新加以变动。

劳作教学过程　不论是校事、农事、家事或工艺,因为都注重儿童的活动,其教学的过程,大致是相同的。劳作科的教学,就应采用设计的过程,其步骤如下:

(一)决定目的　例如某校定于某日开游艺会,教师可与儿童讨论,各教室应如何装饰布置?何种用具可在劳作课内制作,以供应用?结果,全班可决定数种工作,限期做毕。

(二)计划　计划如何分工进行?每种工作如何做法?哪几种工具应该要使用?

(三)实行　分头进行工作,到了开游艺会这一天,所有应做的工作都已完成,而准备十分齐全。

(四)批评　把完成的工作,陈列起来,使儿童互相观摩,共同批评,看结果是否与初定的目的相符,并对于成绩本身发表意见。

任何农事、校事、家事或工艺的设计,皆大致按照上述的过程。过去的教学,太着重于技术的方面;至于较新式的劳作教学,着重在意念的发表,似以采用设计过程来教学为最适当。然对于技术的教学,也未可加以忽视。如果儿童对于某种工作的做法不很了解,教师就必须靠示范和说明而加以明白的指示。儿童既然感觉到学习一种工作技能的需要,教师自然应使儿童对于某种所需的技能作有目的的练习。本书第一编第五章所述的练习的教学法要则在此处几全可适用。此种技能的教学,是大致遵守着下列的过程:

(1) 引起动机;

(2) 示范及说明;

(3) 注意的练习。

然有一点,要加以注意:技能的教学,最好要成为设计中的一部。在"计划"和"实行"这两个过程中,教师可趁机教学各种劳作的技能,而在"批评"一过程内,教师可再激起其对于某种技能的练习的兴味。

教学的方法固应随教学的性质而变异,但上述教学过程,似最宜常用。

劳作教学的要则 劳作教学的原则,较重要者为以下几条:

(一)劳作教学注重儿童自己意念的自由发表,而不宜叫儿童漫无目的地依样画葫芦。

(二)劳作教材应充分和社会、自然等科联合教学,并应充分应用大单元的设计(如一二年级的玩偶生活,三四年级的原人生活或异方人生活等)。小学儿童所从事的劳作活动,可分为两类:(1)这活动的本身,具有实用的价值,而因此满足儿童的需要者;(2)当儿童研究一个问题时,这制作或建造的活动,足以使所研究的结果格外明显深刻者。关于后一类的劳作活动,例如儿童在研究爱斯基摩人的生活时,建造一种"足以模写爱斯基摩人①的生活"的居宅,这显然是与社会科的研究密切联络的。在劳作科中,这两类劳作的活动,都应该要充分地供备。

(三)讨论研究须和操作调查打成一片,以使儿童一面做,一面学,不仅其劳作的技能更加熟练,而且对于各种社会的概念,得到更明白的了解。

(四)注重共同的操作,以养成合作的精神。

(五)尽量把废物加以利用。

(六)如果某种劳作活动的目的,仅在使儿童作自由的发表,则在指导时,教师应注意使儿童:(1)对于所欲发表的意念,具有强烈的兴味;(2)不受恐吓、强迫或讥笑;(3)渴望得到相当程度的"成功";(4)完全靠着自己的努力。

(七)如果教师的目的乃在发展儿童的劳作的技能,则在指导时,教师须注

---

① 爱斯基摩人是北极地区的土著民族,自称因纽特人(Inuit),分布在从西伯利亚、阿拉斯加到格陵兰的北极圈内外。——编校者

意使儿童：(1)对于所做的工作具有强烈的兴味；(2)对于所欲做的工作得到明白的了解；(3)未进行工作之前，先作缜密的计划；(4)把做事的程序，分成明确的步骤；(5)对于正确的结果得到更多的欣赏。

初步的劳作教学 劳作和美术两科，关系非常密切，而必须要充分联络；但在初步教学时，这两科尤当合并。现今有许多小学，在低年级的课程中，设"美工"一科目，乃是把这劳作和美术两科合并教学的。关于初步的劳作教学，上述的教学要则，自也完全适用。除此以外，教师要注意的是：对于技能的发展，尤不宜过分重视。换句话说，最初步的劳作和美术的教学，着重在创造的发表，而技能的学习仅属次要的事。

劳作成绩的考查 关于劳作教学成绩的考查，各校多采用展览的方法，但是个人或团体的劳作成绩的展览，只显示若干表面的结果，而对于重要的学习结果，如知识和态度的获得等，仍不能由评判展览的成绩而作精密的考查。关于劳作成绩的客观的测验，现尚无有。欲测验儿童对于工具和材料使用的知识，我们尚不难编造一种新式测验去考查。关于技能的考查，我们也只须看其作品的如何优美。但是最难考查者，为儿童的劳作的理想态度和习惯。儿童能否（或愿否）把所学到的劳作知识和技能在实际生活上应用——这是一个最切要的劳作成绩考查问题。然对于这问题的解答，没有一种测验，能够明白地告知我们呢！

劳作科的教具和设备 前面已指出，劳作科的教具和设备，受到各校经费情形的限制，而不能定一个各校适用的标准。兹转录一个最低限度设备表，以供参考：[①]

小学劳作科最低限度设备表

类别	名称	数量	价值 元	价值 角	说明
一、清洁用具	畚箕	1		2	可利用洋油箱改制
	扫帚	不计			
	喷壶	1		3	可利用臭药水罐改制
	字纸箱	1		3	可利用洋油箱改制
	抹布	4		1	
	面盆	1		4	
	手巾	2		3	
	痰盂	1		4	连盖
	鸡毛帚	1		6	
	水桶	1		6	

---

① 录自吴文鸣《小学劳作科的设备》（见《教师之友》第1卷第7期）。

续表

类别	名称	数量	价值 元	价值 角	说明
二、管理用具	木箱	2		5	可用火油箱改制
	书架	1	2		
	盒类	不计			可随时搜齐
三、食的用具	大锅	1	1	5	连盖
	小锅	1		5	连盖
	行灶	1		5	可用泥和稻草自制
	风炉	1		3	可用粗钵自制
	火钳	1		3	可借用
	铜杓	大小各1		5	可借用
	菜刀	1		3	可借用
	铲刀	1		2	可借用
	菜碗	8		6	可借用
	饭碗	20	1		可借用
	匙箸	各20		5	可借用
	调味料用具				
四、衣的用具	剪刀	10		8	由儿童自备
	尺	10		6	可自制
	引针	20		1	
	水盆	2	2		
	麻绳	不计			
	洗衣刷子	5		4	
	竹竿	4		4	可自制
五、农事用具					
1. 垦锄用具	四齿耙	2	1	2	
	山耙	2	1		
	铁锹	2		8	
2. 栽种用具	小锹	4	1		
	移植袋	10		8	可用竹制
3. 除草用具	草锄	4	2		
	刈刀	10	1	2	
4. 施肥用具	粪缸	1	21		连盖
	粪桶	2	1	2	
	粪杓	1		3	
	水杓	10		5	
5. 收获用具	锯齿镰	4		5	可借用
	桎架	2		6	
	竹帚	3		3	
	筛子	2	2		
	簸箕	2		8	
	篮	2		3	
	麻袋	2		8	
6. 修剪工具	锯子	1	1		可和木工合用

续表

类别	名称	数量	元	角	说明
六、工艺用具					
1. 纸工用具	裁纸刀	4		4	
	浆糊罐	10			可搜集香烟罐代用
	手工刀	10			可和竹工合用
	剪刀	10			可借用衣的用具
2. 黏土用具	各式黏土箧	4		1	可自制
	手工板	20	2		
3. 竹工用具	手工刀	10		5	可和纸工合用
	劈刀	10	4		
	细齿锯	2	1		
	木锉	2		6	可和木工合用
	钻子	大小各五		8	可和木工合用
4. 木工用具	作凳	4	6		
	大锯	1		8	
	小锯	2	1		
	弯锯	1		4	
	平刨	4	1	6	
	铁锤	2		6	
	木槌	2		4	
	钻子	5			可和竹工合用
	斧	1	1		
	凿	2	1	2	
	钳	2		9	
	铁锉	1		3	
	木锉	2			和竹工合用
5. 金工用具	铁钳	2		8	
	铁锤	2	6	5	和木工合用
	卷铁边	1		5	
	剪刀	2	8	5	
	弓形锉	1		5	

总论

劳作科在《小学课程标准》中,应占一极重要的地位。劳作科对于生产教育和消费教育均有贡献。教师有时可利用劳作的活动以适应"一般所谓愚笨儿童"的需要。由劳作的活动,儿童还可以获得重要的社会概念和自然知识。依小学课程标准的规定,劳作科的教学目标为:(一)养成儿童劳动的身手和平等互助合作等的精神;(二)发展儿童的计划创造的能力;(三)增进儿童的生产兴趣和能力,并启发其改良生活,改良农或工的意愿和知识。

除介绍《小学课程标准》上所规定的《作业类别》和《各学年作业要领》外,作者又定出选择和组织的原则五条如下:(一)须帮助劳作教学目标的实现;(二)须适合特殊学校的环境；（三）须适合学校的设备情形；（四）须采用设计的组织；（五）须随特殊的需要重新排列劳作的教学。

劳作的教学，应尽量采用设计的过程：（一）决定目的；（二）计划；（三）实行；（四）评判。关于技术的教学，则必须要靠着示范和说明，而遵守练习教学的原则。

劳作教学的重要原则为：（一）劳作教学着重儿童自己意念的自由发表，而不宜叫儿童漫无目的地依样画葫芦；（二）劳作教材应充分和社会自然等科联络教学，并应充分运用大单元的设计；（三）讨论研究，须和操作调查打成一片，以使儿童一面做，一面学，不仅其劳作的技能更加熟练，而且对于各种社会的概念，得到更明白的了解；（四）注重共同的操作，以养成合作的精神；（五）尽量把废物加以利用；（六）如果某种劳作活动的目的，仅在使儿童作自由的发表，则在指导时，教师应注意使儿童：(1)对于所欲发表的意念，具有强烈的兴味；(2)不受恐吓、强迫或讥笑；(3)可望得到相当程度的"成功"；(4)完全靠着自己的努力；（七）如果教师的目的，乃在发展儿童的劳作的技能；则在指导时，教师须注意使儿童：(1)对于所做的工作，具有强烈兴味；(2)对于所欲做的工作，得到明白的了解；(3)未进行工作之前，先作缜密的计划；(4)把做事的程序，分成明确的步骤；(5)对于正确的结果，得到更多的欣赏。

初步的劳作教学，应与美术合并为一种科目；在指导时，教师应着重在创造的发表，而不应注重技能的学习。

劳作成绩的考查，以及劳作教具和设备等问题，我们尚须更进一步地加以研究。

问题和设计

（一）分工搜集某年级适用的劳作教材，每人至少搜集十种。

（二）搜集调查并表列各种劳作的教具。

（三）举出几个劳作科与国语科联络教学的实例。

（四）举出几个劳作科与社会科联络教学的实例。

（五）举出几个劳作科与自然科联络教学的实例。

（六）举出几个劳作科与算术科联络教学的实例。

参考书籍

① 吴研因、吴增芥：《小学教学法》，中华书局1932年版。

② 吴研因、吴增芥：《小学教材研究》，商务印书馆1933年版。

③ 吴增芥：《新低级教学法》，儿童书局1934年版。

第二十二章　美术教材及教学法

美术科的价值　美术科在小学课程中的地位也是异常地重要。第一,绘图可说是一种极自然的语言。每一儿童,都应用此种语言的方式,来表达情意。有许多人类的经验,用绘画来表示,比用其他方式来表示,更加正确。举一个浅显的例子来讲,要说明旅行的路线,用话来讲述,常不清楚,但用图来绘画,就极明显了。更进言之,儿童对于绘画,具有本能的兴味。每一儿童,都喜欢用铅笔、蜡笔等来涂画,以发表其经验。这种倾向可说是与说话的倾向同样地普遍。

第二,美术是极切实用的。我们购买物品或衣服时,不仅仅注意到材料的是否坚实,并且要注意到花纹和绘画的是否美观。我国的国货,材料非不牢固,但因不很美观,所以常被舶来货所侵挤;如果我们要提倡生产教育,同时就不能不重视美术。美术和劳作两科的不能分离,也就是因为这个原故。

第三,在一般人们的生活之中,美术原则的了解和美术作品的欣赏,是一种共同的需要。每一个人,都必须对于自然美和艺术美能够欣赏。每一个人,不论在购物或布置家庭时,均须具有鉴别美丑的能力。

美术教学的目标　明白了上述的美术科的价值,我们可再考问,什么是美术教学的目标?关于这问题,作者拟不详加讲述,而仅把《小学课程标准》上的规定,转录于下:

(一)顺应儿童爱美的本性,以引起研究美术的兴趣。

(二)增进儿童美的欣赏和识别的程度,并陶冶美的发表和创造的能力。

(三)引导儿童对于美术原则的学习和应用,以求生活的美化。

美术教材的范围　美术科的作业,依《小学课程标准》的规定,分为下列的三类:

(一)欣赏　包括自然美的欣赏和艺术美的欣赏两项:

(1)自然美的欣赏——自然物和自然现象的欣赏。

(2)艺术美的欣赏——绘画、雕刻、塑造和其他美的物品的欣赏。

(二)发表　包括绘画剪贴等。

绘画的分量,约占十分之七;剪贴等约占十分之三。(发表除绘画剪贴外,得视各校情形,酌加石膏和蜡的塑造。)

(三)研究　包括方法和原则的研究两种。

(1) 方法的研究——各种画法塑造法的研究。

(2) 原则的研究——各种形体、排列、明暗、阴影、远近、透视等美术原则的研究。

《小学课程标准》又规定《各学年作业要领》如下，由此可以窥见小学美术教材的大概的范围：

类别\学年要项	第一、二学年	每周时间	第三、四学年	每周时间	第五、六学年	每周时间
欣赏	一、各种表示幼儿动作和动物动作而富有趣味的作品。 二、自然景物。 三、故事图。	90分钟	一、继续第一、二学年一、二、三各项。 四、风景画。 五、有趣味的名画。 六、雕刻品。 七、建筑物。 八、照相或模型。 九、讽刺画或寓意画。	90分钟	一、二、三、四、五、六、七、八、九、继续第三、四学年，一到九各项。 十、本国名画和描写平民生活的外国名画。 十一、图案画。	90分钟
发表	四、自然物、自然现象的写生和记忆发表。 五、人物动作和故事、游戏等的想像发表和记忆发表。 六、一切在社会、家庭所见所闻的事物的记忆发表。 七、自由发表。 八、印刷品的剪贴和着色。 九、轮廓着色（在印就的轮廓画上着色）。		十、十一、十二、十三、十四、十五、继续第一、二学年四到九各项。 十六、关于食衣住行等的装饰、装置、选择等的设计。 十七、讽刺寓意和象征的发现。 十八、风景写生和静物写生。 十九、简易图案。		十二、十三、十四、十五、十六、十七、十八、十九、廿、继续第三、四学年，十到十八各项。 廿一、应用图案。	

续表

类别 \ 要项 \ 学年	第一、二学年	每周时间	第三、四学年	每周时间	第五、六学年	每周时间
研究	十、方、圆、长方形、三角形、五角形、多角形的认识，平面形和立方形的识别。 十一、纸面位置和物体排列的审美的研究。 十二、执笔运笔和使用剪刀的方法。 十三、红黄青三原色和绿橙紫三间色的混合法；色彩浓淡的比较和画法。		廿、正方形、长方形、菱形、正三角形的简易画法；平行线、垂直线的辨别和画法；三角板的角度和应用。 廿一、物体大小远近的比例和分别，排列的统一和变化。 廿二、简易透视法和应用，物体的基本形体。 廿三、简易散点图案和对称花样的制作法和应用。 廿四、色彩混合法，六种标准色的辨认，色彩的对比和对比色的应用。 廿五、三种明暗光线和阴阳面以及阴影的关系。		廿二、物体各部的比例和描写法、速写法；正六角形并五角形的画法剪法；制图线的用法；有规律的曲线的画法；主副线的应用。 廿三、宾主的配置，空间的分割，方向的美丑，连续模样的制作法。 廿四、简易的配色法，色彩的对比和调和，图案的配色。 廿五、光线和色彩的关系。	

美术教材选择和组织的原则 关于美术教材的选择和组织原则，据宗亮寰先生的意见，有下列各条较为重要：[①]

（1）依据儿童喜欢发表，喜欢鉴赏的心理去选择材料，不可专以教者主观的见解或图一时的便利，而不顾到儿童的需要。

---

① 见宗亮寰的《小学形象艺术科教学法》，商务印书馆1930年版，第47页。

(2) 依据儿童的年龄、发表能力和理解力、观察力等选择材料,不可过分复杂或过分抽象。

(3) 依据儿童的需要和环境选择材料。

(4) 教材组织要与他科相联络,但不宜使美术成了他科的附属,而失去本身的目的。

(5) 要选择可以做基本模式学习的。

(6) 要选择富于美的要素的。

徐阶平先生也提出几条低年级美术教材选择的原则,兹转录如下,以供参考:①

(1) 实质方面:
(a) 切近儿童现在的生活及环境的;
(b) 便于搜集和普遍具备;
(c) 适应儿童能力的;
(d) 适应时机的(如画双十节景、贺年片等);
(e) 切于实用的;
(f) 能练习技巧的;
(g) 与其他各科联络的。

(2) 形式方面:
(a) 有美的意味和刺激力的;
(b) 有浓厚的兴味的;
(c) 新鲜活泼的;
(d) 直截明了(写生画),记忆便利(记忆画)的;
(e) 可以磨练官能的;
(f) 能代表多种事物的(如画圆仿佛画日、画月,画旗子仿佛画党旗、国旗);
(g) 其他。

美术教学的要则 美术教学的原则,兹就其重要者述之如下:

(一) 欣赏是本科的最重要的作业,应该按儿童的程度和需要随时启导其

---

① 见徐阶平《实际的小学各科教学法》,上海开华书局1934年版,第246—247页。

欣赏。欲启导儿童的欣赏，首要的条件是使儿童常常与美术相接触，故教师应选择适宜的图画，常常叫儿童观摩，并由此得到满足。

（二）讲述事情的兴味，应是低年级儿童学习图画的主要动机。

（三）美术原理和技术的教学，须在儿童感觉需要的情境之下进行，并须与有目的的活动互有密切关系。

（四）凡关于美术的用具和材料，应由学生系统地、经济地处理，不必由教师十分地注意。

（五）当儿童努力于创造的发表时，教师的职能，唯在鼓励指导及示范，不可代替儿童做事，致使侵害他的创造性。

（六）技术的学习，应被视为一种手段而非目的。临摹范本的教学，在美术科中，不宜占重要的地位。

（七）儿童批评成绩的标准，应由教师渐渐地提出。例如画一匹马，其批评标准为：(1)马头太细小否？(2)腿是下细而上粗否？(3)颈太瘦否？

（八）发表要有结果，才可以满足儿童的期望，引起学习的兴趣，所以过于难做的，或者要费许多时间的努力后成功的，小学中都不可采用。在儿童发表时，教师应予以相当的辅导，以使其容易成功。

（九）研究的目的，在于增进欣赏和识别的程度，解决欣赏和发表时所遇的困难问题，教学时宜根据儿童的理解能力和需要，以欣赏和制作的作业为出发点，并宜多多供给参考材料，避去抽象的见解。

（十）儿童作品量表，应尽量利用，以使儿童自知技术的进步。

（十一）学校中应常有美术展览会的设计，展览儿童的作品和搜集的美术品玩具等，以鼓励儿童对于美术的兴趣。

（十二）本地美术展览会和风景名胜等有关美术的场所，应带儿童前往欣赏研究，以增长儿童的经验。

（十三）教师务须鼓励并辅助儿童，把简单的美术原理在日常问题和境遇中应用，例如如何使教室美术化等等。

美术教学的过程和实例　美术的作业，分为欣赏、发表和研究三类别；故其教学过程，也分为欣赏过程、发表过程和研究过程三类。兹为篇幅所限，仅就欣赏过程，略加叙述，因为欣赏是美术科的主要作业，前面已经指出了。

美术欣赏的教学，首要在选择适宜的图画，所选择的图画，须能激起儿童的想像和情绪的反应，而表示各种适合儿童此时的兴味的事物。择定了适当的图画,教师便可依下列过程去教学。①

（一）引起强烈的动机（或心向） 在教学的开始,教师须用几句简短而有力的话,以引起儿童的兴味,并供给欣赏所需的知识背景。

引起动机的方法很多,到底哪一种顶好,各教育者主张不很一致。举例来说,有一位著作家主张叫儿童看着图,并说出所见的事物;但另一著作家则加以反对。通常的方法,是叫儿童作几分钟非正式的谈话,把自己的思想、印象和脑中的问题自然地发表出来。然而非正式谈话的时间,不宜过长。有时,教师可告知儿童以图画中所叙说的故事;有时,教师可提出一个问题,以引起其预期的兴味(anticipating interest)。所应采用的方法应视情形而定。

关于强烈动机的引起,兹举一具体的例子如下：

如果我们要教儿童欣赏一张图画,我们可带一张图画到教室内,却并不先使儿童看见图画中所画的事物。这样一来,儿童的好奇心,定很浓厚,然后教师可再说:"我这里有一张图画要给你们看的。但是你们恐怕不预备看这张图画吧！"经此一语的暗示,儿童自必抛开其他的事,预备去看这张图画了。更次,教师可根据图画的意义,问儿童道:"你们要是想画一张图画,来表示某一种的意义,你们将采用何种背景和计划去表示？"经过相当的讨论,儿童自然会发生一种渴求一见图画中所画的事物的情感,而其兴味和心向,当然也很强烈了。若采用此种方法去引起适宜的心向,极平常的图画,也不难激起儿童欣赏的情感。

（二）讨论及研究 其次的步骤,就是要提出几个问题来讨论。所提出讨论的问题,须涉及图画中主要之点,而不涉及细微的事物。像下列的问题,几乎每次欣赏图画时都可以适用：

(1) 这图画中主要的事物,是人呢、鸟兽、静物呢、风景呢,还是别的呢？

(2) 为什么选择这个背景？

(3) 背景对于图画有什么影响？

(4) 作者的目的为装饰吗,教训吗,记载事实吗,描写美的印象吗,还是别的什么？

(5) 什么使这张图画美的？

(6) 中心结构重在何点——线、格式、色彩、均衡、和谐、节律？

(7) 你认为这图画表明何种重要的意味或事实？

---

① 温习本书第一编第七章。

（8）你为什么喜欢这张图画？

（9）这张图画打动你的感情，是崇敬、庄严、愉快、娴静、热烈、愤恨和爱，或其他情绪？

（10）你在这张图画上最喜欢的是什么？

所提出的问题，虽大致如上，却须视图画的内容和儿童成熟的程度而定。关于技术上的讨论，如均衡、规律等等，须以儿童所已习过者为限。若儿童所已习知的技术上的原则，可把这种图画当作一个例证来说明；那么，此种技术上的讨论，颇足以增加儿童对这图画的欣赏。总之，研究及讨论的目的，乃在激起儿童强烈欣赏的情感。

（三）此后活动的指引　等到儿童欣赏某一张图画而得到满足之后，教师就可指引他们继续地去欣赏。教师可把这张图画，挂在教室内的壁上，并可选出其他同类的图画若干张，叫儿童作更进一步的欣赏。

美术成绩的考查　关于美术上的名词、原则等的知识，可编成新式测验（如填充法、选答法等）去考查，并不困难。欲考查图画的技术上的进步，已有各种图画量表的编造。克朗和卡雷①二氏曾制一自由画量表（Kline-Carey Measuring Scal for Freehand Drawing）可供参考。至于欣赏则为一种情感的学习结果，考查很不容易。

美术科的教具　美术科需用的教具，可分挂图、标本及模型三类：挂图有图案说明挂图；色彩说明挂图；阴影说明挂图；描画法说明挂图；透视说明挂图；构图说明挂图；欣赏用挂图等。标本有动物标本、几何形体标本、图案画用标本等类。至于模型也可分建筑物模型、交通器具模型、动物模型、人物模型等不同的种类。此外，各种需用的实物，如动物、植物、矿物、建筑物、应用器具等，随时可加选择，这里不加赘说了。

总论

美术科具有很大的价值。第一，这是一种语言；第二，这是极合实用的；第三，美术的了解和欣赏，适合一般人们的需要。本章又介绍了《小学课程标准》上所规定三条教学目标，以供读者深省。

关于教材的问题，作者除转录《小学课程标准》上所规定的《作业类别》和《作业要项》，并介绍宗亮寰、徐阶平二先生的意见，来作参考。

---

① 生平未详。——编校者

本章又提出美术教学原则十三条,略述美术欣赏的教学过程;并把成绩考查和教具等问题稍稍提及,而希望读者作进一步的研究。

问题和设计

(一)搜集并研究小学各年级适用的美术教材。

(二)拟一最低限度的美术教具表。

(三)拟一欣赏教学教案,并在小学中实习。

(四)拟一技术教学教案并在小学中实习(参看本书第一编第五章中的教学实例)。

参考书籍

① 徐阶平:《实际的小学各科教学法》,开华书局 1934 年版。

② 宗亮寰:《小学形象艺术科教学法》,商务印书馆 1930 年版。

③ 朱晟旸、俞子夷合著:《新小学教学法》,儿童书局 1934 年版。

总温习

(1) 什么是劳作科的价值?

(2) 什么是《小学课程标准》所规定的劳作教学目标?

(3) 什么是劳作科教材的选择和组织的原则?

(4) 什么是劳作教学的过程?

(5) 什么是劳作教学的要则?

(6) 初步的劳作和美术教学应该怎样?

(7) 怎样考查劳作成绩?

(8) 什么是必需的劳作教具和设备?

(9) 什么是美术科的价值?

(10) 什么是《小学课程标准》所规定的美术教学目标?

(11) 什么是美术教材选择和组织的原则?

(12) 什么是美术教学的要则?

(13) 什么是美术欣赏的教学过程?

(14) 怎样考查美术的成绩?

(15) 什么是美术科需用的教具?

第三编
复式之教学

第一章　复式教学的问题(上)

一、复式教学的意义和种类

复式教学的意义　　所谓"复式",乃是指一种学级编制①的方式而言,其意义恰与"单式"相对。把许多儿童合成一班,在一个教室内,由一个教师负责教学,这就叫做一个学级。在单式编制的学校内,每一年级的儿童,组成一个学级的。但在有些学校内,或因各年级儿童数目过少,或由于其他的原因,把两个年级或两个以上的年级合编为一个学级,而在一个教室中,由一个教师负责教学,这就叫做复式的编制。在复式编制的学级内所采用的教学的技术,就称为复式教学的技术。

复式教学与单式教学的比较　　复式的教学,与单式教学一样,也是必须要遵守本书所指出的各种教学原则的,故在根本上,可说是与单式教学无甚殊异。但是因为编制较属复杂,就引起了若干特殊的复式教学问题,例如教科如何配合、座位如何排列、自动作业如何实施、日课表如何配置等等。今所谓复式的教学,并不是指一种特殊的教学方法,乃是要把单式教学上所已采用的相同的优良教学方法,在一种较复杂的教室情形之下,加以不同的运用而已。我们研究复式的教学,并不是另外寻找教学的原则和过程,乃是想法把几个由复式编制所引起的特殊困难问题加以解决。这是读者所必须注意的一点。

研究复式教学的技术的必要　　为什么我们必须要研究复式教学的技术？据作者的观察,有两个理由,似最重要：第一,现今我国小学采用复式编制的,比采用单式编制的为多。据民国二十二年(1933年)九月调查的结果,浙江一省复式编制的学校,占83％以上；复式编制的学级,占77％以上。② 这不仅是限于浙江的特殊情形,即在他省,复式编制的学级,也是不会比单式编制少的。这又不仅是目前如此,即按之将来的走势,复式的学级,恐怕也不会完全地消灭——因为在儿童数目不甚发达的地域,学校不得不采用复式编制,以谋教学的经济。

---

① 学级(class)以全校儿童编制为一个学级,为单级学校；以全校儿童编制为两学级以上,为多级学校。在多级学校中,学级编制的方式又有三种：以同学年儿童为一学级,为单式学级制；以两学年以上程度差异的儿童为一学级,为复式学级制；以全校儿童划分为前后两部而施行教学者,为二部教学制。——编校者
② 见《浙江教育行政周刊》,第6卷第22期。

第二，在单式编制的学级内，有时，我们也必须要采用复式教学的技术。在实际上，在复式编制的学级内，儿童个别差异的程度，只是比单式学级稍大罢了。根据个性适应原则来教学，即在一个单式的学级内，我们也必须要依能力上的差异，分成两组或三组；对于不同组的儿童，有时又必须采用"异教材"或甚至"异教科"去教学。到了那时，教师就必须采用复式教学的技术了。所谓复式教学的技术，以后作者将指出，无非是对一组作直接教导，而对他组配置自动作业，而加以灵活运用而言。此种技术，在设计教学法上，和在莫利逊的单元教学法上，有时也必须要用到的。兹以莫氏的单元教学法为例，作者已在第二编第十四章中指出，经过教师的提示之后，要施行一种提示测验，但根据这种提示测验的结果，教师就必须要把儿童分组，把已经明白了解的儿童归为一组，叫他们进行自动研究，而对于尚未明白了解的儿童这一组，施行重新的教学。这种教学计划，岂不也是对一组作直接教导而对他组配置自动作业吗？依这种计划来教学时，教学岂不也要采用一种与复式教学相似的技术？所以作者认为，优良的单式教学，也必须要参用一点复式教学的技术。更因复式教学的技术学习较属困难，所以作者认为每一师范学生，对于复式教学技术的研究，尤须加以注意。

复式教学的种类　复式的编制，普遍是以年级为标准的；但自能力分组的方法盛行以后，有些学校，已采用较新的编制的方法了。根据年级为标准的复式编制，可分为下列的种类：

（1）同学年复式编制：

① 一上和一下合级。

② 二上和二下合级。

③ 三上和三下合级。

④ 四上和四下合级。

⑤ 五上和五下合级。

⑥ 六上和六下合级。

（2）两学年复式编制：

① 一、二学年合级。

② 三、四学年合级。

③ 五、六学年合级。

④ 一、四学年合级。

⑤ 二、五学年合级。

⑥ 三、六学年合级。

⑦ 二、四学年合级。

⑧ 二、三学年合级。

(3) 三学年复式编制：

① 一、二、三学年合级。

② 二、三、四学年合级。

③ 一、三、四学年合级。

④ 一、二、四学年合级。

⑤ 四、五、六学年合级。

……

(4) 四学年复式编制：

一、二、三、四学年合级。

(5) 五学年复式编制：

一、二、三、四、五学年合级。

(6) 六学年复式编制：

一、二、三、四、五、六学年合级。

关于年级的配合，有主张以相邻接的学年配合的，如一、二学年合级，三、四学年合级等；也有主张较高学年和较低学年配合的，例如一、三学年合级，二、四学年合级或一、四学年配合等。若把相邻接的学年相配合，则教学时可分可合，因此得到不少的便利；但若欲利用高年级先来辅助低年级生，则采用较高学年和较低学年配合的办法，似较便利。因为各小学教室大小不一，各学年儿童数多寡也不相等；所以教师总宜视各校实际情形，而斟酌决定配合的方法。

因为这两种配合方法各有利弊；所以有人主张采用活动的办法。依活动的办法，学年的配合，视学科的性质而异。举例来说，国语算术等科可采用较低学年和较高学年配合的办法，而体育、音乐等科则采用相邻接的学年相配合的办法。此种活动的配合办法的价值若何，尚待更进一步的实验加以决定。

然而根据年级为标准的复式编制，总嫌太呆板一点。现今的复式编制的方法，似已起了一种重要的革新，就是采用能力分组。依此种革新的办法，分组不以年级为标准，而以各学科的能力为标准。同一的儿童，上国语课时可归入甲组，而上算术课时可归入乙组；所以异常灵便而活动。在平时，教师可不问儿童所属的年级为何；至于每一儿童所应属的年级，只须用标准测验来加以测定。等到标准测验发达了以后，此种革新的办法，更值得大规模地加以实验。作者认为此种实验,具有极巨大的希望和价值;此后复式教学的改进,当必出于此途。

二、复式教学设备与座位的排列

复式教学的设备 复式学级里的设备,本来是和单式学级的没有什么特别的殊异;不过对于下列各点,似应加以更多的注意。

(一)桌椅的陈设,须使儿童座位便于活动,俾在教学时得依学科的性质、教学的方式或管理的方便而列成各种式样。

(二)教室前后两方宜装置大黑板。

(三)在教室左右两侧壁间,宜装置使用极为便利的小黑板。

(四)设布幔围屏,供分组活动时隔离之用。

其他复式学级设备上的问题,实与单式学级并无差别,贵在教师自制,并从多方面设法,勿使过于因陋就简。

复式学级座位的排列 座位排列的方法,应随各复式学级的特殊情形而异,不能完全一律。兹将各种排列的方式,说明其利弊如下:

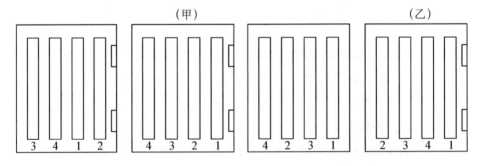

(一)横排法——这是依年龄和年级而排列的,把年龄小和年级低的儿童排在前面,年龄大和年级高的儿童排在后面,管理幼小儿童,较属便利,这确是一种优点。但在教学后面的儿童时,教师如立在前面,则距离过远;如立在后面,则对于前面的儿童,又不能加以管理。所以此种排列方法,总觉不甚合宜。

(二)纵排法——各组儿童,都直向教师,不论是儿童听讲或教师指导,都很便利;至其劣点,乃在各组人数年龄身材高矮不等,排列不易整齐。纵排法又可分成上列数种形式。

(三)分组排法——分组排列,如下面两图所示,其优点乃在座位集中,听讲指导,均极便利;至其劣点,乃在各组人数不均,排列不易整齐,且须有较大的教室面积和活动小黑板的设备。

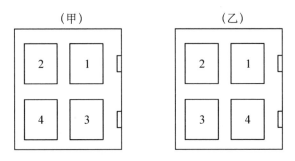

排列座位时,教师似须注意下列各点。这几个注意之点,同时又可视为评判座位排列方法的标准:

(一)低年级接近出入口。

(二)便于实施两组同教材的教学。

(三)年级高的儿童可帮助年级低的儿童。

(四)各年级划分清楚。

(五)顾及有目疾、耳疾和注意力薄弱的儿童。

问题和设计

(一)试述单式、复式和单级的意义。

(二)试比较依年级分组与依能力分组的优劣。

(三)试述复式教学与个别适应问题的关系。

第二章　复式教学的问题(下)

三、复式教学自动作业的实施

不良的自动作业举例　复式教学的技术,全在于把儿童的自动作业支配得当,俾教师得以对一组进行直接教导,而让他组儿童自动工作,两不妨碍。因此之故,自动作业的选择、支配和实施,实为一个非常重要的问题。一般的复式教学,对于自动作业的选择、支配和实施,只求儿童静坐工作,对于他组的教导不致妨碍,而不问自动作业本身的价值若何。我们简直可以说,教师只为了自己的方便,而不惜牺牲儿童的教育。兹把此种不良的自动作业,略举数例如下:

(1) **写字**　写字为一种不良的自动作业,其理由有三:第一,对于较低年级的儿童,写字过久,有损目力,而易致疲劳。第二,在儿童最初学习书法时,若把写字当作一种自动作业,容易使儿童采用错误的写字习惯。我们已指出,儿童最初学习写字,必须要有教师在旁善加指导,否则错误的练习到了后来就要妨碍正确的练习。[①] 第三,写字是一种没有兴味的单调的工作,不合儿童的生活需要的;假若把写字当作一种自动作业,则儿童对于学校的生活和学习的工作起一种憎恶了。

(2) **记诵**　叫儿童背乘法表或背熟课文,也是应用最广的自动作业;然此种自动作业是对于儿童没有意义的,没有兴味的。此种自动作业,不仅耗费儿童的时间,而且是有害的;因为儿童自动思考的机会也被剥夺了。

良好的自动作业　仅仅叫儿童默然无声地在座位内忙着工作,不能算是良好的自动作业。良好的自动作业,一定是适合儿童的志愿或需要的。具有教育性的自动作业,以下列各类为最重要:

(1) **室外游戏**——对于低年级的儿童,每日至少要有一节室外游戏,作为他们的自动作业。上了四十五分钟的功课之后,教师应让他们轻轻地走出教室,在年长儿童的领导之下,从事各种有兴味的游戏。

(2) **游戏性的作业**——例如在黑板上绘图,在沙箱内发表意念,搭积木,剪贴等等。这类的作业,在教师方面视之,也可认为发展儿童的感官和筋肉适应的作业;但在儿童方面视之,纯然为一种游戏。

---

① 参看本章第一编第五章。

(3) 社会化的练习游戏——例如叫儿童做下列的算术游戏,并做算式在小黑板上:

"在地板上画三个圆圈子,小的圆圈子画在大的圆圈子内,并在圆圈子内写1、2、3等数字。于是给儿童两个豆袋,令立在离圆圈八尺的地点,试将豆袋掷进最小的圆圈子内。如果他把豆袋掷进最小的圆圈子,那么,他得3分;如果掷进较大的圆圈子,那么,他得2分;如果掷进了最大的圆圈子,那么,他得1分。掷毕后,儿童须自己去算分数,然后其他儿童继之掷豆袋。"

(4) 建造的活动或手工 因为一切儿童都喜欢做各种建造的活动或手工,故这类自动作业,应该要充分地供备。低年级的大部分建造的活动,应以有关于沙箱和洋娃娃的设计为中心。较高年级的手工,则宜与阅读密切联络。像《树居人》《穴居人》这类的书籍,不仅为良好的中年级儿童读物,而且建议了不少有益的手工的工作,供作自动作业之用。

(5) 默读 教室内应备若干浅易的和有兴味的阅读材料,叫儿童作消遣性的自由阅读。

(6) 社会化的朗读 教师可叫一组儿童,轻声地作"有听众的朗读",或表演故事,当作一种游戏。

(7) 自学 对于较高年级的儿童,自学的作业应多量供备。不论教历史、地理或自然,采用了问题教学法或设计教学法之后,自学的作业愈益众多,教师应有计划地加以指定,并善为辅导。

选择自动作业的标准 自动作业的种类甚多,[①]本书为受篇幅的限制,不能加以详细介绍。有些自动作业,教师还可自己创造。总之,复式教学的成功或失败,可说是以自动作业实施适当与否为转移,故每一复式教学的教师,应把良好的自动作业刻刻留意去搜集研究并创造。兹介绍若干选择标准如下,以供参考:[②]

(1) 自动作业须使儿童手脑并用。若仅用手而不用脑,就没有教育的价值,就完全是机械的、潦草塞责的、没有用处的了。

(2) 自动作业,可不受教师的指导,而由儿童自动地去做。

(3) 自动作业须供给儿童活动(身体的和心理的)机会。儿童须自己觉得,他们正在做某种的事情,而寻求某种的结果。

(4) 自动作业须成为一个疑难的问题,却是适合儿童的能力的。

---

① 可参考本章所附之参考书籍。
② 见 Lowth,《The Country Teacher at Work》,pp. 390 – 392.

（5）自动作业须充分变化，以谋获得儿童的注意和兴味。

（6）集中注意的时间不宜过长。

（7）刺激儿童的独立精神，使之不靠教师的帮助，自己完成一种工作，而发生一种成功的感觉。

（8）要求儿童去比较，判断并叙说结论，但仍须适合其年级程度。

（9）所得的结果，须为儿童实际能力的表现。

（10）须引导儿童养成优良的学习习惯。

（11）问题的性质须渐渐地进步，而儿童成功地解答问题的能力，也须渐渐有进步的表示。

四、复式教科的配合

教科配合的方式　复式教科的配合，有下列三种不同的方式。

（一）同时间、同教科、同程度。

（二）同时间、异教科、异程度。

（三）同时间、同教科、异程度。

凡遇到公共训练的课业，例如作公共谈话和唱校歌国歌等，可采用同时间、同教科、同程度的方式去施教，然采用此种配合方式的时候，并不很多。

第二种配合方式，把需要教师直接教导多的与儿童自动工作多的相配合，把发音的和不发音的相配合，故在教学时可得到不少的便利。依此方式配合，虽然在同时各级各做不同的工作，有环境不能统一之弊；但是有些对于复式教学技术不很精练的教师，却能藉各科配合之利，而收实际的效果。

至于第三种配合方式，似最适用。因为在同时间内，各级皆依其程度而学习，既能适应程度，又能使环境统一，便于教师的准备。且依此配合方式，欲施行较新的教学方法，也较为便利。举例来说，在一个学级内虽同作国语的教学，而一年级系新授材料，二年级系抄写练习，三年级则为作文，四年级则为写字，工作不同，科目则一。若教师运用得当，自可获得更好的教学效率。

教科配合的原则　第三种配合方式，固更适宜，但是运用起来，至为不易；而为适应一般教师的能力计，似应把第二种配合方式视为最基本的配合方式。至于教科配合的原则，似以下列各条为较属重要：

（1）尽量把学科性质相近似的配合起来。

（2）把自动工作多的学科和自动工作少的相配合。

（3）属于静的、活动的科目，最易配合。

适应特殊情形的必要　"同时间异教科"与"同时间同教科"这两种配合方式，既各有利弊，教师自应视事实的需要而定取舍。有些两学年复式编制的学级，是把相邻接的年级相配合的，因为程度相仿，自以同时间同教科为较妥，而不必采异教科的配合；若在三学年以上的复式编制的学级内，有时就发生采用同时间异教科的必要。至于像劳作、音乐、体育等科，则平时似以采用同时间、同教科为较适宜。

五、复式教学日课表之配置

日课表配置的困难　复式学级日课表的配置，是一个极重要而却极困难的问题（因为在配置日课表时，教师一面要考虑年级的数目，一面要适合《小学课程标准》的规定）。各学级情形既不相同，故我们不能定一现成的日课表，供一般的采用。

几个重要的原则　然而有几个重要的原则，在编排日课表时，教师必须要注意遵守。李晓农和李伯棠二先生所订立的原则，非常详细而适当，兹介绍于下：①

（一）每周教学时间，须视社会情形、家庭需要，并参照部颁《课程标准》规定而支配。

（二）根据教科配合方法，注意自动作业与直接教学的科目相互搭配，以避免声浪冲突，及枯坐无事之弊。

（三）每天上课节数，与每节时间之长短，宜随儿童生理年龄及智力年龄而增加。

（四）为教学便利计，短节不宜在十分钟以下；为儿童心理计，长节不宜过五十分钟以上；其间十五分、二十分、三十分、四十分等，都可自由支配。同时，短节可不计休息时间，长节须计休息时间。

（五）作业精神"紧张度"愈大和运用细微筋肉活动愈多的作业，每节长度宜愈减。同理，单调的作业，时间宜短；多变化的作业，时间宜长。

（六）精神紧张的功课，宜与运动筋肉的功课，互相调剂。运用粗大筋肉之后，不可继以运用细小筋肉功课，如写字不宜在运动之后。

（七）最费理解的功课，宜排在一日中通常精神最好的时间，如上午九时至十时。

（八）同一性质的学科，不宜连续排列，以免儿童身心上发生厌倦。

（九）教科复杂的一节中，时间不宜太少，以免不敷支配。

---

① 见李晓农、李伯棠合编之《单级教学法》，第24页。

（十）课后处理较多的学科，每日须互相匀配，否则课卷堆积，批改不易。

（十一）应注意卫生。如体育不宜排列在食前或食后的时间中。

（十二）各节学科，最好能排列整齐，以便儿童记忆。

（十三）教学时间之始终，宜注意昼夜之长短，气候之寒暖，社会之情况而定。每日开始时间，春秋大概8:30，夏季大概7:30，冬季9:00。每日结束时间，乡村惯例较迟。

复式日课表举例 各复式学级的日课表，随特殊的情形而异；已如上述。如今让我举几个例子如下：①

第一例——两学年复式学级日课表（三、四合级）②

节\科\时\分\曜\年	一 8:00—8:50 50	二 9:00—9:45 45	三 10:00—10:45 45	四 11:00—11:30 30		五 1:00—1:45 45	六 2:00—2:45 45	七 3:00—3:30 30	八 3:45—4:15 30	九 4:30—5:30 60
月 三	纪念周晨会谈话整洁	语(读1) 算	算 语(读1)	公民	11:50 午膳	语(算2) 社	美术	劳作	课外作业	自治活动	夕会谈话散学
月 四										
火 三		语(读3) 算	算 语(读2)	劳作		自 语(读3)	社 自	体育		
火 四										
水 三		语(作1) 算	社 语(作2)	音乐		语(读1) 社	卫生	体育		
水 四										
木 三		语(读2) 算	算 语(读1)	公民		自 语(读2)	美术	劳作		
木 四										
金 三		语(读3) 算	算 语(读3)	劳作		自(写) 社	社 自	体育		
金 四										
土 三		语(作2) 算	社 语(作1)	音乐		自 语(写)	卫生	体育		
土 四										

说明
（一）本表一周的总时间共1440分钟。
（二）本表有少数科目用同时间异教材的编配法。
（三）本表各科时间与部颁每周教学时间表很相近，所减少的只有音乐、体育二科，不致发生多大问题。
（四）各科目下凡不注明次数的，可因活动过程的程序运用之，例如土曜三年级是语(作2)这时间他是做的誊请订正的自动工作居多。那四年级算术，不妨用新授材料作思考过程的教学，自己临时酌定。

---

① 见姚虚谷《复式教学法》，pp. 95-98。
② 此表中，语即国语，算即算术，自即自然，社即社会。——编校者

第二例——三学年复式学级日课表（一、二、三合级）

科\节\曜\时\年\分	一 8:00—8:50 50	二 9:00—9:45 45	三 10:00—10:45 45	四 11:00—11:30 30		五 1:00—1:45 45	六 2:00—2:45 45	七 3:00—3:30 30	八 3:50—4:50 60	九 5:00—5:30 30
月 一	纪念周	国语（读1）（作2）	公民	音乐		国语（读2）（写）	劳作	体育	课外作业自治活动	夕会整洁温习教学
月 二		国语（读1）（作2）	公民	音乐		国语（读2）（写）	劳作	体育		
月 三			公民	音乐		国语（读2）（写）	劳作	体育		
火 一	25 晨会 谈话 课业 准备	国语（读3）（读2）（读1）	算术	卫生		社会	自然	体育		
火 二			算术	卫生		社会	自然	体育		
火 三			算术	卫生		社会	自然	体育		
水 一		国语（读1）（读3）（读2）	算术	美术	11:45	国语（读2）（作1）（读3）	劳作	体育		
水 二			算术	美术			劳作	体育		
水 三		25 健身运动	算术	美术			劳作	体育		
木 一		国语（读3）（读1）（读1）	公民	音乐		社会	自然	体育		
木 二			公民	音乐		社会	自然	体育		
木 三			公民	音乐		社会	自然	体育		
金 一		国语（读1）（读2）（读2）	算术	卫生		国语（读2）（读3）（作1）	劳作	体育		
金 二			算术	卫生			劳作	体育		
金 三			算术	卫生			劳作	体育		
土 一		国语（读3）（写）（读3）	算术	美术		社会	自然			
土 二			算术	美术		社会	自然			
土 三			算术	美术		社会	自然			

说明
（一）本表各级时间，均照规定表上所定的，略有增减。
（二）本表用同科异程度支配法。
（三）本表土曜下午一年级无课。

第三例——四学年复式学级日课表(单级年级编制者适用)

科\节\曜\时\年\分	一 8:00—8:50 50	二 9:00—9:30 30	三 9:40—10:25 45	四 10:35—11:10 45	五 11:20—11:50 30		六 1:00—1:30 30	七 1:50—2:20 30	八 2:40—3:10 30	九 3:30—4:00 30	十 4:20—5:20 60
月 一二三四	纪念周	公民 公民	读(2) 写(2) 读(1) 算	写(1) 读(3) 写(1) 读(1)	美术		读(3) 读(4) 作(2) 作(1)	自然 卫生	体育	课外作业自治活动	夕会温习整洁教学
火 一二三四	晨会 健身运动 整洁 课业准备	卫生 社会	读(4) 算 读(2) 算	算 读(2) 算 读(2)	劳作		读(1) 写(1) 写(1) 读(1)	社会 自然	体育		
水 一二三四		谈话 公民 算术	读(2) 写(2) 读(4) 写(1) 算 写(行)	写(2) 读(2) 写(1) 读(3)	美术	12午膳	读(3) 作(1) 读(1) 作(2)	自然	音乐		
木 一二三四		卫生 社会	读(4) 算 读(3) 算	算 读(3) 算 读(4)	劳作		读(1) 读(4) 写(2) 作(1)	社会 自然	体育		
金 一二三四		公民 公民	读(2) 读(复) 读(3) 写(1)	写(3) 读(1) 写(1) 读(2)	美术		读(1) 作(2) 作(1) 算	自然 卫生	体育		
土 一二三四		卫生 社会	读(4) 算 读(4) 算	算 读(2) 算 读(3)	劳作		读(1) 写(1) 读(复) 写(2)	社会 自然	音乐		

说明
(一)本时间表以四年级为标准,每周共1440分,一、二、三年级均有增加。免除"早退"无人监护之短。
(二)本表一年级即配有写字课,完全适应乡村学校练习时间,酌量缩短。
(三)本表可供普通单级小学实际之用。
(四)科目时间,均依新课程支配。
(五)本表间有用同时间异科目支配法,用于年级制的单级中最为合宜。

第四例——四学年复式学级日课表（单级分团制的编制者适用）

曜\科\节\时\分	一 8—8:30 30	二 8:45—9:15 30	三 9:25—10:10 45	四 10:20—11:10 30	五 11:20—11:50 30		六 1—1:30 30	七 1:45—2:30 45	八 3:45—3:15 30	九 3:30—5 30	 60
月	纪念周	甲乙丙丁 算术 （练习片）	读(3) 读(1) 作(1) 写(1)	甲乙 美术	甲乙 算术 （新）		甲乙丙丁 读（复） 读(2) 读(1) 作(1)	甲乙丙 常识	体育		
火		甲乙丙丁 算术 （练习片）	读(1) 读(3) 读(2) 读(3)	甲乙 劳作	甲乙 音乐		甲乙 公民	甲乙丙 常识	体育		
水		甲乙丙丁 算术 （练习片）	读(2) 读(1) 写(1) 作(2)	甲乙 美术	甲乙 算术 （新）	12 午膳	甲乙丙丁 写(1) 读（复） 读(3) 写(4)	甲乙丙 常识	体育	课外 作业	夕会 教学
木	晨会 健身操	甲乙丙丁 算术 （练习片）	读(3) 读(2) 作(3) 读(2)	甲乙 劳作	甲乙 音乐		甲乙 公民	甲乙丙 常识	体育		
金		甲乙丙丁 算术 （练习片）	读(1) 作(2) 读(1) 作(1)	甲乙 美术	甲乙 算术 （新）		甲乙丙丁 写(2) 读(3) 读(2) 写(3)	甲乙丙 常识	体育		
土		甲乙丙丁 算术 （练习片）	读(2) 作(1) 读(3) 读(2)	甲乙 劳作	甲乙 音乐		甲乙 公民	甲乙丙 常识	级会		

说明　本表为采用活动分团编制教学时之用，科目配合用同科目异程度支配法，各学科分团情形不同，列表如下：

算术——分甲乙丙丁四团（甲为四年级，乙为三年级，丙为二年级，丁为一年级）

国语——分甲乙丙丁四团

劳作
美术 ——分甲乙二团（甲团相当于三、四年级，乙团相当于一、二年级）
公民
体育

常识——分甲乙丙三团（甲团四年级，乙团三年级，丙团一、二年级）

总论

  复式是一种学级编制的方式。所谓复式教学并不是指一种特殊的教学方法,乃是要把单式教学上所已采用的相同的优良教学方法,在一个复式学级内加以不同的运用。我们研究复式教学,是要解决若干由复式编制而引起的特殊的困难问题。对于复式教学的技术,我们必须要详加研究。一则因为我国小学采用复式编制的非常众多;二则因为在单式的学级,我们有时也必须要采用复式教学的技术。

  复式编制,有以年级分组的,也有按能力分组的,种类甚多;配合方法,应随各校特殊情形而异。

  儿童座位的排列,也有种种不同的方法,应随着各校特殊情形而加以适应。但下列各点,似宜加以注意:(1)低年级接近出入口;(2)便于实施两组的同教材的教学;(3)年级高的儿童可帮助年级低的儿童;(4)各年级划分清楚;(5)顾及有目疾、耳疾和注意力薄弱的儿童。

  自动作业的选择,支配和实施,关系最为重要。本章介绍选择自动作业的标准十一条,以供选择的参考。

  关于各年级教科的配合,也有种种不同的方式,要在视事实之需要而定取舍。日课表的配置,也为一个困难的问题,本章介绍十三条原则,并举数例以作参考。

问题和设计

  (一)试分工搜集各种适用的自动作业,每人至少二十种。

  (二)试研究各种复式教科配合方式的利弊。

  (三)试拟一复式教学教案,并在附小中实习。

  (四)搜集本地小学中复式学级的日课表,而加以批评。

参考书籍

  ① 姚虚谷编:《复式教学法》,商务印书馆1934年版。

  ② 祝志学编:《复式教学法》,中华书局1934年版。

  ③ 李伯棠、李晓农编:《单级教学法》,商务印书馆1935年版。

总温习

  (1)何谓复式教学?

  (2)复式教学与单式教学的异点何在?

  (3)何以要研究复式教学的技术?

(4) 什么是复式教学的种类？

(5) 年级的配合,有什么不同的方法？

(6) 什么是复式教学的特殊的设备？

(7) 复式学级的座位应怎样排列？

(8) 什么是评判座位排列方法的标准？

(9) 什么是不良的自动作业？

(10) 什么是良好的自动作业的标准？

(11) 教科配合,有哪几种不同的方式？

(12) 什么是教科配合的原则？

(13) 日课表配置的困难何在？

(14) 什么是订立日课表的重要原则？

附录一　小学公民训练标准

第一　目标

发扬中国民族固有的道德,以忠、孝、仁、爱、信、义、和平为中心,并采取其他各民族的美德,制定下列目标,训练儿童,以养成健全公民:

（一）关于公民的体格训练:养成整洁卫生的习惯,快乐活泼的精神;

（二）关于公民的德性训练:养成礼义廉耻的观念,亲爱精诚的德性;

（三）关于公民的经济训练:养成节俭劳动的习惯,生产合作的智能;

（四）关于公民的政治训练:养成奉公守法的观念,爱国爱群的思想。

第二　纲要

根据目标,规定公民训练纲要。列表如次:

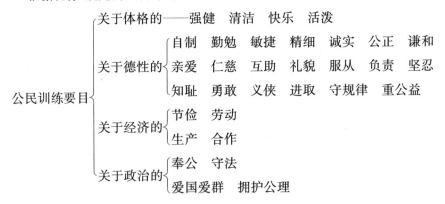

第三　愿词及规律

根据目标纲要,规定《中国公民规律》,使教具易于指导儿童信守。

（一）愿词

我愿遵守《中国公民规律》,使我身体强健,道德完全,做一个中国的好公民,准备为社会国家服务。

（二）规律

一、关于体格的

(1) 中国公民是强健的　我的全身各部分,都要锻炼强健。

(2) 中国公民是清洁的　我的身体、衣服、饮食,以及我所在的地方,都要保持清洁。

（3）中国公民是快乐的　我的精神,要常常愉快,遇到了困难,也不垂头丧气。

（4）中国公民是活泼的　我要有饱满的精神,活泼的态度。

二、关于德性的

（5）中国公民是自制的　我要自己管束自己,摒绝恶习惯,养成好习惯。

（6）中国公民是勤勉的　我读书、做事,都要刻苦、专心、努力,决不懈怠。

（7）中国公民是敏捷的　我读书、做事,一切举动,都要迅速。

（8）中国公民是精细的　我对于一切事物,要仔细地鉴别善恶,精密地判断是非。

（9）中国公民是诚实的　我要说真话,干实事,自己信托自己,也可以受别人的信托。对待朋友、尊长以及团体、国家,都要忠实不二。

（10）中国公民是公正的　我要主张公道、正义,绝对不自私自利,也不因别人的地位势力而有所阿附。

（11）中国公民是谦和的　我态度要和蔼,尊敬知识能力高出于我的人,对于无论什么人都要和气。

（12）中国公民是亲爱的　我要孝父母,敬长辈,爱兄弟姊妹以及国内的同胞、国外的朋友。

（13）中国公民是仁慈的　我是人类的同胞,物类的朋友。我要同情并帮助年幼的和力弱的以及劳动的和穷困的人;原谅无心伤害我的人;爱护无害于人的动物。

（14）中国公民是互助的　我和我的朋友以及全国同胞,要守望相助,患难相救,疾病相扶持。遇事都要与人合作。

（15）中国公民是有礼貌的　我对人家——尤其是弱者、老者、残疾困苦的人,都要有礼貌。举止行动,力求合于礼节。

（16）中国公民是服从的　我要服从父母师长的指导和团体的决议。

（17）中国公民是负责的　我应当做的事情,一定去做,并且要做得好,决不推诿、敷衍,即使遇到了困难,也不放弃责任。

（18）中国公民是坚忍的　我的意志要坚定,不顾一切的阻碍,力求贯彻自己的计划;无论如何吃苦,也能忍耐。

（19）中国公民是知耻的　我要洗雪自己和国家的耻辱。临财毋苟得,临难毋苟免。

(20)中国公民是勇敢的　我应该做的事情,要大胆地去做,不怕一切困难、危险、失败。我要拒绝朋友的谄媚,敌人的讥诮恐吓。

(21)中国公民是义侠的　我要时时准备帮助别人,济困扶危,在必要的时候,我不惜牺牲自己。

(22)中国公民是进取的　我的学问、思想、行为、事业,要常常向前猛进,不愿落后。我充满着进步的希望。

(23)中国公民是守规律的　我要遵守学校以及团体的各种规则和秩序。

(24)中国公民是重公益的　我要尊重公共的利益,决不因自己的便利而损害公物、糟蹋公地、妨碍公众。

三、关于经济的

(25)中国公民是节俭的　我要撙节钱财,在不必用的时候,决不浪费;但是我不吝啬,也不贪得。

(26)中国公民是劳动的　我要做劳动工作,求得做工的技能,将来因劳动而生活,不愿意不劳而获。

(27)中国公民是生产的　我要学习生产的智能,增进社会生产的效率,为大众谋福利。

(28)中国公民是合作的　我要与大众共有、共治、共享;生产、消费、贩卖都要合作化,以求生活的圆满。

四、关于政治的

(29)中国公民是奉公的　我要尽国民应尽的义务,享国民应享的权利,决不假公济私。

(30)中国公民是守法的　我要遵守国家的法律,决不违法玩法。

(31)中国公民是爱国爱群的　我要爱护我的团体,尊敬我的国家,准备和同胞团结,为国族奋斗。

(32)中国公民是拥护公理的　我要主持公道,同情弱小,准备为公理而抵抗横暴。

第四　条目

(一)中国公民是强健的

(1)我不把不能吃的东西放在嘴里。　　　⎱
(2)我不用手指挖鼻孔、挖耳朵、擦眼睛。　⎰ 第一二学年起

(3) 我吃东西分量不过多。

(4) 我吃东西细细地嚼碎了才咽下去。

(5) 我在应当吃东西的时间吃东西。

(6) 我不吃不容易消化的食物。

(7) 我不多吃糖食。

(8) 我除饭食外不吃零食。

(9) 我穿衣不太多。

(10) 我不穿太窄或太长大的衣服。 　　　　　　　　第一、二学年起

(11) 我每天大便,有一定的时候。

(12) 我每天早睡早起,睡起都有一定的时间。

(13) 我睡觉的时候,头要露在被窝外面。

(14) 我用鼻子呼吸,嘴常常要闭着。

(15) 我坐立和走路的时候,都要留意腰和背的正直。

(16) 我在下课的时候,做适当的游憩。

(17) 我在屋子里要留心开关窗户,调换空气。

(18) 我要常常留心天气的寒暖而增减衣服。

(19) 我在食前或者食后,都不作剧烈的运动。

(20) 我每天要有适当的时间去运动。　　　　　　　　第三、四学年起

(21) 我在天气好的时候,常常往户外散步游戏。

(22) 我不在光线不足或光线过强的地方看书。

(23) 我每天要练习一种体操或国术。

(24) 我要用冷水洗脸。

(25) 我要听医生的指导,种牛痘、打防疫针。　　　　第五、六学年

(26) 我生病时听医生的话。

(27) 我努力扑灭蚊蝇等害人的东西。

(二) 中国公民是清洁的

(1) 我身边要常常带手帕。

(2) 我咳嗽或喷嚏的时候,能用手帕掩住口鼻。

(3) 我不用衣袖抹嘴脸。　　　　　　　　　　　　　第一、二学年起

(4) 我要常常洗指甲、剪指甲。

(5) 我的手和脸要常常保持清洁。

(6) 我不吃不清洁的东西。

(7) 我饭后一定要漱口。

(8) 我常常留心使头发清洁。

(9) 我要多洗澡。

(10) 我每天早晚一定要刷牙齿。

(11) 我洗脸一定用自己的手巾。

(12) 我的图书用品,要安放得整齐。

(13) 我的帽鞋衣服,不用时要收拾好。

(14) 我的服装要常常保持清洁雅观。

(15) 我住的屋子要常常保持清洁。

(16) 我要留心保持公共地方的清洁。

(17) 我不随地吐痰。

(18) 我在便所里大便小便,并且留心保持用具的清洁。

(19) 我不随地抛弃纸屑果壳。

} 第三、四学年起

(三) 中国公民是快乐的

(1) 我喜欢听笑话、说笑话。

(2) 我对人家要常常面带笑容。

} 第一、二学年起

(3) 大家快乐的时候,我也要快乐。

(4) 我做事要很高兴,很有乐趣。

(5) 我要利用空闲时间,做正当的娱乐。

} 第三、四学年起

(6) 我喜欢种植花卉,布置庭园。

(7) 我喜欢欣赏山水风景和美术品。

(8) 我喜欢欣赏音乐戏剧。

(9) 我遇到困难,不垂头丧气。

(10) 我在烦躁的时候,不随便生气。

(11) 我要从日常生活中,找到乐趣。

} 第五、六学年

(四) 中国公民是活泼的

(1) 我遇见了生人,要不畏缩,也不羞涩。

(2) 我在没有事的时候,要活泼泼地去游憩。

} 第三、四学年起

(3) 我在大庭广众间,不失平时活泼的态度。

(4) 我做事的时候,要有充满活动的精神。

(5) 我要留意练习,使各种官能活泼而不呆钝。

} 第五、六学年

（五）中国公民是自制的

(1) 我不轻易向人家借东西。
(2) 我不向人借钱。
(3) 我不到不正当的场所去玩。
(4) 我没有得到允许,不动别人的东西。
} 第三、四学年起

(5) 我不进行不正当的娱乐。
(6) 我不唱卑劣的歌曲。
(7) 我自己不高兴的时候,不拿别人出气。
(8) 我要控制我的脾气。
(9) 我要摒除不良的嗜好。
(10) 我不因羡慕人家好东西,而强要家长购置。
(11) 我要遏止不正当的欲望。
(12) 我在危险的时候,要力持镇静。
} 第五、六学年

（六）中国公民是勤勉的

(1) 我要自己穿衣服,脱衣服。
(2) 我自己能做的事,一定要自己做。
(3) 我要收拾保管我自己的一切东西。
} 第一、二学年起

(4) 我做事的时候,要专心地做。
(5) 我要用功修习一切功课。
(6) 我要尽力做轮值的事情。
(7) 我没有特别事故,一定不请假。
} 第三、四学年起

(8) 我缺了课,要赶快补习。——第五、六学年

（七）中国公民是敏捷的

(1) 我收发用品,要快而整齐。
(2) 我要把教师所指定的功课,赶紧做完。
(3) 我每天应该做完的事,一定做完。
(4) 我遇见车马及一切危险,要敏捷的避免。
(5) 我做事要迅速而有效率。
} 第三、四学年起

(6) 我在应对的时候,也要敏捷。
(7) 我阅读图书,力求迅速。
} 第五、六学年

（八）中国公民是精细的

(1) 我要仔细地观察事物。⎫
(2) 我不盲从，不随声附和。⎬ 第三、四学年起
(3) 我不信鬼神。　　　　　⎪
(4) 我选择品行好的人做朋友。⎭

(5) 我做事不草率。　　　　　　⎫ 第五、六学年
(6) 我在做事之前，先要预定计划。⎭

（九）中国公民是诚实的

(1) 我借了人家的东西，要如期归还。　⎫
(2) 我拾到别人遗失的东西，想法送还他。⎬ 第一、二学年起
(3) 我损坏了东西，要自己承认或赔偿。　⎪
(4) 我不说谎话，不骗人。　　　　　　⎭

(5) 人家有事问我，我要恳切地回答他。——第三、四学年起

(6) 我做事要切实。　　　　　　　⎫
(7) 我和人家约会，一定准时践约。⎬ 第五、六学年
(8) 我不掩饰自己的过失。　　　　⎭

（十）中国公民是公正的

(1) 我自己不愿做的事，不叫别人去做。⎫ 第三、四学年起
(2) 我不讲私情，不假做见证。　　　　⎭

(3) 有人被人家欺侮，我要主张公道。　　⎫
(4) 我看见别人失败，一定不讥笑他。　　⎪
(5) 我对于和自己不同的意见，也要尊重。⎬ 第五、六学年
(6) 我对于别人正当的建议，要牺牲个人的成见。⎪
(7) 我参加各种比赛，要保持公正的态度。⎭

（十一）中国公民是谦和的

(1) 我说话要轻而和气。⎫ 第三、四学年起
(2) 我对人要和颜悦色。⎭

(3) 别人和我争论，我心平气和地回答他。　　　⎫
(4) 我对于人家的正当的指导或责备，要乐于接受。⎬ 第五、六学年
(5) 我要宽恕人家无心的错处。　　　　　　　　⎪
(6) 我受了师长等的奖誉，要不骄傲。　　　　　⎭

（十二）中国公民是亲爱的

(1) 我要孝顺父母家长。

(2) 我对待兄弟姊妹要亲爱和睦。

(3) 我对同学要亲爱和睦如兄弟姊妹一样。

(4) 我对别人不厌恶，不鄙视。

⎫ 第二、四学年起

（十三）中国公民是仁慈的

(1) 我要爱护花木。——第一二学年起

(2) 我要爱护有益于人类的动物。——第三四学年起

(3) 我在拥挤的地方，一定要让年老、年幼的先走、先坐。

(4) 我爱护弟妹和年幼的同学。

(5) 我要帮助残弱和困穷的人。

⎫ 第五、六学年

（十四）中国公民是互助的

(1) 我看见同学有危险的举动立刻劝止他。

(2) 我要随时随地帮助他人。

⎫ 第三、四学年起

(3) 我要救护有疾病的人。

(4) 我每天要做一件有益于人的事。

(5) 别人有过失，我能婉言规劝他。

(6) 我和同学朋友，要常常互相策励。

(7) 别人有困难的时候，我要设法救济。

⎫ 第五、六学年

（十五）中国公民是有礼貌的

(1) 我出外和回家，一定告诉家长。

(2) 我遇见老师和尊长，一定行礼。

(3) 我每天第一次遇见熟人，一定招呼。

(4) 我的头发，要梳得整齐。

(5) 我穿衣的时候，要把钮扣扣好。

(6) 我不打人，也不骂人。

(7) 我说话的时候，要留心不喷唾沫。

(8) 我不在路上吃东西。

(9) 我笑的时候，要留心不露牙龈。

(10) 我受了别人的赠品，要表示感谢他。

⎫ 第一、二学年起

(11) 我要感谢扶助我的人。
(12) 我要是得罪了人家,要道歉。
(13) 我静听别人对我说的话。
(14) 我和长者在一起,要替他服务。——第三、四学年起
(15) 我不打断人家的说话。
(16) 我不扰乱别人的作业。
(17) 我不站在妨碍人家的地方。
(18) 我进别人的屋子,要轻轻地敲门,没有得到允许,不随便进去。
(19) 我不私自开看人家的信札、包裹或抽屉。
(20) 我尊敬社会上有劳绩的人。 } 第五、六学年
(21) 我和别人并行的时候,要让年幼或年老的人靠里边走。
(22) 我和别人并行的时候,常常留心同步伐。

(十六) 中国公民是服从的

(1) 我听从父母和师长的训导。——第一、二学年起
(2) 我听从维持秩序的人的指导。——第三、四学年起
(3) 我服从领袖的指导。
(4) 我服从团体的决议。
(5) 我尊重大多数人的意见。 } 第五、六学年
(6) 我受了训戒,不恼恨。要反省,并且改正过失。

(十七) 中国公民是负责的

(1) 我答应做的,一定要做到。
(2) 我说要做的,要尽力去做。
(3) 我应当做的事,一定去做,并且要做得好。 } 第五、六学年
(4) 我做事遇到了困难,不推诿、不敷衍。

(十八) 中国公民是坚忍的

(1) 我做事要能耐劳苦。——第三、四学年起
(2) 我做事要有毅力,坚持到底,非成功不丢下。
(3) 我受了屈辱,要忍耐地设法申雪。
(4) 我受了降级等的处分,要不灰心,坚忍地用功。 } 第五、六学年
(5) 我做事遇到了痛苦或困难,不畏缩、不懊悔。
(6) 我要意志坚定,贯彻自己的计划。

（十九）中国公民是知耻的

(1) 我不私用公共或别人的物件。⎫
(2) 我有了过失,要悔悟,要改正。⎭ 第三、四学年

(3) 我不取非分的钱财,不受非分的奖誉,不贪非分的便宜。
(4) 别人无理侮辱我,要和他讲理,不随便忍受。
(5) 我受了耻辱,要努力洗雪。
(6) 我要爱惜名誉,不做不名誉的事,不说不名誉的话。
(7) 我要知道国家的耻辱,就是自己的耻辱。⎬ 第五、六学年
(8) 我牢记国耻事实,时时准备雪耻。
(9) 我遇到了患难,要挺身而出,不规避、不苟免。
(10) 人家有不名誉的事情,我不耻笑他。
(11) 我要自修以止谤,力行以雪耻。

（二十）中国公民是勇敢的

(1) 我在黑暗里不害怕。⎫
(2) 我吃了小亏不哭,也不告诉父母师长。⎭ 第一、二学年起
(3) 别人有危险的时候,我立刻去救护他。——第三、四学年起
(4) 我做事要勇往直前。⎫
(5) 我不怕一切困苦。
(6) 我受了不正当的攻击,不灰心、不屈服。⎬ 第五、六学年
(7) 我不受强暴的威胁。
(8) 我拒绝别人的诌媚。⎭

（二十一）中国公民是义侠的

(1) 别人有急难的时候,我要竭力帮助。⎫
(2) 我扶助别人的时候,要肯牺牲自己。
(3) 我帮助别人,不受酬谢,也不夸矜自己的功劳。⎬ 第五、六学年
(4) 国家社会有大难的时候,我要尽力扶持,并且有牺牲的决心。⎭

（二十二）中国公民是进取的

(1) 我在课外多看有益的书报。⎫
(2) 我看见新事物,要常常留心研究。⎬ 第三、四学年起
(3) 我发生了疑问,就要想法去解决。
(4) 我效法人家的长处。⎭

（5）我要使我的知识、能力和我的年龄同时增进。——第五、六学年

（二十三）中国公民是守规律的

（1）我每日准时到校,准时回来。
（2）我每天上学,一定携带要用的课业用品。
（3）我排队很敏捷,在队里很安静。
（4）我依次出入教室,不争先。
（5）我上课时很安静。
（6）我在上课时,要发言必先举手。
（7）我开关门窗,移动桌椅,一定很轻很仔细。〕第一、二学年起
（8）我离开座位时,一定把桌椅放端正。
（9）我用过东西以后,一定收拾起来。
（10）我不高声乱叫。
（11）我在室内行走,脚步很轻。
（12）我走路注意常靠左边,不乱跑。
（13）我不在路上逗留。

（14）我在开会的时间,一定很安静。
（15）我使用公共器具,一定依照先后的次序。
（16）我一听见信号,立刻遵行。
（17）我离开了教师或家长,也能严守秩序。〕第三、四学年起
（18）我不因别人不守规则,自己也不守规则。
（19）我常穿校服。

（二十四）中国公民是重公益的

（1）我不攀折公共的花木。
（2）我不涂刻墙壁、黑板、桌椅等物。〕第一、二学年起
（3）我不独占公共游戏的器具。

（4）我爱惜公用的图书。
（5）我在众人聚集的地方,不叫嚣。
（6）我能除去地上的纸屑和障碍物。〕第三、四学年起
（7）我竭力做有益于公众的事情。
（8）我不因人家不顾公益,自己也不顾公益。

（二十五）中国公民是节俭的

(1) 我爱护用品。
(2) 我不浪费笔墨纸张。} 第一、二学年起

(3) 我不浪费金钱。
(4) 我能定期储蓄。} 第二、四学年起
(5) 我服装要朴素。

(6) 我对于损坏的用具，常常设法自己修理。
(7) 可以利用的废物，我尽量利用。} 第五、六学年

（二十六）中国公民是劳动的

(1) 我早上起身，亲自折叠被褥。
(2) 我愿意并且很高兴地做洒扫等事。} 第三、四学年起
(3) 我喜欢做家庭中的一切事。

(4) 我不规避校内的各项操作。
(5) 我不轻视劳动的工作。
(6) 我不轻视或侮谩做劳动工作的人。} 第五、六学年

（二十七）中国公民是生产的

(1) 我量力帮助父母做生产的工作。
(2) 玩具用品，能够自制的，我一定想法自己去做。
(3) 我喜欢饲养家禽、家畜和蜂蚕等物。
(4) 我要利用空地，栽种花草蔬菜。} 第五、六学年

（二十八）中国公民是合作的

(1) 我要参加学校内的合作组织。
(2) 我遇事都要与人合作。} 第三、四学年起

(3) 我热心参加社会的合作运动。
(4) 我与人合作的时候，要牺牲自己的成见。} 第五、六学年

（二十九）中国公民是奉公的

(1) 我不放弃选举权，并且自由选择我所佩服的人。
(2) 我热心参加学校内的各种团体组织。
(3) 应当出席的会议我都出席。} 第二、四学年起

(4) 社会团体委托我做的事情，我一定去热心做。——第五、六学年

（三十）中国公民是守法的

(1) 我遵守公共的规则。——第三、四学年起

(2) 我爱护法律赋予公民的自由和权利。⎫

(3) 我遵守国家的法律。⎬第五、六学年

(4) 我对于应尽的义务不推诿，法定的权利不放弃。⎭

（三十一）中国公民是爱国爱群的

(1) 我敬重党旗国旗。⎫

(2) 我唱党歌或国歌时，一定立正脱帽。⎬第一、二学年起

(3) 我听见国旗升落的信号，一定起立致敬。⎭

(4) 我爱用本国货。⎫
⎬第二、四学年起
(5) 我尊重校徽。⎭

(6) 我不做损害学校团体或社会国家的事情。⎫

(7) 我爱护自己的学校和团体。⎪

(8) 我愿意牺牲自己，爱护国家。⎬第五、六学年

(9) 我常常看报，留心公众的事情。⎭

（三十二）中国公民是拥护公理的

(1) 我用全力拥护公理。⎫

(2) 我同情于受强暴压迫的人们或国家。⎪
⎬第五、六学年
(3) 我厌恶一切违反公理的事件。⎪

(4) 我对任何人任何国，都依着公理平等看待。⎭

第五　实施方案要点

(一) 公民训练，应分两方面实施：

(1) 公共的训练

① 在各科教学时间　由各教员间接的指导儿童；或直接的根据纲要条目，加以申说。

② 在随时随地　由各教员注意儿童的各种活动，直接、间接引用规律和各条目，指导儿童遵守。

③ 在某一时期　随儿童公共的需要，或发现儿童公共的缺点时期，择定适当的德目，为训练的中心，用种种方法作公共的训练，时期以一周至两周为度。

④ 在每星期间　愿词在每星期纪念周时，全体宣读；或将词意编成歌曲吟

唱。又每星期也可择定一个适当的德目，特加注重，作为公共的训练。但切不可流于叫口号、贴标语的形式。

⑤ 在每周六十分钟特定时间　把六十分钟分作三次，间日教学；或分作六次，逐日指导。在每次特定时间，由教员将偶发事项引用条目，加以申说。如举行训练周，就应注重和中心德目有关系的条目。

（2）个别的训练　可酌量全校师生的多寡，分成若干组或若干团，每一教员负一组或一团的个别训练责任。对本团的儿童，用种种方法督导他实践条目，自行检察，并注意考查成绩。

（二）各校应设一公民训练委员会，共同议定公民训练的组织系统和公民训练的具体方法。全体教员，都须参加。

（三）各校在每学期开始时，应将训练条目，分别阶段，印成小册或活页，由各组或各团分发儿童，使儿童明了本学期内应该注意的事项，并得反省的机会。

（四）各阶段训练条目，由各校自行排列次序，分成四个小阶段，平均支配于各年级儿童，实行训练，作为四学期之用。

（五）儿童每学期做得到的训练条目，以后仍需继续训练和考查。

（六）训练条目，各地方主管教育行政机关，得辅导各校根据事实的需要，酌量增减或更改阶段。

（七）各校教员，应利用机会，根据本标准，用暗示的方法，和儿童共同拟定条目，并讨论实现各种条目的方法，以避免强制的方式。

（八）公民训练考查法，除由教师平时视察记载外，各组或各团，应每星期或每月定期举行考查，把训练条目使儿童自己反省或共同批评，并利用比赛及名誉奖励等，以增进训练的效率。

（九）考查公民训练的成绩，应编制儿童反省记载表，教师观察记载表，一组或一团比较表和报告家长用表等，使师生及家长对于公民训练的成绩，可以一目了然。

（十）公民训练，尊重实践，不用教科书。

（十一）公民训练，注意人格感化，教师须以身作则。

（十二）学校环境应根据《中国公民规律》加以适当的布置和设备，例如合于健康原则的设备等，能使儿童于不知不觉中，受到良好的环境训练。

（十三）公民训练，应多用积极的活动，使儿童潜移默化，养成种种良好的习惯。切忌用消极的压制方法，造成儿童有所畏而不敢为的虚伪态度。

（十四）个别的训练比公共的训练尤为重要，所以儿童个性及其能力体力、家庭状况、社会环境，与公民训练有关系的，都需精密的检验和调查。

（十五）公民训练须与家庭联络，使家长常把子女的特性报告学校，学校方面，也定期把考查成绩报告家长，以求互相合作。

（十六）团体组织的训练，如关于自治组织及其他学术、健康、艺术、交际等集团活动，应随时予以充分的训练的机会。

（十七）应酌量各年级儿童的能力，随时使儿童参加社会活动，以帮助社会事业的进行。例如举行灭蝇运动、户口调查等。

（十八）较高年级，应随时训练儿童调查并判断自己各种团体组织及社会环境中各种事业的优点和劣点，并计划如何改进。

（《公民训练标准》，虽列入《小学课程标准》内，而《师范学校课程标准》所规定的《小学教材及教学法》的一学程中，并未言及此科；故本书未加讨论。公民训练一科，不重在教室讲授，其性质与卫生科相类似，若有余暇时间，教师可根据《标准》的规定，并参照本书第二编第一、二、三章所述，把公民训练方法加以研究。此外，关于训育和品格教育之书籍，亦宜多所参考。因现今国内出版者，多嫌陈旧，故作者并未介绍书籍；请读者对于此后出版的书籍，多加留意作者附志。）

附录二　本科参考用书

(一) 学生用书

本书各章所列的参考书,仅以能够置备者为限;凡以前杂志上的文字,概不列入。下列的参考用书,包括几种重要的杂志,和几种较优良的书籍;但新书出版日见其多,教师更宜加以搜集,并介绍给学生阅读;教师最好鼓励学生除置备本书外,每人再另购置参考书一种。如果各人所置备者不同,每一年级就可组织成功一个小图书馆了!这种合作读书的办法,不是值得推行吗?

① 《教育杂志》,商务印书馆。
② 《中华教育界》,中华书局。
③ 《儿童教育》,商务印书馆。
④ 《教师之友》,儿童书局。
⑤ 《教与学》,正中书局。
⑥ 罗廷光编:《普通教学法》,商务印书馆1930年版。
⑦ 俞子夷、朱翙旸合著:《新小学教学法》,儿童书局1934年版。
⑧ 吴研因、吴增芥:《小学教材研究》,商务印书馆1933年版。
⑨ 吴增芥:《新低级教学法》,儿童书局1934年版。
⑩ 钟鲁斋:《小学各科新教学法之研究》,商务印书馆1934年版。
⑪ 徐阶平:《实际的小学各科教学法》,开华书局1934年版。
⑫ 姚虚谷编:《复式教学法》,商务印书馆1934年版。
⑬ 祝志学编:《复式教学法》,中华书局1934年版。
⑭ 李伯棠、李晓农编:《单级教学法》,商务印书馆1935年版。
⑮ 赵欲仁:《小学国语科教学法》,商务印书馆1927年版。
⑯ 俞子夷:《小学算术科教学法》,商务印书馆1931年版。
⑰ 赵廷为:《算学:小学教学之研究》,商务印书馆1935年版。
⑱ 克拉克著,赵廷为译:《低年级算术教学法》,开明书店1933年版。
⑲ 吴研因:《小学历史科教学法》,商务印书馆1929年版。
⑳ 约翰生著,何炳松译:《历史教学法》,商务印书馆1932年版。
㉑ 沈百英:《小学社会科教学法》,商务印书馆1931年版。
㉒ 胡颜立:《小学自然科教学法》,商务印书馆1930年版。

㉓ 俞寄凡:《小学美术教学的研究》,中华书局 1934 年版。

商务印书馆、中华书局、世界书局、开明书店、大东书局等书局出版之小学教科书及教授书(图书馆中必须备几套),各种儿童读物(最好借用附属小学图书设备)。

(二) 教师用书

教师参考用书,除上述各种外,凡关于中文的大概皆能由教师自己评判,毋庸介绍。关于英文的,兹每类精选三种,以供参考。作者认为图书馆中应备有若干种,俾教师能接触最新思想,而间接影响于教学的效率。

(1) 杂志

① Elementary School Journal.

② Journal of Educational Method.

③ Progressive Education.

(2) 通论

① Yoakam and Simpson, An Introduction to Teaching and Learning, NY: Macmillan, 1934.

② Rudieger, Teaching Procedures, NY: Houghton, 1932.

③ Burton, The Nature and Direction of Learning, NY: Appleton, 1929.

(3) 各论(一般的)

① Schmidt: Teaching and Learning the Common Branches, NY: Appleton, 1929.

② Monroe, Directing Learning in the Elementary School, NY: Doubleday, 1932.

③ Davis, Teaching the Elementary Curriculum, NY: Macmillan, 1931.

(4) 读书

① Dolch, The Psychology and Teaching of Reading, Boston: Ginn and company, 1931.

② Stone, Silent and Oral Reading, Boston: Houghton, 1926.

③ Mckee, Reading and Literature in the Elementary School, Boston: Houghton, 1934.

(5) 说话、作文和写字

① Mckee, Language in the Elementary School, NY: Macmillan, 1934.

② Seely, On teaching English, NY: American book company, 1933.

③ Freeman, How to Teach Handwriting, Boston: Houghton, 1923.

(6) 社会

① Klapper, The Teaching of History, NY: Appleton, 1926.

② Grawford and McDonald, Modern Methods in Teaching Geography, NY: Houghton, 1929.

③ Moore and Wilcox, The Teaching Geography, NY: American book company, 1932.

(7) 自然

① Trafton, The teaching of science in the elementary school, Boston: Houghton, 1918.

② Thirty-first Yearbook Part I of National Society for the Study of Education, Public Sc. Publishing Co., 1932.

③ Twiss, Principles of science teaching, NY: Macmillan, 1917.

(8) 劳作

① Bonser, Industrial Arts in the Elementary School, NY: Macmillan, 1923.

② Dobbs, First Steps in Art and Handwork, NY: Macmillan, 1932.

③ Wiecking, Education through manual activities, Boston: Ginn, 1928.

(9) 美术

① Whitford, An Introduction to Art Education, NY: Appleton, 1929.

② Klar, Winslow and Kirby, Art Education in Principle and Practice, Springfield: Milton Bradley, 1933.

③ Mathias, The Beginnings of Art in the Public Schools, NY: Scribner, 1924.

(10) 算术

① Klapper, The Teaching of Arithmetic, NY: Appleton, 1934.

② Morton, The Teaching of Arithmetic in the Primary Grades, NY: Silver Burdet, 1927.

③ Morton, The Teaching of Arithmetic in the Intermediate Grades, NY: Silver Burdet, 1927.

(11) 卫生

① Hong and Terman, Health Work in the School, Boston: Houghton, 1914.

② Williams and Brownell, Health and Physical Education, NY: Bureall of Publications Teachers' College, Columbia university, 1930.

③ Turner, Principles of Health Education, Boston: D·C·Heath, 1932.

(12) 体育

① Wood and Cassidy, The New Physical Education, NY: Macmillan, 1927.

② Keene, The Physical Welfare of the School Child, Boston: Houghton, 1929.

③ Williams, The Principles of Physical Education, Philadelphia: W·B·Saunders, 1927.

(13) 新小学体育运动

① Rugg and Shumaker, The Child-centered School: an appraisal of the new education, NY: World book company, 1928.

② Mead, The Transitional Public School, NY: Macmillan, 1934.

③ Stevens, The Activities Curriculum in the Primary Grades, Boston: D·C·Heath, 1931.

赵廷为主要论著目录

著作类：

Helen Parkhurst(著)，曾作忠、赵廷为(译)：《道尔顿制教育》，商务印书馆1924年版。

赵廷为(译)：《社会问题：改造的分析》，商务印书馆1927年版。

赵廷为：《小学教学法通论》，商务印书馆1931年初版。

赵廷为：《新课程标准与新教学法》，开明书店1932年初版。

赵廷为：《教育心理学》，开明书店1933年初版。

赵廷为、刘真(译)：《新式测验编造法》，开明书店1934年版。

赵廷为：《教育概论》，大华书局1935年版。

赵廷为：《小学教材及教学法》(全2册)，商务印书馆1935年初版。

赵廷为：《教材及教学法通论》，商务印书馆1944年初版，福建教育出版社2007年版。

赵廷为：《小学教材及教学法通论》，商务印书馆1948年版。

赵廷为：《教材及教学法》(全4册)，商务印书馆1948年初版。

赵廷为(编译)：《小学低年级随机教算法》，商务印书馆1949年版。

赵廷为：《小学低年级算术教学法》，商务印书馆1951年版。

赵廷为：《关于"小学教学计划"的几个问题》，新知识出版社1956年版。

赵廷为：《小学自然教学法讲话》，湖北人民出版社1957年版。

论文类：

麦柯(著)，姚以齐、赵廷为(译)：《中国教育的科学测量》，《平民教育》1923年第63/64期，1—18页。

(美)Parkhurst(著)，赵廷为(译)：《道尔顿制的原理》，《教育丛刊》1923年第4卷第1期，1—8页。

Pcubberley. F(著)，赵廷为(译)：《校长的地位和职能》，《平民教育》1923年第62期，18—28页。

赵廷为：《我们刊行这本纪念号的旨趣》，《平民教育》1923年第68/69期，1—2页。

赵廷为：《德谟克拉西教育的几种目标》，《平民教育》1923年第68/69期，26—34页。

赵廷为(译)：《个人主义教学法的弱点》，《平民教育》1923年第70期，1—7页。

赵廷为(译)：《德谟克拉西的发展及其与教育的关系》，《平民教育》1923年第70期，29—34页。

G. T. Buswell(著)，赵廷为(译)：《学校对于智力特殊的儿童的处理法》，《教育与人生》

1923年第10期,3—5页。

Briggs(著),赵廷为(译):《中学课程改造》,《教育与人生》1924年第19期,1—2页。

赵廷为:《课本在教育上的功能与缺陷》,《教育与人生》1924年第34期,10—12页。

赵廷为:《"群化教学法"述要》,《教育与人生》1924年第49期,1—3页。

赵廷为:《青年期的研究》,《民铎杂志》1924年第5卷第4期,1—16页。

赵廷为:《课程改造》,《教育杂志》1924年第16卷第8期,1—11页。

赵廷为:《小学教师的英文教育参考书》,《教育杂志》1924年第16卷第10期,1—10页。

赵廷为:《霍兰斯门小学教育研究的介绍(附表)》,《教育杂志》1924年第16卷第10期,1—12页。

鲍比特(作),赵廷为(述):《课程编造之科学的方法》,《教育杂志》1924年第5卷第3期,1—5页。

赵廷为:《课程改造之理论的基础》,《教育丛刊》1925年第5卷第4期,1—14页。

赵廷为:《职业训练的目的》,《教育杂志》1925年第17卷第1期,1—4页。

赵廷为:《职业测验编造法》,《教育杂志》1925年第17卷第1期,1—14页。

赵廷为:《世界教育的几种普通的运动》,《教育杂志》1925年第17卷第2期,1—4页。

赵廷为:《学分制的流弊》,《教育杂志》1925年第17卷第4期,4—5页。

Woody, C(著),赵廷为(译):《教育测验的意义应用及发展》,《教育杂志》1925年第17卷第5期,1—9页。

赵廷为:《初级中学的意义与职能(附表)》,《教育杂志》1925年第17卷第6期,1—19页。

赵廷为:《初级中学的外国文课程》,《教育杂志》1925年第17卷第8期,1—6页。

赵廷为:《道尔顿制与教师问题》,《教育杂志》1925年第17卷第9期,2—3页。

赵廷为:《一个提议:教育部应通令全国小学废止外国文一科》,《教育杂志》1925年第17卷第11期,4—5页。

赵廷为:《青年学生的教育》,《教育杂志》1926年第18卷第1期,1—13页。

赵廷为:《关于中学行政组织的几个原则》,《教育杂志》1926年第18卷第3期,4—5页。

赵廷为:《最有价值的英文教育参考书》,《教育杂志》1926年第18卷第9期,1—8页。

Willson, G. M(著),赵廷为(译):《良好的测验标准》,《教育杂志》1926年第18卷第9期,1—4页。

赵廷为:《哲学的意义和位置:Jerusalem的哲学概论中的一部分》,《民铎杂志》1926年第8卷第3期1—12页。

赵廷为:《克伯屈论并起的学习》,《民铎杂志》1927年第8卷第4期,15页。

赵廷为:《道德教育的方法》,《民铎杂志》1927年第9卷第1期,1—3页。

赵廷为:《幼稚儿童与家庭教育》,《教育杂志》1927年第19卷第2期,1—6页。

赵廷为:《教育评坛:中学生办理平民学校的价值》,《教育杂志》1927年第19卷第5期,

6—8页。

Davis, C. O(著),赵廷为(译):《世界教育新潮:美国初级中学对于个别差异的适应》,《教育杂志》1927年第19卷第8期,17—23页。

Brewer, J. M(著),赵廷为(译):《教育指导与职业指导》,《教育杂志》1928年第20卷第3期,1—2页。

赵廷为:《小学校里的训育标语》,《教育杂志》1928年第20卷第6期,1—8页。

Wilson, G. M(著),赵廷为(译):《良好的测验标准》,《教育杂志》1929年第18卷第9期,1—4页。

Bagley(著),赵廷为(译):《课程编造的根本原理》,《教育杂志》1929年第21卷第8期,19—27页。

赵廷为:《我国教育上的外国语问题》,《教育杂志》1929年第21卷第9期,25—36页。

Johnson, R. I(著),赵廷为(译):《课程编造上的活动分析》,《教育杂志》1929年第21卷第10期,39—42页。

赵廷为:《民众千字课的编辑问题》,《民众教育季刊》1930年第1卷第1期,1—9页。

赵廷为:《六十分主义》,《中学生》1930年第2期,1—5页。

赵廷为:《什么是学习和什么是教材?》,《浙江教育行政周刊》,1930年第2卷第13期,9—14页。

赵廷为:《我国教科书的现状及其今后的方针》,《中华教育界》1931年第19卷第4期,31—41页。

赵廷为(讲):《处理实际问题的新态度》,《浙江教育行政周刊》1932年第3卷第41期,9—14页。

赵廷为:《适用于民众学校的几个普通教学原则》,《民众教育季刊》1932年第2卷第3期,1—15页。

赵廷为(编):《谈谈我国学校的训育问题》,《东方杂志》1932年第29卷第4期,5—13页。

赵廷为(编):《国外教育杂志:美国——美国的博物馆》,《东方杂志》1932年第29卷第4期,24页。

赵廷为(编):《国外教育杂志:美国文盲的统计》,《东方杂志》1932年第29卷第4期,25页。

赵廷为(编):《国际教育杂志:英国——英国私立学校的管理问题》,《东方杂志》1932年第29卷第4期,25—26页。

赵廷为(编):《再谈谈我国学校的训育问题》,《东方杂志》1932年第29卷第6期,15—24页。

赵廷为(编):《国外教育杂讯:丹麦的学校演剧场》,《东方杂志》1932年第29卷第8期,24—25页。

赵廷为(编):《国外教育杂志:美国失业者和成人的教育》,《东方杂志》1932年第29卷第8期,25—26页。

赵廷为(著),林宗礼(摘要):《适用于民众学校的几个普通教学原则》,《教育与民众》1932年第4卷第2期,329—331页。

赵廷为(演讲),詹秉文(笔记):《怎样增进算术教育的效率》,《浙江省第一学区辅导月刊》1932年第2期,2—5页。

赵廷为:《民众学校的教育信条》,《社友通讯》1932年第1卷第6期,8页。

Lang(著),赵廷为等(译):《新式的考试》,《安徽教育》1933年第1卷第2期,25—35页。

赵廷为:《学习转移问题的研究》,《安徽大学月刊》1933年第1卷第3期,1—10页。

Lang(著),赵廷为、刘真(译):《新式的考试》,《安徽大学月刊》,1933年第1卷第5期,1—14页。

赵廷为:《遗传研究》(附表),《安徽大学周刊》1933年第二届毕业纪念刊,28—34页。

赵廷为:《严格考试》,《文化与教育》1933年第5期,2—9页。

赵廷为:《明日的我国初等教育》,《河南教育月刊》1934年第4卷第8期,1页。

赵廷为:《小学算术科中的应用题练习》,《国立中央大学丛刊》1934年第1卷第2期,1—25页。

赵廷为:《我国教育改造与师资问题》,《中华教育界》1934年第21卷第7期,89—93页。

赵廷为,刘真(译):《正误测验》,《中华教育界》1934年第22卷第1期,69—78页。

赵廷为:《关于小学算术科中的一般教学手续》,《教育杂志》1934年第24卷第1期,151—162页。

赵廷为:《小学算术科的诊断和补救的教学》,《湖北教育月刊》1935年第2卷第6—7期,74—78页。

赵廷为:《中小学衔接问题与教学方法》,《浙江教育行政周刊》1935年第6卷第26,5—7页。

赵廷为:《怎样做一个优良的教师(五月八日在省立杭州师范演讲,董桑笔记)》,《浙江教育行政周刊》1935年第6卷第44期,1—3页。

赵廷为:《小学算术应用题之诊断的和补救的教学》,《教与学》1935年第1卷第1期,178—192页。

赵廷为:《与中小学国语科教员谈谈背诵问题》,《教与学》1935年第1卷第6期,53—59页。

赵廷为:《小学国语教学问题》,《国立中央大学教育丛刊》1935年第2卷第2期,1—12页。

赵廷为:《初步的加法教学法(附表)》,《国立中央大学教育丛刊》1935年第2卷第2期,1—17页。

赵廷为:《短期小学教学效率问题的初步的探讨》,《国立中央大学教育丛刊》1935 年第 3 卷第 1 期,169—177 页。

赵廷为:《中学教学法的改进》,《国立中央大学日刊》1935 年第 1441 期,2557—2558 页。

赵廷为:《中学教学法的改进(续)》,《国立中央大学日刊》1935 年第 1442 期,2561—2562 页。

赵廷为:《小学卫生科的教学原则(附表)》,《中华教育界》1935 年第 23 卷第 5 期,35—39 页。

赵廷为:《所谓顽劣儿童》,《教育杂志》1935 年第 25 卷第 12 期,73—79 页。

赵廷为:《读书报导:怎样研究小学教育》(上),《商务印书馆出版周刊》1936 年新第 206 期,1—6 页。

赵廷为:《读书报导:怎样研究小学教育》(下),《商务印书馆出版周刊》1936 年新第 207 期,1—6 页。

赵廷为:《孙中山先生所昭示的一个重要的教育原则:"人尽其才"(附图)》,《教与学》1936 年第 2 卷第 6 期,1—6 页。

赵廷为:《参观学校应注意之事项》,《校风》1936 年第 403 期,1609—1611 页。

赵廷为:《对于中小学课程标准修订的几点感想和意见》,《教育杂志》1936 年第 26 卷第 1 期,41—47 页。

赵廷为、孙邦正(译):《整个的教学和学习的活动(附表)》,《教育杂志》1936 年第 26 卷第 5 期,77—85 页。

赵廷为:《家庭教育漫谈》,《教育杂志》1936 年第 26 卷第 12 期,17—19 页。

赵廷为:《中学师资训练问题》,《中华教育界》1936 年第 24 卷第 6 期,9—10 页。

赵廷为:《课外活动》,《播音教育月刊》1937 年第 1 卷第 4 期,42—49 页。

赵廷为:《自由与教育》,《中华教育界》1937 年第 24 卷第 7 期,69—70 页。

赵廷为:《怎样研究小学各科教学法》,《教育杂志》1937 年第 27 卷第 1 期,191—194 页。

赵廷为、陆觉先:《中国的生产教育》,《教育杂志》1937 年第 27 卷第 6 期,27—31 页。

赵廷为:《教育评论:关于小学师资训练问题》,《教与学》1937 年第 2 卷第 9 期,1—8 页。

赵廷为:《教科书在教育上的地位及其编辑问题》,《教与学》1937 年第 2 卷第 10 期,13—22 页。

赵廷为:《关于青年的就业问题》,《教与学》1937 年第 2 卷第 11 期,26—33 页。

赵廷为:《关于训育的基本原理》,《教育研究(广州)》1937 年第 75 期,97—109 页。

赵廷为:《所希望于师范学院者》,《教与学》1938 年第 3 卷第 7 期,1—2 页。

赵廷为:《较广大的教学问题》,《教与学》1938 年第 3 卷第 9 期,3—6 页。

赵廷为:《战时的小学教育(一)》,《新民族》1938 年第 2 卷第 6 期,10—12 页。

赵廷为:《战时的小学教育(二)》,《新民族》1938 年第 2 卷第 7 期,11—13 页。

赵廷为:《如何谋我国教育上质的改善》,《新民族》1938年第2卷第17期,2—6页。

白虹(问),赵廷为(答):《小学教师通讯研究:一、教学方式问题》,《教与学》1939年第4卷第2期,36页。

赵廷为:《关于大学招生问题的几点感想》,《教与学》1939年第3卷第12期,11—13页。

赵廷为:《我国学制改善问题》,《中央周刊》1939年第1卷第25期,12—14页。

赵廷为:《对小学教育界同人们说的话》,《教育通讯(汉口)》1939年第2卷第5期,19页。

赵廷为:《怎样准备考试》,《教育通讯(汉口)》1939年第2卷第28期,13页。

赵廷为:《小学读书教法的改进》,《教育通讯(汉口)》1939年第2卷第42期,14—15页。

赵廷为:《一个研究专科教材及教法的计划》,《新民族》1939年第3卷第6期,5—7页。

赵廷为:《贡献给出席全国教育会议者的几点意见》,《新民族》1939年第3卷第14期,7—9页。

赵廷为:《会考制度与标准测验》,《新民族》1939年第4卷第1期,6—8页。

赵廷为(著),朱立诚(摘):《文摘:小学作文教法的改进》,《福建教育》1940年新1第4期,71—72页。

赵廷为:《对于流行的中学教学法的估评(一)》,《教育心理研究》1940年创刊号,17—21页。

赵廷为:《对于流行的中学教学法的估评(二)》,《教育心理研究》1940年第1卷第2期,19—21页。

赵廷为:《小学作文教法的改进》,《教育通讯(汉口)》1940年第3卷第7期,6—8页。

赵廷为:《教师的发问技巧》,《国立中央大学教育丛刊》1940年第5卷第1期,31—37页。

赵廷为:《师范学校实习问题》,《中等教育季刊》1941年第1卷第3期,10—14页。

赵廷为:《小学教育前途的危机》,《教育通讯(汉口)》1941年第4卷第3/4期,9—11页。

赵廷为:《教师待遇问题的探讨》,《教育通讯(汉口)》1941年第4卷第20期,1—3页。

赵廷为:《教育者及公务员之子弟教育问题》,《教育通讯(汉口)》1941年第4卷第28期,4—8页。

赵廷为:《我对于师范学院附属中学的认识》,《教与学》1941年第6卷第5/6期,31—34页。

赵廷为:《师范学校实习问题》,《中等教育季刊》1941年第1卷第3期,10—14页。

赵廷为:《学风与教师》,《教育通讯(汉口)》1943年第6卷第1/2期,19—21页。

赵廷为:《普通教学法—学程的重要性》,《教育通讯(汉口)》1946年复刊2第6期,8—9页。

赵廷为:《对大学教育系新生的讲话》,《读书通讯》1946年第118期,20—21页。

赵廷为:《我们的信念和愿望:代复刊词》,《教育杂志》1947年第32卷第1期,1—2页。

赵廷为:《向远东区基本教育会议代表请教:兼论基本教育与国际和平》,《教育杂志》1947

年第 32 卷第 3 期,1—3 页。

赵廷为:《关于小学课程问题的讨论:小学课程问题》,《教育杂志》1947 年第 32 卷第 4 期, 1—2 页。

赵廷为:《怎样研究小学教育?》,《文化通讯(上海 1947)》1948 年第 3 期,4—6 页。

赵廷为:《如何改进教育的质量》,《教育与社会》1948 年第 7 卷第 314 期,4—5 页。

赵廷为:《关于全国教育道德规约的问题》,《教育杂志》1948 年第 33 卷第 3 期,7—8 页。

赵廷为:《教育学术研究的重要性》,《教育杂志》1948 年第 33 卷第 4 期,3—5 页。

赵廷为(译):《民主教育的性质》,《教育杂志》1948 年第 33 卷第 9 期,5—8 页。

赵廷为:《关于"小学教学计划"的几个问题(上)》,《文汇报》1956 年第 1.11 卷,2 页。

赵廷为:《关于"小学教学计划"的几个问题(下)》,《文汇报》1956 年第 1.14 卷,2 页。

赵廷为:《讲读法在小学高年级历史、地理、自然等科目中的应用》,《华东师范大学学报·人文科学》1957 年第 4 期,64 页。

赵廷为:《讲读法在小学高年级历史、地理、自然等科目中的应用》,《山东教育》1958 年第 1 期,16 页。

赵廷为:《讲读法在小学高年级历史、地理、自然等科目中的应用(续)》,《山东教育》1958 年第 3 期,23 页。

赵廷为:《讲读法在小学高年级历史、地理、自然等科目中的应用(续完)》,《山东教育》1958 年第 3 期,23 页。

赵廷为:《我对小学低年级识字教学的看法》,《文汇报》1964 年第 2.22 卷,4 页。

图书在版编目(CIP)数据

大夏教育文存.赵廷为卷/杜成宪主编.—上海:华东师范大学出版社,2015.10
ISBN 978-7-5675-4273-0

Ⅰ.①大… Ⅱ.①杜… Ⅲ.①小学教育—教学研究 Ⅳ.①G622.0

中国版本图书馆 CIP 数据核字(2015)第 261267 号

本书由上海文化发展基金会图书出版专项基金资助出版

大夏教育文存　赵廷为卷

主　　编	杜成宪
本卷主编	汪海清
	龚文浩
策　　划	王　焰
项目编辑	金　勇
审读编辑	陈长华
责任校对	赖芳斌
装帧设计	高　山

出版发行	华东师范大学出版社
社　　址	上海市中山北路 3663 号　邮编 200062
网　　址	www.ecnupress.com.cn
电　　话	021-60821666　行政传真 021-62572105
客服电话	021-62865537　门市(邮购)电话 021-62869887
地　　址	上海市中山北路 3663 号华东师范大学校内先锋路口
网　　店	http://hdsdcbs.tmall.com

印 刷 者	上海中华商务联合印刷有限公司
开　　本	787×1092　16 开
印　　张	25.25
字　　数	402 千字
版　　次	2018 年 11 月第 1 版
印　　次	2018 年 11 月第 1 次
书　　号	ISBN 978-7-5675-4273-0/G·8770
定　　价	112.00 元

出 版 人　王　焰

(如发现本版图书有印订质量问题,请寄回本社客服中心调换或电话 021-62865537 联系)